भक्ति-आन्दोलन और भक्ति-काव्य

(आलोचना)

भक्ति-आन्दोलन और भक्ति-काव्य

लेखक

शिवकुमार मिश्र

लोकभारती प्रकाशन

लोकभारती प्रकाशन
पहली मंजिल, दरबारी बिल्डिंग, महात्मा गाँधी मार्ग
इलाहाबाद-211 001

वेबसाइट : www.lokbhartiprakashan.com
ईमेल : info@lokbhartiprakashan.com

शाखाएँ : 1-बी, नेताजी सुभाष मार्ग, दरियागंज
नई दिल्ली-110 002
अशोक राजपथ, साइंस कॉलेज के सामने
पटना-800 006 (बिहार)

प्रथम संस्करण : 1982
पूर्णतः संशोधित प्रथम लोकभारती संस्करण : 2010
पुनर्मुद्रण : 2012,2021,2023

मूल्य : ₹ 600

आस्था पेपर कन्वर्टर
प्रयागराज द्वारा मुद्रित

BHAKTI ANDOLAN AUR BHAKTI KAVYA
by Shiv Kumar Mishra

ISBN : 978-81-8031-491-9

समर्पण

दिवंगत बाबू (पूज्य पिताश्री)
की स्मृति को, जिनसे मुझे
धर्म और भक्ति पर
लिखने की यह
समझ मिली।

अनुक्रम

प्रथम संस्करण की भूमिका

इस किताब का सम्बन्ध भक्ति-आन्दोलन और भक्ति-काव्य से है, और ये दोनों ही मेरे अध्ययन के मुख्य विषय कभी नहीं रहे। इनके बारे में विशेषज्ञता का दावा तो दूर, शायद इनसे सम्बन्ध रखने वाली कुछ बहुत मोटी बातों से भी मेरा अपरिचय या अर्द्ध-परिचय हो। ऐसी स्थिति में इस किताब को सामने लाने में मेरा मक़सद क्या हो सकता है, यह जिज्ञासा स्वाभाविक है? बात यह है कि विशेषज्ञता, या मेरे अध्ययन के मुख्य केन्द्र में न होते हुए भी, भक्ति-आंदोलन तथा भक्ति-काव्य से अनेक कारणों से मैं सदा से ही बड़ी आत्मीयता का अनुभव करता आया हूँ। यह आत्मीयता, घर तथा परिवार के वातावरण के बिल्कुल भी धार्मिक न होने के बावजूद, लंबे काल से न केवल बनी रही है, विकसित भी होती रही है। भक्ति तथा धर्म के कोई भी संस्कार मुझे माता-पिता या परिवार से नहीं मिले, परंतु जब-जब भक्ति-काव्य को पढ़ा, वह मन में कहीं भीतर उतरता गया है, माता-पिता बराबर आँखों के सामने आ गए हैं।

मार्क्सवाद ने मुझे भक्ति के इस काव्य को देखने की नई दृष्टि दी, और सच पूछा जाए, तो भक्ति-काव्य के प्रति मेरी अपनी आत्मीयता जिन आयामों पर है, उसे बरक़रार रखने में, और उसे विकसित करने में मार्क्सवादी दृष्टि का ही प्रधान योग है। संभव है, और संभव क्या, यह सही है कि भक्ति-काव्य को भजन-पूजन के स्तर पर ग्रहण करने वाले उसके प्रशंसकों की ही तादाद अधिक है, परंतु इस स्तर पर, भक्ति-काव्य को मैं कभी ग्रहण नहीं कर पाया। भक्ति-काव्य को मैंने ग्रहण किया उस स्तर पर, जिसकी या तो घोर भौतिकता में डूबे उसके भजनपूजनवादी प्रशंसक चर्चा नहीं करते, या औपचारिकतावश चर्चा करते भी हैं, तो वह उन्हें अपने ऊपर ही व्यंग्य मालूम देती है।

मार्क्सवादी दृष्टि ने मुझे भक्तिकाव्य को उसके सही परिप्रेक्ष्य में देखने की दृष्टि दी, और फलस्वरूप उसके जो शक्तिशाली आयाम मेरे सामने उभरे, वे आज भी ज्यों के त्यों बरक़रार हैं, वरन् उनकी मिसाल भी नहीं है। मसलन, लोकजीवन की पहचान, लोकमानस, लोकहृदय, या जिसे लोकचित्त कहते हैं,

उसकी परख और उसे पूरी जीवंतता में उद्घाटित कर पाना एक बहुत बड़ी उपलब्धि है, जो भक्ति के इन कवियों को हासिल हुई और जिसे आज भी हम अप्रतिम मान सकते हैं । हम लोकसंस्कृति की बात करते हैं, भक्त-कवि उसे हमारे सामने मूर्त्त करते हैं। हम लोकजीवन के यथार्थ, लोक के कष्ट, पीड़ा या दुख-दर्द, हर्ष-उल्लास की अभिव्यक्ति में सच्चे मानवीय साहित्य की पहचान मानते हैं, और भक्तिकाव्य हमें उसकी बानगी देता है।

मुक्तिबोध ने लिखा है कि समूचे भक्ति-आंदोलन के मूल में जनता के दुख-दर्द ही हैं और उन दुख-दर्दों को बड़ी जीवंत मानवीयता के साथ उभारने, उनसे एकमेक होकर सामने आने में ही भक्ति-आंदोलन की शक्ति को देखा जा सकता है। अनुमान कर सकते हैं कि तीन शताब्दियों से भी अधिक समय तक अपने पूरे वेग के साथ गतिशील होने वाले इस भक्ति-आंदोलन में जनता के ये दुख-दर्द कितनी गहरी संवदेनशीलता के सान्निध्य में उभरे होंगे? हम इस आयाम पर भक्ति के आंदोलन, तथा उसकी प्रेरणा में रचित काव्य से सीख ले सकते हैं।

आज हम आस्था की बात करते हैं, अस्मिता की बात करते हैं, स्वाभिमान की बात करते हैं, अकुंठित मानव-चेतना की बात करते हैं, और अपने परिवेश में उसे न पाकर निराश और विक्षुब्ध होते हैं। बड़ी-बड़ी बातें करते हुए छोटी से छोटी बातों पर, छोटे-छोटे प्रलोभनों पर हम बिक जाते हैं। व्यवस्था हमें सरलता से खरीद लेती है, हम व्यवस्था के ढोल बन जाते हैं। फिर मुक्तिबोध को उद्धृत करूँ, तो लाभलोभ से प्रेरित समझदारी हमें रावण के घरों में पानी भरने को विवश कर देती है। अनुकूल परिवेश कबीर का भी नहीं था, और सूर-तुलसी का भी नहीं था, इस अर्थ में, कि व्यवस्था उनके समय में बहुत मीठी बनकर लोगों पर अपने नागपाश फेंक रही थी।

किंतु क्या बात है कि कबीर अपना घर फूँक कर सरे बाजार खड़ा हो जाता है और दूसरों को भी आमंत्रित करता है; क्या बात है कि सूर और तुलसी उस व्यवस्था के नागपाश को झटक कर अलग कर देते हैं, किसी देहधारी की प्रशस्ति को लानत मानते हैं, बड़े से बड़े के समक्ष भी नत नहीं होते, और नत होते हैं तो एक अपने 'राम' के समक्ष, अपने आराध्य के समक्ष ही, बाकी सबको, उनकी औक़ात बता देते हैं। यह आस्था, यह आत्सम्मान, ऐसी अस्मिता, आज कहाँ दिखाई पड़ती है? सच पूछा जाए, तो लोकजीवन की गहराइयों में उतरा कवि, जन से एकात्म हुआ व्यक्ति ही ऐसी आस्था पा सकता है, और जन के साथ इस एकात्म के बूते पर ही ये अपने आराध्य से इतना एकात्म हो सके हैं, इतना निडर हो सके हैं कि बड़ी से बड़ी

भौतिक सत्ता इन्हें क्षुद्र दिखाई देती है।

ये रचनाकार इसी नाते अकुंठित भी रह सके हैं। जब सीस काट कर जमीन पर रख दिया, अहं को विसर्जित कर जन के साथ एकाकार हो गए, तब फिर कुंठा कहाँ, और घुटन कहाँ? 'चाह गई चिंता मिटी, मनुवां बेपरवाह।' कहाँ है इस प्रकार का माहौल आज? जब घर जोड़ने की माया सब जगह हाबी हो रही हो तो घर को फूँकने की बात कौन करेगा? ये रचनाकार कर सके, इस नाते ये आज भी हमारे लिए वरेण्य हैं। फिर ये वैरागी भी नहीं थे। कबीर जीवन भर गृहस्थ रहे, सूर ने जिस शृंगार का गायन किया, तुलसी ने ठेठ जीवन के भीतर से जिस भक्ति का रास्ता निकाला, उसे देखते हुए उन्हें वैरागी कहना कदापि संगत नहीं होगा। ये जीवन की अबाध स्वीकृति के, जिंदगी की ठेठ सच्चाई को प्रतिपादित करने वाले कवि हैं। इन जैसा जीवन-प्रेम, इन जैसा खुला आचरण भी हमारे लिए प्रेरणा का अजस्र स्रोत है।

कहने का मतलब यह, कि अपनी इन तमाम बातों के नाते भक्तिकाव्य में मेरी रुचि बराबर बनी रही है, बढ़ती रही है। भक्तिकविता की लोकधर्मिता हमारे लिए स्पृहा की वस्तु है, सीखने की वस्तु है।

भक्तिकाव्य में, उसके रचनाकारों में, अंतर्विरोध भी हैं, उनकी सीमाएँ भी हैं। हम उनकी ओर से भी सजग रहना चाहते हैं। किताब में उनकी चर्चा भी की गई है। हम भक्तिकाव्य जैसा काव्य आज नहीं चाहते, पर जिन मूलवर्ती गुणों के कारण भक्तिकविता कालजयी हुई, वे गुण जरूर उससे लेना चाहते हैं, और इन गुणों के नाते ही हम उसे साथ लेकर चलना भी चाहते हैं। आज जरूरत है भक्ति के इन रचनाकारों को उस दुश्चक्र के दायरे से खींच लाने की जो भजन-पूजनवादी लोगों ने उनके चारों ओर फैला रखा है। हमें उनके दुरुपयोग के खिलाफ एकजुट होकर काम करना है। डॉ० रामविलास शर्मा ने बड़े स्तर पर यह कार्य किया है, हमें उनके कार्य को आगे बढ़ाए रखना है।

तमाम सारी एकेडेमिक चर्चा से बचकर, इन निबंधों में मैंने भक्ति-आंदोलन तथा उसके साथ सामने आने वाले रचनाकारों की लोकधर्मी चेतना को, उनके आत्मसम्मान से दीप्त व्यक्तित्व को, उनकी अकुंठित मनुष्यता को उभारने की कोशिश की है। लोकजीवन तथा लोकसंस्कृति से इन रचनाकारों का जो लगाव है, उसे रेखांकित करने की चेष्टा की है। लोक भाषाओं में लिखे गए इस सारे काव्य में हमारे साधारण जन की ज़िदगी जिस रूप में प्रतिबिंबित हुई है, उसके स्वप्न, उसके सुख-दुख, उसकी आशाएँ आकांक्षाएँ जिस रूप में उभर सकी हैं, मैंने भले ही संक्षेप में, उसे पहचानना और परखना चाहा है। इसमें अधिक इस किताब में और कुछ न पढ़ा जाए, यह

मेरी गुज़ारिश है। तमाम सारे विषय इससे छूट गए हैं, परंपरित प्रकार की बहुत-सी चर्चाएँ नहीं हो पाई हैं, इसे मेरी दृष्टि की सीमा माना जाए, मेरी उनके प्रति अरुचि माना जाए। इन कवियों के काव्यसौंदर्य पर जरूर अलग से लिखने की इच्छा है। वह कभी पूरी करूँगा। इनके काव्य की शास्त्रीय चर्चा में भी न मेरी रुचि है और न दख़ल। उसे शास्त्रनिपुण व्यक्ति कर ही रहे हैं।

यह किताब भी, किताब के रूप में नहीं लिखी गई, इस कारण निबंधों में पुनरुक्ति भी मिल सकती है। अलग-अलग समय में लिखे गए निबंध ही मिलजुल कर यह किताब बना रहे हैं। इनमें से कबीर, सूर तथा भक्ति-आंदोलन के दूसरे निबन्ध प्रकाशित भी हो चुके हैं। यहाँ वे कुछ संशोधित परिवर्द्धित रूप में फिर से प्रकाशित हो रहे हैं। मलिक मुहम्मद जायसी, तुलसी, भक्ति-आंदोलन का पहला निबंध अप्रकाशित है। वे यहाँ पहली बार ही प्रकाशित हो रहे हैं। नानकदेव तथा गुरु गोविंदसिंह पर लिखे निबंध भी अप्रकाशित हैं। ये विशेष अवसर के लिए लिखे गए निबंध थे, किन्तु किताब के विषय की सीमा में आ सकने के नाते उन्हें भी समेट लिया गया है। भक्ति-आंदोलन सम्बन्धी निबंधों में प्रमुखतः के० दामोदरन, आचार्य हजारीप्रसाद द्विवेदी, आचार्य रामचंद्र शुक्ल तथा गजानन माधव मुक्तिबोध के विचारों को ही रेखांकित किया गया है। मेरी अपनी टिप्पणियाँ जरूर हैं।

किताब के निबंधों में बहुत गहरी बातों की चर्चा की अपेक्षा रखने वालों को निराश न होना पड़े, इस नाते यह भूमिका जरूरी थी। आलोचना, दस्तावेज़, नई कहानियाँ, पत्रिकाओं का आभार मानता हूँ जिनमें कबीर, सूर तथा भक्ति-आंदोलन के दूसरे निबंध प्रकाशित हुए हैं। अंत में, भक्ति-आन्दोलन के तेजस्वी आचार्यों तथा रचनाकारों को प्रणाम करता हुआ मैं पुस्तक पाठकों के समक्ष रख रहा हूँ। पाठक तथा विद्वान उसकी कमियों से, विशेषतः तथ्यात्मक भूलों से, अवगत कराएँ, तो विशेष प्रसन्नता मिलेगी। फिलहाल इतना ही।

वल्लभ विद्यानगर (गुजरात) —**शिवकुमार मिश्र**

17 दिसम्बर, 1982

यह संस्करण

प्रस्तुत पुस्तक का पहला संस्करण सन् 1982 ई० में 'भक्ति-काव्य और लोक जीवन' शीर्षक से प्रकाशित हुआ था, जिसकी भूमिका आरंभ में संलग्न है। उसके उपरान्त 'भक्ति-आन्दोलन और भक्ति-काव्य'-शीर्षक से उसके नये संशोधित-परिवर्द्धित संस्करण, एक के बाद एक प्रकाशित होते रहे। प्रस्तुत संस्करण इसी कड़ी में उसका अद्यतन संशोधित-परिवर्द्धित रूप है, 'लोकभारती प्रकाशन', इलाहाबाद द्वारा प्रकाशित इस संस्करण में पिछले संस्करणों में प्रकाशित दो-तीन निबन्ध हटा दिये गये हैं, कुछ संशोधित रूप में उसमें शामिल है, और तीन-चार निबन्ध पहली बार प्रकाश में आ रहे हैं। कोशिश यही रही है कि पुस्तक अपनी सामग्री में अधिक से अधिक संश्लिष्ट और समग्र बन सके। भक्ति-काव्य की विरासत हमारी बहुमूल्य-विरासत हैं। हमारा प्रयास रहा है कि भावुकता से बचते हुए, वस्तुनिष्ठ अध्ययन के क्रम में इस विरासत की अंतर्विरोधी जटिलताओं से होकर उसके विगत महत्त्व और वर्त्तमान-अर्थवत्ता की प्रस्तुति हो। नयी सदी की जिन वास्तविकताओं के बीच आज हम हैं, विरासत के प्रति ऐसे ही दृष्टिकोण के जरिये हम उसे उसके विगत महत्त्व के साथ समकालीन संदर्भ दे सकते हैं। यदि पुस्तक के निबन्ध और उनमें व्यक्त विचार विमर्श को आगे बढ़ा सकें, तो यही उनकी सार्थकता होगी। सुझावों का स्वागत रहेगा। आशा है, पिछले संस्करणों की भाँति प्रबुद्ध पाठक समाज के बीच यह नया संस्करण भी लोकप्रिय होगा, विमर्श की निरंतरता को बनाये रहेगा। संप्रति, इतना ही।

वल्लभ विद्यानगर
दीपावली, 2009 ई०

—शिवकुमार मिश्र

1

भक्ति-आंदोलन

एक समग्र राष्ट्र के रूप में भारतवर्ष की खरी तथा सही पहचान कराने वाली अब तक दो ही ऐसी घटनाएँ घटित हुई हैं, जिन्हें प्रायः सभी ने महान तथा युगांतरकारी घटनाओं के रूप में रेखांकित किया है। इनमें से एक घटना का सम्बन्ध मध्यकाल से है तथा दूसरी का आधुनिक काल से। प्रस्तुत निबंध में हम मध्यकाल की युगांतरकारी घटनाओं की कुछ चर्चा करेंगे तथा उसके दूसरे अंश में उसके सम्बन्ध में आचार्य शुक्ल और आचार्य हजारी प्रसाद द्विवेदी की अपनी मौलिक चिंताओं तथा चर्चा को इस कारण विस्तार से प्रस्तुत करेंगे कि ये आचार्य कदाचित पहले विद्वान हैं, जिन्होंने भक्ति-आंदोलन को उसके मूलवर्ती स्त्रोतों तक जाकर पहचाना है तथा तमाम सारी भ्रांतियों का निराकरण करते हुए हमें उसकी सही पहचान दी है।

स्पष्ट है कि मध्यकाल की यह युगांतरकारी महान घटना भक्ति के आंदोलन का उद्‌भव तथा प्रसार है। इस आंदोलन में पहली बार राष्ट्र के एक विशेष भूभाग के निवासी तथा कोटि-कोटि साधारण जन ही शिरकत नहीं करते, समग्र राष्ट्र की शिराओं में इस आंदोलन की ऊर्जा स्पंदित होती है, एक ऐसा जबर्दस्त ज्वार उफनाता है कि उत्तर दक्षिण, पूर्व पश्चिम सब मिलकर एक हो जाते हैं, सब एक-दूसरे को प्रेरणा देते हैं, एक-दूसरे से प्रेरणा लेते हैं, और मिलजुल कर भक्ति के एक ऐसे विराट नद की सृष्टि करते हैं, उसे प्रवहमान बनाते हैं, जिसमें अवगाहन कर राष्ट्र के कोटि-कोटि साधारण जन सदियों से तप्त अपनी छाती शीतल करते हैं, अपनी आध्यात्मिक तृषा बुझाते हैं, एक नया आत्म-विश्वास, जिंदा रहने की, आत्म-सम्मान के साथ जिंदा रहने की, एक शक्ति पाते हैं। आधुनिक युग में इसी प्रकार की युगांतरकारी घटना के रूप में हमारा स्वाधीनता आंदोलन गतिशील होता है जिसके तहत

सदियों की साम्राज्यवादी गुलामी से मुक्ति के लिए राष्ट्र के कोटि-कोटि जन, अपने वर्ग, वर्ण, प्रादेशिक अस्मिता, धर्म, जाति, संप्रदाय से संबद्ध संकीर्णता को जलाकर, भस्म कर, अपना सामूहिक बलिदान देते हैं, एक विराट स्वाधीनता के यज्ञ में सहभागी बनते हैं। कहना न होगा कि ये ही दोनों युगांतरकारी घटनाएँ एक उदात्त राष्ट्रीय जागरण का सूचक हैं तथा एक राष्ट्र के रूप में हमारी सबसे मूल्यवान धरोहर हैं।

जहाँ तक मध्यकालीन भक्ति-आन्दोलन का सवाल है, वह मूलतः एक धार्मिक-सांस्कृतिक आंदोलन के रूप में सामने आता है, सच पूछा जाए तो, अधिकांशतः एक धार्मिक आंदोलन के रूप में ही उसकी पहचान हमें होती है। अनेक लोगों ने उसके इस मूलवर्ती धार्मिक चरित्र के नाते उसकी प्रगतिशील सामाजिक अंतर्वस्तु की ओर सम्यक ध्यान नहीं दिया है, धर्म को साधारण जन को बरगलाने तथा भरमाने वाली प्रवृत्ति मानते हुए उसे एक मध्यकालीन दकियानूसी प्रवृत्ति को उभारने वाला तथा इस प्रकार साधारण जन को उसकी आवश्यक सामाजिक चेतना से पराङ्मुख करने वाला आंदोलन या अभियान मानकर उसकी व्याख्या की है। इस प्रकार के विद्वान न केवल युग विशेष के वास्तविक चरित्र को सही रूप से पहचानने से इनकार करते हैं, वे किसी युग के अंतर्विरोधों तथा उनके पीछे काम कर रही सामाजिक आर्थिक शक्तियों को भी न पहचानने के दोषी हो जाते हैं। मध्ययुग, जैसा कि सामजिक इतिहास के बीच से वह उभरता है, और भारत में ही नहीं, यूरोप तथा दुनिया के अन्य देशों में अपनी पहचान कराता है, अपने प्रत्येक क्रिया-कलाप के मूल में धर्म की केंद्रीय स्थिति को सूचित करता है। अतएव मध्ययुग में उभरकर सामने आने वाला कोई भी जनतांत्रिक अभियान धर्म की चौहद्दियों के भीतर ही अपनी अभिव्यक्ति करता है। यूरोप के महान सुधार आंदोलन का उल्लेख करते हुए 'लुडविग फायरबाख' नामक अपनी कृति में एंगेल्स लिखते हैं—

> "मध्ययुग ने धर्म-दर्शन के साथ विचारधारा के अन्य सभी रूपों, दर्शन, राजनीति, विधिशास्त्र को जोड़ दिया, और इन्हें धर्म दर्शन की उपशाखाएँ बना दिया। इस तरह उसने हर सामाजिक और राजनीतिक आंदोलन को धार्मिक जामा पहनने के लिए विवश किया। आम जनता की भावनाओं को धर्म का चारा देकर और सब चीजों से अलग रखा गया। इसलिए कोई भी प्रभावशाली आंदोलन आरंभ करने के लिए अपने हितों को धार्मिक जामे में पेश करना आवश्यक था।" जैसा कि श्री के०

> दामोदरन ने लिखा है एंगेल्स का यह कथन चौदहवीं तथा सत्रहवीं शताब्दियों के काल के भारत पर भी समान रूप से लागू होता है। (भारतीय चिंतन परंपरा, 327)।

यही नहीं, इस संदर्भ में धर्म के बारे में मार्क्स के जिस कथन को बहुधा उद्धृत किया जाता है, और जिसके आधार पर धर्म को जनता के लिए अफीम मानते हुए उसकी जन-विरोधी भूमिका को स्पष्ट किया जाता है, उसके बारे में भी हमें मार्क्स के सही आशय को जान लेना चाहिए। जनता को बरगलाने तथा उसकी वास्तविक स्थिति से उसे भरमाने में धर्म की वस्तुतः यही भूमिका है जिसका मार्क्स ने उल्लेख किया है, किन्तु प्रायः इस बारे में मार्क्स को अधूरा ही उद्धृत किया जाता है, और इस अधूरी समझ के नाते हम जनता के, साधारण जनता के धर्म के प्रति आकर्षण तथा लगाव को उसके यथार्थ संदर्भों में नहीं पहचान पाते और कभी-कभी धर्म से बेइंतिहा जुड़ी हुई यह जनता भी हमें नितांत मूढ़, प्रतिगामी तथा स्वतः अपने हाथों अपने पैर पर कुल्हाड़ी मारने के नाते संवेदना, सहानुभूति तथा समर्थन के योग्य नहीं मालूम देती। इस विषय पर मार्क्स का संपूर्ण कथन निम्नलिखित है-

> धर्म पीड़ित प्राणी की कराह है, वह इस हृदयहीन जगत का हृदय है, ठीक उसी प्रकार जैसे वह आत्माहीन परिस्थितियों की आत्मा है। यह जनता के लिए अफीम है।

श्री के० दामोदरन की बात को यहाँ भी हम अपना मंतव्य स्पष्ट करने के लिए उद्धृत करेंगे। सवाल है कि जो धार्मिक विचार प्रकृति की बाह्य शक्तियों के कल्पनातीत प्रतिबिंबों के रूप में मानव मस्तिष्क में मनुष्य की एकदम प्रारंभिक अवस्था में उदित हुए थे क्रमशः मनुष्य के सभ्यता के दायरे में प्रवेश करने के उपरांत भी क्यों बरकरार रहे, क्यों विज्ञान के द्वारा प्रकृति के रहस्यों के शनैः-शैनः उद्घाटन के बावजूद धर्म मानव मस्तिष्क में बना रहा। श्री दामोदरन का विचार है कि इन प्रश्नों का उत्तर संभवतः इस तथ्य में निहित है कि,

अपने विकास की एक विशेष अवस्था में धर्म सामाजिक गुण प्राप्त कर लेता है, और इतिहास की आर्थिक और सामाजिक शक्तियों का प्रतिनिधित्व करने वाला बन जाता है। इसी रूप में आर्यों के देवताओं ने, जो आरंभ में प्रकृति की शक्तियों का मूर्तीकरण थे, सामाजिक महत्त्व और सामाजिक गुण अर्जित कर लिए। इस रूपांतरण से लोगों को एक हद तक सांत्वना और काल्पनिक सुख भी मिला, और जीवन की कठिनाइयाँ झेलने में उन्हें आसानी मालूम हुई। (वही, 75)।

इसके साथ ही, धर्म वास्तविक पीड़ा की अभिव्यक्ति और वास्तविक पीड़ा के विरुद्ध प्रतिरोध की भी अभिव्यक्ति है। मार्क्स का धर्म विषयक कथन इसी बिंदु पर अपने सही अर्थ के साथ जाना जा सकता है, और उसे सही आशय में ग्रहण करके ही हम उन तमाम मध्ययुगीन जन-अभियानों को उनके यथार्थ में जान और समझ सकते हैं जो ऊपर से धर्म प्रेरित दिखाई देते हैं या जिनमें जनता के धार्मिक लगाव का गहरा योग है। श्री दामोदरन के अनुसार, मार्क्स द्वारा धर्म की दी गई परिभाषा को, जिसे हमने ऊपर उद्धृत किया है, प्रायः गलत तरीके से समझा और समझाया गया है-

इस परिभाषा में वस्तुतः दो पहलुओं पर जोर दिया गया है। धर्म एक साथ ही मस्तिष्क की शोकाकुल अवस्था की अभिव्यक्ति है, और उसके विरुद्ध विक्षोभ भी। पहली दशा में असमर्थता और उत्पीड़न के प्रति मन को बाँधने, दुख और दीनता तथा समाज की आत्माहीन परिस्थितियों के अनुकूल अपने को बनाने की भावना परिलक्षित है, जबकि दूसरी दशा उत्पीड़न तथा सामाजिक असमानता का अंत करने की अभिलाषा का द्योतक है। इस अंतर्विरोध के केवल एक पहलू पर बल देना मार्क्स के वक्तव्य को तोड़ने-मरोड़ने के समान है। (वही, 76)।

इसी बात को स्पष्ट करते हुए श्री दामोदरन आगे कहते हैं-

भारत में धर्म पर आस्था सदा सामाजिक प्रगति के लिए प्रतिकूल नहीं रही। वास्तव में इसने प्रायः ही उत्पीड़न और शोषण के विरुद्ध प्रतिरोध का रूप धारण किया। भारत में कितने ही सामाजिक और राजनीति संघर्ष धार्मिक सुधारों के आवरण में लड़े गए। इस प्रकार धार्मिक आंदोलनों ने, विशेषकर उस समय जब वे प्रारंभिक अवस्था में थे, और उन्होंने किसी पंथ या संप्रदाय का रूप धारण नहीं किया था, एक गतिपूर्ण और प्रगतिशील भूमिका ही अदा की। हमारे इतिहास के कितने ही मोड़ों पर जनता में धार्मिक शिक्षाओं के प्रति आध्यात्मिक दृष्टिकोण ने विलक्षण सृजनात्मक शक्ति को जन्म दिया, ऐसी शक्ति को जन्म दिया, जो अभूतपूर्व सामाजिक परिवर्तन लाने में सहायक हुए। (वही, 76)।

हमने श्री दामोदरन को विस्तार से यहाँ इसीलिए उद्धृत किया है ताकि हम मध्यकालीन भक्ति-आंदोलन को, जो मूलतः धर्म के आवरण में साधारण जनता की सामाजिक अस्मिता के सवाल को प्रधान रूप में सामने लाया, तथा उन भक्त तथा संत कवियों को, जो बावजूद एक गहरे धार्मिक विश्वास तथा आस्था के, उन विश्वासों तथा आस्था के अपने सारे अंतर्विरोधों को लिये-दिये

साधारण जनता से जुड़े रहे तथा जिन्होंने एक निहायत आक्रांता समाज में साधारण जन को मानसिक परितृप्ति तथा संतोष प्रदान किया, सही रूप में समझ और पहचान सकें। प्रायः उनकी धार्मिक आस्था को उसके सही संदर्भ में न देख पाने के कारण, अथवा उनके अंतर्विरोधों को सही परिप्रेक्ष्य में विश्लेषित न कर पाने के कारण मात्र उनकी धार्मिक संपृक्ति के नाते ही हम उन्हें प्रतिगामी तथा पतनशील मान बैठते हैं। यह एक निहायत खतरनाक किस्म का अतिवाद है, जिससे हमें बचना चाहिए। उपर्युक्त सारा विवेचन मात्र इसी अतिवाद से सावधान रहने के हेतु किया गया है।

आचार्य हजारी प्रसाद द्विवेदी ने अधिकांश मध्ययुगीन वैदुष्य को महज टीकाओं तथा भाष्यों की रचना तक ही सीमित माना है, और सही माना है। वस्तुतः सामंतवाद के पतन के साथ हिन्दू धर्म के पंडितों तथा आचार्यों ने, इस्लाम की ओर से आई चुनौती के आतंक में जिस एक बात पर सर्वाधिक बल दिया वह थी पुरानी व्यवस्था को सही सिद्ध करने के लिए शास्त्रों तथा प्राचीन धर्म ग्रंथों की नई व्याख्या; फलतः टीकाओं तथा भाष्यों का एक अंबार-सा हमें इस समूचे काल में दिखाई पड़ता है। हिन्दू समाज को संगठित करने के लिए नए-नए आचारों तथा विधि-विधानों का भी रूप सामने आया तथा प्राचीन आचारों तथा कर्मकांडों को भी फिर से रेखांकित किया गया।

जाहिर है कि अतीत को फिर से जीवित करने का यह प्रयास तत्कालीन संदर्भों में पूरी तरह से कारगर साबित नहीं हो सका। नई आर्थिक तथा सामाजिक शक्तियाँ अपने नए विचारों के साथ सामने आकर प्राचीन आचार-विचारों तथा विश्वासों को नई चुनौतियाँ दे रही थीं। नए विचारक अपने विचारों के मध्यम से पुरातन व्यवस्था की असंगतियों को उभार रहे थे तथा समाज को संगठित करने के उद्देश्य से नई दिशाओं का प्रवर्तन कर रहे थे, जो जाहिरा तौर पर चली आती हुई लीक के विरोध में था। ऐसी स्थिति में ही, सामंतवाद की जकड़बंदी के कमजोर पड़ने का लाभ उठाकर भारत में एक नए जन-अभियान का रूप सामने आया, जिसे भक्ति के आंदोलन के नाम से पहचाना जाता है। जैसा कि हम आगे चलकर देखेंगे धार्मिक आवरण में ही सामने आने पर भी यह भक्ति-आंदोलन कोरा धार्मिक आंदोलन नहीं था। श्री दामोदरन लिखते हैं-

भक्ति-आन्दोलन का मूल आधार भगवान विष्णु अथवा उनके अवतारों, राम और कृष्ण की भक्ति थी। किन्तु यह शुद्धतः एक धार्मिक आंदोलन नहीं था। वैष्णवों के सिद्धान्त मूलतः उस समय व्याप्त सामाजिक, आर्थिक यथार्थ

की आदर्शवादी अभिव्यक्ति थे। सांस्कृतिक क्षेत्र में उन्होंने राष्ट्रीय नव-जागरण का रूप धारण किया। सामाजिक विषयवस्तु में वे जाति प्रथा के आधिपत्य और अन्यायों के विरुद्ध अत्यंत महत्त्वपूर्ण विद्रोह के द्योतक थे। इस आंदोलन ने भारत में विभिन्न राष्ट्रीय इकाइयों के उदय को नया बल प्रदान किया। साथ ही राष्ट्रीय भाषाओं और उनके साहित्य की अभिवृद्धि का मार्ग भी प्रशस्त किया। व्यापारी और दस्तकार सामंती अवशोषण का मुकाबला करने के लिए, इस आंदोलन से प्रेरणा प्राप्त करते थे। यह सिद्धांत कि ईश्वर के सामने सभी मनुष्य, फिर वे ऊँची जाति के हों अथवा नीची जाति के, समान हैं, इस आंदोलन का केंद्रबिंदु बन गया, जिसने पुरोहित वर्ग और जाति के आतंक के विरुद्ध संघर्ष करने वाले आम जनता के व्यापक हिस्सों को अपने चारों ओर एकजुट किया। इस प्रकार मध्ययुग के इस महान आंदोलन ने न केवल विभिन्न भाषाओं और विभिन्न धर्मों वाले जन समुदायों की एक सुसंबद्ध भारतीय संस्कृति के विकास में मदद की, बल्कि सामंती दमन और उत्पीड़न के विरुद्ध संयुक्त संघर्ष चलाने का मार्ग भी प्रशस्त किया। (वही, 327)

इस प्रकार यह भक्ति-आंदोलन धार्मिक आवरण में भी देश के साधारण जन की व्यथा-कथा का आंदोलन बनकर सामने आया और जैसा कि हमने प्रारंभ में कहा है, इसने देश को उत्तर दक्षिण, पूर्व और पश्चिम, सभी ओर स्पंदित किया, सारे राष्ट्र की समग्र अभिव्यक्ति के रूप में सामने आया। दक्षिण में रामानुज इसके पुरोधा बने तथा उत्तर में इसे उनके शिष्य रामानंद सामने लाए। रामानुज ने ब्राह्मण-अब्राह्मण सभी को, यहाँ तक कि मुसलमानों को भी, अपनी शिष्य-परंपरा में लिया तथा दक्षिण में व्याप्त खान-पान सम्बन्धी कट्टरता एवं अस्पृश्यता जैसी सामाजिक विकृतियों पर प्रहार किया। यही काम उत्तर भारत में रामानंद ने किया। समूचे उत्तर भारत में भ्रमण करते हुए उन्होंने अपने क्रांतिकारी सामाजिक विचारों का प्रचार-प्रसार किया। तुलसी को अपनी शिष्य-परंपरा में लेते हुए कबीर को भी उसके अंतर्गत स्वीकार किया। राम-नाम का उनका मंत्र सगुण तथा निर्गुण दोनों ही प्रकार की भक्ति का संवाहक बना। निम्न जातियों से तमाम संत इस भक्ति-आंदोलन की लहर में ऊपर आए जिनमें जुलाहा कबीर, बुनकर दादू, चमार रैदास, नाई सेना, दरजी नामदेव, कसाई सदना आदि प्रमुख हैं। चाहे पूर्व हो या पश्चिम, उत्तर हो या दक्षिण भक्ति-आंदोलन का मुख्य नेतृत्व नीची कही जाने वाली जातियों के हाथों में ही रहा। इन संतों ने साधारण जनता को वर्ग, धर्म, जाति और संप्रदाय की

संकीर्णता से मुक्त करते हुए परस्पर घुलने-मिलने की प्रेरणा दी और इस प्रकार सामंतवाद की जड़ों पर कड़ा प्रहार किया।

यह भक्ति-आंदोलन कुछ मूलवर्ती आस्थाओं के तहत आगे बढ़ा और उन्हीं के नाते यह, बावजूद विभिन्न प्रदेशों में अपने कमोबेश वेग के, एक संश्लिष्ट चरित्र बनाए रह सका। ये मूलवर्ती आस्थाएँ थीं : धार्मिक विचारों के बावजूद जनता की एकता को स्वीकार करना, ईश्वर के समक्ष सबकी समानता का प्रतिपादन, जाति-प्रथा का विरोध, इस विचार का प्रचार कि मनुष्य और ईश्वर के बीच तादात्म्य प्रत्येक मनुष्य के सद्‌गुणों पर निर्भर करता है, न कि उसकी ऊँची जाति तथा धन संपत्ति पर; इस विचार पर जोर कि भक्ति ही आराधना का उच्चतम स्वरूप है, तथा बाह्याचारों, कर्मकांडों आदि की निंदा तथा भर्त्सना। इसके अलावा 'मनुष्य सत्य' को सर्वोपरि मानते हुए वर्गगत, जातिगत भेदभावों तथा धर्म के नाम पर किए जाने वाले उत्पीड़न का दृढ़ विरोध। भक्ति-आंदोलन की ये मूलवर्ती आस्थाएँ हमें उसके प्रत्येक पुरस्कर्ता के यहाँ प्राप्त होती हैं और ये आस्थाएँ इतनी प्रबल थीं तथा इनसे जन-मानस को इतनी परितृप्ति मिली कि भक्ति-आंदोलन का आधार व्यापक से व्यापकतर होता चला गया।

इस आंदोलन के भौतिक, सामाजिक आधारों के प्रमुख पक्षों को रेखांकित करते हुए दामोदरन लिखते हैं:

वस्तुनिष्ठ दृष्टि से समस्त जनता की एकता पर यह जोर दिया जाना ऐतिहासिक आवश्यकता के अनुरूप था। समय की माँग थी कि जाति-पांति और धर्मों के भेद-भाव पर आधारित तुच्छ सामाजिक विभाजनों का, जो घरेलू बाजार के विकास और उसके परिणामस्वरूप होने वाले परिवर्तनों के कारण अब एकदम निरर्थक हो गए थे, अंत किया जाए। ईश्वर के सम्मुख सभी प्राणियों की समानता का सिद्धांत उस नई सामाजिक चेतना का द्योतक था; जो सामंती शोषण के विरुद्ध जूझने वाले किसानों और कारीगारों में फैल रही थी। व्यक्ति के गुणों और योग्यताओं पर जोर, जो ऊँची जाति या किसी विशिष्ट वंश में जन्म लेने के फलस्वरूप प्राप्त सुविधाओं के विपरीत था, व्यक्तिगत स्वतंत्रता की ऐतिहासिक आकांक्षाओं की अभिव्यक्ति था। व्यक्तिगत स्वतंत्रता का यह नारा, एक नए पूँजीपति वर्ग का, जिसका कि उदय हो ही रहा था, नारा था। ये विचार धार्मिक अर्थों में भी, निःसंदेह, मध्ययुग की उन परिस्थितियों को देखते हुए जिनमें जाति-पांति की स्पर्धा और अंधविश्वासों के फलस्वरूप समाज का प्रगति करना असंभव हो गया था, प्रगतिशील थे।

भक्ति-आंदोलन ने केवल अंधविश्वास और जाति-प्रथा के खिलाफ आवाज उठाने और ईश्वर की दृष्टि में सबकी समानता घोषित करने की बात तक ही अपने को सीमित नहीं रखा। इस आंदोलन के कुछ नेताओं ने तो मुगल आधिपत्य और कुशासन तथा सामंती शोषण और उत्पीड़न के विरुद्ध व्यापारियों, कारीगरों और गरीब किसानों के संघर्ष का नेतृत्व भी किया। (वही, 335)

भक्ति-आंदोलन के मूलवर्ती सामाजिक आर्थिक आधारों तथा उसके फलस्वरूप साधारण जन की आकांक्षाओं के अनुरूप एक प्रभावशाली सामंतवाद-विरोधी उत्थान के रूप में, उसकी धार्मिक आध्यात्मिक परितृप्ति के एक शक्तिशाली अवलंब के रूप में, उसकी विवेचना करने के उपरांत अब हम भक्ति-आंदोलन के सम्बन्ध में गजानन माधव मुक्तिबोध के विचारों को भी इस नाते प्रस्तुत करना चाहेंगे कि उनमें न केवल भक्ति-आंदोलन के उद्‌भव-विकास को एक पैनी नजर से देखा और आंका गया है, उनके बीच से कुछ ऐसे सवाल भी उठाए गए हैं जो भक्ति-आंदोलन की शक्ति के साथ-साथ उन कारणों के प्रति हमें मुखातिब करते हैं जिनके तहत एक शक्तिशाली उत्थान होते हुए भी अंततः उसे विखर जाना पड़ा। जाहिर है कि इन सवालों और उनके जवाबों से गुजरे बिना हम भक्ति-आंदोलन का उसकी समग्रता से आकलन नहीं कर सकते।

गजानन माधव मुक्तिबोध ने भक्ति-आंदोलन को मूलतः उच्च वर्गों तथा ऊँची कही जाने वाली जातियों के खिलाफ निम्न वर्गों तथा जातियों के आवश्यक विद्रोह के रूप में देखा है, गोकि समय के अपने तकाजे से भक्ति-आंदोलन में ऊँची जातियों के भक्तों तथा संतों का भी योग रहा, और उन्हें निम्न वर्गों के लोगों की आकांक्षाओं को अभिव्यक्ति देनी पड़ी। मुक्तिबोध की दूसरी स्थापना यह है कि गोकि भक्ति-आंदोलन में ऊँच और नीच दोनों प्रकार के संतों और भक्तों का योग रहा, जहाँ तक सामाजिक भेदभाव तथा मानव-एकता की मूलवर्ती आस्था का सवाल है, निम्न कहे जाने वाले संतों का योगदान अधिक भास्वर है। मुक्तिबोध की तीसरी महत्त्वपूर्ण स्थापना यह है कि भक्ति-आंदोलन में उच्च वर्गों का प्रभाव शनैः-शनैः मजबूत होता गया और भक्ति-आंदोलन के बिखरने तथा अपना वास्तविक ताप खो देने का यह एक महत्त्वपूर्ण कारण है। हम यहाँ मुक्तिबोध की बात को उन्हीं के शब्दों में रखना चाहेंगे। वे लिखते हैं—

शिवाजी स्वयं मराठा क्षत्रिय था, किन्तु भक्ति-आंदोलन से जाग्रत जनता के कष्टों से खूब परिचित था, और स्वयं एक कुशल संगठक और वीर

सेनाध्यक्ष था। संत रामदास, जिसका उसे आशीर्वाद प्राप्त था, स्वयं सनातनी ब्राह्मणवादी था, किन्तु नवीन जाग्रत जनता की शक्ति से खूब परिचित भी था। संत से अधिक वह स्वयं एक सामंती राष्ट्रवादी नेता था। तब तक कट्टरपंथी शोषक तत्त्वों में ये भावना पैदा हो गई थी कि निम्न जातीय संतों से भेदभाव अच्छा नहीं है। अब ब्राह्मण शक्तियाँ स्वयं उन्हीं संतों का कीर्तन गायन करने लगीं। किन्तु इस कीर्तन गायन के द्वारा वे उस समाज की रचना को, जो जातिवाद पर आधारित थी, मजबूत करते जा रहे थे, एक प्रकार से उन्होंने अपनी परिस्थिति से समझौता कर लिया था। दूसरे, भक्ति-आंदोलन के प्रधान संदेश से प्रेरणा प्राप्त करने वाले लोग ब्राह्मणों में भी होने लगे। रामदास, एक प्रकार से ब्राह्मणों में से आए हुए अंतिम संत हैं। इसके पहले एकनाथ हो चुके थे। कहने का सारांश यह कि नवीन परिस्थिति में यद्यपि युद्ध सत्ता (राजसत्ता) शोषित और गरीब तबकों से आए हुए सेनाध्यक्षों के पास थी, किंतु सामाजिक क्षेत्र में पुराने और नए सामंतवादियों में समझौता हो गया था। नए सामंतवादी कुनबियों, धनगरों, मराठों और अन्य गरीब जातियों से आए सेनाध्यक्ष थे। इस समझौते का फल यह हुआ कि पेशवा ब्राह्मण हुए किंतु युद्धसत्ता नवीन सामंतवादियों के हाथ में रही। उधर सामाजिक सांस्कृतिक क्षेत्र में निम्नवर्गीय भक्तिमार्ग के जनवादी—संदेश के दांत उखाड़ लिए गए। उन संतों को सर्ववर्गीय मान्यता प्राप्त हुई, किंतु उनके संदेश के मूल स्वरूप पर कुठाराघात किया गया, और जातिवादी पुराण धर्म पुनः निःशंक भाव से प्रतिष्ठित हुआ। (नई कविता का आत्म-संघर्ष तथा अन्य निबंध, 88)

जो स्थिति महाराष्ट्र की थी, सामाजिक-सांस्कृतिक क्षेत्र में, मुक्तिबोध के अनुसार वही उत्तर भारत में भी दिखाई पड़ती है। यहाँ भी भक्ति-आंदोलन के सूत्र निम्न वर्गों से धीरे-धीरे उच्च वर्गीय संतों के हाथ में केंद्रित होते जाते हैं और एक बार भक्ति-आंदोलन में ब्राह्मणों का प्रभाव जम जाने पर वर्णाश्रम धर्म की पुनर्विजय की घोषणा में कोई देर नहीं थी। मुक्तिबोध की मान्यता है कि गोकि महाराष्ट्र में सगुण भक्ति तथा निर्गुण भक्ति में कोई द्वैत नहीं था किंतु जहाँ तक उत्तर भारत का सवाल है, यहाँ निर्गुण भक्ति निम्न वर्णों के संतों की प्रमुखता को सूचित करती है तथा निम्न वर्ण के साधारण जन भी उसके अंतर्गत बहुसंख्या में एकत्र होते हैं। कर्मकांडों, जाति-प्रथा, तथा मानव-एकता की बात इन निर्गुण संतों का अवलंब पाकर निर्गुण भक्ति में जितने आवेग और जोर-शोर के साथ सामने आती है, सगुण भक्ति के अंतर्गत वह इस कारण उतना वेग तथा प्रमुखता नहीं पाती कि उसके पोषक संत अधिकतर उच्च वर्ण के थे और निर्गुण संतों की भाँति जातिगत विषमता तथा वर्णगत

अपमान का उन्हें सीधा अनुभव नहीं था।

निर्गुण भक्ति में जहाँ हमें जाति, वर्ग-वर्णगत भेदभावों तथा उसके फलस्वरूप साधारण जन पर होने वाले अत्याचारों आदि के प्रति तीखे विद्रोह का भाव दिखाई पड़ता है, सगुण कृष्ण भक्ति में आकर वह एकदम कम हो जाता है। फिर भी, सगुण कृष्ण भक्ति का आलंबन कृष्ण के होने के नाते, और जहाँ तक कृष्ण के लोकप्रिय चरित्र का सवाल है , उस नाते, सगुण कृष्ण भक्त कवि यदि जातिगत तथा वर्णगत भेदभाव आदि का तीखा विरोध नहीं करते, तो कृष्ण की लीलाओं में ही मन रमाने के नाते निर्गुण भक्ति की इस निम्नवर्गीय जनवादी रुझान का विरोध भी नहीं करते। सगुण राम भक्ति में आकर स्थिति काफी कुछ बदली हुई दिखाई देती है। जन साधारण की आकांक्षाओं से सगुण रामभक्ति भी जुड़ती है, पर उच्च वर्ण के नेतृत्व की मजबूती के नाते वह इस निम्नवर्गीय जनवादिता का विरोध न करते हुए भी, पुरानी व्यवस्था अर्थात् वर्णाश्रम व्यवस्था का समर्थन करती है, और धीरे-धीरे उस निम्नवर्गीय जनवादी रुझान को एकदम समाप्त ही कर देती है। मुक्तिबोध ने गोस्वामी तुलसीदास का उदाहरण देते हुए अपनी बात को पुष्ट किया है जिस पर हम अपने 'तुलसीदास' शीर्षक निबंध में विचार करेंगे। संप्रति, हम उनके शब्दों में यही प्रस्तुत करना चाहेंगे कि 'तुलसी को भक्ति का यह मूल तत्त्व तो स्वीकार ही करना पड़ा कि राम के सामने सब बराबर हैं, किंतु चूँकि राम ही ने सारा समाज उत्पन्न किया है, इसलिए वर्णाश्रम धर्म और जातिवाद को तो मानना ही पड़ेगा।' मुक्तिबोध सवाल करते हैं—

क्या यह एक महत्त्वपूर्ण तथ्य नहीं है कि रामभक्ति शाखा के अंतर्गत एक भी प्रभावशाली और महत्त्वपूर्ण कवि निम्न जातीय शूद्र वर्गों से नहीं आया? क्या यह एक महत्त्वपूर्ण तथ्य नहीं है कि कृष्णभक्ति शाखा के अंतर्गत रसखान और रहीम जैसे हृदयवान मुसलमान कवि बराबर रहे आए किंतु रामभक्ति शाखा के अंतर्गत एक भी मुसलमान, और भी शूद्र, कवि, प्रभावशाली और महत्त्वपूर्ण रूप से अपनी काव्यात्मक प्रतिभा विशद नहीं कर सका।

निष्कर्ष यह कि जो भक्ति-आंदोलन जन-साधारण से शुरू हुआ और जिसमें सामाजिक कट्टरपन के विरुद्ध जन-साधारण की सांस्कृतिक आकांक्षाएँ बोलती थीं, उसका 'मनुष्य सत्य' बोलता था, उसी भक्ति-आंदोलन को उच्चवर्गीयों ने आगे चलकर अपनी तरह बना लिया और उससे समझौता करके फिर उस पर अपना प्रभाव कायम करके और अनंतर जनता के अपने तत्त्वों को उनमें से निकालकर उन्होंने उस पर अपना पूरा प्रभुत्व स्थापित कर लिया। (वही, 90)

भक्ति-आंदोलन के अपने मूलवर्ती ताप को खो देने के कुछ और भी कारण हैं, मसलन, उच्च वर्गों के हाथ में उसका नेतृत्व जाने के परिणामस्वरूप सामंती ताकतों का पुनः अपने को मजबूत करना और संगठित होना। यही नहीं, निम्न वर्गों के बीच से पैदा हुए सेनाध्यक्षों और नेताओं का नए सामंती घराने गठित करना और इस प्रकार ब्राह्मणवाद को पुनः सिरमौर बनाकर पूजना। जिस सामंतवाद को ढहना था उसे ताकत मिली नहीं कि ब्राह्मण और ब्राह्मणेतर की भावना फिर से प्रतिष्ठित हो गई, और निर्गुण मत की निम्नवर्गीय जनवादी रुझान तथा दिशा को समाप्त हो जाना पड़ा।

भक्ति-आंदोलन की मूलवर्ती निम्नवर्गीय जनवादी चेतना के बिखरने का एक सबसे महत्त्वपूर्ण कारण, जिसकी ओर श्री दामोदरन तथा मुक्तिबोध दोनों ने ही इशारा किया है, यह है कि सामंतवाद के पुनः शक्ति पा जाने के फलस्वरूप राष्ट्रीय पूँजीवादी शक्तियों का वह उभार रुक गया, जिसकी संभावना दिखाई पड़ रही थी, और जो सामंतवाद को मूल से उखाड़ सकने में सक्षम होतीं। समाज के आर्थिक सामाजिक स्तर पर वर्गहीन हुए बिना सामाजिक आर्थिक समानता की बात नहीं की जा सकती, और यह सब पूँजीवाद के अभ्युदय की स्थिति में ही संभव था, जो नहीं हो सका। श्री दामोदरन का कहना है—

यदि यह आंदोलन सदा के लिए सामाजिक असमानताओं और जाति-प्रथा से उत्पन्न अन्यायों को खत्म नहीं कर सका तो संभवतः इसका कारण यह था कि कारीगर, व्यापारी और दस्तकार, जो इस आंदोलन का मुख्य आर्थिक आधार थे, अब भी कमजोर और असंगठित थे, और इससे पहले कि उदीयमान पूँजीपति वर्ग एक वर्ग के रूप में अपना पूर्ण विकास प्राप्त करे, ब्रिटिश पूँजीपतियों ने देश को जीतकर अपने कब्जे में कर लिया और उसे ब्रिटिश साम्राज्य का एक अंग बना लिया। (पूर्वोद्धृत, 337)

अंग्रेजों ने इस प्रकार न केवल भारत में राष्ट्रीय पूँजीवाद के उदय को रोका, उन्होंने समाज के मूलवर्ती ढाँचे को अपरिवर्तित रहने दिया अर्थात् सामंतवाद की जड़ें मजबूत कीं। कुल मिलाकर, भक्ति-आंदोलन अपनी युगांतरकारी भूमिका समाप्त कर काल के एक बिंदु पर आकर समाप्त हो गया। यह सही है कि जिन संतों तथा भक्तों ने चाहे वे निर्गुण संत हों, चाहे सगुण संत और भक्त, सामाजिक असमानता के खिलाफ आवाज उठाई, जाति-प्रथा का विरोध किया, मानव मात्र की समानता का नारा बुलंद किया तथा एक-मानव धर्म तथा एक-मानव संस्कृति का आदर्श सामने रखा, वे सब भाववादी-आदर्शवादी सदिच्छाओं से ऊपर नहीं उठ सके, उनके पास समाज

तथा व्यवस्था की वास्तविकता को समझने की वैज्ञानिक दृष्टि भी नहीं थी, वे मात्र मानवतावादी उद्देश्यों से परिचालित थे, और जो कुछ उन्होंने कहा और प्रचारा संवेदनात्मक आधार पर ही कहा और प्रचारित किया, और भक्ति-आंदोलन के किसी स्थायी प्रभाव के न रहने में यह सब भी मूलवर्ती कारणों के रूप में विद्यमान है, फिर भी, अपने समय और अपने युग के बीच उन्होंने जो कुछ किया वह युगांतरकारी ही माना जाएगा। उनकी अपनी सीमाएँ, रचनात्मक तथा विचारधारात्मक, अपनी जगह पर हैं, उनका प्रदेय भारतीय सांस्कृतिक जीवन के इतिहास में कभी न भुलाई जा सकने वाली एक हकीकत है, इसे हमें स्वीकार करना होगा।

2

भक्ति-आन्दोलन और हिन्दी के आचार्य

लगभग तीन सौ वर्षों से भी अधिक के समय तक भारतीय जीवन को अनुप्राणित करने वाले भक्ति-आंदोलन की चर्चा करते हुए प्रायः देशी-विदेशी विद्वानों ने, एक महान ऐतिहासिक तथा सांस्कृतिक घटना के रूप में उसका स्मरण किया है। किसी-किसी ने उसे धर्म, समाज, संस्कृति, यहाँ तक कि जीवन के प्रत्येक क्षेत्र में उसके तलस्पर्शी प्रभाव की चर्चा करते हुए उसे एक नया युगान्तर भी माना है। भक्ति-आंदोलन के व्यापक जनाधार, विशेषतः कोटि-कोटि दलितों, पीड़ितों और शोषितों के जीवन में आत्म-सम्मानपूर्वक जी सकने की एक नई आशा का संचार करने, एवं उनके व्यापक सहयोग और शिरकत के बल पर देश के उत्तर से दक्षिण तथा पूर्व से पश्चिम तक, शताब्दियों की कालावधि में भी अपने सार्थक प्रभाव को कायम रख सकने के नाते उसे मध्यकाल के एक महान जन-आंदोलन की संज्ञा भी दी गई है। उसे यूरोप तथा इटली के रेनेसांस के समानान्तर भारतीय जागरण भी कहा गया है, 'लोक-जागरण ' के नाम से भी अभिहित किया गया है। विभिन्न वर्गों तथा वर्ण-व्यवस्था से जर्जर, सामाजिक ऊँच-नीच की भावना से आक्रांत, नाना प्रकार के धार्मिक भेदभाव, कर्मकाण्ड, एवं विधि-निषेधों से परिचालित भारतीय जीवन में भक्ति-आंदोलन का प्रादुर्भाव और उसके द्वारा उद्घोषित 'मनुष्य सत्य' हमारे लेखे उस समय की एक ऐसी अभूतपूर्व घटना एवं अनुभव था, जिसकी मिसाल नहीं है।

वर्ग, वर्ण, संप्रदाय तथा धर्मगत बंधनों की अवहेलना करते हुए मनुष्य मात्र को ईश्वरोपासना का समान अधिकारी घोषित करने वाली शास्त्रगत व्याख्याएँ तथा व्यवस्थाएँ देकर आचार्यों ने इस काल में एक ऐसी सेक्यूलर विचारधारा की नींव रखी, जो अपने समय को देखते हुए क्रांतिकारी कही जा

सकती है। भारत के सांस्कृतिक इतिहास में पहली बार अंत्यजों और सताए हुए वर्गों ने अपने संत दिए और इन संतों ने पहली बार निर्भीक और निश्चिन्त मन से धर्म और वर्ण, जाति और संप्रदायगत बंधनों और चारदीवारियों को तोड़ते हुए मानव धर्म तथा मानव संस्कृति का नारा बुलंद किया।

यह सही है कि इस भक्ति-आंदोलन से सामाजिक जीवन का अभिशाप सदा के लिए दूर नहीं हो सका; व्यवस्था की बुनियाद कुछ झटके खाकर भी पहले जैसी ही बनी रही, संतों की वाणी भी अधिकतर सदिच्छा के धरातल तक ही सीमित रही; भक्ति का आन्दोलन भी सब समय और सब जगह समस्तरीय नहीं रहा; उसमें उतार-चढ़ाव आते रहे; नए-नए विचार तथा नए-नए मत उसकी आकृति को प्रशस्त तथा संकुचित करते रहे; उसकी गति और व्याप्ति भी फैलती-सिकुड़ती रही और समाज का प्रभु वर्ग अंततः उसके सूत्र अपने हाथ में लेने में कामयाब हो गया। परिणामस्वरूप भक्ति-आंदोलन का इस्तेमाल चली आ रही व्यवस्था को मजबूत बनाने में किया जाने लगा, परन्तु इन सब बातों के बावजूद भक्ति-आंदोलन का ऐतिहासिक महत्त्व और उसका सांस्कृतिक कर्तृत्व कमजोर नहीं होता। के० दामोदरन ने भक्ति-आंदोलन के बिखरने के अन्य कारणों की ओर संकेत करते हुए लिखा है—"धर्म के लिए प्रेरणा मूलतः संवेदनात्मक होती है, तर्क करने अथवा युक्तिपूर्वक सोचने का मौका कम मिलता है। अतः धार्मिक भावना न तो सामाजिक समस्याओं के तर्कसंगत विश्लेषण के लिए सक्षम है, न ही इन समस्याओं का युक्तियुक्त समाधान ढूँढ़ निकालने में वह सफल होती है। भक्ति-आंदोलन ने आम जनता में तो जागृति पैदा की, किन्तु वह सामाजिक और आर्थिक व्यवस्था में मौजूद असंगतियों के वास्तविक कारणों को समझने और मानव के दुखों और पीड़ाओं के नूतन समाधान प्रस्तुत करने में सफल नहीं हुआ। यही एक मुख्य कारण है कि इस आंदोलन की परिणति, जिसने सामंती उत्पीड़न और पुरोहिती रूढ़िवाद के विरुद्ध जनता को संयुक्त किया था, अंततः घोर संकीर्णतावाद में हुई। सिक्ख धर्म की विकास प्रक्रिया इसका एक स्पष्ट उदाहरण है।" दामोदरन आगे लिखते हैं—"यदि यह आंदोलन सदा के लिए सामाजिक असमानताओं और जाति-प्रथा के अन्यायों को नहीं खत्म कर सका, तो संभवतः इसका कारण यह था कि कारीगर, व्यापारी और दस्तगार, जो इस आंदोलन के मुख्य आर्थिक आधार थे, अब भी कमजोर और असंगठित थे।"

कुछ भी हो, इस सारे आरोह-अवरोह के बावजूद भारतीय जन-जीवन के सबसे बड़े आध्यात्मिक, सामाजिक और सांस्कृतिक अभ्युत्थान के रूप में वह हमें अपनी पहचान कराता है। कहना न होगा कि उसकी तमाम सीमाओं के

बावजूद उसके बारे में मूलवर्ती धारणा यही रही है, और है।

इस भक्ति-आंदोलन का सवाल एक अर्धशतक से भी ज्यादा समय से हिन्दी के आचार्यों और आलोचकों के बीच किसी न किसी रूप में उठता रहा है या इसे साहित्येतिहास की पुस्तकों में उठाया जाता रहा है, अथवा इस पर स्वतंत्र किताबें लिखकर इस पर चर्चा की जाती रही है। सर जार्ज ग्रियर्सन से लेकर आचार्य शुक्ल, हजारी प्रसाद द्विवेदी, डॉ० रामविलास शर्मा, डॉ० नामवरसिंह और आगे के विद्वानों के बीच तक इस चर्चा का प्रसार है। इस तमाम चर्चा के बीच से कुछ ऐसे सवाल उभरे हैं, भक्ति-आन्दोलन और उसके साथ सामने आने वाली रचनाशीलता की सही पहचान के लिए जिनके जवाब देना या जिनके बीच से गुजरना बहुत जरूरी है। इन विद्वानों में भक्ति-आन्दोलन के तमाम मुद्दों को लेकर गंभीर मतभेद भी हैं। जिन सवालों का संकेत हमने ऊपर किया है, वे वस्तुतः इसी मतभेद के बीच से ही उभरे हैं। अतएव अगली पंक्तियों में हम हिन्दी के आचार्यों के बीच हुई भक्ति-आन्दोलन सम्बन्धी चर्चा की पड़ताल करना चाहेंगे; ताकि अपनी इस सांस्कृतिक विरासत को अधिक कारगर तरीके से पहचान सकें।

एक मुद्दा उत्तर भारत में इस भक्ति-आन्दोलन के उदय का है। सर जार्ज ग्रियर्सन ने, जिन्होंने इसकी पैदाइश ईसाइयत में देखी थी, उनकी यह बात तो साफ तौर से गलत साबित हो चुकी है उन आलवारों की रचनाओं के साक्ष्य पर, जिनमें प्रपत्ति का वह रूप विद्यमान है, जिसे ग्रियर्सन ने भ्रमवश ईसाइयत की देन माना था। उन आलवरों की रचनाएँ साबित करती हैं कि भक्ति का यह रूप ईसाइयत की देन न होकर भारतीय जमीन की अपनी उपज है। बावजूद इसके यह सवाल अभी तक बना हुआ है कि जो भक्ति-आंदोलन मध्ययुग में समूचे उत्तर भारत में अपनी पहचान कराता है, उसकी मूलवर्ती प्रेरणा क्या और कौन-सी है? कौन-सा वह दुर्दम शक्तिपात था, जिसने भक्ति के दक्षिण की ओर से बहने वाले मंद-मंद सोते को उत्तर में एक उच्छल नद का रूप प्रदान किया, एक ऐसा वेगवान प्रवाह बनाया, जिसमें सदियों के रुढ़िबद्ध शास्त्र, धर्म, वर्ण, संप्रदायगत विधि-निषेध तिनके के समान बहते हुए दिखाई पड़े और जो शतधा विभक्त होकर सदियों तक न केवल उत्तर भारत के जन-जीवन को शीतल करता रहा, जिसने पश्चिम और पूर्व की जनता के आतप-तप्त प्राणों को भी समान रूप से सींचा और हरा-भरा किया। कहने का मतलब है कि वे कौन-से कारण हैं, जिन्होंने उत्तर भारत की वैष्णव भक्ति को, जो गुप्त सम्राटों तक अर्थात् पाँचवीं शताब्दी तक अपने चरम शिखर पर थी, मंद हो जाने या दब जाने को विवश किया। सातवीं शताब्दी से तेरहवीं शताब्दी

तक उसे लुप्त हो जाने के लिए मजबूर किया, और उसके बाद दक्षिण से आने वाले उसके मंद प्रवाह को उत्तर की ओर बहने और एकदम से वेगवान रूप में फूट पड़ने को बाध्य किया। सवाल और भी हैं अर्थात् क्या, जैसा कि ग्रियर्सन ने कहा है, उत्तर भारत में भक्ति का फूटना बिजली की चमक के समान कोई आकस्मिक घटना थी, क्या वह जैसा कि शुक्ल जी ने कहा है, मुसलमानों से पराजित और पराभूत उत्तर भारत की जनता की हताश प्रतिक्रिया की अभिव्यक्ति थी, अथवा क्या वह जैसा कि हजारीप्रसाद द्विवेदी का कहना है, भारतीय चिन्ता का स्वाभाविक विकास थी? सवाल और भी हैं। क्या उत्तर भारत में भक्ति का यह उभार बाहरी शक्तियों और भारतीय समाज-व्यवस्था के आन्तरिक संघर्ष, मसलन सिद्धों-नाथों आदि से भारतीय वर्ण-व्यवस्था तथा पौराणिक धर्ममत को मिलने वाली चुनौती से बचाव का एक तरीका था, या फिर अनात्मवाद की निराशा का फल था। भक्ति-आंदोलन का मुद्दा उठाते ही एक साथ ढेर सारे सवालों का अम्बार-सा लग जाता है। इसी नाते हमने कहा है कि भक्ति-आंदोलन की सही पहचान इन जैसे और इन तमाम सवालों के बीच गुजरकर ही की जा सकती है। प्रस्तुत निबंध में हम ऐसा ही विनम्र प्रयास करना चाहते हैं।

भक्ति-आन्दोलन पर हिन्दी के विभिन्न विद्वानों ने जो चर्चा की है, उसका जिक्र करने के पहले यह देख लेना उचित होगा कि उसके पहले के क्या कुछ अन्य सूत्र भी हैं, जो भक्ति-आन्दोलन की ओर संकेत करते हों। 'श्री मद्भागवत्माहात्म्य' में कुछ श्लोक हैं, जो सीधे भक्ति और भक्ति-आंदोलन के प्रवाह की ओर इशारा करते हैं। इसी प्रकार हिन्दी की एक उक्ति भी है जो बहुत लोकप्रिय है और काफी विश्वास के साथ प्रमाण के रूप में उद्धृत की जाती है। पहले संस्कृत श्लोकों को देखें-

उत्पन्ना द्राविड़े साहं वृद्धिं कर्नाटके गता।
क्वचित्क्वचिद् महाराष्ट्रे गुर्जरे जीर्णतां गता।
तत्र घोरे कलेयोगात पाखंडे खंडिताक का।
दुर्बलाहं चिरंयाता पुत्राभ्यां सह मन्दताम् ।
वृन्दावनं पुनः प्राप्य नवीनैव सरूपिणी।
जातां युवती, सम्यक् श्रेष्ठरूपा तु सांप्रतम् ।

हिन्दी में उक्ति है—

भक्ति द्राविड़ ऊपजी लाए रामानन्द।
परगट करी कबीर ने सप्तद्वीप नवखंड।।

इन दोनों उद्धरणों से स्पष्ट है कि भक्ति का उदय द्रविड़ देश में हुआ, तमिलनाडु में हुआ। परंतु इस तथ्य से आगे दोनों उद्धरण दो तरह के संकेत देते हैं। संस्कृत का श्लोक यह बताता है कि भक्ति का आगे का विकास कर्नाटक और फिर धीरे-धीरे महाराष्ट्र में हुआ, उसका पतन गुजरात प्रदेश में हुआ, फिर वृन्दावन में उसे पुनर्जीवन, उत्कर्ष तथा श्रेष्ठत्व की प्राप्ति हुई। हिन्दी की अनुश्रुति भक्ति के दक्षिण से रामानन्द द्वारा लाए जाने और उत्तर में कबीरदास द्वारा प्रसारित किए जाने का संकेत करती है। ध्यातव्य है कि संस्कृत की उक्ति विशेषतः कृष्ण-भक्ति की ओर संकेत करती है, परन्तु हिन्दी की अनुश्रुति का संकेत रामभक्ति की ओर है। यदि हम इस सारे संदर्भ का ऐतिहासिक सर्वेक्षण करें, तो हमें पता चलेगा कि अपने आरंभिक दौर में, जहाँ तक आलवारों का सम्बन्ध है, कृष्ण की भक्ति पर अधिक बल होते हुए भी व्यवहारतः राम और कृष्ण-भक्ति में कोई विभेद नहीं मिलता। आलवरों और नायनारों ने भक्ति का उपयोग दक्षिण भारत से बौद्धों और जैनों को भगाने के लिए किया था। इधर शोधों से यह स्पष्ट हो चुका है। परन्तु जैसे ही बौद्धों और जैनों का प्रभाव कम हुआ, इन आलवरों और नायनारों में आपसी संघर्ष छिड़ गया। इस संघर्ष का साक्ष्य भी हमें इतिहास देता है। इस प्रकार इन तीनों चीजों को मिलाकर दक्षिण में भक्ति के तीन रूप दिखाई पड़ते हैं। पहला रूप वैष्णव संप्रदाय की भक्ति का है, जिसमें राम और कृष्ण से सम्बन्धित भक्ति संप्रदाय भी मिला हुआ है। इसका विकास आलवारों से होता हुआ—नाथमुनि यमुनाचार्य, रामानुजाचार्य, रामानन्द, वल्लभाचार्य, मध्वाचार्य और विष्णुस्वामी आदि के द्वारा आगे तक हुआ। भक्ति की दूसरी शाखा शैवों की थी, जो नायनारों के बीच से विकसित होती रही। तीसरी शाखा बौद्धों और जैनों को मार भगाने के उपरान्त वैष्णवों और शैवों के बीच उत्पन्न हुए भेदों को दूर करने के लिए अपना समन्वयात्मक रूप लेकर आई। इसी की एक कड़ी कर्नाटक के पुण्डलीक थे, जिन्हें कुछ कारणों से कर्नाटक छोड़कर महाराष्ट्र की ओर आना पड़ा। महाराष्ट्र के पंढरीपुर में आकर इन्होंने भीमा नदी के किनारे विष्णु और शिव के मिले-जुले रूप में विट्ठल भगवान की मूर्ति की प्रतिष्ठा की। ज्ञानदेव के भाई निवृत्तिनाथ ने इस तथ्य को बड़े गौरव के साथ उजागर किया है। पुण्डलीक के भाग्य का इस चराचर जगत में कौन वर्णन कर सकता है जिसने विष्णु सहित शिव को लाकर पंढरीपुर में भीमा नदी के किनारे सबके दर्शनार्थ स्थापित कर दिया। निवृत्तिनाथ का यह अभंग इसी बात की ओर इशारा करता है—

पुण्डलिकांचे भाग्यवर्ण वचा अमरीं।
नाहीं चराचर ऐसों कोणी।
विष्णु सहित शिव आणिता पंढरी
भीमा तीरीं पेखणे।

(संत साहित्य के प्रेरणा स्रोत—पं० परशुराम चतुर्वेदी, पृष्ठ 85।)

यही कारण है कि बारकरी संप्रदाय के संतों में श्री विष्णु और शिव के नाम में कोई भेद नहीं है। दूसरी बात यह भी है कि पंढरीपुर में विट्ठल अर्थात् विष्णु भगवान की जो मूर्ति है, उसके मस्तक पर भगवान शिव का लिंग बना हुआ है।

रुपहला डालसू पाहता गोपवेषु
महिमा वर्णिता महेश जेणे मस्तक वंदिला।

(बलदेव उपाध्याय—भागवत्संप्रदाय, पृष्ठ 585 ज्ञानदेव अभंग।)

यह बात इस संदर्भ में बहुत महत्त्वपूर्ण है कि महाराष्ट्र में भक्ति की प्रारंभिक डोर सामाजिक दृष्टि से उपेक्षित ज्ञानदेव परिवार और सामाजिक दृष्टि से निम्न नामदेवाादि के हाथ में ही रही। यही कारण है कि भक्ति का मजबूत आधार मिलने पर भी उनमें एक आक्रामकता है। सामाजिक भेदभाव को नामदेव ने आड़े हाथों लिया है। इस संदर्भ में एक ऐतिहासिक तथ्य भी जुड़ा है कि ज्ञानदेवादि परिवार में दक्षिण से आई भक्ति पश्चिमी उत्तर भारत से आई हुई नाथों की परंपरा का अद्‌भुत मेल थी। ऐसा इसलिए कि उनकी गुरुकुल परंपरा नाथों से जुड़ी थी। इस तथ्य को ज्ञानदेव ने ज्ञानेश्वरी में स्वीकार किया है।

शैवों की भक्ति-शाखा को वह विस्तार और महत्त्व नहीं मिल सका, जो वैष्णव-भक्तिशाखा को मिला। वैष्णव भक्ति की यह शाखा कर्नाटक और महाराष्ट्र में अधिक न उलझकर उत्तर भारत में आई। उत्तर में इसी से कृष्ण भक्ति और रामभक्ति के सोपान खुले। पहली के मुख्य सूत्रधार वल्लभाचार्य बने जबकि दूसरी को रामानन्द ने प्रचारित किया। पहली शाखा से अष्टछाप के कवियों का आविर्भाव संभव हुआ, जबकि दूसरी से कबीर आदि का। यहाँ यह ध्यातव्य है कि रामानन्द ने व्यावहारिक स्तर पर राम के सगुण रूप का ही प्रचार किया, गोकि कबीर उनके शिष्य होकर भी सगुण राम के प्रचारक न बने। यह बात उन पर अवतारवाद के प्रभाव के बावजूद लागू होती है। कबीर ने स्पष्ट रूप से कहा है कि मैंने राम नाम का बीज शब्द तो गुरु से ग्रहण किया है, परन्तु उसकी व्याख्या और विस्तार अपने अनुभव से किया है।

कबीर से थोड़ा पहले नामदेव उत्तर भारत में अपनी भक्ति का प्रचार कर गए थे। एक प्रकार से वे कबीर की भक्ति के स्वरूप की पूर्वपीठिका तैयार कर गए थे। कबीर ने उनके इस महत्त्व को स्वीकार किया है। उत्तर भारत के आध्यात्मिक वातावरण में उस समय नाथपंथियों का भी व्यापक प्रभाव था। यह प्रभाव समाज के उन वर्गों पर विशेष रूप से था, जिनसे कबीर का सम्बन्ध था। यही कारण है कि कबीर नाथपंथियों से भी प्रभावित दिखाई पड़ते हैं और इस तथ्य को उन्होंने निःसंकोच भाव से स्वीकार भी किया है। रामानन्द के प्रभाव में आने के बाद कबीर को राम नाम का बीज शब्द तो मिला ही, भक्ति और भक्तों की एक परंपरा भी मिली। इस प्रदेय को भी कबीर ने अकुण्ठ भाव से स्वीकार किया है।

यह वह समय था जब सूफियों की विचारधारा का भी भारत में प्रवेश हो चुका था, और पंजाब तथा राजस्थान में उसका प्रसार भी था। कबीर ने सूफियों के प्रभाव को भी ग्रहण किया। इन विविध प्रकार की भक्ति और भक्तिगत साधनाओं के सन्धिस्थल पर खड़े होने के नाते ही कबीर की अपनी भक्ति-साधना का स्वरूप सबसे अनूठा बन सका है। कबीर इन तमाम भक्ति साधनाओं की सीमाओं से भी वाकिफ थे। इसीलिए उन्होंने इन्हें ज्यों का त्यों स्वीकार न कर अपने ढंग से, अपने विवेक के तराजू पर तौलकर स्वीकार किया, बहुत कुछ इनको छोड़ा भी। उन पर इन साधनाओं का कहीं और कतई आतंक नहीं है। कबीर के समय में उत्तर भारत में गोरखनाथ और गोपीचंद के बाद उनकी नकल पर खड़े होने वाले साधुओं की भरमार हो गई थी। ये साधारण जन को अपनी चमत्कारी क्रियाओं से आतंकित कर उस पर अपना रोब जमाए हुए थे। कबीर जिस प्रकार पंडितों और मुल्लाओं के रूढ़िवाद से लड़ते हैं, उसी प्रकार इन नकली साधुओं से भी। वस्तुतः कबीर की लड़ाई हर प्रकार की नकल के खिलाफ चलने वाली लड़ाई थी। वह हर प्रकार के रूढ़िवाद और कठमुल्लापन के खिलाफ जारी की गई मुहिम थी। कबीर इस मुहिम में सदा हिरावल में रहे। कबीर की ही तरह जायसी भी उस दौर के रचनाकार हैं, जब राजनीतिक तौर पर हिन्दुओं और मुसलमानों का संघर्ष जारी था। देखने की बात यह है कि जायसी इस संघर्ष को अपने समय की राजसत्ता और स्थितियों के मध्य चित्रित नहीं करते। वे अपने समय से पहले अलाउद्दीन खिलजी के शासन काल में पहुँचते हैं और उस समय के इस संघर्ष को, जिसमें एक ओर अलाउद्दीन खिलजी है, दूसरी ओर चित्तौड़ का शासक रत्नसिंह या रत्नसेन, और जो जायसी के समय में अतीत बन चुका है, उसे अभिव्यक्ति देते हैं और उसे एक किस्से के रूप में पेश करते हैं, काव्य का

विषय बनाकर। कबीर और जायसी के यहाँ इन स्थितियों के प्रति उनका जो रुख है, उसमें भी बुनियादी अंतर है। कबीर का पंडित, मुल्ला का दायरा हिन्दू या इस्लाम धर्म या मजहब के स्तर पर तो व्यापक है, परतु वह राजनीति के स्तर पर अपने समय के शासक वर्ग से सीधे नहीं टकराता। जायसी ऐसा कर सके हैं। वे हिन्दू-मुसलमान संघर्ष की बात को राजनीति के स्तर पर भी उभारते हैं, भले ही उन्होंने उसे अतीत के संदर्भ में उभारा हो। कबीर इस संघर्ष के धार्मिक आयाम तक ही सीमित रहते हैं, जायसी उसके राजनीतिक आयाम को भी छूते हैं। रुख के इस बुनियादी अंतर के बावजूद कहा जायेगा कि कबीर और जायसी दोनों ही मूलवर्ती रूप में सेक्युलर हैं। दोनों में एक स्तर पर साम्य है कि जायसी धार्मिक स्तर पर जिस ईश्वर की बात करते हैं वह निर्गुण है, जिस आचरण की बात करते हैं, वह कट्टर मुसलमानों की तरह सामूहिक न होकर व्यक्तिगत है, उनका ईश्वर जगत में व्याप्त होते हुए भी प्रत्येक के हृदय में भी निवास करता है। कबीर भी कुछ ऐसा ही जायसी के पहले कह चुके थे। किन्तु सूर आदि कवि भक्ति का जो रूप आगे प्रस्तुत करते हैं, वह अपने में कबीर तथा जायसी से भिन्न प्रकार का है। वह योगपरक निर्गुण ब्रह्म और ज्ञान के विरोध में है। हिन्दू-मुसलमान संघर्ष वाला स्वर भी वहाँ नहीं है। यही बात तुलसी में भी दिखाई पड़ती है। इस संदर्भ में एक महत्त्वूपर्ण बात यह है कि सूर आदि निर्गुण का जो विरोध करते हैं, वह पौराणिक भक्ति वाले निर्गुण का विरोध न होकर योग वाले निर्गुण का विरोध है।

सवाल है कि कबीर आदि में सामाजिक रूढ़ियों के विरुद्ध जो विद्रोह भाव है, वह सूर आदि में क्यों नहीं है या फिर क्यों मंद है? इस सवाल की चर्चा हम आगे करेंगे। अभी हम भक्ति-आंदोलन को लेकर हिन्दी के आचार्यों में जो विवाद हुआ है, उस पर अपने को केन्द्रित करेंगे।

हिन्दी साहित्य के अपने इतिहास में आचार्य शुक्ल ने मध्यकालीन धार्मिक और राजनीतिक परिप्रेक्ष्य की चर्चा करते हुए भक्ति-आंदोलन के उत्तर भारत में प्रसार के कारणों और स्रोतों का कुछ हवाला दिया है। आचार्य शुक्ल का एक पैराग्राफ में उल्लिखित निम्न वक्तव्य ही आगे चलकर हजारी प्रसाद द्विवेदी की चर्चा के केन्द्र में आया और विवाद का सबसे अधिक प्रगल्भ मुद्दा बना। आचार्य शुक्ल इस पैराग्राफ में कहते हैं—

> "देश में मुसलमानों का राज्य प्रतिष्ठित हो जाने पर हिन्दू जनता के हृदय में गौरव, गर्व और उत्साह के लिए अवकाश न रह गया। उसके सामने ही उसके मंदिर गिराए जाते थे, देव मूर्तियाँ तोड़ी जाती थीं, और

पूज्य पुरुषों का अपमान होता था और वे कुछ न कर सकते थे। ऐसी स्थिति में अपनी वीरता के गीत न तो वे गा ही सकते थे और न बिना लज्जित हुए सुन ही सकते थे। आगे चलकर जब मुस्लिम साम्राज्य दूर तक स्थापित हो गया, तब परस्पर लड़ने वाले स्वतंत्र राज्य भी नहीं रह गए। इतने भारी राजनीतिक उलटफेर के नीचे हिन्दू जनता पर उदासी छाई रही। अपने पौरुष से हताश जाति के लिए भगवान की शक्ति और करुणा की ओर ध्यान ले जाने के अतिरिक्त दूसरा मार्ग ही क्या था?''

हिन्दी साहित्य के अपने इतिहास में भक्तिकाल के विवेचन का प्रारंभ करते हुए सामान्य परिचय के रूप में राजनीतिक परिस्थिति का विवरण देते हुए आचार्य शुक्ल ने अपनी उक्त मान्यता प्रस्तुत की है, जो भक्तिकाल और भक्तिकाल के उत्तर भारत में उदय का सम्बन्ध इस्लाम के आक्रमण से पराभूत अपने पौरुष से हताश हिन्दू जाति के पराजय बोध से जोड़ती है। यह बात कि भक्तिकाल और भक्तिकाव्य के उत्तर भारत में उदय का सम्बन्ध आचार्य शुक्ल ने इस्लामी आक्रमण से एकाध अन्य स्थानों पर भी जोड़ा है, सही है। उदाहरण के रूप में वीरगाथाकाल का प्रकरण समाप्त करते हुए वे कहते हैं—

> ''मोटे हिसाब से वीरगाथाकाल को महाराज हम्मीर के समय तक ही समझना चाहिए। उसके उपरान्त मुसलमानों का साम्राज्य भारत में स्थिर हो गया और हिन्दू राजाओं को न तो आपस में लड़ने का उत्साह रहा, न मुसलमानों से। जनता की चित्तवृत्ति बदलने लगी और विचारधारा दूसरी ओर चली। मुसलमानों के न जमने तक तो उन्हें हटाकर अपने धर्म की रक्षा का वीर प्रयत्न होता रहा, पर मुलसमानों के जम जाने पर अपने धर्म के उस व्यापक और हृदय ग्राह्य रूप के प्रचार की ओर ध्यान हुआ, जो सारी जनता को आकर्षित रखे और धर्म से विचलित न होने दे।''

'सूरदास' पुस्तक में वल्लभाचार्य पर लिखते हुए आचार्य शुक्ल ने उनके कृष्णाश्रय नामक प्रकरण ग्रंथ की चर्चा की है और लिखा है—

> ''कृष्णाश्रय नामक अपने प्रकरण ग्रंथ में आचार्य जी ने देशकाल की अत्यंत विपरीत दशा का वर्णन किया है, जिसमें वेद मार्ग या मर्यादा मार्ग का अनुसरण उन्हें अत्यंत कठिन या असंभव दिखाई पड़ा। वल्लाभाचार्य जी के समय में देश में मुसलमानी साम्राज्य अच्छी तरह दृढ़ हो चुका था। हिन्दुओं का एकमात्र स्वतंत्र और प्रभावशाली राज्य दक्षिण का विजयनगर राज्य रह गया था। पर बहमनी सुल्तानों के पड़ोस में रहने के कारण उसके दिन भी गिने हुए दिखाई पड़ते थे।

इस्लामी संस्कृति का प्रभाव अच्छी तरह जम रहा था। सूफी भक्तों या पीरों के द्वारा सूफी पद्धति की भक्ति का प्रचार कार्य चल रहा था।''

आचार्य शुक्ल की इस इतिहास दृष्टि की आलोचना सबसे पहले आचार्य हजारीप्रसाद द्विवेदी ने की और भक्तिकाल तथा भक्तिकाव्य के उत्तर भारत में उदय को लेकर अपनी नई स्थापना दी, जो निःसंदेह शुक्ल जी की उक्त मान्यता की तुलना में अधिक प्रशस्त, तर्कपुष्ट और ग्राह्य है। आचार्य द्विवेदी के उपरान्त अन्य कुछ विद्वानों ने भी आचार्य शुक्ल की उक्त इतिहास दृष्टि को संकुचित और सांप्रदायिक आग्रह पर आधारित बताया; यहाँ तक कि उसे साम्राज्यवादी हितों का पोषक भी कहा। हम इस प्रसंग की चर्चा आगे करेंगे। पहले हम भक्ति, भक्तिकाल और भक्तिकाव्य के उदय के बारे में विशेषतः उत्तर भारत में आचार्य शुक्ल के कुछ और कथनों को भी प्रस्तुत करना चाहेंगे, जो उनके अपने इतिहास में तथा 'सूरदास' नामक किताब में हैं। इन कथनों से भक्तिकाल और भक्तिकाव्य के उत्तर भारत में उदय के बारे में शुक्ल जी के मंतव्यों के विवेचन तथा उनकी मूलवर्ती दृष्टि को समझने में हमें मदद मिलेगी।

भक्तिकाल की राजनीतिक पृष्ठभूमि की चर्चा करने के उपरान्त—जिससे संबद्ध शुक्ल जी के विवादास्पद उद्धरण को हम पीछे दे चुके हैं, शुक्ल जी ने भक्तिकाल की धार्मिक स्थिति का भी जायजा लिया है। यहाँ वे कहते हैं—

''धर्म की भावात्मक अनुभूति या भक्ति, जिसका सूत्रपात महाभारत काल में और विस्तृत प्रवर्तन पुराण काल में हुआ था, कहीं दबती, कभी कहीं उभरती किसी प्रकार चली भर आ रही थी।'' इसी प्रसंग में वे कहते हैं—''भक्ति का जो सोता दक्षिण की ओर से धीरे-धीरे उत्तर भारत की ओर पहले से ही आ रहा था, उसे राजनीतिक परिवर्तन के कारण शून्य पड़ते हुए जनता के हृदय क्षेत्र में फैलने के लिए पूरा स्थान मिला। रामानुजाचार्य ने शास्त्रीय पद्धति से जिस सगुण भक्ति का निरूपण किया था, उसकी ओर जनता आकर्षित होती चली आ रही थी।''

इसके पहले उनका कथन है—''सारांश यह कि जिस समय मुसलमान भारत में आए, उस समय सच्चे धर्म भाव का बहुत कुछ ह्रास हो गया था। परिवर्तन के लिए बहुत कड़े धक्कों की आवश्यकता थी।''

सच्चे धर्म भाव के ह्रास को उन्होंने इस प्रकार समझाया है—

''धर्म का प्रवाह कर्म, ज्ञान और भक्ति इन तीन धाराओं में चलता है। इन तीनों के सामंजस्य से धर्म अपनी पूर्ण सजीव दशा में रहता है। किसी एक के

भी अभाव में वह विकलांग रहता है। कर्म के बिना वह लूला, लंगड़ा, ज्ञान के बिना अंधा, और भक्ति के बिना हृदय-विहीन क्या निष्प्राण रहता है? ज्ञान के अधिकारी तो सामान्य से बहुत अधिक समुन्नत और विकसित बुद्धि के कुछ थोड़े से विशिष्ट व्यक्ति ही होते हैं। कर्म और भक्ति ही सारे जन-समुदाय की संपत्ति होती है। हिन्दी साहित्य के आदिकाल में कर्म तो अर्थशून्य विधि-विधान और तीर्थाटन, पर्वस्नान इत्यादि के संकुचित घेरे में पहले से बहुत कुछ बद्ध चला आता था। धर्म की भावात्मक अनुभूति या भक्ति जिसका सूत्रपात.........। (शुक्ल जी का यह कथन हम पीछे उद्धृत कर चुके हैं)।''

शुक्ल जी ने लिखा है कि '' अर्थशून्य बाहरी विधानों की निस्सारता का प्रतिपादन नाथों और सिद्धों ने किया जरूर, परन्तु उनका उद्देश्य कर्म को उस तंग गड्ढे से निकाल कर प्रकृत धर्म के खुले क्षेत्र में लाना न था, बल्कि एकबारगी किनारे ढकेल देना था। जनता की दृष्टि को आत्मकल्याण और लोककल्याण विधायक सच्चे कर्मों की ओर ले जाने के बदले, उसे वे कर्मक्षेत्र से ही हटाने में लग गए थे।''

अपनी इस चर्चा में उन्होंने यह भी कहा है—''भक्ति आन्दोलन की जो लहर दक्षिण से आयी उसी ने उत्तर भारत की परिस्थिति के अनुरूप हिन्दू-मुसलमान दोनों के लिए एक सामान्य भक्तिमार्ग की भी भावना कुछ लोगों में जगाई। महाराष्ट्र देश के प्रसिद्ध संत नामदेव ने हिन्दू-मुसलमान दोनों के लिए एक सामान्य भक्तिमार्ग का आभास दिया। उसके पीछे कबीर ने विशेष तत्परता के साथ एक व्यवस्थित ढंग से यह मार्ग निर्गुण पंथ के नाम से चलाया ।''

कुछ आगे चलकर शुक्ल जी ने लिखा है—

''कालदर्शी भक्त कवि जनता के हृदय को संभालने और लीन रखने के लिए दबी हुई भक्ति को जगाने लगे। क्रमशः भक्ति का ऐसा प्रवाह विकसित और प्रबल होता गया कि उसकी लपेट में केवल हिन्दू जनता ही नहीं, देश में बसने वाले सहृदय मुसलमानों में भी न जाने कितने आ गए।''

जिन कालदर्शी भक्त कवियों की ओर शुक्ल जी ने ऊपर संकेत किया है, उनमें कबीरदास भी हैं, जिनके बारे में कहा गया है, शुक्ल जी ने न्याय नहीं किया है। शुक्ल जी लिखते हैं—

''इसमें संदेह नहीं कि कबीर ने ठीक मौके पर जनता के उस बड़े भाग को संभाला, जो नाथपंथियों के प्रभाव से प्रेमभाव और भक्ति रस से शून्य और शुष्क पड़ता जा रहा था। उनके द्वारा यह बहुत ही आवश्यक कार्य हुआ। इसके साथ ही मनुष्यत्व की सामान्य भावना को आगे करके निम्न श्रेणी की

जनता में उन्होंने आत्म-गौरव का भाव जगाया और भक्ति के ऊँचे से ऊँचे सोपान की ओर बढ़ने के लिए बढ़ावा दिया।''

आचार्य शुक्ल के ये कुछ कथन हैं जिनके साक्ष्य पर भक्ति, भक्तिकाल और भक्तिकाव्य के बारे में उनकी दृष्टि को आँका जा सकता है।

भक्ति, भक्तिकाल और भक्तिकाव्य के विवेचन की दिशा में आचार्य शुक्ल के उपरान्त आचार्य हजारी प्रसाद द्विवेदी अपनी महत्त्वपूर्ण स्थापनाओं को लेकर सामने आए। अपनी स्थापनाएँ उन्होंने आचार्य शुक्ल तथा इस विषय पर लिखने वाले कतिपय अन्य देशी-विदेशी विद्वानों की मान्यताओं को काटते हुए, और जैसा कि उन्होंने आगे स्वतः स्वीकार किया है आक्रामक रुख अख्तियार करते हुए प्रस्तुत कीं।

शुक्ल जी की इस मान्यता का कि उत्तर में भक्तिकाल और भक्तिकाव्य का उदय इस्लामी आक्रमण से पराभूत और हताश हिन्दू जाति के पराजित मनोभाव का परिणाम है, आचार्य द्विवेदी ने कड़ा प्रतिवाद किया। उन्होंने लिखा—

"मैं जोर देकर कहना चाहता हूँ कि अगर इस्लाम नहीं आया होता, तो भी इस हिन्दी साहित्य का बारह आना वैसा ही होता, जैसा आज है।'' (हिन्दी साहित्य की भूमिका।)

आचार्य शुक्ल के इस कथन का कि भक्तिकाव्य हिन्दू जाति के पराजित मनोभाव का परिणाम है, प्रतिवाद करते हुए उन्होंने लिखा कि "सूरदास और तुलसीदास आदि वैष्णव कवियों की समूची कविता में किसी प्रकार की प्रतिक्रिया का भाव नहीं है। जिस समाज को ये भक्तगण सुधारना चाहते थे, उसमें विदेशी धर्म का कोई प्रभाव उन्होंने लक्ष्य नहीं किया था।''

अपने पहले के कथन को कुछ स्पष्ट करते हुए उन्होंने कहा कि "इन सबका यह अर्थ नहीं कि मुसलमानी धर्म का कोई प्रभाव साहित्य पर नहीं पड़ा है।'' कदाचित चार आने का अवकाश इसीलिए उन्होंने छोड़ा भी है; किन्तु उनके अनुसार "प्रभाव को प्रभाव के रूप में ही स्वीकार किया जाना चाहिए, प्रतिक्रिया के रूप में नहीं।''

एक बात आचार्य द्विवेदी ने और भी कही। वह यह कि "यह बात अत्यंत उपहासास्पद है कि जब मुसलमान लोग उत्तर भारत के मंदिर तोड़ रहे थे तो उसी समय अपेक्षाकृत निरापद दक्षिण में भक्त लोगों ने भगवान की शरणागति की प्रार्थना की। मुसलमानों के अत्याचार के कारण यदि भक्ति की भावधारा को उभड़ना था तो पहले उसे सिंध में, फिर उत्तर भारत में प्रकट होना चाहिए था,

पर प्रकट हुई वह दक्षिण में।'' (हिन्दी साहित्य उद्‌भव और विकास संस्करण 1969, पृष्ठ 55।)

भक्ति के उदय को आचार्य द्विवेदी ने किसी प्रकार की प्रतिक्रिया न मानकर भारतीय चिन्ता और भारतीय धर्म-चेतना की स्वाभाविक परिणति के रूप में देखा। उसे उन्होंने इनके लोक की ओर झुकने का परिणाम माना। इसके मूल में उन्होंने बाहरी कारणों की तुलना में भीतरी शक्ति की ऊर्जा देखी और लिखा—

"भारतीय पाण्डित्य ईसा की एक शताब्दी बाद आचार-विचार और भाषा के क्षेत्रों में स्वभावतः ही लोक की ओर झुक गया था। यदि अगली शताब्दियों में भारतीय इतिहास की अत्यधिक महत्त्वपूर्ण घटना अर्थात् इस्लाम का प्रमुख विस्तार न भी घटी होती तो भी वह इसी रास्ते जाता। उसके भीतर की शक्ति उसे इसी स्वाभाविक विकास की ओर ठेले लिए जा रही थी।'' (हिन्दी साहित्य की भूमिका)।

लोक शक्ति को ही भीतरी शक्ति मानते हुए इस प्रकार आचार्य द्विवेदी ने भक्ति के उदय को इस्लाम और हिन्दू धर्म के संघर्ष का परिणाम न मानते हुए, शास्त्र और लोक के द्वन्द्व की उपज माना, जिसमें लोक की शक्ति प्रभावी साबित हुई।

साहित्य में इस्लाम के आक्रमण के फलस्वरूप पड़े प्रभाव को बहुत तरजीह न देते हुए भी, जैसा कि उनके ऊपर के कथनों से स्पष्ट है, आचार्य द्विवेदी ने समाज पर इस्लामी आक्रमण के गहरे और तीव्र प्रभाव को स्वीकार किया, और समाज पर इस आक्रमण की कठोर, अत्यंत कठोर प्रतिक्रिया को भी रेखांकित किया। अपनी 'कबीर' शीर्षक पुस्तक में 'भारतीय धर्म साधनों में कबीर का स्थान' शीर्षक अध्याय के प्रारंभ में उन्होंने लिखा है—

"जिस युग में कबीर आविर्भूत हुए थे, उससे कुछ ही पूर्व भारतवर्ष के इतिहास में एक अभूतपूर्व घटना घट चुकी थी। यह घटना इस्लाम जैसे एक सुसंगठित सम्प्रदाय का आगमन था। इस घटना ने भारतीय धर्म मत और समाज-व्यवस्था को बुरी तरह झकझोर दिया था। उसकी अपरिवर्तनीय समझी जाने वाली जाति-व्यवस्था को पहली बार जबर्दस्त ठोकर लगी थी। सारा भारतीय वातावरण संक्षुब्ध था। बहुत से पंडित जन इस संक्षोभ का कारण खोजने में व्यस्त थे, और अपने-अपने ढंग पर भारतीय समाज और धर्म मत को सँभालने का यत्न कर रहे थे।''

आचार्य द्विवेदी द्वारा पेश की गई इस पहेली में न उलझते हुए (कि इस्लामी आक्रमण का जो प्रभाव समाज पर इतना कठोर हो और सारे

सामाजिक वातावरण को भयानक रूप से संक्षुब्ध कर देने वाला हो, साहित्य जो सामाजिक जीवन स्थितियों की ही संवेदनात्मक अभिव्यक्ति होता है उस पर इस आक्रमण का प्रभाव महज चार आने या कि नगण्य हो, ऐसा कैसे संभव है) हम यहाँ यह कहना चाहते हैं कि भक्ति के उदय के बारे में जो मान्यताएँ आचार्य द्विवेदी ने प्रस्तुत की हैं, वे निश्चय ही आचार्य शुक्ल की मान्यताओं की अपेक्षा अधिक तर्कपुष्ट एवं वैज्ञानिक हैं। भक्तिकाव्य को हम भी निराश और हताश हिन्दू जनता की पराजित मनोवृत्ति का परिणाम नहीं मानते और न ही भक्तिकाव्य को इस्लामी आक्रमण की प्रतिक्रिया के रूप में देखते हैं, जैसा कि आचार्य शुक्ल के विचारों से प्रकट होता है। आचार्य शुक्ल और आचार्य द्विवेदी की मान्यताओं पर सापेक्ष ढंग से अब हम कुछ विस्तार से कहना चाहेंगे और देखेंगे कि अपनी मान्यताओं के चलते आचार्य शुक्ल क्या सचमुच साम्प्रदायिक इतिहास दृष्टि के शिकार हुए हैं और आचार्य द्विवेदी की इतिहास दृष्टि सेक्युलर यानी धर्म-निरपेक्ष है, और यह भी देखना चाहेंगे कि क्या वस्तुतः शुक्ल जी के विचार आचार्य द्विवेदी के विचारों से एकदम अलग हैं, अथवा दोनों में कहीं समरूपता भी है। इस विषय पर विचार करना इस नाते जरूरी है कि इन दोनों आचार्यों की मान्यताओं और दृष्टिकोणों को लेकर हिन्दी में काफी कुछ सही-गलत लिखा गया है, जिसमें भ्रम भी फैला है और बातें आगे भी खींचकर ले जाई जाती रही हैं।

सबसे पहले आचार्य शुक्ल की मान्यता को लें। हम कह चुके हैं कि भक्तिकाल के विवेचन में, अपने इतिहास में, राजनीतिक पृष्ठभूमि की चर्चा करते हुए जो पूरा का पूरा पैराग्राफ शुक्ल जी ने लिखा है और जिसे हम उद्धृत कर चुके हैं, तथा उसी तरह के जो दो-एक अन्य कथन उन्होंने किए हैं, वे सही नहीं हैं। वे भक्तिकालीन स्थितियों के मुख्य अंतर्विरोध को नजरंदाज करने वाले हैं और बड़े सरल तरीके से सारी बात को इस्लाम और हिन्दू धर्म से जोड़ देते हैं। जो कुछ भी आचार्य शुक्ल ने इन कथनों में कहा है या कहना चाहा है, उसे आसानी से उनकी सांप्रदायिक मनोवृत्ति का इजहार माना जा सकता है। इन कथनों से उत्पन्न इस निष्कर्ष को 'डिफेण्ड' करने या उसे कमतर करके आंकने का कोई सवाल ही नहीं पैदा होता। आचार्य शुक्ल के सबसे बड़े मार्क्सवादी पक्षधर डॉ० रामविलास शर्मा भी अंततः शुक्ल जी की इस मान्यता को अस्वीकार ही कर पाए हैं। उसे 'डिफेण्ड' करने का प्रयास उन्होंने भी नहीं किया।

हम यहाँ जो कहना चाहते हैं, वह यह कि आचार्य शुक्ल हों या आचार्य द्विवेदी या कोई और, किसी के दृष्टिकोण पर निर्णयात्मक रूप से कहने के

पहले हमें उसके समग्र दृष्टिकोण को सामने रखना चाहिए, अंश मात्र को नहीं, और यह भी देखना चाहिए कि यदि किसी की अपनी मूलवर्ती दृष्टि में ही अंतर्विरोध है, तो उसका कारण क्या है? समूचे दृष्टिकोण को विश्लेषित करके ही हमें किसी निर्णय पर पहुँचना चाहिए।

इतिहास दृष्टि के सांप्रदायिक होने का सवाल तब उठता है जब कोई उस इतिहास दृष्टि से अनुशासित और नियंत्रित होते हुए अपने विवेचन में आगे बढ़े, और उसी के अनुरूप निष्कर्ष दे। शुक्ल जी के बारे में हमारा कहना यही रहा है कि उन्होंने सिद्धान्त के स्तर पर की गई अपनी गलत स्थापना को अपने व्यावहारिक विवेचन में मुख्य नहीं बनाया। भक्त कवियों के विवेचन में उन्होंने इस्लाम और हिन्दू धर्म के संघर्षों को न तो प्रतिफलित होते हुए देखा और न दिखाया। इन कवियों के विवेचन में और उनके पूर्वाग्रह जो रहे हों, (मसलन कबीर को समुचित न्याय न दे पाना, सूर के साथ तुलसी की तुलना में निष्पक्षता न बरतना) और इन पूर्वाग्रहों के पीछे उनकी मनोवृत्ति जो रही हो, वह इस्लाम और हिन्दू धर्म के परस्पर संघर्ष तथा हिन्दू जाति के पराजित मनोभाव की सूचक नहीं रही है। उल्टे पूर्वाग्रहों के रहते हुए उन्होंने अपने विवेचन में अपेक्षाकृत अपनी प्रशस्त दृष्टि का ही परिचय दिया है। हमने उनकी इस प्रशस्त दृष्टि को सूचित करने वाले उनके कथन भी पहले उद्धृत किए हैं। अनेक स्थलों पर उन्होंने कहा है कि कट्टर मौलवियों और पंडितों की बात और है जहाँ तक साधारण जनता का सवाल है वह राम और रहीम की एकता पहचानने लगी थी और एक-दूसरे के करीब आने लगी थी और बहुत कुछ उन्होंने इसी मनोभूमि के तहत कहा और लिखा है। जायसी तथा रसखान जैसे मुसलमान भक्त कवियों की मुक्त कंठ से सराहना की है और जायसी को हिन्दी के तीन महाकवियों में एक के रूप में प्रतिष्ठा देने वाले भी वे ही हैं। जायसी की सेक्यूलर एप्रोच को न केवल उन्होंने रेखांकित किया है बल्कि, उसकी सराहना भी की है। पंडितों और मुल्लाओं के रूढ़िवाद को फटकारा भी है। कहने का अर्थ है कि उनका भक्त कवियों और भक्तिकाव्य का विवेचन उनकी विवादास्पद और गलत स्थापना से दूषित नहीं होने पाया है। ऐसी स्थिति में उनके विशेष कथन को सांप्रदायिक इतिहास दृष्टि का प्रमाण भले माना जाय, और वह है, परन्तु आचार्य शुक्ल की 'टोटल एप्रोच' को, उनकी मूलवर्ती इतिहास दृष्टि को सांप्रदायिक कहकर खारिज करना सही नहीं होगा।

अब सवाल है कि उक्त गलत स्थापना शुक्ल जी ने आखिर दी क्यों? इसके कारणों की चर्चा होनी चाहिए। भक्तिकाव्य के एक प्रबुद्ध अध्येता लक्ष्मीनारायण वर्मा ने इसका कारण आचार्य शुक्ल की इस धारणा को माना

है कि साहित्य जनता की या शिक्षित जनता की चित्तवृत्तियों का प्रतिबिम्ब होता है। उनके अनुसार यह सरलीकरण है। उनका कहना है कि शुक्ल जी वस्तुस्थिति को ऊपरी तौर पर लेते हैं। उनकी गलती यह न थी कि वे भक्ति को तत्कालीन स्थिति से संबद्ध करके देखते हैं, वरन् यह थी कि उन्होंने स्थिति की गहराई में जाने का प्रयास करके उसको (भक्ति को) ऊपरी अधिरचना में घट रहे महत्त्वपूर्ण उदीयमान परिवर्तनों से जोड़कर समझने के बजाय सीधे सतही और यांत्रिक तौर पर इस्लाम के सामने हिन्दुओं के पराजय बोध से संबद्ध करके देखा। यही नहीं, सामान्य चित्तवृत्ति, चाहे वह निराशा हो या आशा से सम्बन्धित, यह सारा विवाद ही अफलप्रद एवं निष्प्रयोजन और इसीलिए अनावश्यक और निरर्थक है। जहाँ तक हम समझते हैं ऐसे सपाट किस्म के सरलीकृत सामान्यीकरणों में न तो वर्ग समाज की विषम वास्तविकता का ध्यान रखा गया होता है, और न साहित्य जैसी संश्लिष्ट संरचना की मूल प्रेरणाओं की जटिलता का ही ध्यान किया गया होता है। और इसीलिए ये विभिन्न अंतर्धाराओं सहित किसी काव्यधारा की कारणता की सटीक व्याख्या करने में हमारा मार्ग दर्शन नहीं कर सकते। साहित्यिक परिवर्तनों को सामाजिक शक्तियों के अंतर्विरोधों से अलग करके केवल जनता की सामान्य चित्तवृत्ति के आधार पर देखने के कारण शुक्ल जी की प्रणाली में समान परिस्थितियों में प्रवहमान विभिन्न काव्यप्रवृत्तियों की ठीक-ठीक व्याख्या न हो सकी थी।''

एक बात और है, जिसका सम्बन्ध आचार्य शुक्ल की साहित्य और जीवन सम्बन्धी 'टोटल एप्रोच' से है। शुक्ल जी और प्रेमचन्द के दृष्टिकोणों की तुलना करते हुए अपने एक अन्यत्र प्रकाशित निबंध में हमने इसकी ओर संकेत किया है। इस बात को कुछ और सफाई के साथ कहने की जरूरत है।

आचार्य शुक्ल मूलतः बुद्धिवादी हैं, विवेकवादी हैं; किन्तु उनके संस्कारों में गहरे कहीं हिन्दू धर्ममत कहिए, वैष्णव आदर्श और आचार-विचार कहिए, हिन्दू भावना कहिए, इस प्रकार का एक भाव विद्यमान है। उनका यह संस्कार उनकी विवेचना के दौर में, बीच-बीच में अक्सर जागृत हो जाता है और जब भी उसका दबाव ज्यादा होता है, वे कुछ इस प्रकार की सोच में भटक जाते हैं कि हिन्दूपन या हिन्दू भावना के प्रति उनका आग्रह साफ ऊपर आ जाता है। ऐसे अवसरों पर ही इस्लाम हो या ईसाइयत, उनके बारे में उनका, और हिन्दू मत के बारे में भी उनका, विवेकशील अभिमत पृष्ठभूमि में चला जाता है और वे हिन्दू धर्म के बरक्स दूसरे धर्मों के प्रति आलोचनात्मक टिप्पणी कर बैठते हैं। कबीर के बारे में तमाम कुछ सही लिखते हुए, वही सब कुछ जिसके आधार पर कबीर सम्बन्धी आचार्य द्विवेदी के विवेचन की प्रशंसा होती है, वे

उसका विस्तार नहीं कर पाते, कारण उसके विस्तार के मायने कबीर को ठेठ उस सबसे विरोध में खड़ा कर देना है जिसके प्रति शुक्ल जी संस्कारतः बँधे हैं। कबीर उनके लिए समाज-सुधारक इसलिए नहीं हैं कि वे परंपरागत वेद शास्त्र-विहित समाज व्यवस्था को तोड़-फोड़ देना चाहते हैं, जिसके प्रति संस्कारतः शुक्ल जी का लगाव हैं। वे हिन्दू धर्म के तमाम सारे ताम-झाम के खिलाफ हैं, वह अवतारवाद हो अथवा और कुछ, जिसके प्रति शुक्ल जी की अनुरक्ति है। आर्य शास्त्रानुमोदित चली आ रही व्यवस्था को अपने विवेकवाद के तहत शुक्ल जी उदार जरूर बनाना चाहते हैं, न्यायोचित भी करना चाहते हैं, किन्तु उसमें बुनियादी फेरबदल कदापि नहीं चाहते, जबकि कबीर का सारा विद्रोह बुनियाद के खिलाफ ही है। कबीर प्रखर प्रतिभा के धनी थे, यह बात शुक्ल जी ने चार-पाँच बार अपने संक्षिप्त कबीर सम्बन्धी-विवेचन में लिखी है परन्तु कबीर की वह प्रखर प्रतिभा क्या थी? इसे नहीं बताया। कबीर ने बड़े नाजुक मौके पर जनता के एक बड़े भाग को संभाला, वह नाजुक मौका क्या था, और किस प्रकार कबीर ने जनता को सँभाला, शुक्ल जी मौन हैं? कबीर ने निम्न वर्ण की जनता के मन में आत्मगौरव का भाव जगाया, परन्तु इस निम्न वर्ण के आत्मगौरव को कौन रौंद रहा था, और कबीर ने उसे निम्न वर्णों को किस प्रकार लौटाया, आचार्य शुक्ल चुप हैं। इस सारी चुप्पी के मूल में आचार्य शुक्ल का वृहत्तर हिन्दू-व्यवस्था या आचार-संहिता या धर्म-विश्वास के प्रति संस्कारी आग्रह है और यही आग्रह जब-तब अन्य जगहों पर भी उभर उठा है। नागमती की सहनशीलता, विरह और यातना की चर्चा करते समय उन्हें बार-बार हिन्दू गृहिणी की याद आ जाती है। भारतेन्दु जब पंचनद और पानीपत का स्मरण 'हाय पंचनद' कहते हुए करते हैं, शुक्ल जी भावुक हो उठते हैं। बहुत से प्रसंग हैं, और इस संस्कार के चलते ही भक्तिकाल के राजनीतिक प्रसंग पर उन्हें देवमूर्तियों का तोड़ा जाना, पूज्य पुरुषों का अपमान, सब कुछ इतना महत्त्वपूर्ण लगने लगता है (अपने ढंग और अपनी जगह पर उसका महत्त्व हो भी) कि वे भक्तिकाल के उदय-सम्बन्धी एक महत्त्वपूर्ण स्थापना उसी से जोड़ कर दे डालते हैं, जो उनकी वस्तुतः इतनी कमजोर नस बन जाती है कि जो भी चाहे उस पर अँगुली रखकर उन्हें सांप्रदायिक आग्रह से ग्रस्त साबित कर सकता है।

शुक्ल जी ने भले ही मार्क्सीय ढंग का विवेचन न किय हो, भले ही भक्तिकाल सम्बन्धी उनके विवेचन में मार्क्सवादी नजरिए से देखने पर तमाम असंगतियाँ और त्रुटियाँ दिखाई पड़ें, वे भले ही अपने संस्कारों और गलत 'एप्रोच' के चलते सांप्रदायिक मनोवृत्ति के दायरे में आ गए हों, आधारतः

उनकी एप्रोच सांप्रदायिक नहीं है। वह बहुत कुछ उनके विवेकशील समीक्षक का ही साक्ष्य देती है। उनकी स्थापनाओं में हम तरमीम कर सकते हैं, उन्हें अमान्य कर सकते हैं, किन्तु यह कहना कि आचार्य शुक्ल सांप्रदायिक इतिहास दृष्टि के विवेचक या इतिहासकार हैं, उनके समग्र विवेचन को देखते हुए सही नहीं है। इसके विपरीत जिन्हें आचार्य शुक्ल की तुलना में वरीयता दी जाती है, उनके विवेचन में समग्रतः ऐसे बहुत से उदाहरण मिलेंगे जहाँ सांप्रदायिक मनोभूमि पर काव्य और रचनाकारों को विवेचित भी किया गया है रूढ़िवाद और अंधविश्वासां को, गैर वैज्ञानिक बातों को, तंत्र-मंत्र-भूत-प्रेत आदि को, सही बताया गया है, जर्जर कर्मकाण्डों की हिमायत की गई है।

आचार्य द्विवेदी की भक्ति और भक्तिकाल के बारे में की गई स्थापनाओं को लें और देखें कि उनमें क्या और कितना नयापन तथा मौलिकता है।

हम कह चुके हैं कि आचार्य द्विवेदी ने आचार्य शुक्ल की तुलना में भक्ति और भक्ति काल के उदय को तार्किक ढंग से देखा और प्रस्तुत किया। उनकी यह बात कि भक्त कवियों की वाणी में हतदर्प जाति की निराशा नहीं बोलती, एकदम सही है। भक्ति के उदय को भारतीय चिन्ता के स्वाभाविक विकास तथा लोकधर्म की शक्ति से जोड़कर देखने सम्बन्धी उनकी मान्यता भी बहुत कुछ तर्कसम्मत तथा ठीक है। इस्लाम और हिन्दू धर्म के द्वन्द्व की अपेक्षा शास्त्र और लोक के बीच के द्वन्द्व की उनकी स्थापना में भी बल है। किन्तु सवाल यहाँ कुछ और भी हैं।

सर जार्ज ग्रियर्सन अथवा प्रो० हेवेल की स्थापनाओं को काटते हुए आचार्य द्विवेदी ने अपनी जो भी स्थापनाएँ रखीं हम उनकी तार्किकता को स्वीकार करते हैं, और हमने कहा भी है कि वे भक्ति के उदय को प्रामाणिक तरीके से व्याख्यायित करती हैं, किन्तु इस क्रम में आचार्य शुक्ल को जिस तरह आचार्य द्विवेदी ने अपने व्यंग्य और अपनी आलोचना की परिधि में लिया है, उसमें अतिरंजनाएँ हैं, अतिरिक्त आक्रामकता है, तथा तथ्यों की कुछ तोड़-मरोड़ है। मसलन, आचार्य द्विवेदी जिस तरह हल्के ढंग से आचार्य शुक्ल के मत को रखते हैं, उससे यह ध्वनित होता है गोया आचार्य शुक्ल भक्ति के उद्‌भव या विकास से संपूर्णतः अपरिचित हों, और उत्तर में उसके उदय को महज इस्लामी आक्रमण की प्रतिक्रिया ही मानते हों। आचार्य शुक्ल ने राजनीतिक परिस्थितियों के विवेचन में जो कुछ लिखा हो, उत्तर भारत में भक्ति के उदय तथा क्रमशः प्रसार से वे पूर्णतः वाकिफ रहे हैं। ऐसा उनके कथनों से स्पष्ट है और हम उन्हें उद्धृत भी कर चुके हैं। तब उनका शुक्ल जी की ओर संकेत करते हुए यह कहना कि यह बात अत्यंत उपहासास्पद है कि

मंदिर तो उत्तर के तोड़े जा रहे थे, परन्तु भक्ति का उदय दक्षिण में हुआ। उसे तो सिंध में सबसे पहले आना चाहिए था—अवांछित ही लगता है। इस प्रकार आचार्य शुक्ल के राजनीतिक पृष्ठभूमि वाले कथन को केन्द्रीय मानते हुए तथा उनके समग्र दृष्टिकोण को नजरंदाज करते हुए उनका आचार्य शुक्ल की ओर बार-बार संकेत करते हुए उन्हें इस प्रकार पेश करना गोया भक्ति के उदय के बारे में या भक्तिकाव्य के उदय के बारे में उनका ज्ञान न केवल अत्यल्प वरन् बहुत भ्रांत है, सही नहीं है। आचार्य शुक्ल की स्थिति को हम स्पष्ट कर चुके हैं। दुबारा हम उसकी चर्चा नहीं करेंगे, परन्तु इतना जरूर कहना चाहेंगे कि आचार्य शुक्ल ने प्रायः वह सब कहा है जिसे कहने का श्रेय आचार्य द्विवेदी जी को दिया जाता है, अंतर यह है कि शुक्ल जी ने जो कहा उसका विस्तार नहीं किया और जो ग़लत कहा वह इतना प्रमुख बन गया कि उसी के आधार पर भक्ति और भक्तिकाव्य सम्बन्धी उनकी धारणाओं का मूल्यांकन होने लगा। मसलन, शास्त्र के लोक की ओर झुकने की बात शुक्ल जी ने भी एकाधिक जगहों पर की है, लोक की शक्ति के वे आचार्य द्विवेदी की भाँति ही कायल हैं, शास्त्र को वे भी लोक से ज्यादा तरजीह नहीं देते, परन्तु शुक्ल जी की इन बातों की सही नोटिस नहीं ली गई।

सूरदास पर लिखते हुए उन्होंने सूरसागर को पहले से चली आती हुई किसी लोक परंपरा की देन माना है। आधुनिक काल में काव्य के द्वितीय उत्थान की चर्चा प्रारंभ करते हुए शुक्ल जी ने लिखा है कि —

"पंडितों की बाँधी प्रणाली पर चलने वाली काव्यधारा के साथ-साथ सामान्य अपढ़ जनता के बीच एक स्वच्छंद और प्राकृतिक भावधारा भी गीतों के रूप में चलती रहती है। ठीक उसी प्रकार जैसे बहुत काल से स्थिर चली आती हुई पंडितों की साहित्य भाषा के साथ-साथ लोकभाषा की स्वाभाविक धारा भी बराबर चलती रहती है। जब पंडितों की काव्यभाषा स्थिर होकर उत्तरोत्तर आगे बढ़ती हुई लोकभाषा से दूर पड़ जाती है और जनता के हृदय पर प्रभाव डालने की उसकी शक्ति क्षीण होने लगती है, तब शिष्ट समुदाय लोकभाषा का सहारा लेकर अपनी काव्य-परंपरा में नया जीवन डालता है। जब-जब शिष्टों का काव्य पंडितों द्वारा बँधकर निश्चेष्ट और संकुचित होगा तब-तब उसे सजीव और चेतन प्रसार देश की सामान्य जनता के बीच स्वच्छंद बहती हुई प्राकृतिक भावधारा से जीवन तत्त्व ग्रहण करने से ही प्राप्त होगा।"

कहने का तात्पर्य यह है कि शुक्ल जी लोकशक्ति के महत्त्व से परिचित ही नहीं हैं, शास्त्र के निर्जीव हो जाने पर लोक से उसकें पुनः प्राण पाने की बात भी करते हैं। और यह भी नहीं है कि इस्लाम के आ जाने से उन्होंने

हिन्दू जनता और उस जनता के कवियों को संपूर्णतः हताश और निराश ही देखा हो। वीर-गाथाकाल की समाप्ति करते हुए जहाँ वे हम्मीर के पराभाव के बाद ध्वस्त होती हुई हिन्दू राजशक्ति की बात करते हैं तथा आगे के भक्तिकाल के राजनीतिक विवेचन में हिन्दू जाति की हताशा और निराशा की चर्चा करते हैं, वीर गाथाकाल की समाप्ति वाले प्रकरण के अंत में यह भी कहते हैं कि "पर इससे यह न समझना चाहिए कि हम्मीर के पीछे किसी वीरकाव्य की रचना नहीं हुई। समय-समय पर इस प्रकार के अनेक काव्य लिखे गए। हिन्दी साहित्य के इतिहास की एक विशेषता यह भी रही है कि एक विशिष्ट काल में किसी रूप में जो काव्य सरिता वेग से प्रवाहित हुई यद्यपि वह आगे चलकर मंद गति से बहने लगी, पर 904 वर्षों के हिन्दी साहित्य के इतिहास में हम उसे कभी सर्वथा सूखी हुई नहीं पाते। इससे तात्पर्य यह है कि आगे भी वैसी रचनाएँ हुईं और वे भी जनता की चित्तवृत्ति का संचित प्रतिबिम्ब ही होंगी, यद्यपि यह चित्तवृत्ति तब प्रधान नहीं रह गई थी, किन्तु निःशेष भी न हुई होगी।

आचार्य शुक्ल और आचार्य द्विवेदी की कुछ अन्य समान स्थापनाओं को देखें—

मध्य युग पर लिखते हुए द्विवेदी जी कहते हैं—"विचार के क्षेत्र में यह युग टीकाओं का है। ज्ञान के क्षेत्र में विश्वास कर लिया गया कि जो कुछ उत्तम और अविसंवादी सत्य है, वह पूर्व काल के ऋषियों, आचार्यों ने लिख दिया है। इस युग के आदमी केवल उसके अर्थ समझने का प्रयास कर सकते हैं। नया कुछ नहीं दे सकते। टीकाओं की टीका और उसकी भी टीका लिखने में इस काल के पंडितों ने सारी शक्ति लगा दी। एक-दूसरे प्रकार का प्रयोग संगति लगाने वाले निबंध ग्रंथ थे। जो बहुत कुछ टीकाओं की श्रेणी के ही हैं।"

द्विवेदी जी ने टीका और निबंध ग्रंथों की रचना का जो मूल कारण बताया है वह है एक मजहब के रूप में, एक अभूतपूर्व घटना के रूप में इस्लाम का भारत में प्रवेश। इस्लाम के खतरे से अपनी जाति तथा धर्म को बचाने के लिए भारतीय मनीषा उस समय जो कर सकी, उसी का परिणाम टीका तथा निबंध ग्रंथ हैं। इसके माध्यम से एक आचार-प्रवण धर्ममत का उदय हुआ, जो सारे भारतीयों को अपने अंतर्गत समेट सके। उसी को हिन्दू धर्म मत कहा गया। इस आचार-प्रवण हिन्दू धर्ममत में अब तीर्थ, व्रत उपवास होमाचार आदि प्रधान हो उठे।

आचार्य शुक्ल ने भी मध्य युग में लिखे जाने वाले भाष्यों की चर्चा की है। उन्होंने जिन अर्थ शून्य बाहरी कर्म विधानों का उल्लेख किया है सवाल है

कि वे किसकी उपज थे। क्या वे इन्हीं टीकाओं तथा निबंध ग्रंथों की उपज नहीं थे? आखिर हजारीप्रसाद द्विवेदी भी तो उनसे उपजी थोथी आचार-प्रवणता, तीर्थ, व्रत उपवास आदि की बात करते हैं। शुक्ल जी ने स्पष्टतः टीका निबंध ग्रंथों की बात न की हो, परन्तु हिन्दू धर्ममत की तत्कालीन स्थिति के बारे में उनका निष्कर्ष द्विवेदी जी से भिन्न कहाँ है?

यहीं पर एक अन्य सवाल भी उठता है। इस्लाम के संकट से निदान का जो प्रयास द्विवेदी जी ने टीका तथा निबंध ग्रंथों की रचना में देखा है, क्या वह संभव नहीं है कि इस प्रकार के टीका तथा निबंध ग्रंथ इस्लाम के संकट के पहले की भी उपज हों, अर्थात् वे सीधे इस्लामी संकट का परिणाम न हों। चले आते परंपरागत धर्म को चुनौती इस्लाम से तो मिली, परन्तु यह तो कुछ बाद की बात है, उसे चुनौती तो पहले भी भीतर से ही मिल रही थी। यह चुनौती थी नाथों तथा सिद्धों की ओर से और ऐसी स्थिति में क्या संभव नहीं है कि चले आते हुए धर्म को आचार-प्रवण बनाने का प्रयास टीका तथा निबंध ग्रंथों के माध्यम से पहले भी हुआ हो। उसका सीधा सम्बन्ध इस्लाम की तरफ से आने वाले संकट को ही क्यों माना जाय? कहने का मतलब यह कि टीका तथा निबंध की यह परंपरा बाहरी चुनौती के साथ-साथ आन्तरिक चुनौती का भी प्रतिफल मानी जा सकती है। द्विवेदी जी ने इस संभावना की ओर कोई संकेत नहीं दिया है।

शुक्ल जी और द्विवेदी जी के चिंतन में जो अंतर इस बिन्दु पर है, वह यह कि जहाँ द्विवेदी जी तमाम प्रकार की निस्सार आचार-प्रवणता का कारण इन टीका ग्रंथों को मानते हुए उनका सम्बन्ध इस्लाम की चुनौती को मानते हैं, वहाँ शुक्ल जी उसके मूल में नाथपंथियों तथा सिद्धों को देखते हैं। निष्कर्ष दोनों में एक हैं, कारण अपने-अपने नाथपंथियों तथा सिद्धों पर भी द्विवेदी जी टिप्पणी करते है और मजे की बात यह है कि वह आचार्य शुक्ल की टिप्पणी से भिन्न नहीं है। शुक्ल जी के अनुसार सिद्धों तथा नाथपंथियों का उद्देश्य कर्म को तंग गड्ढे से निकालकर प्रकृत धर्म के खुले क्षेत्र में लाना न था, बल्कि एकबारगी किनारे ढकेल देना था। 'जनता की दृष्टि को आत्मकल्याण और लोककल्याण विधायक सच्चे कर्मों की ओर ले जाने के बदले उसे वे कर्म क्षेत्र से ही हटाने लगे।..... सामान्य अशिक्षित जनता या अर्द्धशिक्षित जनता पर इनकी बानियों का प्रभाव इसके अतिरिक्त क्या हो सकता है, कि सच्चे शुभकर्मों के मार्ग से हटकर अनेक प्रकार के मंत्र-तंत्र और उपचारों में जा उलझे, और उसका विश्वास अलौकिक सिद्धियों पर जा जमे।'

द्विवेदी जी भी लगभग ऐसा ही कुछ कहते हैं—"ऐसी ही स्वाधीन चिन्ता की कुण्ठा के समय बौद्ध और सिद्धों ने अपने अक्खड़ शैली में बाह्याचार

और निरर्थक रूढ़ियों का विरोध किया, परन्तु उनके पास देने लायक कोई नई सामग्री नहीं थी, केवल अर्थहीन आचारों का विरोध भर करते रहे।''

यदि हम दोनों विद्वानों के कथनों को साथ-साथ देखें, तो यही निष्कर्ष निकलेगा कि अर्थहीन आचारों की प्रधानता आदि काल में भी थी और आगे भी वह मुसलमानों के आगमन के बाद बढ़ती गई। इसका साक्ष्य निर्गुण संतों की रचनाएँ देती हैं, जिनमें उनका कड़ा विरोध है। आदि काल में और फिर बाद को जो इस प्रकार के कर्मों को स्मार्त जनता के बीच बढ़ावा मिला वह बिना धार्मिक ग्रंथों के संभव न था। इस संदर्भ में हमें यही समझ रखनी चाहिए। सिद्धों और नाथों ने इन विधानों में जो गुणात्मक परिवर्तन किया वह तंत्र और मंत्र में उलझाने वाला था तथा इस्लाम ने इनमें जो बदलाव किया वह इन्हें फिर अपने तंग कर्मों के रास्ते पर पहुँचाने वाला था। यही दोनों का अंतर है। यही वह समय था, जब दक्षिण से आई भक्ति ने उत्तर को धक्का दिया। मुसलमानों के आगमन के बाद भारतीय समाज-व्यवस्था कर्मकाण्ड जातिपांति और ऊँच-नीच की किन संकीर्णताओं में जा फँसी *और* उसका क्या परिणाम हुआ इसकी चर्चा हजारी प्रसाद जी करते हैं। शुक्ल जी यहाँ मौन हैं। द्विवेदी जी लिखते हैं—''इस देश की धार्मिक और सामाजिक स्थिति पर इसकी बड़ी ही कठोर प्रतिक्रिया हुई। भारतीय समाज धीरे-धीरे अपनी आत्म-रक्षा के लिए अपने आपमें सिमट गया। ऊँची समझी जाने वाली जातियों में सुरक्षित स्थान में पहुँच कर अपनी विशेषता बनाये रखने का उद्योग शुरू हुआ और देश-विशेष के नाम से अपना परिचय देने की प्रथा चल पड़ी।'' फिर वे आगे लिखते हैं—''जाति-पाँति के कुफ्र को तोड़ने वाले धर्म संप्रदाय में आने के बाद हिन्दुओं की जाति-पाँति की प्रथा और संकीर्ण हो गई। इस कसाव का परिणाम यह हुआ कि किनारे पर पड़ी बहुत-सी जातियाँ छँट गयीं।'' और बहुत दिनों तक 'ना हिन्दू ना मुसलमान' बनी रहीं। पाशुपत मत को मानने वाली बहुत-सी जातियाँ और संन्यासी से गृहस्थ बनी जातियाँ धीरे-धीरे मुसलमान होने लगीं। उन्होंने कबीर, दादू, जायसी, अब्दुल रहमान को इस प्रकार की जाति का या नाम मात्र का मुसलमान घोषित किया है और बताया है कि आश्रम भ्रष्ट संन्यासियों, गृहस्थ योगियों के मुसलमानों में रूपान्तरित होने के समय ही ये पैदा हुए थे, इसलिए योगियों के काफी संस्कार उनमें थे। द्विवेदी जी के इस तर्क में बहुत वजन नहीं देख पड़ता, क्योंकि जिन योगियों के प्रबल संस्कारों को देखकर द्विवेदी जी ने इनकी पूर्ववर्ती जाति युगी का अनुमान किया है, उस समय इनसे भी ज्यादा गया गुजरा एक वर्ग और था जिस पर इतना ही प्रबल या कुछ कमोवेश योगियों, सिद्धों, नाथों का प्रभाव

दिखाई पड़ता है, लेकिन न तो वह योगी है न रूपान्तरित मुसलमान। रैदास, नामदेव, मलूकदास ऐसे ही लोग हैं, जो जाति के निम्न हैं, योगियों से प्रभावित हैं, उसी प्रकार जैसे कबीर, फिर कबीर, दादू आदि अपने को कभी युगी घोषित भी नहीं करते। ऐसी स्थिति में आचार्य द्विवेदी की बात बहुत वजनदार नहीं लगती। हमारी दृष्टि में इसका प्रधान कारण यह हो सकता है कि उस युग में जो परिवेश था, वह योगियों के सामाजिक, धार्मिक प्रभुत्व वाला था और उससे न तो उस समय की सामान्य जनता बच पाती है ना ही कबीर, दादू, रैदास, मलूकदास आदि। ऐसी स्थिति में इस समान या सामान्य प्रभाव की अनदेखी करके और सबके बीच से केवल कबीर, दादू, अब्दुल रहमान जैसों को ही युगी जाति से जोड़ने का कोई तात्विक आधार नजर नहीं आता। वस्तुतः तत्कालीन समाज व्यवस्था में उच्च वर्गों के बरक्स अपमानित निम्न वर्गों के पास इसके अलावा कोई उपाय न था कि वे अपनी अस्मिता को बचाने और हीन भावना से उबरने के प्रयास में नाथों और सिद्धों के पास जाता, उनके प्रभाव में आता और उच्च वर्गों के प्रति उनके खण्डनात्मक विचारों तथा योग आदि को ग्रहण करता। यह तो आगे चलकर भक्ति के संस्पर्श में खण्डनात्मक वृत्ति तथा योग आदि की बातें पृष्ठभूमि में गयीं। उच्च वर्ण यदि नाथों, सिद्धों से अप्रभावित हुआ, तो उसका कारण मूलतः यह था कि उसके पास सामाजिक दृष्टि से एक सम्मानास्पद वर्णगत आधार था। गोकि यह आधार उस समय बहुत रूढ रूप में था, लेकिन था तो।

नाथों-सिद्धों की उत्तर भारत के पंडित वर्ग पर क्या प्रतिक्रिया हुई? इस सम्बन्ध में शुक्ल जी और द्विवेदी जी के विचारों को जानना भी आवश्यक है। शुक्ल जी लिखते हैं—

"शास्त्रज्ञ विद्वानों पर सिद्धों, योगियों की बानियों का कोई असर न था। वे इधर-उधर पड़े अपने कार्य करते जा रहे थे। पंडितों के शास्त्रार्थ होते थे, दार्शनिक खण्डन-मण्डन के ग्रंथ भी लिखे जाते थे। विशेष चर्चा वेदान्त की थी।"

आचार्य द्विवेदी का इस बारे में अभिमत है—

"बौद्धधर्म का इस देश से जो निर्वासन हुआ उसके प्रधान कारण हैं शंकर, कुमारिल और उदयन आदि वेदान्तिक और मीमांसक आचार्य। ये आचार्य गण दार्शनिक पंडित थे। इनकी प्रतिभा और विद्वत्ता अनुपम थी।" अतः इनके द्वारा बौद्धधर्म के निर्वासन और निरसन का यही अर्थ हो सकता है कि बुद्धिजीवियों और उपरले लोगों के मन से बौद्धधर्म के दार्शनिक युक्तिजाल के प्रति आस्था उठ गई। ये असल में बौद्ध तत्त्ववाद के कायल थे, भक्तिवाद

के नहीं, पर साधारण जनता का तत्त्ववाद से कोई सम्बन्ध नहीं था। (हिन्दी साहित्य की भूमिका, पृष्ठ 16)।

वस्तुतः शुक्ल जी और द्विवेदी जी के विचारों को निष्पक्षता से देखें, तो उनमें बहुत तात्विक अन्तर नहीं दिखाई देता। शुक्ल जी ने जिन नाथों और सिद्धों की बात की है, वे भी बौद्धधर्म की महायान शाखा के परवर्ती सहजयानी, वज्रयानी सिद्ध या फिर बौद्धों और शैवों के मिले-जुले रूप से बने नाथपंथी योगी थे। शुक्ल जी पंडित वर्ग पर इनके नगण्य प्रभाव की चर्चा करते हैं। द्विवेदी जी का अभिमत भी यही है, हाँ वे बात को आगे बढ़ाते हुए यह भी कहते हैं कि निरसन का कारण बौद्ध धर्म के ऊपर से आस्था का उठ जाना था। द्विवेदी जी ने इस क्रम में एक बात और कही है, जो शुक्ल जी के यहाँ नहीं है। वह यह कि वे बौद्धधर्म के तत्त्ववाद के कायल थे; लेकिन उनके भक्तिवाद के नहीं। निश्चय ही यह बात सच है। पर बौद्ध तत्त्ववाद से अपने इस कायल होने का उपयोग या तो उन तत्त्वों को अपने भीतर पचाने में या अपने पक्ष में धनात्मक रूप से इस्तेमाल करने में किया। या फिर उनकी काट-छाँट कर या खण्डन कर अपना मत स्थापित करने में किया।

यहाँ यह भी कहना जरूरी है कि हिन्दी साहित्य की भूमिका में द्विवेदी जी हिन्दी साहित्य पर बौद्ध धर्म के प्रभाव की चर्चा जितने व्यापक रूप में करते हैं वह प्रभाव वस्तुतः वैसा नहीं है।

सारतः आचार्य शुक्ल और आचार्य द्विवेदी के भक्तिकाल और भक्तिकाव्य के बारे में की गई स्थापनाएँ उतना भिन्न नहीं हैं, जैसा कि उन्हें प्रचारित किया गया है। दोनों आचार्यों ने भक्तिकाल और भक्तिकाव्य की समझ हमें दी है। उनकी स्थापनाएँ जहाँ भ्रांत हैं, हमने उन्हें स्पष्टतः रेखांकित किया है, परन्तु कुल मिलाकर हमें दोनों आचार्यों की मान्यताओं में तात्विक अन्तर नहीं दिखाई पड़ता। शुक्ल जी के जिस कथन को लेकर उन पर सांप्रदायिक इतिहास दृष्टि का आरोप लगाया गया है, वह अपनी जगह सही है; परन्तु आचार्य द्विवेदी इस गिरफ्त से मुक्त हों और उनकी एप्रोच पूर्णतः वैज्ञानिक हों, ऐसा भी नहीं है। लक्ष्मीनारायण वर्मा का शुक्ल जी के बारे में अभिमत हम दे चुके हैं, आचार्य द्विवेदी के बारे में उनका अभिमत देखें—

"भक्तिकाल के बारे में द्विवेदी जी की एप्रोच मूलतः व अधिकांशतः भाववादी और सांस्कृतिक ही है, ठोस सामाजिक नहीं।"

साहित्येतिहास को देखने की इस सांस्कृतिक दृष्टि की सबसे बड़ी सीमा इस बात में है कि आधुनिक काल के सन्दर्भ में आकर यह एकदम बेकाम हो

जाती है। यदि साहित्य का मध्यकाल भारतीय चिन्ता का स्वाभाविक विकास है तो फिर प्रश्न उठता है कि आधुनिक साहित्य भी इस विकास की अगली कड़ी क्यों नहीं है? आधुनिक युग के सन्दर्भ में द्विवेदी जी बारह आना वाली स्थापना नहीं कर सके। इसके विपरीत उन्हें यह कहना पड़ा कि "सर्वत्र सुर बदल गया है। अंग्रेजी ढंग का अनुकरण हो रहा है।— भारतीय चिन्ता अपना रास्ता केवल छोड़ ही नहीं चुकी है, भूल भी गई है।"

वस्तुतः द्विवेदी जी की 'एप्रोच' की मूल गलती यह है कि वे यद्यपि भीतर की शक्ति की बात करते हैं, तथापि वे भीतर की शक्ति के ठोस सामाजिक पक्ष में आने वाले बदलावों की ओर तवज्जो न देकर उसके वैचारिक तथा सांस्कृतिक पक्ष पर जरूरत से ज्यादा जोर देते हैं। यही वजह है कि वे इन बदलावों के कारण परिपक्वतर बन रही स्थितियों को नहीं देख सके, जिनके चलते सिद्धों और नाथों की खण्डनात्मक पूर्व परंपरा के तत्त्व कबीर आदि संत कवियों के काव्य के ऊपर आ गए थे और पूरी तेजस्विता के साथ।

इस प्रकार दोनों ही आचार्य इस्लाम के प्रति सही दृष्टिकोण रखते नहीं लगते। यदि शुक्ल जी भक्ति-आंदोलन को इस्लाम की प्रतिक्रिया में प्रवर्तित मानने के कारण सांप्रदायिक आग्रह के शिकार हुए हैं, तो द्विवेदी जी इस्लाम के प्रभावों के प्रति बहुत कुछ अस्वीकार की मुद्रा अपनाकर उसी आग्रह के घेरे में आ गए हैं। एक प्रकार से देखा जाए, तो दोनों एप्रोचों के पीछे मूल दृष्टि तो लगभग एक ही है।

लक्ष्मीनारायण वर्मा के आचार्य शुक्ल और आचार्य द्विवेदी सम्बन्धी अभिमत विचारणीय हैं। उनकी यह बात सही है कि आचार्य शुक्ल और आचार्य द्विवेदी दोनों ने ही भक्तिकाल और भक्तिकाव्य के उदय और विकास की चर्चा करते समय सामाजिक जीवन के अंतर्विरोधों तथा उनके फलस्वरूप होने वाले परिवर्तनों को मद्देनजर नहीं रखा है और यही कारण है कि भक्ति-आन्दोलन के उदय की समाजार्थिक शक्तियाँ उनकी पहचान में नहीं आ सकी हैं। हम आचार्य शुक्ल और द्विवेदी जी से मार्क्सवादी एप्रोच की आशा नहीं करते, परन्तु यह भी सही है कि काव्यान्दोलनों और काव्यधाराओं के उद्भव में उनकी स्थिति और सक्रियता को दिखाए बिना उनकी सही व्याख्या नहीं की जा सकती। बहरहाल यह विषय विचार तलब है और इस पर विचार होना चाहिए।

जहाँ तक आचार्य शुक्ल और आचार्य द्विवेदी के विवाद का सम्बन्ध है, आचार्य द्विवेदी ने यह स्वीकार किया है कि अपनी स्थापनाएँ देते समय वे अपने युवा उत्साह के तहत आक्रामक जरूर हो गए हैं। उनकी यह आत्म-

स्वीकृति उनकी विनम्र विद्वत्ता का साक्ष्य है।

आगे चलकर बजाय इसके कि भक्ति-आन्दोलन और भक्तिकाव्य के समाजार्थिक पहलुओं को उभारते हुए दोनों आचार्यों के प्रदेय के बारे में संतुलित निष्कर्ष निकाले जाते, उनसे सम्बन्धित विवाद को हवा देने की कोशिश ही अधिक हुई। डॉ० रामस्वरूप चतुर्वेदी ने कृष्णाश्रय प्रकरण का उल्लेख करते हुए शुक्ल जी के मत को सही सिद्ध करना चाहा। डॉ० रामविलास शर्मा तथा डॉ० नामवरसिंह ने क्रमशः आचार्य शुक्ल और आचार्य द्विवेदी का पक्ष लेते हुए उनकी स्थापनाओं को अपने-अपने ढंग से सही सिद्ध करना चाहा और इस क्रम में तमाम सारे प्रश्न फिर से उठाए। परिणामतः भक्ति-आन्दोलन और भक्तिकाव्य का सही सामाजिक सांस्कृतिक पहलू पृष्ठभूमि में ही दबा रहा। जरूरत इसे भक्तिकाव्य की सामाजिक पीठिका पर अंतःसाक्ष्य और बहिर्साक्ष्य, दोनों की संगति में पहचानने और उभारने की है।

3

भक्ति-आंदोलन : अंतर्विरोध और रीतिवादी परिणति

मध्यकालीन भक्ति-आंदोलन को प्रायः एक स्वर से उत्तर-भारत की एक महान सांस्कृतिक घटना के रूप में स्वीकार किया गया है। डॉ० रामविलास शर्मा ने उसे इस आधार पर लोक-जागरण कहा है कि उसके पुरोधा तो लोक की चिंता से जुड़े ही थे, उसकी शक्ति और ऊर्जा का मुख्य स्रोत भी लोक था, शास्त्र या वेद नहीं। मध्यकालीन भक्ति-आंदोलन का महत्त्व इस कारण भी आंका गया है कि प्राचीन भक्तिवाद और पूर्व मध्यकाल में दक्षिण में उपजे भक्ति के प्रवाह की भाँति मध्यकाल के उत्तर भारत के इस भक्तिजन्य उन्मेष में भी ब्राह्मणवाद और उससे जुड़े आचार्यों को भक्ति और उपासना के क्षेत्र में वर्ग, वर्ण, नस्ल, लिंग, धर्म और संप्रदायगत सारे भेदों को भुलाकर मनुष्य-मात्र को भक्ति का समान अधिकारी मानने को विवश होना पड़ा।[1] इसी का परिणाम है

---

1. "सूत्र-साहित्य से कुछ पूर्व ही क्षत्रियों के प्रभाव और ब्राह्मण-क्षत्रियों के प्राचीन संघर्ष के फलस्वरूप जो जैन-बौद्ध धर्मों का उदय हुआ था, उससे ब्राह्मण वर्ण-व्यवस्था को काफी चोट पहुँची थी। बौद्धों ने संस्कृत और वर्ण-धर्म दोनों पर चोट की। संघ में वर्ण-व्यवस्था न थी और सारे वर्णों तथा अवर्णों के पुरुष वहाँ स्वीकार किए जाते थे, समान रूप से। जैन-बौद्धों के अनुरूप वैष्णवों ने भी जनता के साथ समानता का व्यवहार करके वर्ण-धर्म की जड़ों पर आघात किए। 'जाति-पाँति पूछे नहीं कोई, हरि को भजे सो हरि का होई' यह पश्चातकालीन उद्घोष स्वतंत्र 'स्लोगन" नहीं, उसी परंपरा की तर्क सम्मत परिणति है।"

—भगवतशरण उपाध्यायः भारतीय समाज का ऐतिहासिक विश्लेषण : पी०पी०एच०, नई दिल्ली 1973 : पृष्ठ 112

कि दक्षिण के आलवारों की तरह उत्तर भारत में भी नीची मानी जाने वाली जातियों के भीतर से संतों की एक शानदार परंपरा हमें मिली, जिसे ऊँची मानी जाने वाली जातियों ने भी स्वीकार किया। इसी तरह दक्षिण की भाँति उत्तर भारत में भी स्त्री संतों और भक्तों ने भी अपनी पहचान कायम की। इस भक्ति-आंदोलन में प्रस्थान-त्रयी को हाशिए पर डालते हुए पहली बार संतों और भक्तों ने लोक-मन में रची और पगी भक्ति को अपनी रचनाओं में उभारा और अंकित किया। यही नहीं, देववाणी संस्कृत को पीछे छोड़ते हुए लोक की अपनी भाषा, बोली-बानी और उसके अपने छंदों में उन्होंने अपनी बानियाँ और अपने पद लिखे और कहे। भक्ति की यह स्रोतस्विनी उत्तर-भारत में तीन सौ वर्षों से भी अधिक समय तक प्रवाहित रही, पहले निर्गुण भक्ति के रूप में, तदुपरांत सगुण भक्ति के रूप में। इस समूचे दौर में भक्ति की इस विराट स्रोतस्विनी में अभिजन और जन सभी ने अवगाहन करते हुए अपनी आध्यात्मिक तृषा को शांत किया, अपने आतप-तप्त मन और प्राणों को सींचा तथा शीतल किया।

उत्तर भारत में मध्यकाल के भक्ति के इस विराट प्रवाह को अब तक अनेक दृष्टियों और दृष्टिकोणों से विचार का विषय बनाया गया है। भक्ति के तत्त्व-चिंतन तथा धर्म के गूढ़ रहस्यों में रुचि रखने वाले लोगों ने भक्ति के इस आन्दोलन को अपनी रुचियों के अनुरूप व्याख्यायित किया है, किन्तु ऐसे विचारक तथा विद्वान भी हैं, जिन्होंने धर्म और भक्ति के इस विराट और उच्छल प्रवाह को धर्म और भक्ति की उसकी ऊपरी सतह पर परखने और पहचाने के बजाए उसके उन सामाजिक निहितार्थों को पढ़ने और समझने में अधिक दिलचस्पी दिखाई है, जिनके नाते उसे उसकी वह विशिष्ट क्रांतधर्मी पहचान मिली, जिसका ऊपर जिक्र किया जा चुका है। इन सामाजिक निहितार्थों का महत्त्व इस कारण भी है कि धर्म और भक्ति के आवरण में वे इसे चले आ रहे समाजेतिहास के ऐसे गंभीर और महत्त्वपूर्ण तथ्यों को प्रतिबिंबित करता हुआ पाते हैं, उसकी कुछ ऐसी सच्चाइयों का निर्देशक मानते हैं, जिनकी आँच को सह पाना हर एक के बूते की बात नहीं है, उन लोगों के लिए तो कतई नहीं, जिनके लिए धर्म और भक्ति तर्क के विषय नहीं श्रद्धा और आस्था के विषय हैं।

भक्ति-आंदोलन-संबंधी अपनी इस चर्चा को हम भी उसके धार्मिक या भक्ति-परक पहलुओं की अपेक्षा उसके सामाजिक निहितार्थों पर ही केन्द्रित करना चाहेंगे ताकि तीन-सौ सालों से भी अधिक के उसके प्रवाह को इन सामाजिक निहितार्थों के आलोक में वस्तुनिष्ठ तरीके, से जान और समझ

सकें। इस तथ्य से अवगत हो सकें कि निर्गुण और सगुण भक्ति के रूप में सामने आने वाला भक्ति का यह प्रवाह अपने स्वरूप और चरित्र में, वैसा समरस, संश्लिष्ट और एक जैसा नहीं है, जैसा वह ऊपर से दिखाई देता है कि वह असंगतियों और अंतर्विरोधों से भी ग्रस्त है और अपनी समग्रता में उतना क्रांतिकारी भी नहीं है, जिसके लिए उसे समग्रतः महिमा-मंडित किया गया है। भक्ति-आंदोलन के ये सामाजिक निहितार्थ ही हैं, जो उसे न केवल विभाजित करते हैं, उसके उस क्रांतिकारी सारतत्त्व पर प्रश्नचिह्न भी लगाते हैं, जिसके नाते अपने उन्मेष-काल में उसकी विशिष्ट पहचान बनी थी। अतएव भक्ति-आंदोलन की सामाजिक अंतर्वस्तु अथवा उसके सामाजिक निहितार्थों से टकराने का मतलब है, भक्ति के आंदोलन को उसकी समूची वास्तविकता में जानना, उसके उदय, उन्मेष और अवसान की वस्तुगत स्थितियों तथा कारणों से परिचित होना तथा उस समाजेतिहास से मुखातिब होना, जिसके तमाम पन्ने बेहद रोमांचक, क्रूर तथा अमानवीय वृत्तांतों से भरे पड़े हैं। यही नहीं, इस अध्ययन के बीच से ही हमें कुछ ऐसे सवालों के जवाब भी मिलते हैं, जिन्हें लेकर हिन्दी के प्रबुद्ध पाठकों और जिज्ञासुओं के मन में ही नहीं, बहुतेरे विद्वानों के मन में भी लंबे समय से भ्रांतियों और अटकलों का एक सिलसिला चलता चला आया है, निहित-स्वार्थ जिसे बराबर गाढ़ा करते रहे हैं। मसलन क्या कारण है कि मध्यकाल के एक विशिष्ट दौर में समाज में नीची मानी जाने वाली जातियों के बीच से संतों-भक्तों की एक शानदार परंपरा सामने आई, जो आगे के समयों में लंबे अंतराल तक फिर हमें नहीं दिखाई दी? क्या कारण है कि इन संतों-भक्तों में अधिकांश शिल्पी या कामगर वर्गों से संबंधित हैं, संतई या भक्ति जिनका पेशा नहीं रहा, किन्तु जो संत-भक्तों के रूप में ऊँची जातियों द्वारा भी स्वीकार किए गए और मान्य हुए? क्या कारण है कि तीन-सौ सालों से भी ज्यादा समय तक भक्ति की विराट स्रोतस्विनी में उत्तर भारत के अधिसंख्य जन-समाज को सांस्कृतिक विरासत के रूप में किसी उच्चतर उपलब्धि के बजाय रीतिकाल का शृंगार और नायिकाभेद मिला, जो लगभग दो सौ सालों तक विराट हिन्दी प्रदेश की प्रधान साहित्यिक अभिव्यक्ति बनकर प्रतिष्ठित रहा। सवाल और भी हैं, जो इस चर्चा के क्रम में सामने आएँगे। जरूरत उनसे मुखातिब होने, उनसे टकराने और उनका हल पाने की कोशिश करने की है।

भक्ति के उदय और विकास के ऐतिहासिक कारणों के इतिवृत्त में फिलहाल हम नहीं जाना चाहेंगे। संप्रति, जो बात हमारे लिए महत्त्वपूर्ण है वह यह कि मध्यकाल में उत्तर भारत में भक्ति का जो उन्मेष एक आन्दोलन के

रूप में हुआ, उसके पीछे दक्षिण से उत्तर की ओर आई भक्ति की लहरों का ही मुख्य योग है। पं० रामचन्द्र शुक्ल लिखते हैं—"भक्ति का जो सोता दक्षिण की ओर से धीरे-धीरे उत्तर भारत की ओर पहले से ही आ रहा था उसे राजनीतिक परिवर्तन के कारण शून्य पड़ते हुए जनता के हृदय क्षेत्र में फूलने के लिए पूरा अवकाश मिला।.......क्रमशः भक्ति का प्रवाह ऐसा सबल और विस्तृत होता गया कि उसकी लपेट में केवल हिन्दू जनता ही नहीं, देश में बसने वाले सहृदय मुसलमानों में से भी न जाने कितने आ गए।" वस्तुतः भक्तिवाद का प्राचीन रूप हो अथवा पूर्व मध्यकाल की दक्षिण की भक्ति, जिसके क्रमशः उत्तर की ओर संक्रमित होने की बात शुक्ल जी ने की है, या फिर मध्यकाल का उत्तर भारत में होने वाला भक्ति का उन्मेष, जो हमारी चर्चा में केन्द्रस्थ है,. भक्ति के इन सारे प्रवाहों में मूलवर्ती प्रेरणा या उत्प्रेरक शक्ति, लोक की साधारण जन की ही रही है। ये लोक मन में उठी भक्ति की उच्छल तरंगे ही थीं, जो विशद बनकर भक्ति के सारे प्रवाहों में सामने आई हैं। इस लोक में भी सबसे बड़ा हिस्सा उस जन का रहा है, जिसे भारत की स्थापित सामाजिक संरचना में ब्राह्मणवादी वर्ण-धर्म में शूद्र कहा गया है, या फिर शूद्रों के चौथे वर्ण से इतर अंत्यजों, श्वपचों, चाण्डालों, अधमों आदि के रूप में जो पंचम वर्ण में गिने गए हैं या जिन्हें वर्णों से बाहर माना गया है। हर प्रकार के सामाजिक-मानवीय अधिकारों से वंचित ये साधारण जन सदियों से भक्ति या उपासना के एक ऐसे मार्ग के आकांक्षी थे, जिस पर चलते हुए तमाम प्रकार के शास्त्रीय विधि-निषेधों से अलग और उनकी जकड़बंदी के बावजूद वे बिना किसी मध्यस्थ के सीधे ईश्वर या प्रभु से अपना संबंध जोड़ सकें। प्राचीन भक्तिवाद के तहत साधारण जनों की इस बलवती आकांक्षा का प्रमाण डॉ० भगवतशरण उपाध्याय के पिछले कथन में हम पा चुके हैं, पूर्व मध्यकाल के दक्षिण भारतीय वैष्णव भक्ति के प्रवाह में भी लोक की सक्रियता और ऊर्जा ही निर्णायक रही है। दक्षिण में वैसे भी उत्तर के विपरीत, समाज में वर्गों का एक ध्रुवीकरण-सा रहा है, जो ब्राह्मण और शूद्र, प्रधानतः इन दो वर्णों की प्रतिद्वन्द्विता को सामने लाता है। शूद्र वहाँ संख्या में ब्राह्मणों की तुलना में बहुत अधिक हैं। दक्षिण में आलवार भक्तों द्वारा प्रवर्तित वैष्णव भक्ति के जिस सोते की दक्षिण से क्रमशः उत्तर की ओर बढ़ने और उत्तर में एक विराट प्रवाह बन जाने की बात शुक्ल जी ने ऊपर की है, भारत के इन सबसे प्राचीन वैष्णवों-आलवारों में जिनकी संख्या 11 है, उच्च वर्ण के भक्तों के साथ पिछड़ी जातियों और शूद्रों के अलावा एक स्त्री का होना और इन समस्त वैष्णवों का ऋषि-रूप में पूजा जाना, इस बात का प्रमाण है कि लोक की,

साधारण जन की कितनी विशद सक्रियता तथा भागीदारी दक्षिण भारत के इस भक्ति-प्रवाह में रही होगी। जहाँ तक उत्तर भारत का प्रश्न है, सुल्तानों के काल में, खासतौर से खिलजियों के समय से, नए प्रशासकीय प्रावधानों के चलते उनके मातहत सामंत-वर्गों की शक्ति तथा अधिकारों में कटौती होने के नाते तथा शासकीय ताम-झाम और सेना की जरूरतों के मद्देनजर आवश्यक उपकरणों की नई माँग के चलते समाज में कामगारों और शिल्पियों की आमद में इजाफा हुआ और न केवल उनकी आर्थिक स्थिति सुधरी, उनकी सामाजिक आकांक्षाओं में भी उभार आया।

विद्वानों का मानना है कि भक्ति और उपासना के क्षेत्र में मनुष्य मात्र की बराबरी के जिस अधिकार बात की ब्राह्मणवाद के आचार्यों ने की है, उसके मूल में भक्ति के हर दौर में उनकी यह चिंता ही प्रधान रही है कि इसके पहले कि लोक-मन में उठा भक्ति का ज्वार शास्त्र और वेद के सारे विधि-निषेधों को लाँघते हुए वर्ण-धर्म और उनके अपने वर्चस्व से बाहर हो जाए, जरूरी है कि कुछ रियायतें देकर लोक-मन को शांत और संतुष्ट कर दिया जाए। भक्ति और उपासना के क्षेत्र में मनुष्य मात्र के समान अधिकार का उद्घोष ब्राह्मणवाद की इसी चिंता और सोच का परिणाम है। इतिहास साक्षी है कि इस प्रकार लोक मन के और उसमें भक्ति की उच्छल तरंगों को शांत और संयमित करके, सुविचारित तरीके से लोक की ऊर्जा से संचालित भक्ति को पुराण और शास्त्र-सम्मत बनाते हुए अवसर पाते ही धर्म तथा समाज-सत्ता के प्रभुओं ने उसे अपने हितों के अनुरूप ढाल लिया, उस पर अपना वर्चस्व कायम कर लिया।

प्राचीन भक्तिवाद का ही उदाहरण लें, जिसे एक सुविचारित-सुव्यवस्थित रूप भगवद्गीता में मिलता है। गीता को महाभारत के युद्ध के समय युद्ध से पराङ्मुख अर्जुन को वासुदेव कृष्ण द्वारा दिए गए उपदेश के रूप में विज्ञापित किया जाता है। विद्वानों का विचार है कि इस ग्रंथ की उसके वर्तमान रूप में रचना और संपादन ईसा पूर्व तीसरी शताब्दी और ईसवी सन् दूसरी शताब्दी के मध्य हुई होगी। भक्ति या भक्तिवाद की प्रतिष्ठा के अलावा इस ग्रंथ की रचना के मूल में धर्म और धर्मेतर बहुत से दीगर महत्त्वपूर्ण कारण भी हैं, जिसकी तफसील में फिलहाल हम नहीं जाना चाहेंगे। हम इससे जुड़ी जो बात यहाँ रेखांकित करना चाहते हैं और जो हमारी चर्चा के लिए प्रासंगिक भी है, वह यह कि वर्ण-धर्म और उस पर आधारित राजसत्ता के अपने वर्ग-हितों के लिए उसके हिमायतियों को ऐसे किसी ग्रंथ की, तद्युगीन स्थितियों में बेहद जरूरत थी, जो उनकी और उनके द्वारा स्थापित सत्ता की रक्षा कर सके।

'भगवत्‌गीता' ने शासक वर्ग की इस जरूरत को पूरा भी किया।

'एक ऐसे ईश्वर में अटूट निष्ठा जिसकी बहुत कुछ संदिग्ध करतूतों को भी इसमें बाधक नहीं बनने दिया गया, गीता की मुख्य विशेषता है।'' भक्ति की यह व्यवस्था सामंती विचारधारा के सर्वथा उपयुक्त थी, क्योंकि सामंती समाज का वैचारिक आधार भी ऐसी ही निष्ठा या स्वामिभक्ति थी, जो कृषिदास को सामंत से और सामंत को राजा के साथ एक सुदृढ़ शृंखला से जोड़ती थी, फिर मातहतों की निष्ठा के वास्तविक मानवी पात्रों का चरित्र कितना ही घृणास्पद व निकृष्ट क्यों न हो।''

यह डॉ० डी० डी० कौशाम्बी का अभिमत है। श्री के० दामोदरन एक अन्य कोण से उसकी वर्ग-दृष्टि और वर्गाधार को विवृत्त करते हैं। उनके अनुसार, "ईश्वर को सभी कर्मों से परे माना गया है। वह कर्म में आसक्त नहीं है। तो भी, समाज के वर्ग-विभाजन को पवित्र करने के लिए उसका आह्वान किया गया। चातुर्वर्ण्य समाज के चार वर्ण, श्रीकृष्ण कहते हैं, मैंने उनके गुणों और कर्मों के अनुसार बनाए हैं। अपने जन्म के अनुसार उसे जो कर्त्तव्य पूरे करने हैं, उनसे मनुष्य को कभी बचने या भागने का प्रयास नहीं करना चाहिए। भले ही इसके लिए हिंसा या अप्रिय कार्यों का मार्ग अपनाना पड़े। क्षत्रिय का कर्त्तव्य युद्ध करना, जबकि शूद्र का कर्त्तव्य ब्राह्मणों और क्षत्रियों की सेवा करना था।'' यही नहीं श्री दामोदरन आगे कहते हैं—चातुर्वर्ण्य व्यवस्था वर्गहीन, आदिम, कबीलाई समाज से आगे बढ़ा हुआ कदम था (और) आदिम वर्गहीन समाज से वर्गों वाले समाज में रूपांतरण तथा वर्णाश्रम व्यवस्था के सुदृढ़ीकरण को शक्तिशाली प्रतिरोध का सामना करना पड़ रहा था।'' इस नाते जरूरी था कि वर्णाश्रम व्यवस्था को ईश्वरीकृत बताकर इस प्रतिरोध को समाप्त किया जा सके।

कहने का तात्पर्य यह कि हर संभव तरीके से यह सुनिश्चित किया गया कि वर्ण धर्म बना रहे और शूद्रों तथा अंत्यजों आदि को भक्ति तथा उपासना-संबंधी कुछ रियायतें देकर उन्हें संतुष्ट किया जा सके और अपनी सीमा में रखा जा सके। इसके अलावा यह भी कि वर्ण-धर्म का विरोध करने वाली विचारधाराओं से निपटा जा सके। इतिहास गवाह है कि गुण-कर्म के अनुसार निर्धारित वर्ण-व्यवस्था आगे चलकर न केवल जन्म से निर्धारित होने लगी, 'सर्वधर्मान् परित्यज्य मामेकं शरणं व्रज'' वाली एकांत समर्पण की शर्त वाली भक्ति, निष्काम कर्म का उपदेश तथा स्व-धर्म का पालन करने जैसे उसके विधान, कालांतर में समाज तथा राजसत्ता के प्रभुओं द्वारा अपने वर्ग-हितों का संरक्षण करने में इस्तेमाल किए गए।

अन्यथा क्या कारण है कि ''उदारमना'' आचार्यों ने उपासना तथा भक्ति के लिए भगवान का द्वार तो ब्राह्मण-चाण्डाल सभी के लिए खोल दिया; किन्तु सामाजिक स्तर पर मनुष्य और मनुष्य के बीच बरती जाने वाली भेद-दृष्टि पर वे न केवल चुप रहे, उसे उचित और वैध भी ठहराया। आदि शंकर की बात छोड़ भी दें, तो भक्ति-आंदोलन के अगुआ आचार्यों के भक्ति तथा उपासना के अलावा वर्ण भेद को बनाए रखने के क्या कारण हैं? समाज में दलितों तथा स्त्रियों के प्रति होने वाले अमानुषिक व्यवहार पर उनका मौन क्यों? ये आचार्य क्रांतद्रष्टा भी माने जाते हैं। भक्ति की तरह समाज के स्तर पर भेदभावों का विरोध करने वाले किसी उपक्रम की अगुवाई उन्होंने क्यों नहीं की? इसके विपरीत वर्ण धर्म के महत्त्व तथा पवित्रता पर सभी आचार्य जोर देते रहे। रामानुज का नाम 'उदारमना' आचार्यों में प्रमुखता के साथ लिया जाता है। उनके इस उदार मन की वास्तविकता को देखें—

''रामानुज ने समाज के प्रतिष्ठित वर्ग ब्राह्मणों को वेद-अध्ययन तथा भक्ति के द्वारा मोक्ष का साधन बताया। शूद्रों के लिए प्रपत्ति (आत्मसमर्पण) तथा 'आचार्याभिमानयोग' को मोक्ष का साधन बताया। उपनयन-संस्कार के अभाव में उसके लिए वेद का अध्ययन संभव नहीं था। गुरु के समक्ष आत्मसमर्पण से उनके लिए मोक्ष प्राप्त करना संभव है।''...... वर्ष में एक बार शूद्रों को मंदिर में ले जाकर उन्हें भागवद्दर्शन का अवसर दिया। समाज सुधार के क्षेत्र में रूढ़िवादी होते हुए भी रामानुज क्रांतिकारी थे।'' रूढ़िवाद और क्रांतिवाद की इस विलक्षण संगति का ही एक अन्य साक्ष्य उनके द्वारा सवर्ण तथा शूद्र और अंत्यज भक्तों के लिए भोजन तथा भजन हेतु किया गया यह विधान है कि— ''सभी भक्त भोजन तो अलग-अलग करेंगे, किन्तु भजन-प्रार्थना एक साथ करेंगे। जैसा कि के० दामोदरन का कहना है कि सुधारवादी रुख के बावजूद रामानुज की अपनी विचारगत सीमाएँ थीं। उन्होंने सामंतवाद की परिधि के भीतर ही अपने सिद्धान्तों का विकास किया।

रामानन्द इस सुधारवाद को कुछ प्रखर जरूर कर सके; किन्तु वर्ण-धर्म की मर्यादाओं का प्रतिकार वे भी नहीं कर पाए। रामानंद के बारे में देश-विदेश के विद्वानों ने बहुत कुछ लिखा है, पं० रामचंद्र शुक्ल की टिप्पणी उनसे कुछ भिन्न है। आचार्य शुक्ल लिखते हैं—''भक्ति मार्ग में इनकी उदारता का अभिप्राय कदापि नहीं है, जैसा कि कुछ लोग समझा और कहा करते हैं कि रामानंद वर्णाश्रम के विरोधी थे। समाज के लिए वर्ण और आश्रम की व्यवस्था अपनाते हुए वे भिन्न-भिन्न कर्त्तव्यों की योजना स्वीकार करते थे। केवल उपासना के क्षेत्र में उन्होंने सबका समान अधिकार स्वीकार किया।'' कर्म के

क्षेत्र में शास्त्र-मर्यादा इन्हें मान्य थी, पर उपासना के क्षेत्र में वे किसी प्रकार का लौकिक प्रतिबंध नहीं मानते थे।''

अपनी तमाम सुधारवादिता के बावजूद भक्ति के आचार्यों ने चले आ रहे दार्शनिक विचारों और शास्त्रसम्मत सामाजिक विधान को ही आगे बढ़ाया। मोक्ष को परम पुरुषार्थ मानते हुए वर्ण-धर्म के अनुरूप समाज को उसे पाने के अलग-अलग रास्ते सुझाए। लोक से अधिक परलोक की चिंता पर जोर दिया। मनुष्य जो कुछ सुख-दुख समाज में भोगता है, उसके स्रोत और उसके कारण इस समाज तथा व्यवस्था में ही हैं, इस सत्य को ढँकते हुए कर्मफल और ईश्वरीय विधान कहकर उन्हें अदृश्य की मर्जी, नियति के हवाले कर दिया गया। ईश्वर मनुष्य को दुख सहने की शक्ति भले दे, उसके दुख दूर नहीं कर सकता, इस सच्चाई पर भी पर्दा डालते हुए ईश्वर-भक्ति को सारे सांसारिक दुखों से मुक्ति पाने का माध्यम बताया गया।

इस तरह जहाँ भक्ति और उपासना का द्वार बिना किसी भेद-भाव के सबके लिए खोल कर यह व्यवस्था तो की गई कि सामाजिक भेदभाव से त्रस्त, अपमानित, आहत और यातनाग्रस्त जन राम का नाम लेते हुए भक्ति करते हुए अनंत काल तक व्यवस्था की अमानवीयता, अन्याय और अत्याचारों को सहन करते रहें, परलोक सुधारने और मोक्ष की आशा में अपमान के घूँट पीते रहें, उस व्यवस्था के अपमान, अमानवीयता और सामाजिक अन्याय के स्रोत को न केवल अक्षत रहने दिया गया, उसे मजबूत और गरिमामय भी बनाया गया। उपासना और भक्ति के क्षेत्र में मनुष्य-मात्र की बराबरी किन्तु समाज के स्तर पर हर तरह के विषमता को बनाए रखने का विधान, यह भक्ति के आन्दोलन का सबसे बड़ा विरोधाभास है जिसकी नोटिस ली जानी चाहिए।

चूँकि किसी भी युग में शासक-वर्ग की विचारधारा ही उस युग की प्रधान विचारधारा बना करती है, यही कारण है कि यद्यपि नीची कही जाने वाली जातियों से आए संतों ने अपने जिए-भोगे और अपने देखे-सुने के साक्ष्य पर विद्यमान सामाजिक भेदभाव, रूढ़िवाद, पाखंड, स्वेच्छाचार आदि पर कठोर टिप्पणियाँ की हैं, उन्हें अमान्य किया है, उनके खिलाफ आक्रोश व्यक्त किया है, प्रभु वर्गों की विचारधारा, उनकी विश्व-दृष्टि और उनके विधि-निषेधों में रची गयी उनकी चेतना कुल मिलाकर एक विरोधाभास ही पैदा करती है। जाहिर है कि इस असंगति का लाभ भी व्यवस्था और शासक वर्ग के खाते में ही गया है जिनके खिलाफ अपनी सारी ऊर्जा से ये संत उठे हैं।

यह सही है कि चले आ रहे सामाजिक विधान की अमानवीयता और उसकी विसंगतियों पर अपने अंतःकरण की समूची निष्ठा और शक्ति से, तीखे

से तीखे प्रहार करते हुए भी संत-व्यवस्था की इन विसंगतियों को मिटाने में असफल रहे, यह भी सही है कि कोरे मानवतावादी उद्‌गारों, कोरी सदिच्छाओं और व्यवस्था की विरूपताओं के प्रति आक्रोश और विक्षोभजन्य अभिव्यक्तियों से कोई समाज बदला भी नहीं करता। समाज में बुनियादी बदलाव या बुनियादी सामाजिक रूपांतरण की अपनी दूसरी अपेक्षाएँ होती हैं, जिन्हें पूरी कर पाना इन संतों के सामर्थ्य से बाहर की बात थी। ये संत थे, सामाजिक परिवर्तन के नेता और कार्यकर्त्ता नहीं थे। कुछ महत्त्वपूर्ण वस्तुगत ऐतिहासिक कारण भी थे, जिनके चलते कमजोर हुए सामंतवाद को पुनः अपने को एकजुट करने का मौका मिला। दस्तकार, शिल्पकार संगठित शक्ति के रूप में सामने नहीं उभर सके। नीचे तबके से ऊपर आए वर्गों ने भी सामंतवर्गों से समझौता करते हुए सत्ता में हिस्साबाँट की। बहुत से कारण है जिनके चलते संतों की ओजस्वी और बेधक वाणी, उनकी भक्ति का वेग अंततः अपने में सीमित होता हुआ निःशेष हो गया। बावजूद इसके, इन संतों की संकल्पधर्मिता उनकी निष्ठा, मानवोचित न्याय पाने की और जन-जन को उसके दायरे में लाने की उनकी आकांक्षाओं को एकदम खारिज भी नहीं किया जा सकता। उनका अपना ऐतिहासिक महत्त्व है और रहेगा। विषमताओं से भरे हमारे समाजेतिहास की कुछ रोमांचक सच्चाइयाँ जो उनके बीच से झलकी है, वे बराबर हमारी निगाहों के सामने रहते हुए हमें संक्षुब्ध और परेशान करती रहेंगी। उनका यह महत्त्व कम नहीं है, कारण कि वे झूठ के उस मुलम्मे को बराबर उजागर करती रहेंगी, व्यवस्था के प्रभुओं ने जिसे बड़े यत्न से इन विसंगतियों पर धर्मशास्त्रों का सहारा लेकर चढ़ा रखा है।

निर्गुण भक्ति या भक्ति-आंदोलन के जिन सामाजिक निहितार्थों की बात हम पहले कर चुके हैं, इसी बिन्दु से वे अगले समय में किए जाने वाले प्रयासों का प्रेरणा स्रोत बनते हैं। जो सामाजिक सत्य संतों की बानियों के माध्यम से सामने आया, समाजेतिहास का जो यथार्थ उनके माध्यम से उद्‌घाटित हुआ, उसके मद्देनजर ही भक्ति-आंदोलन अपनी समग्रता में समरस और संश्लिष्ट न रहकर दो फाँकों में विभाजित हो जाता है, अपनी उस तमाम महिमा को खो बैठता है, जिससे उसके प्रारंभिक उन्मेष के तहत उसे मंडित किया गया था। निर्गुण भक्ति और सगुण भक्ति ही उसकी दो फाँकें हैं, जो उसे विभाजित करती हैं। भक्ति का जमीन पर, उपासना की जमीन पर एकता और उनके अंतर्वर्ती सूत्रों की समानता पर कितनी ही बातें की जायँ, और वे की भी गई हैं, सामाजिक यथार्थ तथा भक्ति के इन दो रूपों की सामाजिक अंतर्वस्तु से उपजी वास्तविकता की चट्टान से टकराकर वे चूर-चूर हो जाती हैं।

जैसा हम कह चुके हैं, उनके वस्तुगत कारणों के चलते निर्गुण भक्ति को हाशिए पर जाना पड़ा और उस सगुण भक्ति का आविर्भाव हुआ जो उपासना और भक्ति के उदात्त मनोलोक में तो निर्गुण भक्ति के साथ एकात्म दिखाई देती है, किन्तु उससे बाहर आते ही उस सामाजिक सोच, उस दार्शनिक-वैचारिक आधार को पुष्ट करती है, जो व्यवस्था के प्रभु वर्ग की सामाजिक सोच का स्रोत रहा है। सगुण भक्ति के तहत भक्ति का यह प्रवाह पूरी तरह शास्त्र और पुराण-सम्मत हो जाता है।

ऐसा होना स्वाभाविक भी था। वस्तुतः सगुण भक्तों का अपना परिवेश, उनके वंशानुगत तथा अर्जित संस्कार, अपनी वेश-परंपरा के अनुरूप उनकी सामाजिक सोच उनके जिए-भोगे का सत्य निर्गुण संतों—खासतौर से नीची जाति से आए हुए संतों जैसा नहीं था। उसे ऐसा होना भी नहीं चाहिए था। तभी उपासना और भक्ति की जमीन पर साथ-साथ खड़े दिखाई देते हुए भी उससे किंचित् मात्र हटते ही अर्थात् समाज की जमीन पर पैर रखते ही वे अलग-अलग हो जाते हैं। उपासना और भक्ति की जमीन पर भी उनमें उसकी उदात्ततम चेतना के स्तर पर ही एकात्म दिखाई देता है, अन्यथा वहाँ भी उनमें भिन्नता है। सगुण भक्तों की अवतारवाद पर आस्था तथा सारे विधि-विधानों के तहत की गई भक्ति की जरूरत पर उनका बल उन्हें भक्ति के स्तर पर भी निर्गुण संतों से पृथक करता है। भक्ति से जुड़े जिन तमाम बाह्याचारों के खिलाफ निर्गुण संत एकमत हैं, सगुण भक्तों में उन सारे बाह्याचारों की गरिमामय प्रतिष्ठा है।

जहाँ तक सामाजिक सोच का प्रश्न है, न केवल निर्गुण संतों और सगुण भक्तों की सामाजिक सोच उन्हें तथा समूचे भक्ति-आंदोलन को विभाजित करती है, सगुण भक्त न केवल चली आ रही सामाजिक सोच और उससे उपजी अमानवीयता या बर्बरता पर निर्गुण संतों की तरह चोट नहीं करते, उसे उसके आदर्शीकृत रूप में बनाए रखने की हिमायत करते हैं और उसके विपरीत जाने वाले उनकी भर्त्सना का पात्र बनते हैं, वे कबीर ही क्यों न हों। वेद-विहित, शास्त्र-सम्मत, वर्ण-धर्म की चली आ रही परंपरा की सगुण भक्तों द्वारा की गई इस हिमायत और उसके फलितार्थों को लक्ष्य करके ही गजानन माधव मुक्तिबोध ने भक्ति-आंदोलन के दुहरे चरित्र पर बुनियादी सवाल उठाए हैं। जरूरत इन सवालों से टकराने की है न कि हलकेपन के साथ उन्हें खारिज कर देने की।

खासतौर से महाराष्ट्र के भक्ति-आंदोलन पर लिखते हुए उत्तर भारत की निर्गुण तथा सगुण भक्ति पर टिप्पणी करते हुए मुक्तिबोध लिखते हैं—

"क्या यह एक महत्त्वपूर्ण तथ्य नहीं है कि रामभक्ति शाखा के अंतर्गत एक भी प्रभावशाली और महत्त्वपूर्ण कवि निम्नजातीय शूद्र वर्गों से नहीं आया। क्या यह एक महत्त्वपूर्ण तथ्य नहीं है कि कृष्णभक्ति शाखा के अंतर्गत रसखान और रहीम जैसे हृदयवान मुसलमान कवि बराबर रहे। किन्तु रामभक्ति शाखा के अंतर्गत एक भी मुसलमान और शूद्र कवि प्रभावशाली और महत्त्वपूर्ण रूप से अपनी काव्यात्मक प्रतिभा विशद नहीं कर सका।"

वे आगे कहते हैं—"निष्कर्ष यह कि जो भक्ति-आंदोलन जन-साधारण से शुरू हुआ, और जिसमें सामाजिक कट्टरपन के विरुद्ध जनसाधारण की सांस्कृतिक आकांक्षाएँ बोलती थीं, उसको मनुष्य-सत्य बोलता था उसी भक्ति-आंदोलन को उच्चवर्गीयों ने आगे चलकर अपनी तरह का बना लिया, और उससे समझौता करके और अनंतर जनता के अपने तत्त्वों को उससे निकालकर उन्होंने उस पर अपना पूरा प्रभुत्व स्थापित कर लिया।"

कुल मिलाकर, इस संदर्भ में मुक्तिबोध का कहना यही है कि भक्ति-आंदोलन का जो व्यापक और विशद जनाधार निर्गुण भक्ति में था, वह संकुचित और सीमित होते हुए क्रमशः सगुण कृष्णभक्ति से सगुण रामभक्ति तक पहुँचते-पहुँचते अपना महत्त्व खो बैठा। यही स्थिति विचारों के क्षेत्र में रही। क्रमशः सगुण कृष्णभक्ति से सगुण रामभक्ति तक भक्ति-आंदोलन की प्रगतिशील सामाजिक अंतर्वस्तु अपना सारा ताप और सारी ऊष्मा खो बैठी। जिन सामंती शक्तियों के कमजोर होने के परिणामस्वरूप भक्ति-आंदोलन सामंती विचारधारा को चुनौती देता हुआ सामने आया था, कालांतर में उन्हीं सामंती शक्तियों ने भक्ति-आंदोलन पर अपना वर्चस्व जमा लेने में सफलता पाई।

मध्यकाल के एक खास दौर में नीची कही जाने वाली जातियों से संतों का सामने आना और कालांतर में, लंबे समय तक उनका सांस्कृतिक मंच से अदृश्य हो जाना, इसी ऐतिहासिक संदर्भ में समझा जा सकता है।

अपनी चर्चा की शुरुआत में हमने प्रश्न उठाया था कि आखिर क्या कारण था कि जिसके चलते तीन सौ सालों तक भक्ति की स्रोतस्विनी में अवगाहन करने के उपरांत उसके "पुण्यफल" के रूप में हिन्दी प्रदेश को रीति काल का श्रृंगार और नायिका भेद मिला? हमने भक्ति-आंदोलन के क्रांतिकारी सारतत्त्व की निर्गुण भक्ति से सगुण भक्ति में पहुँचकर निष्प्रभावी हो जाने की जो बात कही है, उसके भीतर से ही हमें उसकी इस परिणति यहाँ तक कि सर्वथा लुप्त हो जाने की सच्चाई का साक्ष्य मिलेगा। यदि हम कहें कि ऐसा होना ही सर्वथा स्वाभाविक था, तो कोई आश्चर्य नहीं होना चाहिए। वस्तुतः

सगुण कृष्णभक्त और रामभक्त कवियों ने ही जैसे आने वाले युग में रीति-रचनाकारों को श्रृंगार और नायिका भेद की यह विरासत, रचना-शिल्प के सारे अभिजात्य के साथ सौंप दी हो।

सवाल है कि सगुण भक्ति-कविता और रीति-कविता में आखिर बुनियादी फर्क क्या हैं? यही न कि एक का आधार भक्ति की भावभूमि में सगुण ईश्वर की उपासना और उसके प्रति अप्रतिहत निष्ठा है, जबकि दूसरी का आधार विशुद्ध लौकिक भूमि पर श्रृंगार की प्रस्तुति है। भक्ति कविता के आराध्य के स्थान पर रीति-कविता में आश्रयदाता हैं। भक्त कवियों—जैसी अपने आराध्य के प्रति अप्रतिहत निष्ठा, निश्छल आत्मसमर्पण और निःस्वार्थ भक्ति यहाँ भले न हो, आश्रयदाता के प्रति उन्मुखता, उसे रिझाने-मनाने, उसके सुख-संतोष का ध्यान, उसकी अभिरुचियों का पालन और उसकी कृपा की आकांक्षा वैसी ही है। समर्पण भी यहाँ है, उतना निष्काम और निःस्वार्थ जरूर नहीं। ऊपर से देखने पर लगता है कि भक्त कवियों की रचनाओं में भक्ति के अलावा और कुछ नहीं है और रीति-कविता में श्रृंगार के अलावा और कुछ नहीं। किन्तु गहराई से जाने पर स्पष्ट होता है कि भक्त कवियों में भक्ति के साथ-साथ श्रृंगार भी है और सूर जैसे कवियों में तो भरपूर मात्रा में, कि जिसके चलते उन्हें श्रृंगार में अप्रतिम माना गया है। इसी प्रकार रीति-कवियों में आनुषंगिक रूप से ही सही, भक्ति भी पर्याप्त मात्रा में है, पद्माकर जैसे कवियों, में तो अपनी समूची गहराई और व्यापकता के साथ। रीति-कवियों की विशुद्ध भक्ति की रचनाओं को क्षण भर के लिए भुला दें तो उनकी श्रृंगारी कविता भी प्रायः राधा-कृष्ण की भक्ति के बहाने ही लिखी गई है। कहने का तात्पर्य यह कि भक्ति और श्रृंगार की स्थिति अपनी-अपनी तरह से भक्ति और रीति-कविता दोनों में है।

कुछ और गहराई में उतरें, तो पता चलेगा कि सूर के राधा-कृष्ण जिस प्रकार की प्रेम-क्रीड़ाओं में निमग्न होते हैं, रीति-कवियों के बहाने वाले राधा-कृष्ण की प्रेम-क्रीड़ाएँ उनसे न केवल भिन्न नहीं हैं, उनसे होड़ करती प्रतीत होती हैं। गोस्वामी तुलसीदास अपनी संपूर्ण मर्यादा के बावजूद बरवै आदि में श्रृंगार की अपेक्षाकृत मुखर अभिव्यक्ति करते हुए भी, अपनी दूसरी कृतियों में ईश्वर-विषयक रति को भले ही उसकी मर्यादाओं में निभा गए हों, रामभक्ति के रसिक-संप्रदाय में सीता और राम की प्रणय लीला रीति-कवियों के नायक-नायिका की प्रणय-लीलाओं को कहीं-कहीं फीका भी कर देती हैं। जहाँ तक रीति-कवियों के नायिका-भेद का सवाल है, उसके पर्याप्त बीज सूर की रचना में हैं। आचार्य नंद दुलारे वाजपेयी ने अपनी पुस्तक 'महाकवि सूरदास' में यह

सवाल भी उठाया है कि रीति-कवियों का नायिकाभेद यदि अपनी मूलवर्ती प्रेरणाओं में सूरदास के इन उपक्रमों से संबंध बनाता है, तो उसे गंभीरता पूर्वक विचार की परिधि में लाने की जरूरत है। सूर को छोड़ भी दें तो अष्टछाप के प्रमुख कवि नंददास ने तो स्वतंत्र रूप से नायिका-भेद पर लिखा है।

कहने का तात्पर्य यह कि ईश्वर-विषयक रति होने के बावजूद भक्त कवियों की रचनाओं में श्रृंगार अपने जिस उदग्र मांसल और उभरे हुए रूपों में चित्रित हुआ है, रीति-कविता के श्रृंगार को एकदम नया, अजूबा और उससे कतई असंपृक्त नहीं माना जा सकता। रीति-श्रृंगार की प्रचुर सामग्री रीति-कवियों के लिए भक्त कवियों ने ही मुहैया की है।

अब थोड़ा भक्ति के पक्ष को विशद करें। जिस प्रकार सगुण भक्त कवियों में भक्ति की प्रधानता के बावजूद श्रृंगार न केवल अनुपस्थित नहीं है, पूरे समारोह के साथ चित्रित है, उसी तरह श्रृंगार की, लौकिक श्रृंगार की प्रधानता के साथ, जैसा हमने अभी कहा, रीति-कवियों की रचनाओं में भी, आनुषंगिक रूप से ही सही, भक्ति बराबर विद्यमान है। हमने यह भी कहा है कि बिहारी जैसे कवियों में भक्ति की अभिव्यक्ति भले ही चमत्कारपूर्ण, उक्ति-वैचित्र्य आदि से जुड़ी हो, पद्माकर तथा कुछ दूसरे रीति-कवियों की भक्ति-रचनाओं में गांभीर्य, गहराई, निश्छलता तथा पारदर्शिता, भक्त-कवियों जैसी ही है, पद्माकर ने तो भक्ति पर भक्त कवियों जैसे अधिकार के साथ लिखा है। घनानंद लौकिक प्रेम को जायसी की ढब पर अलौकिक उठान तक पहुँचाने में समर्थ हुए हैं। यही नहीं, लगभग सारे प्रमुख रीति-कवि, केशव, बिहारी, घनानंद आदि किसी न किसी भक्ति-संप्रदाय से जुड़े, उसमें दीक्षित हुए हैं। कवि के रूप में रोटी-रोजी कमाने की विवशता ने उन्हें भले ही ह्रासशील सामंती अभिरुचियों के पोषक आश्रयदाताओं की कृपा का आकांक्षी बना दिया हो और अपनी कवि-प्रतिभा को उन्होंने आश्रयदाताओं की अभिरुचियों को संतुष्ट करने में खपा दिया हो, उससे उबरने वाले क्षणों में उन्होंने भक्ति की अपनी सहज मानवीय भावना को जो अभिव्यक्ति दी है, उसे छद्म नहीं माना जा सकता और ना ही उसे खारिज किया जा सकता है।

कुछ विचार भक्त और रीति-कवियों की विश्व-दृष्टि और उनकी सामाजिक सोच की करें। जाहिर है, और जैसा हम कह भी चुके हैं, सगुण भक्त-कवियों की विश्व-दृष्टि राजसत्ता तथा समाजसत्ता के प्रभु वर्गों की, उनके दर्शन-ग्रंथों, धर्मशास्त्रीय उपक्रमों आदि से निर्मित और अनुकूलित परंपरा से संवर्द्धित और पुष्ट होती हुई विश्वदृष्टि है। उनकी सामाजिक सोच भी, जैसा हम बता चुके

हैं, वेद-विहित, आर्यशास्त्रानुमोदित वर्ण-धर्म और उसके विधि-निषेधों के आधार पर जन्मी और विकसित होने वाली सामाजिक सोच है। रीति कवियों की विश्वदृष्टि और सामाजिक सोच भी अपनी संपूर्णता में यही है। दोनों में कहीं कोई अंतर नहीं है। भक्त-कवियों की विश्व-दृष्टि और सामाजिक सोच जिस प्रकार उनकी रचनाओं में प्रतिबिंबित हुई है, विषयानुरूप रीति-कवियों की रचनाएँ भी उसे उसी पारदर्शिता के साथ प्रतिबिंबित करती हैं।

भावभूमि और विचारों से अलग भाषा और रचना-शिष्य की जमीन पर सगुण भक्त और रीति-कवियों को परखें, तो पाएँगे कि इन क्षेत्रों की सारी सामग्री और सारा उत्कर्ष रीतिकवियों को विरासत, में सगुण भक्त कवियों से ही मिला है। भाषा का जो आभिजात्य सगुण भक्तों की रचनाओं में है, वही रीति कवियों में भी। कवि-कौशल, उक्ति की भंगिमाएँ, काव्यरूप, काव्यशास्त्रीय आधार इन सारे क्षेत्रों में रीति-कवि भक्त कवियों की विरासत को ही संरक्षित और संवर्धित करते हैं। सूर और तुलसी की ब्रजभाषा, उनके पद कवित्त-सवैये आदि रीति-कविता में और भी समृद्ध हुए हैं। निर्गुण संतों की अटपटी बानी और उनके सहज-सपाट काव्य संस्कार सगुण भक्ति और रीति-कविता में सर्वथा गुम और निःशेष हो गए हैं। इसकी अपेक्षा सगुण भक्ति और रीति-कविता में मार्दव, व्यंजकता और आभिजात्य की गरिमा है।

ऐसी स्थिति में यदि रीति-कविता को बुनियादी तौर पर सगुण भक्त कवियों से मिली विरासत कहा जाए, तो किसी को कोई परेशानी नहीं होनी चाहिए। भक्ति-आंदोलन निर्गुण भक्ति से सगुण भक्ति में रूपांतरित होकर किस प्रकार अपना क्रांतिकारी तेवर और ताप खो देता है और सगुण भक्ति की कविता किस प्रकार आगे की रीतिकालीन कविता के लिए रास्ता तैयार करती है। इसे इतिहास का निर्णय माना जाय या उसकी सहज परिणति, यह एक ऐसी सच्चाई है जिसे स्वीकार करना पड़ता है।

इतिहास की गति के अपने नियम होते हैं। वह हमारी आकांक्षाओं और सदिच्छाओं के अनुरूप आगे नहीं बढ़ा करता। हिन्दी प्रदेश के सांस्कृतिक मंच पर मध्यकाल में घटित होने वाला यह इतिहास हमें प्रेरित करता है कि हम उसकी वस्तुगतता में उसे देखें-परखें।

4

कबिरा खड़ा बाजार में

कबीर पर की जाने वाली हमारी वर्तमान चर्चा के केन्द्र में कबीर अपनी सांस्कृतिक विरासत के साथ हमारी चिंता से मुखातिब होते हैं। जिस सांस्कृतिक चेतना को हम उनकी रचनाओं में मूर्त होते हुए देखते हैं, वह संस्कृति, भारतीय संस्कृति की किसी घिसी-पिटी धारणा का तिरस्कार करती है और भारतीय संस्कृति की विद्रोही चेतना के रूप में हमें अपनी पहचान कराती है। इस भारतीय संस्कृति की अपनी छवि को लेकर मतैक्य नहीं है, अतएव इसके पहले कि हम कबीर को भारतीय संस्कृति की विद्रोही चेतना का प्रतिनिधि मानते हुए उनकी सोच और उस सोच से गुजर कर सामने आने वाले उनके कृतित्व पर ध्यान दें, उनके बारे में कोई चर्चा करें, हम इस मूलवर्ती सवाल से प्रारंभ में ही निपट लेना चाहते हैं कि आखिर भारतीय संस्कृति है क्या?

जाहिर है कि यह एक ऐसा सवाल है, जिससे आँखें न मिला पाने या उसके सही जवाब को न पचा पाने का ही परिणाम है कि आज शताब्दी के जिस बिंदु पर हम खड़े हैं समस्याओं का एक विराट जाल हमें आबद्ध किए है, हमारा सामाजिक तथा सांस्कृतिक जीवन क्षतिग्रस्त हो रहा है तथा एक राष्ट्र के रूप में हमारे अपने अस्तित्व पर भी प्रश्नचिह्न लगे हुए हैं। सवाल है कि जिसे हम भारतीय संस्कृति कहते हैं, क्या वह कोई जड़ या स्थिर वस्तु है, जिसका एक सनातन तथा शाश्वत रूप है अथवा वह एक गतिशील वास्तविकता है, जिसके एक-एक चरण का और इन चरणों में होने वाले उसके रूपांतरणों का एक लंबा और जीवित इतिहास है। कहना न होगा कि

इन सवालों से निपटे बिना और सच्चे दिल तथा सही दिमाग से उनका उत्तर पाए और स्वीकार किए बिना, भारत के सांस्कृतिक जीवन में कबीर जैसे घर फूँक तमाशा देखने वाले फक्कड़ संत के आविर्भाव की युगांतरकारी घटना को उसके पूरे महत्त्व तथा अर्थ के साथ नहीं समझा जा सकता।

यह तथ्य इतिहास सिद्ध है कि भारत में आर्यों से पूर्व भी एक अत्यंत समुन्नत सभ्यता तथा संस्कृति विद्यमान थी, जिसके न केवल तमाम भग्नावशेष हमें प्राप्त होते हैं, परवर्ती संस्कृति पर जिसके गहरे निशान भी विद्यमान हैं। हम पूर्ववर्ती संस्कृति की ढूह पर ही भारत में वैदिक आर्य संस्कृति विकसित और पुष्ट होती है, अपने को जिससे जोड़ते हुए उसका उत्तराधिकारी कहने में हमें अतिशय गर्व तथा हर्ष का अनुभव होता है। इसके उपरान्त वैदिक संस्कृति के समानांतर बौद्ध और जैन अपनी विचार संपदा को लेकर इस चली आ रही सांस्कृतिक पूंजी में इज़ाफा करते हैं। उनकी बात जाने भी दें, तो हर्षवर्धन के समय तक भारत में बाहर से न जाने कितनी जातियों का आगमन होता है, जिनमें से कुछ विजेता बनकर शासक जातियों के रूप में हम पर शासन भी करती हैं। भारत में बाहर से आने वाली ये तमाम जातियाँ भारत में ही रहती और बसती हैं और कालांतर में भारत के सामाजिक-सांस्कृतिक जीवन की धारा से इतना घुल-मिल जाती हैं कि उन्हें अलग से पहचानना तक मुश्किल हो जाता है। ऐसा नहीं है कि चले आते हुए सामाजिक-सांस्कृतिक प्रवाह ने इन्हें ही आत्मसात किया हो, इन्होंने भी अपने विशिष्ट आचार-विचारों का रंग क्रमागत सामाजिक तथा सांस्कृतिक प्रवाह पर छोड़ा और उसे एक नया रूप भी दिया है।

अतएव, हर्षवर्धन तक भारतीय संस्कृति का जो रूप सामने आया, सवाल उठता है कि उसे कौन-सा नाम दिया जाए? क्या उसे विशुद्ध वैदिक आर्य संस्कृति कहा जाए, अथवा बौद्ध या जैन संस्कृति कहकर पुकारा जाए, अथवा यह माना जाए कि वह अनेक प्रकार की आर्य और आर्येतर जातियों तथा वैदिक-अवैदिक मतों के समागम तथा सम्मिलित प्रयासों से बनी-छनी एक ऐसी संस्कृति है, जो किसी जाति, धर्ममत या नस्ल-विशेष की चीज न रहकर उनकी समष्टि के प्रतिफल के रूप में जानी-समझी जा सकती है। हम इसे हिंदू संस्कृति भी नहीं कह सकते; क्योंकि जैसा आचार्य हजारीप्रसाद द्विवेदी का कहना है, मुसलमानों के आगमन से पहले हिंदू शब्द भारत में रहने वालों के लिए एक सामान्य संज्ञा कभी नहीं रहा। वे कहते हैं :

इसलाम के आने के पहले इस विशाल जनसमूह का एक नाम तक नहीं था। अब उसका नाम हिंदू पड़ा। हिंदू अर्थात् भारतीय अर्थात् गैर-इसलामी

मत। स्पष्ट ही गैर इस्लामी मत में कई तरह के मत थे—कुछ ब्रह्मवादी थे, कुछ कर्मकांडी थे, कुछ शैव थे, कुछ वैष्णव थे, कुछ शाक्त थे, कुछ स्मार्त थे, और भी न जाने क्या-क्या थे। (हजारी प्रसाद द्विवेदी, कबीर, 180-81)

इसलामी धर्ममत से टक्कर लेने के हेतु शास्त्रों की छानबीन करते हुए एक ऐसे सर्वसम्मत मत को निकालने का प्रयास किया गया, जिसके संरक्षण में गैर-इसलामी-मत के भारतीय खड़े हो सकें और अपने को सुरक्षित अनुभव कर सकें। गोकि यह प्रयास सर्ववाद सम्मत नहीं रहा फिर भी एक नए आचार प्रवण धर्म का रूप सामने जरूर आया।

अतएव, इतिहास की रोशनी में इस तथ्य को मान लेने में हमें हिचक नहीं होनी चाहिए कि हर्षवर्धन के समय तक भारत के सामाजिक तथा सांस्कृतिक जीवन में अनेक प्रकार के लोगों और जातियों के बीच पारस्परिक आदान-प्रदान की एक जीवित क्रिया चलती रही और यद्यपि भारतीय सांस्कृतिक जीवन की प्रधान धारा में बाहर से आई हुई अनेक जातियों, कबीलों, नस्लों और घुमक्कड़, खानाबदोशों के झुंड अपने आचार-विचारों को लिए दिए घुल-मिल गए, फिर भी उन्होंने चले आते हुए सांस्कृतिक प्रवाह को ज्यों-का-त्यों नहीं रहने दिया, उसे अपने रंग से भी रंगा। फलतः भारतीय सांस्कृतिक जीवन की एक ऐसी छवि उभरी जो यहाँ पर रहने वाली किसी एक खास जाति की देन न होकर सबके सम्मिलित प्रयासों का परिणाम थी। आचार्य द्विवेदी ने ठीक ही कहा है—

जिसे हम हिंदू रीति-नीति कहते हैं, वह अनेक आर्य और आर्येतर उपादानों का मिश्रण है। हमारे सामने समाज का आज जो रूप है, वह न जाने कितने ग्रहण और त्याग का रूप है। देश और जाति की विशुद्ध संस्कृति केवल बाद की बात है। सब कुछ में मिलावट है, सब कुछ अविशुद्ध है। शुद्ध है, मनुष्य की दुर्दम जिजीविषा। वह गंगा की अबाधित अनाहत धारा की भाँति सब कुछ को हजम करने के बाद भी पवित्र है। (अशोक के फूल)

हर्षवर्धन के उपरांत भारत का इतिहास प्रारंभ में आक्रमणकारी आक्रांताओं और लुटेरों के रूप में मुसलमानों के आक्रमणों का, तदुपरांत उनके विजेताओं के रूप में देश के शासनकर्ता बनने का इतिहास है। बाहरी आक्रमणों का सामना पहले भी देश ने कई बार किया था। किंतु, जैसा कि हम कह चुके हैं, वे आक्रमणकारी जातियाँ मूलत; कबीलाई, खानाबदोश या आदिम जातियाँ थीं, जिनका न तो कोई दृढ़ सामाजिक संगठन था और न ही कोई सुव्यवस्थित और संघटित धर्म तथा संस्कृति। अपनी प्रकृति में अत्यंत लचीली तथा पर्याप्त समुन्नत और पुष्ट भारतीय संस्कृति तथा समाज व्यवस्था ने न केवल इन्हें

आत्मसात किया—बल्कि उनके देवी-देवताओं तथा आचार-विचारों को भी अपना बना लिया।

किंतु इस बार के आक्रमणकारी दूसरी ही धातु के बने हुए थे। वे दूसरे ही हवा पानी में पले हुए थे। वे केवल भारत की भौगोलिक विजय अथवा भारत की अपार संपत्ति लूटने के इरादे से ही घर से न निकले थे, उनका लक्ष्य भारत में मुसलमानी मजहब तथा एक ऐसे इसलाम की राज्य की स्थापना करना था जैसा कि और मुसलिम देशों में था। आबिद हुसैन ने ठीक ही लिखा है:

अगर यूनानियों की तरह, जो दूसरी शती ईस्वी मे बख्तर से आए थे, अपने और अपनी संस्कृति के उद्‌गम स्थान से बहुत अरसे तक उनका नाता टूटा रहता अथवा अगर उनकी संस्कृति सीरियन और हूणों की तरह आदिम होती, तो वे हिन्दू समाज में घुलमिल कर एकात्म हो जाते। लेकिन पहले तो वे एक समुन्नत अंतर्राष्ट्रीय संस्कृति के प्रतिनिधि थे, दूसरे वे भारत से बाहर उस संस्कृति के केन्द्रों से, इनमें इसलामी जगत का राजनीतिक केन्द्र बगदाद भी शामिल था, जिसका महत्त्व आज नाम मात्र को रह गया है, बराबर संपर्क बनाए रहे। इन कारणों से उन्हें पूरी तरह भारतीय होने में काफी समय लगा। (आबिद हुसैन, राष्ट्रीय संस्कृति, 44)

और भी कुछ महत्त्वपूर्ण कारण थे, जिन्होंने मुसलमानों और उनके मजहब की पटरी भारतीय धर्म मतों से न बैठने दी। इसलामी धर्ममत और इसलामी संस्कृति को आत्मसात करना तो दूर की बात, भारतीय मनीषियों के समक्ष तात्कालिक सवाल तो इस बात का खड़ा हो गया कि मुसलमानों की उद्दीप्त धर्म भावना, दृढ़तर तथा सुव्यवस्थित सामाजिक संगठन एवं मानव जाति की समानता के उदार इसलामी आशय से किस प्रकार अपने धर्म मत, अपने आचार, विचारों, अपनी समाज व्यवस्था तथा अपनी रीति-नीति की रक्षा करे। अविजेय और अपरिवर्तनीय समझी जाने वाली भारतीय जाति व्यवस्था को पहली बार जबर्दस्त ठोकर लगी थी। भारतीय जन मानस ही नहीं, समूचा भारतीय वातावरण पहली बार बुरी तरह विक्षुब्ध हो उठा था। इसलाम कृपाण के बल पर भी, और समानता के अपने उदार आश्वासन के बल पर भी, गुहार गुहार कर उन आचार-भ्रष्ट तथा आश्रम-भ्रष्ट जातियों को, जो न तो हिन्दू थीं न मुसलमान, अपने संरक्षण में बुला रहा था :

अब तक वर्णाश्रम व्यवस्था का कोई प्रतिद्वंद्वी नहीं था। आचार-भ्रष्ट व्यक्ति समाज से अलग कर दिए जाते थे और वे एक नई जाति की रचना कर लेते थे। इस प्रकार सैकड़ों जातियाँ और उपजातियाँ भ्रष्ट होते रहने पर भी वर्णाश्रम

व्यवस्था एक प्रकार से चलती ही जा रही थी। अब सामने एक प्रतिद्वंद्वी समाज था, जो प्रत्येक व्यक्ति और प्रत्येक जाति को अंगीकार करने के लिए बद्ध परिकर था। उसकी एकमात्र शर्त यह थी कि वह उसके विशेष प्रकार के धर्म मत को स्वीकार कर ले। समाज से दंड पाने वाला बहिष्कृत व्यक्ति अब असहाय नहीं था। इच्छा करते ही वह एक सुसंगठित समाज का सहारा पा सकता था। (हजारी प्रसाद द्विवेदी, कबीर, 183)

आचार तथा आश्रम-भ्रष्ट जातियों के अतिरिक्त अंत्यज कही जाने वाली जातियाँ भी थीं, जो यद्यपि भारतीय आचार तथा आश्रम व्यवस्था का अंग थीं, किंतु अंत्यज होने के नाते जिनकी सामाजिक स्थिति तथा मर्यादा हीन से हीनतर तथा विषम से विषमतर होती जा रही थी। इसलाम द्वारा दिया गया समानता का आश्वासन उन्हें भी अपनी ओर खींच रहा था।

जिस समय भारत के राजनीतिक ही नहीं, सामाजिक तथा सांस्कृतिक क्षितिज पर भी, चुनौतियों के काले स्याह बादल मँड़रा रहे थे, सारा देश उद्वेलित था, आगे की राह ढूँढ़ने को व्याकुल था, एक अन्य युगांतरकारी घटना घटित हुई, जिसने देश के कोटि-कोटि संतप्त जनों को आगे की राह दिखा दी। यह युगांतरकारी घटना थी, उत्तर भारत में भक्ति-आंदोलन का उदय। ग्रियर्सन ने लिखा है, बिजली की चमक के समान अचानक इस समस्त अंधकार के ऊपर एक नई बात दिखाई दी। यह भक्ति का आंदोलन था।

हमारा इरादा यहाँ भक्ति-आंदोलन के समूचे इतिहास को प्रस्तुत करना नहीं है। भक्ति के इस आंदोलन के बारे में हम एक अलग अध्याय में काफी कुछ कह चुके हैं। यहाँ हम मात्र इस तथ्य को ही रेखांकित करना चाहते हैं कि एक ऐसे समय में जबकि समूचा उत्तर भारत एक ओर इसलाम और इसलामी शासकों के मजहबी आवेश से, और दूसरी ओर शास्त्र और वेदसम्मत आचारों की कड़ी जकड़बंदी के फलस्वरूप असहनीय प्रकार की घुटन अनुभव कर रहा था, देश के कोटि-कोटि सामान्य जन इसलामी प्रभाव के फलस्वरूप रूढ़ से रूढ़तर होते हुए भारतीय धर्म मतों एवं प्रखर से प्रखरतर होती हुई इसलाम की उद्दीप्त धर्म भावना से त्रस्त, आतंकित और पीड़ित थे, सच्ची धर्म भावना के ह्रास के फलस्वरूप चमत्कारी साधुओं, सिद्धों और वामाचारियों के द्वारा उन्हें गुमराह किया जा रहा था, सामान्य हिन्दू और मुसलमान जन एक-दूसरे के निकट आने और एक-दूसरे को पहचानने को समुत्सुक थे, दक्षिण से आने वाली भक्ति-आंदोलन की धारा ने दीर्घकाल से तप्त उनके मन प्राणों को भीतर तक सींच दिया। सांस्कृतिक तथा सामाजिक जीवन के अवरुद्ध प्रवाह को भक्ति-आंदोलन की वेगवती धारा ने धक्का देकर गतिशील कर दिया। जो

समाज टूटने और बिखर जाने के लिए जैसे कगार पर खड़ा था, वह एक नई शक्ति पा गया।

उत्तर में आने वाली भक्ति-आंदोलन की यह धारा कोई आकस्मिक घटना नहीं थी। शताब्दियों पहले दक्षिण में सर्वप्रथम आलवारों और आडवारों ने चले आते हुए शास्त्रसम्मत विधि-विधानों को तोड़ते हुए शिव और विष्णु भक्ति का रास्ता सबके सामने सुलभ किया। बाद को रामानुज और उनकी शिष्य परंपरा के रामानंद ने एक कदम और आगे बढ़कर परंपरागत वैष्णव धर्म की व्यवस्था पर चोट करते हुए भगवद्भक्ति का अधिकारी न केवल शूद्रों और चांडालों को माना, वरन मुसलमानों को भी अपनी शिष्य-परंपरा में स्वीकार करते हुए एक सामान्य मानव धर्म के लिए रास्ता साफ कर दिया। रामानंद इस सहज मानव धर्म को उत्तर भारत तक लाए और उत्तर भारत को ही उन्होंने अपना कार्यक्षेत्र भी बनाया। कहाँ तो रास्ता ही नजर नहीं आ रहा था, और कहाँ रास्ते ही रास्ते खुल पड़े। फिर क्या था? 'जाति पाँति पूछे नहिं कोई, हरि को भजे सो हरि का होई' शूद्रों, अंत्यजों और मुसलमानों के बीच से, रूढ़ियों के सड़े-गले जम्बाल जाल को काटते हुए, भक्ति के सहज निर्मल प्रवाह में अवगाहन करती हुई और उपेक्षितों, पीड़ितों तथा पद-दलितों की जनम-जनम की आकांक्षा को फलवती करते हुए संतों की, अंत्यज, शूद्र और मुसलमान संतों की, ऐसी पंक्ति की पंक्ति सामने आई, अब तक के सांस्कृतिक जीवन के इतिहास में जिसकी मिसाल नहीं है।

यह भक्ति-आंदोलन, सच पूछा जाए, तो अपने समय की राजनीतिक, धार्मिक और सामाजिक परिस्थितियों की अनिवार्य देन था। वह युग जीवन की ऐतिहासिक माँग बनकर सामने आया था। इस तथ्य का अनुमान महज इस बात से लगाया जा सकता है कि इसने न केवल अपने समय की राजनीतिक, धार्मिक सामाजिक तथा सांस्कृतिक जड़ता को तोड़ा, चली आती हुई सांस्कृतिक जीवन की धारा के साथ विजेताओं की नई संस्कृति को घुलाते-मिलाते हुए पहली बार जाति धर्म, वर्ण आदि से निरपेक्ष एक मानव धर्म तथा एक मानव संस्कृति की परिकल्पना सामने रखी। इसने शताब्दियों से कुंठित और अपमानित देश के करोड़ों-करोड़ों साधारण जनों के लिए उनकी सामाजिक मुक्ति तथा आध्यात्मिक परितृप्ति के द्वार भी उन्मुक्त कर दिए, समाज तथा 'धर्म के ठेकेदारों ने जिन्हें उनके लिए कब का बंद कर रखा था। इस आधार पर यदि यह कहा जाय कि एक स्तर पर यह भक्ति-आंदोलन रुढ़िग्रस्त धर्म तथा उसके द्वारा अभिशप्त एक अनैतिक और अमानवीय समाज-व्यवस्था के प्रति सामान्य जन के सात्त्विक रोष तथा उसकी दुर्दम जिजीविषा की

भावात्मक अभिव्यक्ति था, तो कोई अतिशयोक्ति न होगी। निम्नवर्गीय साधारण जन की व्यथा से उद्भूत इस भक्ति-आंदोलन पर टिप्पणी करते हुए गजानन माधव मुक्तिबोध कहते हैं:

भक्ति-आंदोलन का जन-साधारण पर जितना व्यापक प्रभाव हुआ, उतना किसी अन्य आंदोलन का नहीं। पहली बार शूद्रों ने अपने संत पैदा किये। अपना साहित्य और अपने गीत सृजित किए। कबीर, रैदास, नाभा, सिंपी, सेना नाई आदि महापुरुषों ने ईश्वर के नाम पर जातिवाद के विरुद्ध आवाज बुलंद की। समाज के न्यस्त स्वार्थवादी वर्ग के विरुद्ध नया विचारवाद अवश्यंभावी था। वह हुआ। तकलीफ हुई, लेकिन एक बात हो गई। (नयी कविता का आत्मसंघर्ष तथा अन्य निबंध, ४४)

भक्ति-आन्दोलन के ज्वार में न केवल उच्च वर्गों का अहंकार, वर्ण-दंभ तथा समाज, धर्म और नीति सम्बन्धी उनकी जर्जर मान्यताएँ तिनके के समान ऊब डूब करती दिखाई दीं, सामान्य जन को वह आत्मविश्वास भी प्राप्त हुआ, जिसके सहारे वह सम्मानपूर्ण जिंदगी बिताते हुए अपने धार्मिक तथा आध्यात्मिक मानस को संतोष दे सके।

इतिहास के देशी-विदेशी समस्त विद्वानों ने इस भक्ति-आन्दोलन के ऐतिहासिक तथा सांस्कृतिक प्रदेय को युगांतरकारी माना है। बहुतों ने इसे सांस्कृतिक नवजागरण की संज्ञा दी है और इस नवजागरण के नेता रामानंद को एक क्रांतद्रष्टा, युगप्रवर्तक व्यक्ति घोषित किया है। रामानंद निस्संदेह उत्तर भारत के सांस्कृतिक नवजागरण के अग्रदूत थे। गौतम बुद्ध के बाद कदाचित् ही किसी धार्मिक तथा सांस्कृतिक नेता को अनुयायियों की इतनी विशाल संख्या के नेतृत्व और मार्ग दर्शन का गौरव मिला हो। देश के बिखरते तथा विषैले होते सांस्कृतिक तथा सामाजिक जीवन को उन्होंने संजीवनी प्रदान की। जातिपाँति वर्ग और वर्ण की दीवालें ढहाते हुए उन्होंने भक्ति का पथ सबके लिए सुगम कर दिया और इस प्रकार समाज तथा संस्कृति की मृत होती हुई बौद्धिक तथा भावात्मक चेतना को नया जीवन प्रदान किया। सवर्ण, असवर्ण, शूद्र, चांडाल और मुसलमान, उन्होंने सब को गले लगाया और राम नाम का मंत्र देते हुए सबको समान निष्ठा तथा समान लक्ष्य के एक सूत्र में बाँध दिया।

राम नाम के उनके मंत्र ने सगुण और निर्गुण दोनों प्रकार की भक्ति के लिए पथ प्रशस्त किया। उनकी शिष्य परंपरा में कबीर भी रहे और तुलसी भी। सगुण और निर्गुण की जिस लहर ने रामानंद में अपना स्रोत प्राप्त किया, वह उत्तर भारत में ही नहीं, पूर्व और पश्चिम में भी शतधा धाराओं में प्रवाहित

हुई। इन सारे तथ्यों के संदर्भ में यदि भक्ति-आंदोलन के युगांतरकारी महत्त्व का आख्यान किया गया है, तो यह स्वाभाविक ही है। वह एक ऐसी प्राणशक्ति के रूप में उभरा था, जिसने समूचे देश को जैसे फिर से अपने पैरों पर खड़ा कर दिया। एक नए सांस्कृतिक प्रयाण का जो रास्ता उसने खोला, और अधिक स्पष्ट कहें, तो वर्ग, वर्ण और धर्मनिरपेक्ष जिस एक मानव संस्कृति की संभावनाओं की ओर उसने इशारा किया, उन बातों के संदर्भ में हमें उस बुनियादी सवाल का जवाब मिल जाना चाहिए, जिसे हमने प्रारंभ में उठाया था। वह जवाब और कुछ नहीं,यही है कि भारतीय संस्कृति सदैव एक गतिशील वास्तविकता का परिचायक रही है। सदैव नये-नये रूपों में वह सामने आती रही है, और नई प्रेरणाओं से मंडित होकर भारतीय जीवन और जनमानस को नई शक्ति देती रही है।

हम अभी ऊपर कह चुके हैं कि रामानंद ने राम नाम का जो बीज मंत्र शिष्यों को दिया, वह दो आयामों पर प्रस्फुटित हुआ। कबीर के बारे में लिखते हुए आचार्य द्विवेदी इस बात का स्पष्ट संकेत देते हैं कि—

पौराणिक अवतारों को केन्द्र में करके सगुण उपासना के रूप में और निर्गुण परब्रह्म, जो योगियों का ध्येय था, उसे केन्द्र करके निर्गुण प्रेम भक्ति की साधना के रूप में। पहली साधना ने हिन्दू जाति की बाह्याचार की शुष्कता को आंतरिक प्रेम से सींचकर रसमय बनाया और दूसरी साधना ने बाह्याचार की शुष्कता को ही दूर करने का प्रयत्न किया। एक ने समझौते का रास्ता लिया—दूसरी ने विद्रोह का। एक ने शास्त्र का सहारा लिया—दूसरी ने अनुभव का। एक ने श्रद्धा को पथ प्रदर्शक माना—दूसरी ने ज्ञान को। एक ने सगुण भगवान को अपनाया दूसरी ने निर्गुण भगवान को। पर दोनों का ही मार्ग प्रेम था। सूखा ज्ञान दोनों को ही अप्रिय था। केवल बाह्याचार दोनों को ही सम्मत नहीं थे। आंतरिक प्रेम निवेदन दोनों का ही अभीष्ट था। अहेतुक भक्ति दोनों को ही काम्य थी। बिना शर्त भगवान के समक्ष आत्मसमर्पण दोनों को ही प्रिय थे। (हजारी प्रसाद द्विवेदी कबीर, 183)

समझौते का रास्ता छोड़कर विद्रोह का रास्ता अपनाते हुए निर्गुण भक्ति की जो धारा भक्ति-आंदोलन की स्रोतस्विनी से फूटी, कबीर उसकी सबसे ऊँची लहर के साथ सामने आए। समझौता उनकी प्रकृति में नहीं था। विद्रोह और क्रांति की ज्वाला उनकी रग-रग में व्याप्त थी। सिर पर कफन बाँधकर, अपना घर फूँककर वे अलख जगाने निकले थे। उन्हें समझौतापरस्तों की नहीं, अपना घर फूँककर साथ चलने वालों की जरूरत थी। वे लुकाठी लिए सरे बाजार गुहार लगा रहे थे :

कबिरा खड़ा बजार में लिए लुकाठी हाथ।
जो घर जारे आपना चले हमारे साथ।।

कबीर के अंतःकरण से फूटे इन शब्दों ने क्या परिणति पाई, मानव समता तथा एक मानव धर्म का जो सपना उन्होंने देखा था, और जिसे अपनी विरासत के रूप में उन्होंने युग को दिया, युग उसे साकार कर पाया या नहीं, भक्ति-आंदोलन की कबीर द्वारा प्रवर्तित क्रांतिकारी तथा विद्रोही धारा आगे भी उतनी ही प्रखर तथा विद्रोही बनी रही या नहीं, फिलहाल इन बातों के विस्तार में हम नहीं जाना चाहते। संप्रति, हमारा निवेदन यही है कि भारतीय संस्कृति की क्रांतिकारी चेतना के अग्रदूत बनकर कबीर अपने समय में प्रकट हुए। रामानंद से प्राप्त राम नाम के बीज मंत्र को उसकी समूची क्रांतिकारी व्यंजनाओं के साथ अपनी प्रखर तथा अनुभव सिद्ध वाणी से उन्होंने सातों द्वीपों तथा नवों खंडों तक गुंजा दिया, इसमें कोई भी संदेह नहीं:

भक्ति द्राविड़ उपजी लाए रामानंद।
परगट किया कबीर ने सप्तद्वीप नवखंड।।

कबीर की चर्चा करते हुए प्रायः उन्हें विद्रोही कवि, क्रांतिकारी द्रष्टा, समाज-सुधारक, मनीषी, रहस्यवादी साधक और संत, इस प्रकार के नाना रूपों में स्मरण किया जाता है। कोई उन्हें हिन्दू-मुसलिम एकता के विधायक के रूप में, कोई रूढ़िभंजक के रूप में, और कोई सामाजिक नेता के रूप में देखता है। किसी को उनके ये सारे रूप गौण मालूम होते हैं और वह उन्हें एक रहस्यवादी, आध्यात्मिक आस्था वाले संत के रूप में ही पहचानने पर बल देता है। हमारी समझ में सवाल इन तमाम रूपों में से किसी एक या अनेक के साथ कबीर को जोड़कर देखने का नहीं हैं, सवाल तत्कालीन सामाजिक तथा सांस्कृतिक परिवेश के भीतर उन संदर्भों को पहचानने और उन्हें महत्त्व देने का है, जो कबीर को एक ऐसी ऊँचाई दे सके, जो शताब्दियों बाद आज भी कायम है।

कबीर सचमुच विद्रोही और क्रांतिकारी थे, किन्तु हमारे लिए महत्त्वपूर्ण यह जानना है कि सामाजिक तथा सांस्कृतिक जीवन के वे कौन से आयाम थे, जिन्होंने कबीर के विद्रोह और उनकी क्रांति निष्ठा को उनके व्यक्तित्व की बुनियादी विशेषता के रूप में जीवित रखा, कालांतर में उन्हें किसी प्रकार की समझौतापरस्ती, किसी प्रकार के लुभावने आश्रय, किसी के अहेतुक संरक्षण में नहीं आने दिया, उनके हृदय में जलती विद्रोह की उस ज्वाला को जिलाए रखा जिसके नाते ही कबीर कबीर बने रहे और आजीवन सुविधाभोगियों,

सत्ताधारियों तथा समाज और धर्म के प्रभुओं की आँख का काँटा बने रहे। कबीर को जिन-जिन रूपों में भी याद किया जाता है, और महत्त्व दिया जाता है, वे सब वह थे, किंतु कहीं वे उन सबसे बढ़कर भी थे, बेमिसाल थे, कथनी में भी और करनी में भी। जरूरत उनकी इस विशिष्टता को पहचानने और रेखांकित करने की है।

समाज सुधारक, भक्त, संत, हिन्दू-मुसलिम एकता के हामी और मानव प्रेम के अभिलाषी इस देश में कोई कम नहीं हुए हैं। बहुत पुराना और बहुत विशाल देश है यह। सदियों से महान मनीषी, संत, पीर, फकीर, औलिये यहाँ होते रहे हैं। भारतीय जनमानस उन्हें स्वीकार भी करता रहा है, पूजता और प्रतिष्ठा देता रहा है, किंतु गलत न होगा, यदि कहा जाए, कि कबीर इनकी परंपरा के होते हुए भी इनसे भिन्न थे, इनसे जुड़े रहने पर भी इनसे न्यारे थे। तभी तो जहाँ अन्य तमाम मनीषी, भक्त और संत, साधक और सिद्ध जनता के कंधों से होते हुए समाज और शासन के महाप्रभुओं के कंधों पर जा बैठे, व्यवस्था द्वारा न केवल पचा लिए गए, उसके द्वारा पूजे और सराहे गए, उसके द्वारा इस्तेमाल हुए, उसकी बोली भी बोलने लगे, कबीर एक अपवाद हैं कि समाज, धर्म तथा शासन के महाप्रभु, उनके कर्णधार जिनके पास फटक तक न सके, उन्हें पचाना और अपने हित में इस्तेमाल करना तो दूर की बात। यह दूसरे संतों और मनीषियों की अवमानना नहीं, एक वस्तुगत सच्चाई है जिसे हमें स्वीकार करना चाहिए। कबीर ने जीवन भर जो कुछ प्रचारा और कहा उसे, जैसा कि हमने अभी कहा, पचाना और हजम करना तो दूर, उसे गले के नीचे उतार पाने तक का बूता समाज, शासन तथा धर्म के मसीहाओं के पास न तब था और न आज है। इस प्रकार कबीर शासन तथा समाज के महाप्रभुओं की खोखली कथनी और करनी को निर्ममता के साथ उजागर कर देते हैं, उन्हें उनकी सही शक्ल में हमारे सामने पेश कर देते हैं।

कबीर के सच्चे अनुयायियों की संख्या उनके अपने समय में भी उंगलियों पर गिनी जाने लायक थी, और वैसा ही आज भी है। एक भीड़ कबीर पंथ के नाम से उनके मरने के बाद जरूर उनके पीछे खड़ी हो गई थी और आज तक चली आ रही है, किन्तु उसकी वास्तविकता भी हम जानते हैं। सचमुच कबीर की शर्तों पर कबीर के साथ चलना मामूली बात नहीं है, उनका नाम लेकर पंथ खड़े करना कितनी अहमियत रखता है, इसे स्पष्ट करना जरूरी नहीं है। सब कुछ हमारी आँखों के सामने साफ है। कबीर जीवन भर गुहार लगा-लगा कर थक गए कि कोई माई का लाल तो उनके साथ चले, किन्तु शर्त इतनी कठोर थी कि किसी का हौसला नहीं हुआ कि उसे पूरा करते हुए वह उनके

साथ आए और आगे बढ़े। कबीर वर्ग, वर्ण, धर्म, जाति, तथा संप्रदाय से परे सच्ची इंसानियत के मुरीद थे। उस प्रेम के पुजारी थे, जहाँ बदले में कुछ पाना नहीं, महज देना ही देना है। और यह देना भी मामूली नहीं, सब कुछ से नाता तोड़कर अपने आपको ही दे देना है, अपना आपा खोकर उनके साथ आना है। जाहिर है कि कबीर की गुहार पर न तो घर फूँकने वाले आगे आए और न अपना सिर कटाने वाले। उनकी आवाज बस वातावरण में गूंजती रहीः

कबिरा खड़ा बजार में लिए लुकाठी हाथ।
जो घर जारे आपना चल हमारे साथ।।

आचार्य हजारीप्रसाद द्विवेदी का एक निबंध है, 'घर जोड़ने की माया', सो जिस समाज में घर जोड़ने की माया की धूम मची हो, आपस की होड़ा-होड़ी हो, वहाँ घर फूँककर कबीर की तरह सरे बाजार खड़े होने का साहस कितनों में होता। कबीर की पुकार अनसुनी ही रह गई। दूसरे, जहाँ अपने आप को, अहंकार और दंभ को छोड़ना तो दूर, उसे दूसरों पर जबरन थोपते हुए सुख और संतोष पाने वालों का मजमा हो, वहाँ सच्चे प्रेम की राह अगर सूनी ही रह जाए तो कोई आश्चर्य नहीं-कबीर कहते रहेः

कबीर यह घर प्रेम का खाला का घर नाहिं।
सीस उतारे भुइँ धरे सो घर पैठे आहि।।

जाहिर है कि यहाँ भी कबीर की आवाज अनसुनी रही। सचमुच बड़ा कठिन और दुर्लभ था, वह प्रेम जिसका सपना उन्होंने देखा था और अपना सब कुछ देकर जिसे उन्होंने हासिल किया था। बड़ी अलभ्य थी वह इंसानियत जिसकी बेल इस धरती पर वे रोपना चाहते थे। कबीर की विद्रोही वाणी इसीलिए आजीवन गूँजती रही, अकेली गूँजती रही और कितनी बड़ी आस्था थी उनकी कि उन्होंने असफलता के बावजूद समझौते की गलियों में भटककर उसे गुमराह नहीं होने दिया। वे अपनी जमीन से कण भर भी, अपने स्वप्नों और संकल्पों के मूल्य पर नहीं हटे। मनुष्य को, समाज को तथा जीवन को जिस रूप में वे ढालना चाहते थे, जिस मनुष्य, नए समाज तथा नए जीवन की परिकल्पना उन्होंने की थी, उनके अपने समय की समस्त रूढ़िवादी-प्रतिक्रियावादी-प्रतिगामी शक्तियाँ उनके खिलाफ एक जुट थीं। एक दुर्द्धष और अपराजेय योद्धा की तरह वे आजीवन इन शक्तियों से जूझते रहे और उन्होंने उनके समक्ष घुटने नहीं टेके, उनसे हार नहीं मानी।

उनकी वाणी उलटे प्रखर से प्रखरतर होती गई, उसे चुप कर पाना तो दूर, उसे कोई मद्धिम भी नहीं कर पाया। हर समझौते को उन्होंने लानत दी,

हर प्रलोभन को उन्होंने ठुकराया, हर खतरे का उन्होंने सामना किया, किंतु उस मशाल को ऊँचे हाथों थामे रहे, जिसकी रोशनी में ही एक नए इंसान, एक नई जिंदगी तथा एक नई संस्कृति तक पहुँचने वाली राह मिल सकती थी। आचार्य हजारीप्रसाद द्विवेदी ने यह बहुत ठीक लिखा है कि कबीर कदापि समन्वयवादी नहीं थे। किसी प्रकार की भी 'दीन इलाही' जैसी पैरोकारी उन्होंने नहीं की। हिन्दू तथा इसलामी धर्ममत के श्रेष्ठांशों को चुनकर, उनकी अपनी संस्कृतियों के सारतत्त्व को गूँथकर समन्वय का एक गोरखधंधा प्रस्तुत करने का प्रयास उन्होंने कभी नहीं किया। उन्होंने हिन्दू तथा इसलामी धर्ममत दोनों को ठुकराया, उनके शास्त्र ग्रंथों को कोई तरजीह नहीं दी, उनके पंडितों और मुल्लों को किसी भी स्तर पर बरदाश्त नहीं किया। उन्होंने इन सब पर हमला किया, इन सबकी धज्जियाँ उड़ायीं। उनका रास्ता इन सबसे अलग था और अपने मार्ग पर, उसकी सत्यता पर उनका अगाध विश्वास था। अपने लक्ष्य की सच्चाई पर उनकी अप्रतिहत आस्था थी—तभी चली आ रही सारी लीकों को रौंदते हुए वे अपनी लीक अलग बनाकर चले, सायर, सिंह और सपूत का उदाहरण सामने रखा। यदि उन्हें स्वानुभवों पर, अपने रास्ते की सच्चाई पर उनका इतना अखंड विश्वास न होता तो अनपढ़ होते हुए भी पंडितों के गढ़ काशी में उनके पोथी ज्ञान को कठोर चुनौती देते हुए उन्हें इस प्रकार नहीं ललकारते कि:

मैं काशी का एक जुलाहा, बूझहु मोर गियाना।

या उन्हें चुनौती देते हुए ऐसा नहीं कहते, 'पंडित वाद वदंते झूठा।' वस्तुतः कबीर सरापा विद्रोह की जीवंत मूर्ति थे। राम नाम के बीज मंत्र को उन्होंने इस प्रकार जी लिया था कि वे निर्भय हो गए थे। उन्हें न कट्टरपंथी हिंदुओं से भय था न मुल्लों से। अपने राम की भाँति वे भी 'ना हिन्दू ना मुसलमाँ' थे और इस बात को उन्होंने अपने समय में साहस के साथ घोषित किया था। उन्होंने हिन्दुओं की हिंदुवाई और तुरकों की तुरकाई अच्छी तरह देख ली थी। वे जान चुके थे कि दोनों ही अंधे हैं और जो खुद अंधे हों, वे दूसरों को रास्ता क्या दिखाएँगे:

अरे इन दोउन राह न पाई।
हिंदुवन की हिंदुवाई देखी, तुरकन की तुरकाई।।

ऐसी स्थिति पर वे महज उन पर हँस ही सकते थे, उनकी मखौल उड़ा सकते थे, उनके विचारों और बाह्याचारों की धज्जियाँ उड़ा सकते थे, और उन्होंने उनकी धज्जियाँ उड़ाईं भी। बिना उनके तत्त्ववाद की परवाह किए

उन्होंने उस सारे कर्मकांड पर, उन सारे आचार-विचारों पर कड़ी चोट की, जो साधारण जन को अपमानित करते थे, आदमी और आदमी में फर्क करके देखते थे, आदमीयत से बढ़कर सतही विधि-विधानों को, खोखली पूजा-चर्या को, सड़े-गले रीतिरिवाजों को मानते थे। जोगी हो अथवा अवधूत, पंडित हो अथवा मुल्ला, शेख हो अथवा ब्राह्मण, उन्होंने किसी को नहीं बख्शा, तिलमिला देने वाले सवालों की झड़ी लगाते हुए उन्हें निरुतर किया। सैकड़ों की तादाद में उनकी ऐसी साखियाँ तथा पद हैं। जो यह स्पष्ट करते हैं कि प्रतिपक्षियों पर आक्रमण करते समय कबीर कितने निर्मम हो उठते थे :

मन ना रंगाए रंगाए जोगी कपड़ा।
आसन मारि मंदिर में बैठे,
ब्रह्म छाड़ि पूजन लागे पथरा।।
कनवा फड़ाय जोगी जटवा बढ़ौले,
दाढ़ी बढ़ाय जोगी होइ गैले बकरा।।
जंगल जाय जोगी धुनिया रमौले,
काम जराय जोगी होइ गैले हिजरा।।
मथवा मुड़ाय जोगी कपड़ा रंगौले,
गीता बांच के होय गैले लबरा।।
कहहिं कबीर सुनो भाई साधो,
जम दरवजवा बँधल जैबे पकड़ा।।

और मुसलमानों के बाह्याचार पर कबीर की फटकार हैः

काजी कौन कतेब बखाने।
पढ़त पढ़त केते दिन बीते, गति एकै नहिं जाने।
सकति से नेह पकरि कै सूनत, यह न बंदू रे भाई,
और खुदाइ तुरक मोहिं करता तो आपै कठि किन जाई।
हाँ तो तुरक किया करि सुन्नति औरति सो का कहिए।
अधर सरीरा नारि न छूटे आधा हिन्दू रहिए।
छांड़ि कतेब राम कहि काजी खून करत हौ भारी।
पकरी टेक कबीर भगति की काजी रहे झख मारी।।

ये मात्र एक-एक उदाहरण हैं, जहाँ कबीर हिन्दू-मुसलमानों के कर्मकांडों तथा बाह्याचारों पर निर्मम हुए हैं, गोकि निर्ममता कबीर के स्वभाव में न थी,

अहंकार उनकी प्रकृति में न था। वे अहंकार से सर्वथा रहित तथा प्रकृति से नितांत कोमल और विनीत थे। वे तो अपने राम के मुतिया थे, जो जेवरी में उन्हें बाँधे जिधर चाहे घुमाता था। जब वे अपना सीस काटकर पहले ही राम की देहरी में अर्पित कर चुके थे तब अंहकार रहता भी तो कहाँ। कबीर के इस रूप को पहचान लेने पर ही उनके विद्रोही और क्रांतिकारी रूप की, उनके आक्रामक और समझौता-विहीन रुख की सही पहचान हो सकती है।

कबीर के इस रूप को, जहाँ वे एक विह्वल प्रेमरस से भीगे, उससे बाहर से भीतर तक सराबोर, विरह की कठिन चोट से घायल और आर्त, एक संत, साधक और भक्त हैं, उनके उस रूप से, जहाँ वे ओज से दीप्त, भयानक रूप से आक्रामक और कठोर हैं, अलग करके नहीं देखा जा सकता। कबीर अपनी अद्वितीयता के साथ वहाँ भी हैं और यहाँ भी। दोनों रूपों की एकात्मता कबीर की सही पहचान है। दोनों को अलग-अलग करके कबीर को समझने और पहचानने का प्रयत्न करना उन्हें या तो न पहचानना है या अधूरा पहचानना है और इस अधूरी, खंडित या एकांगी पहचान पर आधारित उनके बारे में हमारे सारे निर्णय भी अधूरे, खंडित और एकांगी होंगे। कबीर का व्यक्तित्व एक समग्र व्यक्तित्व है, उनकी चेतना एक अखंड चेतना है, उनकी साधना, उनकी भक्ति, उनका संतत्व, उनकी डाँट-फटकार, उनका अक्खड़पन, उनका मूर्तिभंजकत्व, सब उनकी इस अखंड चेतना की ही नाना अभिव्यक्तियाँ हैं; उसी के अलग-अलग तेवर हैं।

उनमें अंतर्विरोध दिखाई पड़ सकता है, असंगति लग सकती है, किन्तु तभी, जब हम कबीर के समग्र को नजरअंदाज करते हुए टुकड़ों में पढ़ने और गुनने का प्रयास करेंगे। हम कबीर के उन अंतर्विरोधों को ढँकना नहीं चाहेंगे, जो उनके अपने युग जीवन से सम्बन्ध रखते हैं, यह मानते और कहते हुए भी कि कबीर ने अपने समय का अतिक्रमण किया था और उसे काफी कुछ चीरते हुए क्षतिग्रस्त करते सामने आए थे। अपने अनेक समानधर्माओं को वे पीछे छोड़ते हुए अपने युग जीवन का अतिक्रमण करते हैं, फिर भी कबीर एक व्यक्ति थे और युग के अपने निशान भी उन पर पड़े हैं, कहीं कुछ ज्यादा, कहीं कुछ कम। किन्तु इससे कबीर के बारे में हमारी मूलवर्ती धारणा में कोई अंतर नहीं आता। अपने समय और समाज के अंतर्विरोधों को झेलने वाले, उनके बीच से रास्ता बनाने वाले, एक दुर्द्धर्ष योद्धा की भाँति उससे टकराने वाले के अपने शरीर और अपनी चेतना में प्रतिपक्षी की कुछ खरोंचे आएँगी ही, और वे कबीर के व्यक्ति और उनके विचारों पर दिखाई भी देती हैं, परन्तु कबीर के द्वारा युग पर डाले गए निशान उनके अपने ऊपर पड़े निशानों से

कहीं ज्यादा गहरे हैं, और यहीं कबीर वस्तुतः कबीर भी हैं।

हम जो बात ऊपर कहना चाहते थे वह यह है कि कबीर के भक्त, उनके संत या उनकी भक्ति, उनके संतत्व तथा उनकी विद्रोही छवि को एक और अखंड माना जाना चाहिए, उनमें फाँक करके हमें उन्हें नहीं देखना चाहिए। इस सत्य को भांप लेने के मायने हैं कबीर को सही अर्थों तथा सही आशय के साथ समझने की दृष्टि पा लेना। समाज का प्रभु वर्ग इसी सत्य को नहीं पहचान पाया, यही कारण है कि कबीर उसकी नजरों में आज भी तिरस्कृत हैं, आज भी उपेक्षित हैं और जब तक वर्ग, वर्ण, धर्म, संप्रदाय, जाति और नस्ल की दीवारों को ढहाते हुए इंसानियत और इंसानी संस्कृति की वह छवि नहीं उभरती, जिसे कबीर ने देखा था और अपने युग को निर्मम होते हुए भी दिखाना चाहा था, जब तक तमाम प्रकार के झूठे दावों को मिटाते-गिराते सच्ची मानवता का वह सोता अपने समूचे वेग से नहीं फूटता, जिसके लिए कबीर आजीवन फावड़ा और कुदाल लिए श्रमरत रहे, तब तक कबीर इसी प्रकार उपेक्षित रहेंगे, इसी प्रकार त्याज्य बने रहेंगे, इसी प्रकार बे-पहचान होंगे।

सच पूछा जाए तो कबीर अपने समय से बहुत आगे की हस्ती थे। समय ने अपने कुछ निशान उन पर छोड़े जरूर, पर वे समय की गिरफ्त में आ नहीं सके, उसे झाड़ते और मुँह बिराते हुए आगे निकल गए। हम कह चुके हैं यही कबीर का कबीरत्व है। न उन्हें उनके समय के लोग ठीक से जान और गुन सके, और न आज ही वे सही अर्थों में जाने और पहचाने जा रहे हैं। किन्तु इतना निश्चित है कि इतिहास उसी दिशा की ओर गतिशील है, जिस दिशा की ओर कबीर की उंगली थी। यह भी निश्चित है कि आने वाला युग कबीर का युग होगा; क्योंकि कबीर ने जो कुछ देखा और दिखाना चाहा था, वह बड़ी कठिन साधना के बाद उन्हें हासिल हुआ था। बड़े गहरे अनुभवों के साथ जुड़कर सामने आया था; जिंदगी के कीचड़ में कमर तक धँसकर सच्चाई के कमल का साक्षात्कार किया था, दूर-दूर तक छाए अंधकार में भी उनकी आँखें शताब्दियों बाद आविर्भूत होने वाले भविष्य को देख सकी थीं।

जिस समय सारा समाज सुख की नींद सो रहा था, मनुष्यता के उज्ज्वल भविष्य का यह द्रष्टा जाग रहा था। सारा समाज सुख-सुविधाओं को भोग रहा था, किन्तु कबीर दुखों की भट्ठी में सुलग रहे थे, युग की पीड़ा का साक्षात्कार करते हुए आँसू बहा रहे थे। वे ऊपर से अक्खड़ तथा फक्कड़ थे; किन्तु भीतर से नितांत दुखी तथा संतप्त; अपने लिए नहीं, कोटि-कोटि साधारण जनों की पीड़ा तथा व्यथा से मुक्ति के लिए। यह कबीर के मर्म से निकली वाणी है, जो उनकी इन पंक्तियों से गूँजी हैं :

सुखिया सब संसार है, खावे औ सोवे।
दुखिया दास कबीर है, जागे औ रोवे।।

वे जाग रहे थे और रो रहे थे, शेष सब खा रहे थे, और सुख की नींद सो रहे थे। क्या है कबीर का यह जागना और रोना? क्या हम इसे मात्र अभिधा में ही ग्रहण कर चुप रह जाएँ या उसकी कोई दूरवर्ती तथा गहरी व्यंजना है, जिससे हमें मुखातिब होने की जरूरत है?

हम कह चुके हैं कि कबीर देश के सांस्कृतिक नवजागरण के अग्रदूत थे, अपने गुरु रामानन्द की भाँति। जब-जब देश शताब्दियों तक गहरी निद्रा में निमग्न रहकर जागा है, उसके जागरण की अभिव्यक्ति उसके घोर रुदन में ही हुई है। जीवन के यथार्थ का अनुभव जागने पर ही होता है। सुप्तावस्था में मनुष्य स्वप्न देखता है और जागने पर उसे वास्तविकता दिखाई देती है। वास्तविकता का यह दीदार जाहिर है कि सुखकर नहीं होता। सुप्तावस्था के युग अंधकार के युग के नाम से भी पुकारे गए हैं और यह अंधकार अज्ञान का, आत्मग्रस्तता का, छल का, अविद्या का, मूढ़ता का अंधकार रहा करता है। तभी जागने पर जो कुछ सामने दिखाई देता है, वह सुख नहीं पहुँचाता, भीतर तक मथ देता है। कबीर का भी यह जागना और रोना इसी प्रकार का है। वह आध्यात्मिक भी है और ठेठ सामाजिक-सांस्कृतिक वास्तविकता से प्रसूत भी।

कबीर ने अपने आविर्भाव के साथ जिस युग-सत्य से साक्षात्कार किया था और जिसका एक संकेत भक्ति-आंदोलन की सामाजिक पृष्ठभूमि प्रस्तुत करते हुए हम दे चुके हैं, उस युग-सत्य को देखकर कबीर जैसे निष्ठावान और ईमानदार व्यक्ति रो ही सकते थे। वे चाहते थे कि उनके इस रुदन में कोटि-कोटि कंठों का रुदन भी शामिल हो; किन्तु उनके रुदन में सुविधाभोगी वर्गों का कंठ स्वर शामिल नहीं हो सका। कबीर रोते रहे, रोते रहे और अंततः सब कुछ को स्वाहा करते हुए एक प्रचंड विद्रोही के रूप में सामने आ गए। कबीर के विद्रोही व्यक्तित्व का एक प्रधान कारण उनका यह अनंतकालीन जागरण और रुदन भी है। आधुनिक युग में आधुनिक नवजागरण के संदर्भ में भारतेंदु भी हमें रोते तथा देशवासियों से उस रुदन में सहयोग देने को कहते देख पड़ते हैं:

आवहु सब मिलि कै रोवहु भारत भाई।
हा, हा भारत दुरदशा न देखी जाई।।

जो व्यक्ति निरंतर जागने और रोने के लिए अभिशप्त हो, इस प्रकार जागकर और रोकर जो समाज, धर्म और शासन के प्रभुओं की सुख की नींद

हराम किए हो, समाज धर्म तथा शासन के ये मसीहा उसे क्यों और कैसे संरक्षण दे सकते थे? उसे कैसे स्वीकार कर सकते थे? कबीर प्रभुवर्ग के द्वारा तब से लेकर आज तक उपेक्षित क्यों रहे, उसका एक प्रधान कारण उनका यह जागरण और रुदन भी है।

अपने साईं का दीदार पाकर कबीर गाहे-बगाहे भले ही उमंग पड़ते हों, मस्त और बेपरवाह हो जाते हों, जगत का दीदार उन्हें बेहद उदास कर देता था। बाहर के फक्कड़पन और मस्ती की सात पर्तों के भीतर यह जो उदासी छिपी हुई है, ऊपर से दिखाई पड़ने वाली निपट कठोरता के भीतर यह जो करुणा का अजस्त्र सागर उनके अंतःकरण में लहरा रहा है, उसकी गहराइयों का अनुमान करके ही कबीर की ऊँचाइयों को मापा जा सकता है। कबीर के व्यक्तित्व और कृतित्व में विपरीतों की यह जो एकता है, विरुद्धों का यह जो सामंजस्य है, यही उनकी अद्वितीयता है। यहीं वे अपने समानधर्माओं से जुड़े रहकर भी उनसे अलग हैं, परंपरा के जीवित और जाग्रत अंश को लिए हुए भी उससे विद्रोही हैं, और यही उनके बड़प्पन का राज भी है।

कबीर मात्र पहुँचे हुए संत और साधक ही नहीं थे, वे एक महान कर्मयोगी भी थे। मसीहाओं के अंदाज में उन्होंने जनता को केवल उपदेश ही नहीं दिए, केवल सिद्धान्त ही नहीं बघारे, अपनी कही हुई एक-एक बात को खुद अपने जीवन में आचरित भी किया। रूढ़ियों और रीतियों पर प्रहार करना तो सहज है, स्वयं अपने को उन पर धार की तरह चला देना सरल नहीं है। कबीर वाग्वीर नहीं कर्मवीर थे। वे किसी ऊँचे टीले पर खड़े होकर लोगों का उद्‌बोधन नहीं कर रहे थे, कंधे से कंधा मिलाकर लोगों के साथ चल भी रहे थे। कबीर मिसाल हैं तो इसलिए कि पहले उन्होंने अपना घर फूँका, फिर दूसरों से अपना घर फूँककर अपने साथ चलने को कहा। कहते हैं कि काशी में प्राण छोड़ने से आत्मा सीधे वैकुंठ जाती है, काशी नगरी शंकर के त्रिशूल की नोंक पर अवस्थित है। लोग-बाग दूर-दूर से मुक्ति की लालसा में महज प्राण छोड़ने काशी आते हैं। काशी की हिन्दू धर्म मत में महिमा ही ऐसी है। इसके विपरीत मगहर है, जहाँ पर मृत्यु को प्राप्त होने वाला हिन्दू शास्त्रों के अनुसार अगले जन्म में निकृष्ट योनि प्राप्त करता है।

कबीर जीवन भर काशी में रहे; किन्तु जब प्राण छोड़ने का समय आया, तो पंडितों और सारे शास्त्रों को मुँह बिराते हुए सीधे मगहर पहुँचे और मगहर में अपने प्राण छोड़े। कबीर मगहर के बारे में सब कुछ जानते हुए मगहर पहुँचे। अपनी कथनी और करनी को उन्होंने एक कर दिया। कबीर सच्चे सूरमा थे। वह सूरमा ही क्या जो निर्णय की घड़ी आने पर सोच-विचार करे।

कबीर ने अपने को ही दाँव पर लगाया और मगहर जाते हुए वे लोगों को उस मर्म से भी परिचित करा गए, जो जीवन भर की साधना के बाद उन्होंने पाया था। अर्थात् जब राम के साथ सच्ची लौ लगी हुई है कहीं पर भी प्राण छूटे, फर्क क्या पड़ता है :

लोका तुम हो मति के भोरा।
जो कासी तन तजे कबीरा तो रामहि कौन निहोरा।
क्या कासी क्या मगहर ऊसर हिरदै राम जो प्यारा।।

राम यदि सर्वत्र व्याप्त हैं, घट-घट में हैं, कीरी-कुंजर में हैं, कण-कण में हैं, तो फिर काशी और मगहर का फर्क कैसा? मरने के लिए काशी की भागदौड़ क्यों? बहुत पहले उन्होंने पंडितों और मुल्लों से कुछ ऐसा ही सवाल किया था कि यदि भगवान मंदिर में रहता है, और खुदा मस्जिद में, तो मंदिर-मस्जिद जहाँ नहीं है, वहाँ का ठाकुर कौन होता होगा। वहाँ किसकी ठकुराई चलती होगी :

तुरुक मसीत देहुरे हिंदू दुहुठां राम खुदाई।
जहाँ मसीति देहुरा नाहीं तहाँ काकी ठकुराई।।

वस्तुतः कबीर राम-नाम के बीज मंत्र को जीवन में उतार चुके थे। गोकि उनकी साधना बहुत कठोर थी, किन्तु सारी अग्नि-परीक्षाओं में उत्तीर्ण होते हुए वे अपने राम का दीदार हासिल कर चुके थे। आँख से निकले आँसुओं से नहीं, आँख से टपके लहू से अपने प्रियतम के चरण धो चुके थे :

सोई आँसू साजणां, सोई लोक बिड़ाहिं।
जे लोइण लोही चुवैं, तौ जाणौ हेत हियाहिं।।

गालिब के द्वारा लिखी यह पंक्ति बहुत मशहूर है, "जब आँख ही से न टपका तो फिर लहू क्या है", कबीर की उपर्युक्त उक्ति से उसका मिलान कीजिए। जब बात लहू से आँसुओं तक पहुँच चुकी हो, जब इस बिन्दु पर प्रियतम के साथ एकात्म हो चुका हो, तब फिर स्वर्ग और नरक, बंधन और मोक्ष का महत्त्व ही क्या रह जाता है। कबीर के लिए जीवन और मृत्यु एक बन चुकी थीं, वे दोनों के प्रति सम थे। वे तो ऐसे सूरमा थे कि जो जब जीता है, तो मौत को एक जेब में रखे हुए, और जब मरता है, तो जिंदगी जिसके कदम चूमती हैः

एक समसेर इकसार बजती रहे, खेल कोई सूरमा संत झेले।
सील से नेह करि ज्ञान को खंग लै, आय चौगान में खेल खेले।।

कबीर का चिंतन, उनकी कविता, अथवा उनकी साधना इतनी विराट आयामों वाली है कि वह आत्म-बोध और जगत-बोध जैसे विभाजनों को स्वीकार नहीं करती। उनके यहाँ दोनों ही एकाकार हैं। उनकी भक्ति भी वस्तुतः योगसाधनापरक भक्ति नहीं है, जैसा कि प्रायः उसे समझा जाता है। वह ठेठ जीवन के बीच से रास्ता बनाती है। कबीर संसार में वैराग्य का प्रतिपादन नहीं करते। वे केवल राम-नाम के मर्म को पहचानने पर बल देते हैं। उनकी शर्त जरूर कठिन है—खाँड़े की धार पर चलने के समान, और उस सबको पीछे छोड़कर आगे बढ़ने की जो जाति, धर्म, वर्ग, तथा वर्णगत संस्कारों के रूप में सदियों से मनुष्य की चेतना में पर्त-दर-पर्त जमता चला जा रहा है। कबीर जब लोगों से अपना घर फूँकने की बात कहते हैं या शीश को उतार कर जमीन पर रखने की बात करते हैं, तो उनका आशय इस सबको छोड़ देने से ही है। एक वाक्य में कहना चाहें, तो अहंकार से मुक्त होने से है।

जिस युग में कबीर जन्मे थे और जिन परिस्थितियों में उन्हें जीना पड़ा था, उसके आधार पर सहज ही अनुभव किया जा सकता है कि जो कुछ वे कह सके और कर सके, उसे कितने साहस और जीवट के साथ उन्हें कहना पड़ा होगा। सचमुच जान की बाजी लगाकर, सिंधौरा हाथ में लेकर मैदान में उतर पड़ने वाला सूरमा ही वह सब कुछ कह और कर सकता है। हम आज एक मानव धर्म और एक मानव संस्कृति की बात करते हैं, और हममें से कितने वस्तुतः आज भी ऐसा कह पाते हैं। कबीर यह सब पाँच सौ साल पहले कह सके और कह ही नहीं सके अपने आचरण में उसे उतार भी सके थे। उनके पास इतना आत्मविश्वास था कि वे साहस के साथ यह भी कह सके कि उनका रास्ता ही एकमात्र रास्ता है, और बाकी सारे रास्ते गुमराह करने वाले हैं। इसे भले ही उनकी गर्वोक्ति समझा जाए, उनका अहंकार माना जाए, किन्तु जैसा कि उनका जीवन, उनका आचरण और उनकी करनी थी, उनका यह कहना कि जिस चादर को बड़े-बड़े सुर, नर और मुनियों ने ओढ़-ओढ़ कर मैला कर दिया, उसे वे बेदाग बनाए रख सकने में सफल हुए, शत-प्रतिशत सही है।

हम पहले भी कह चुके हैं कि कबीर में अहंकार का लेशमात्र भी नहीं था, अतएव उनके गर्वोक्ति करने का सवाल ही नहीं उठता। आत्मविश्वास से पूरित, सात्विक अंतःकरण से फूटे सत्य कथन का स्वाभाविक तेज यदि किसी को गर्वोक्ति या अहंकार लगे, तो यह अलग बात है। अन्यथा यदि कबीर की चादर बेदाग न होती, न तो वे पंडितों की नगरी काशी में इतने आत्मसम्मान से रह सकते थे, और न उन्हें चुनौती दे सकते थे। जो लंबा आयुष्य उन्होंने

भोगा, वह भी उनके शरीर और मन रूपी चादर के बेदाग रहने का ही परिणाम था। आत्मसम्मान के साथ उन्होंने एक लंबा और तेजस्वी जीवन जिया। बड़ी से बड़ी सांसारिक सत्ता के समक्ष भी वे घिघियाए नहीं, दीन नहीं हुए, नत नहीं हुए। अपनी रोजी-रोटी उन्होंने खुद अर्जित की, और उससे अधिक अर्जित नहीं किया, जितने की उन्हें आवश्यकता थीः

साईं इतना दीजिए जामे कुटुम समाय।
आप न भूखा रहि सके, साधु न भूखा जाय।।

जुलाहे का अपना पेशा उन्होंने अंत तक नहीं छोड़ा। किसी भी प्रकार की हीन भावना से रहित डंके की चोट पर अपने को जुलाहा तथा कोरी कहा, 'कहे कबीर जुलाहा', 'कहे कबीरा कोरी'। न तो भक्तों की भीड़ उन्हें भरमा सकी और न साधना तथा संतत्व का भाव उन्हें अपने सहज मानवीय क्रिया-कलापों से पराङ्मुख कर सका। कबीर की यह वह मनुष्यता है, जो उनके संतत्व के शीर्ष पर चढ़ कर बोलती है। बेदाग और निष्कलुष जीवन आखिर कहते किसे हैं?

जब-तब कबीर की प्रतिभा को ध्वंसात्मक भी कहा गया है। हम इस भ्रांति का निराकरण कर चुके हैं कि कबीर को समग्रता में देखकर ही पहचाना जा सकता है। कबीर कतई केवल ध्वंस के आग्रही न थे, वे मूलतः और वस्तुतः एक नए निर्माण के आकांक्षी थे। यह और बात है कि अपनी परिकल्पना की इमारत के लिए जो नींव वे डालना चाहते थे, उसके लिए उन्हें गहराई तक जाकर समाज की जड़ों पर कुदाल चलाने पड़े। इसे यदि ध्वंस कहा जाए, तो पूछा जा सकता है, कि आखिर निर्माण किसे कहते हैं?

इस बिन्दु पर आकर हम उस परंपरा पर भी एक निगाह डाल लेना चाहते हैं, जिसका प्रवर्तन कबीर से होता है तथा उन कारणों पर भी विचार करना चाहते हैं, जिनके रहते विद्रोह का पथ अपनाने वाली निर्गुण भक्ति की यह परंपरा कालांतर में क्षीण पड़ते हुए समझौते का रास्ता अपनाने वाली सगुण भक्ति की धारा के समक्ष दब गई या दबा दी गई।

कबीर की परंपरा में यों तो अनेक नाम हैं; किन्तु नानक, रैदास, दादू विशेष प्रसिद्ध हैं। महाराष्ट्र में अनेक कारणों से सगुण-निर्गुण में भेद नहीं रहा, अन्यथा दरजी कुल में जन्मे नामदेव, कबीर के ही समानधर्मा हैं। कबीर के निर्गुण पंथ पर लिखते हुए आचार्य रामचन्द्र शुक्ल ने कहा है :

इसमें कोई संदेह नहीं कि कबीर ने ठीक मौके पर जनता के उस बड़े भाग को संभाला जो नाथपंथियों के प्रभाव से प्रेमभाव और भक्ति रस में शून्य

और शुष्क पड़ता जा रहा था। उनके द्वारा बहुत आवश्यक कार्य हुआ। इसके साथ ही मनुष्य तत्त्व की सामान्य भावना को आगे करके निम्न श्रेणी की जनता में उन्होंने आत्मगौरव का भाव जगाया और भक्ति के ऊँचे से ऊँचे सोपान की ओर बढ़ने के लिए बढ़ावा दिया। पंथ चल निकला, जिसमें नानक, दादू, मलूकदास आदि अनेक संत हुए। (हिन्दी साहित्य का इतिहास, 67)

कबीर के कार्य पर यह आचार्य शुक्ल की महत्त्वपूर्ण टिप्पणी है। किंतु अन्यत्र कबीर पर अपना मत देते हुए शुक्ल जी वस्तुनिष्ठ नहीं रह पाए हैं। यह सर्वविदित है कि कबीर के निर्गुण मत का आगे चलकर जोरदार खंडन हुआ। कृष्ण भक्त सगुण कवियों ने तो भ्रमर गीतों के द्वारा यह कार्य किया, किंतु राम भक्त सगुण कवियों ने सीधे ही निर्गुण मत पर चोट की। आचार्य शुक्ल का सगुण भक्ति विशेषकर सगुण राम भक्ति पर अनुराग जग जाहिर है। अतएव जहाँ उन्होंने कबीर की सराहना इस कारण की है कि उन्होंने नाथपंथियों के अहेतुक प्रभाव से साधारण जन को मुक्त करते हुए उसे भक्ति रस की ओर मोड़ा, वहाँ कबीर की निर्गुण भक्ति के प्रति वे इस कारण उदार और वस्तुनिष्ठ नहीं रह पाए हैं कि वह उस सगुण राम भक्ति के सीधे विरोध में सामने आती है, जिसमें राम को दशरथ सुत मानकर उनके अवतारी रूप का आख्यान किया गया है। कबीर, जाहिर है कि राम के इस रूप के कायल नहीं थे, उनका राम तो कोई दूसरा ही मर्म रखने वाला था। उन्होंने कहा भी है कि :

दसरथ सुत तिहुँ लोक बखाना।
रामनाम को मरम है आना।।

यही कारण है कि कबीर के बारे में लिखते हुए आचार्य शुक्ल ने कुछ इस प्रकार का आशय व्यक्त किया है कि चूँकि वे पढ़े-लिखे तो थे नहीं, अतएव इधर-उधर से सुन-सुन कर जो कुछ उन्होंने अपनी अटपटी बानी में कहा, साधारण जन उससे जरूर प्रभावित हुआ। उनका आशय कुछ इस प्रकार का भी है कि साधारण जन भी कबीर की बानी से प्रभावित कम हुए, आतंकित अधिक हुए। वे लिखते हैं :

अनेक प्रकार के रूपकों, अन्योक्तियों के द्वारा ही उन्होंने ज्ञान की बातें कही हैं, जो नई न होने पर भी वाग्वैचित्र्य के कारण अपढ़ लोगों को चकित किया करती थीं।' और भी उनका कहना है—'कबीर अपने श्रोताओं पर यह अच्छी तरह भासित करना चाहते थे कि हमने ब्रह्म का साक्षात्कार कर लिया है। इसी से वे प्रभाव डालने के लिए बड़ी लंबी-चौड़ी गर्वोक्तियाँ भी कभी-

कभी करते थे। (वही, 67)

कबीर की तथाकथित गर्वोक्तियों के बारे में हम कह चुके हैं। सवाल ब्रह्म के साक्षात्कार का है। हमारे अनुसार यह बहस भी बहुत तात्विक नहीं होगी कि ब्रह्म का साक्षात्कार वस्तुतः किसे हुआ और किसे नहीं। सवाल ब्रह्म के साक्षात्कार का न होकर कबीर के बारे में रिकार्ड को ठीक रखने का है। आचार्य शुक्ल की कबीर पर की गई टिप्पणियाँ अनेक सवाल उठाती हैं। यदि नाथपंथी सामान्य जनता को अपने कारनामों से चकित और आतंकित कर रहे थे तो क्या कबीर ने भी वही रास्ता चुना? फिर कबीर को नाथपंथियों के प्रभाव से साधारण जनता को मुक्त करने का श्रेय क्यों दिया जाए? दूसरा सवाल है कि क्या कबीर की लपेट में साधारण जनता महज आतंकित और चकित होकर ही आई, और उनकी वाणी में उनके अपने गहरे अनुभवों का कोई भी ताप नहीं था; क्या उसमें उस मनुष्य सत्य का तेज नहीं था, जिसके बूते पर ही आचार्य शुक्ल के अनुसार कबीर साधारण जन में आत्मसम्मान की भावना भरने में समर्थ हुए? क्या कबीर की वाणी आत्मसत्य तथा युगसत्य दोनों से दीप्त नहीं थी? क्या पढ़े-लिखे समाज के मानस को कबीर की अनुभव सिद्ध वाणी ने नहीं झकझोरा? क्या कबीर में केवल वाग्वैदग्ध्य ही था? ये वे प्रश्न हैं, जो इसलिए विचारणीय हैं कि ये एक मर्मज्ञ और सच्चे आचार्य की टिप्पणियों से उद्भूत हुए हैं।

कबीर ने सचमुच कुछ चामत्कारिक उक्तियाँ कही हैं, कुछ आतंक भी जमाया है, जमाना चाहा है, पर उसका लक्ष्य साधारण जन नहीं, जैसा कि आचार्य शुक्ल का विचार है, उसका लक्ष्य है वह पढ़ा-लिखा समाज जो पढ़ा-लिखा होकर भी कबीर जैसी प्रतिभा वाले अनपढ़ के लिए ज्ञान-शून्य था, वस्तुतः अनपढ़ था। कबीर ने आतंकित किया है, आतंक जमाया है, उस तथाकथित पढ़े-लिखे समाज पर, पोथी ज्ञान से भाराक्रांत उस पंडित और शास्त्रज्ञ वर्ग पर, अहंकारी तथा अभिमानी उन कट्टरपंथियों पर, जो साधारण जन पर अपने खोखले विधि-विधानों, अपने अमानवीय कानून-कायदों तथा अपने शास्त्रीय पांडित्य के बल पर दुगुना आतंक जमाए हुए था, जिसने साधारण जन के जीवन को नारकीय बना रखा था, और जिसकी तसदीक आचार्य शुक्ल ने यह कहकर की है कि कबीर ने मनुष्यत्व की सामान्य भावना को आगे करके निम्न श्रेणी की जनता के मन में आत्मगौरव का भाव जगाया।

अतएव, कबीर के चमत्कार और आतंक का लक्ष्य साधारण जन न होकर कट्टरपंथी पंडित और शास्त्रज्ञ हैं। अनपढ़ व्यक्ति, जैसे कि कबीर थे, और जिसका कोई मलाल उन्हें नहीं था, आखिर किस आधार पर शास्त्रज्ञों से लोहा

लेता? उन्हें ही निरुत्तर करने के लिए कबीर ने उलटबासियाँ कहीं, शास्त्रज्ञान के वजन पर उन्होंने अनुभव को रखा, 'कागद की लेखी' की काट 'आँखिन की देखी' से की, और पांडित्यजन्य सारे अहंकार को प्रेम के ढाई अक्षरों पर तौल दिया। उन्होंने अपने आचरण, अपनी साधना, अपनी भक्ति, और सबसे आगे बढ़कर अपनी मनुष्यता से यह सिद्ध कर दिया कि संत वह नहीं है, जो ज्ञान के बोझ से दबा हुआ है, संत वह है जो पहले एक ईमानदार इंसान है, बाद में और कुछ। कबीर पर कोई भी बुनियादी निर्णय लेते समय हमें इन बातों को मद्देनजर रखना होगा।

कबीर के निर्गुण पंथ में नानक पहले व्यक्ति हैं, जिन्होंने कबीर की भाँति 'ना हिंदू ना मुसलमाँ' की जमीन पर खड़े होकर सत्य तत्त्व का प्रचार किया। नानक गोकि उच्च कुल से आए थे, फिर भी उन्होंने वर्ग, वर्ण, जाति, धर्म तथा संप्रदाय की संकुचित धारणाओं पर कड़ी चोट की और इस प्रकार कबीर की उस बेल को सींचा, जो उन्होंने बड़ी कठिनाई से नाना रूपों में विभाजित मनुष्य समाज के बीच रोपी थी। महाराष्ट्र में नामदेव ने मनुष्यता की इसी सामान्य भूमि को स्वीकार कर अपनी बातें कहीं, और इसी परंपरा में रैदास चमार भी सामने आए। चित्तौड़ की उच्च कुल की राजरानी मीरां ने, कहते हैं, रैदास को अपने गुरु रूप में स्वीकारा। नामदेव, कबीर, नानक, रैदास, दादू, मलूकदास मीरां की भक्ति की यह वह धारा है, जो एक ही परम तत्त्व को सामने रख अपने समय में समाज में आदमीयत की तलाश करती है। चंडीदास का मानुष सत्य इन संतों की वाणी में अपनी सारी प्रखरता के साथ गूँजा है।

कबीर और निर्गुण धारा की संत-परंपरा की सबसे बड़ी देन यही है कि उसने मनुष्य और मनुष्य के बीच फर्क करने वाली बड़ी से बड़ी शक्ति का विरोध किया। उसने एक ऐसी मानव संस्कृति की परिकल्पना हमारे सामने रखी, जो आज भी भले ही हमारे लिए काम्य बनी हुई हो, किंतु जिसकी ओर बढ़ता हुआ मनुष्य का एक-एक चरण ऐसी हजार यात्राओं से बढ़कर है, जो कुछ मनुष्यों के द्वारा कोटि-कोटि मनुष्यों को कुचलते हुए अपनी शक्ति तथा वैभव का विस्तार करने के लिए की जाती रही हैं। एक मानव धर्म, एक मानव समाज तथा एक मानव संस्कृति का सपना ही इन क्रांतद्रष्टा संतों की विरासत है, जो आगामी पीढ़ियों के लिए बड़ी मशक्कत के बाद उन्होंने सुलभ की है।

क्रांतद्रष्टा कबीर का सपना जरूर अभी साकार नहीं हुआ, पर वह मृत भी नहीं हुआ है। इतिहास के चरण जिस दिशा में बढ़ रहे हैं, उन्हें देखते हुए कहा जा सकता है कि आगामी शताब्दी कबीर की शताब्दी होगी। और तब

कबीर समाज तथा शासन के महाप्रभुओं के शाप से भी मुक्त होंगे। और तब उस नए मानव के तथा उस नई मानव संस्कृति के शिल्पियों के संरक्षण में, जिनका सपना वसीयत के रूप में कबीर ने उन्हें दिया है, कबीर की शताब्दी आयोजित होगी। कबीर तभी अपने सारे निहितार्थ के साथ, अपनी समूची वास्तविकता में, अपनी समग्रता में, पहचाने जाएँगे। अभी मंजिल दूर है, किन्तु कबीर की संतति के चरण उस ओर बढ़ रहे हैं। पाई हुई वसीयत को सहेजे वह बड़ी आस्था के साथ अपने अभियान पर है।

5

कबीर की कविताई

"यह जिन जानहु गीत है, यह निज ब्रह्म विचार।
केवल कहि समझाइया आतम-साधन सार रे।।"[1]

कबीर कह रहे हैं कि उन्होंने कोई कविता नहीं लिखी है, जो कुछ कहा है वह उनका ब्रह्म-विचार है। तुलसी पंडित होते हुए भी अपने को कवित-विवेक से शून्य घोषित करते हैं, जायसी अपने को पंडितों का पिछलगा मानते हैं। तात्पर्य यह कि भक्ति-काव्य के किसी भी रचयिता ने अपने को कवि नहीं कहा या माना। कविता करना उनका लक्ष्य था ही नहीं। उनका लक्ष्य भगवत भक्ति था, और उस सिलसिले में उन्होंने जो कुछ कहा या लिखा, यदि उसमें कविता है, तो जैसा कि आचार्य हजारी प्रसाद द्विवेदी का कहना है, वह 'घलुए' में मिली वस्तु है। भक्तों और संतों से कविता हमें घलुए में ही मिली हो, चूँकि भक्ति के उनके उद्‌गारों में वह सहज ही ऊपर थिरा कर आ गई है। अतएव जरूरी है कि हम उसे जाँचें-परखें, समझें और गुनें। 'घलुए' में मिल जाने के नाते ही वह हमारे लिए कम महत्त्वपूर्ण और कम मूल्यवान नहीं है,

---

1. उनकी वाणियों में सब कुछ को छाकर उनका सर्वजयी व्यक्तित्व विराजता रहता है।— कबीर की वाणी का अनुकरण नहीं हो सकता। अनुकरण करने की सभी चेष्टाएँ व्यर्थ सिद्ध हुई हैं। इसी व्यक्तित्व के कारण कबीर की उक्तियाँ श्रोता को बलपूर्वक आकृष्ट करती हैं। इसी व्यक्तित्व के आकर्षण को सहृदय समालोचक संभाल नहीं पाता और रीझकर कबीर को कवि कहने में संतोष पाता है। ऐसे आकर्षक वक्ता को कवि न कहा जाय तो और क्या कहा जाय। परंतु यह भूल नहीं जाना चाहिए कि यह कवि रूप घलुए में मिली वस्तु है। कबीर ने कविता लिखने की प्रतिज्ञा करके अपनी बातें नहीं कही थीं।"
कबीर, पृष्ठ 222

उल्टे जैसा कि सच है, सारे संतों और भक्तों की, तथा सब की सब न सही, जितना और जहाँ तक उनमें कविता है, वह बड़ी कविता है, मूल्यवान कविता है, कविता के ऊँचे से ऊँचे मानदण्डों में कविता' है—आगे के समयों के महाकवियों के लिए आदर्श भी और चुनौती भी।

संदेह, सूर और तुलसी, मीरां या रसखान के बारे में या अधिक व्यापक धरातल पर बात करें तो संदेह सगुण भक्तों के बारे में, उनके भक्तिजनित उद्‌गारों के बारे में नहीं उठाया गया कि उनमें कविता है या नहीं, या कितनी कविता है, संदेह किया गया है निर्गुण संतों की बानी के कविता होने पर, या कम से कम उत्कृष्ट कविता होने पर, और जब संदेह आचार्य शुक्ल जैसे काव्य-मर्मज्ञ करें, तो और भी जरूरी हो जाता है कि हम संतों के कथनों में गहराई से उतरें और जाँचें कि वस्तुत उनमें कितनी कविता है, और कैसी कविता है? चूँकि संप्रति हमारा विवेच्य कबीर हैं और शुक्ल जी ने कबीर की बानियों के कविता होने पर संदेह ही नहीं किया, अपने कथन के पक्ष में ठोस तर्क भी दिए हैं, अतएव शुक्ल जी के तर्कों के बरक्स हम कबीर की इन बानियों को देखेंगे, ताकि हम आश्वस्त होकर कह सकें कि कबीर की रचना में कितनी कविताई है और कितना वह कुछ, जिसे शुक्ल जी ने या तो सांप्रदायिक शिक्षा कहा है, या फिर रहस्यवाद के दायरे में आने के नाते कविता का विषय ही नहीं माना, 'जेनुइन' और 'प्रामाणिक कविता' की बात तो दूर।

दिलचस्प तथ्य यह है कि शुक्ल जी के कबीर-विवेचन के विपरीत हर स्तर पर, वह कबीर का रहस्यवाद हो, उलटबासियाँ हों, धर्म और समाज के प्रभुओं और पाखंडियों पर कबीर के वज्र प्रहार हों, उनकी योगपरक उक्तियाँ हों, कबीर का दृढ़ता के साथ पक्ष लेने वाले, उनका समर्थन करने वाले, आचार्य हजारी प्रसाद द्विवेदी कविताई के सवाल पर भी आचार्य शुक्ल से उनकी सारी काव्यमर्मज्ञता के बावजूद असहमत हैं और कबीर बानी को न केवल कविता, वरन् उत्तम कविता कहते हैं। अतएव हमारे सामने सवाल इन दोनों आचार्यों के अभिमतों के बीच से होकर कबीर की सर्जना की कविताई को परखना है।

बात चूँकि भक्ति की उठी है, अतएव सबसे पहले हम कबीर के विशुद्ध भक्त रूप को लेते हैं। कबीर की भगवत् भक्ति की विवेचना करने के पहले द्विवेदी जी ने उनकी इस उक्ति को उद्धृत किया है कि 'संतो भक्ति सतोगुरु आनी' अर्थात् 'सद्‌गुरु भक्ति ले आए हैं'। उन्होंने जोर देकर, नाम न लेते हुए, आचार्य शुक्ल की इस मान्यता का खण्डन किया है कि अव्यक्त कविता

का विषय नहीं हो सकता, अथवा अव्यक्त को भक्ति का और कविता का आलंबन नहीं बनाया जा सकता। उनके अनुसार प्रथमतः तो कबीर के 'निर्गुणराम' और वेदान्तियों के 'निगुर्ण ब्रह्म' में मौलिक मतभेद है, (कबीर पृष्ठ 153), दूसरे चूँकि भगवद्विषयक प्रेम ही भक्ति है (नारद भक्तिसूत्र 1-2) तथा अनुकूल भाव से भगवान के विषय में अनुशीलन करना ही भक्ति है (भक्ति रसामृतसिंधु) बशर्ते यह अनुशीलन ज्ञान और कर्म से ढका न हो, और न अनुशीलन करने वाले के हृदय में भगवान की भक्ति के सिवा और कोई अभिलाषा हो, (वही) अतएव, भगवद्विषयक यह जो अहैतुक या कारण रहित प्रेम है, वह न तो निरुपाधिक स्वरूप के लिए असंभव है, और न अद्वैत भावना के विरुद्ध। अद्वैत भावना भक्ति के मार्ग में बाधक नहीं है। (कबीर, पृष्ठ 153)

आचार्य शुक्ल का मत इसके विपरीत है। उनके अनुसार—"यद्यपि विशुद्ध तत्त्वज्ञान के लिए ब्रह्म निर्गुण और अव्यक्त कहा गया पर उपासना के लिए उसका सगुण और व्यक्त रूप ही सामने रखा गया। विभूति, ऐश्वर्य आदि के बिना मनुष्य का हृदय जम नहीं सकता। जहाँ ज्ञाता और ज्ञेय का भेद नहीं, वहाँ उपासना कैसे चल सकती है। (भक्ति का विकास, सूरदास-पृष्ठ 17) और भी—"सब जगह भक्ति मार्ग ब्रह्म के उभयात्मक स्वरूप को लेकर चला है। अतः यह प्रकट करना कि व्यक्त और समीम से हमसे कोई मतलब नहीं, हम तो केवल असीम में जाकर रमा करते हैं, भक्ति के वास्तविक सिद्धान्त के विरुद्ध है। अव्यक्त निर्गुण, असीम इत्यादि निषेधात्मक शब्दों का अभिप्राय केवल इतना ही है कि जहाँ तक ब्रह्म हमारी परिमित बुद्धि को व्यक्त है, जिस सीमा तक हमारा ज्ञान पहुँच सकता है, जिस गुण समूह तक हमारी अनुभूति जा सकती है, उसके आगे भी वह अनन्त है, उसके आगे उसका स्वरूप न जाने कैसा है, उसके आगे उसके गुण न जाने क्या-क्या हैं, अतः व्यक्त और समीम को लेकर ही भक्त ध्यान करने बैठता है, पर उसमें यह भावना और जोड़ देता है कि यहीं तक नहीं है, इसके आगे भी न जाने क्या और कहाँ तक है। (वही, पृष्ठ 51) रहस्यवादी कवियों के विषय में शुक्ल जी का कहना है—वे अव्यक्त को अव्यक्त कहकर ही नहीं छोड़ना चाहते। अपनी दृष्टि की दिव्यता का प्रमाण देने के लिए, अव्यक्त तक अपने की पहुँच करने के लिए वे उस अव्यक्त का वर्णन भी करने लगते हैं। भावना या काव्यकला की दृष्टि से ऐसे चित्रण का कुछ मूल्य अवश्य होता है पर उक्त धारणा उत्पन्न करने की चेष्टा की झलक से उसमें बट्टा लग जाता है। कोरी कल्पना की उड़ान को हम ब्लेक की तरह आध्यात्मिक तथ्य का साक्षात्कार या ज्ञानोपलब्धि

नहीं मान सकते। (वही-पृष्ठ 53)। शुक्ल जी ने उपर्युक्त बातें एकाधिक बार प्रसंग आने पर कही हैं। उदाहरण के लिए गोस्वामी तुलसीदास की भक्ति पद्धति की चर्चा करते हुए वे कहते हैं—"भक्ति रागात्मिका वृत्ति है। हृदय का एक भाव है। प्रेम भाव उसी स्वरूप और उसी गुण समूह पर टिक सकता है जो दृश्य जगत में हमें आकर्षित करता है। इसी जगत के बीच भासित होता हुआ स्वरूप ही प्रेम या भक्ति का आलंबन हो सकता है। इस जगत से सर्वथा असंबद्ध किसी अव्यक्त सत्ता से प्रेम करना मनोविज्ञान के अनुसार सर्वथा असंभव है। भक्ति केवल ज्ञाता या द्रष्टा के रूप में ही ईश्वर की भावना लेकर संतुष्ट नहीं हो सकती। वह ज्ञातृपक्ष और ज्ञेय पक्ष दोनों को लेकर चलती है—(गोस्वामी तुलसीदास, पृष्ठ 9)।

विस्तार में न जाकर और अधिक उद्धरण न देकर संप्रति हम यही कहना चाहेंगे कि शुक्ल जी अपने विवेकवाद, बुद्धिवाद और मनोविज्ञान-सम्मत अपने दृष्टिकोण के चलते, तथा भक्ति-विषयक अपने शास्त्रीय ज्ञान के चलते इस बात को लेकर दृढ़ हैं कि अव्यक्त या असीम को लेकर प्रेम या भक्ति का मजमून नहीं बाँधा जा सकता। वह भावना और कल्पना की स्थिति के नाते किंचित काव्यत्व का आभास तो देगा, परंतु वह जेनुइन और सच्ची कविता नहीं होगी। कविता तो क्या, वह भक्ति की प्रामाणिक अनुभूति भी न होगी। ज्ञान प्रसार के भीतर ही भाव प्रसार मानने वाले, लोक के भीतर ही कविता का जन्म और विकास मानने वाले, तथा कविता को सजीव जीवन व्यापारों का चित्रमय प्रस्तुतीकरण मानने वाले शुक्ल जी की यही जमीन हो सकती थी, और वे अपनी जमीन पर पूरी आस्था तथा दृढ़ता से कायम हैं। रहस्यवाद इसी नाते उनके द्वारा अमान्य हुआ है, वह मध्यकालीन रहस्यवाद हो, या आधुनिक। इस रहस्यवाद की किसी भारतीय काव्य-परंपरा को वे स्वीकार नहीं करते। उनके अनुसार वाल्मीकि से लेकर समूची भारतीय काव्य-परंपरा में कोई भी बड़ा कवि रहस्यवादी कवि के रूप में नहीं जाना गया। जिन्हें रहस्यवादी कहा गया है उनमें यह रहस्यवाद बाहर से आयातित है, कबीर के संदर्भ में सूफियों से और रवीन्द्रनाथ के संदर्भ में भी इन्हीं स्रोतों से या पश्चिम के ऐसे ही कवियों से। उपनिषदों से उसका मेल खाने के मायने यह नहीं है कि वह भारतीय परंपरा का अंग है। दर्शन की परंपरा में वह जरूर हमारे यहाँ रहा है—(ब्रह्म दर्शन का विषय जरूर रहा है) काव्य की परंपरा में नहीं। उसे काव्य के अंतर्गत लाना कविता में दर्शन या तथा कथित अध्यात्म की अनावश्यक घुसपैठ है। अध्यात्म शब्द को वे काव्य के क्षेत्र से बाहर निकाल दिए जाने के पक्ष में हैं।

कविता-सम्बन्धी शुक्ल जी के कुछ विचार जान लेने के बाद हम अपने मुख्य विषय कबीर की कविताई पर आएँगे, ताकि हमें उसे समझने में सुविधा हो और हमारे निष्कर्ष निर्भ्रान्त हों।

कविता-सम्बन्धी शुक्ल जी के विचार यों तो उनकी समूची कृतियों में फैले हैं; परन्तु उनके 'कविता क्या है' शीर्षक निबंध में जो उनकी सुदीर्घ काव्य-चिन्तना का प्रतिफल है, उन्हें एकत्र रूप में देखा जा सकता है। यहाँ कविता को भावयोग की संज्ञा दी है और उसे हृदय की मुक्तावस्था का साधन कहा है। कविता यूँ तो शब्दों का जो विधान हृदय की मुक्तावस्था का साधन होता है, वही उच्च कविता की संज्ञा पाता है। हृदय की मुक्त अवस्था में व्यक्ति वैयक्तिक स्वार्थ-सम्बन्धों से ऊपर उठकर अपने को शेष सृष्टि में फैला देता है, वह मनुष्यत्व की ऊँची से ऊँची कक्षा में इसी साधना के तहत पहुँच सकता है। कविता इस प्रकार उच्चतम मनुष्यता को उपलब्ध करा सकती है। शुक्ल जी कविता की बुनियाद मानवीय अनुभूतियों में देखते हैं। अनुभूति विहीन कविता को कोरा चमत्कार मानते हैं। इन अनुभूतियों का सम्बन्ध जीवन के जितने ही सजीव कार्य-व्यापारों से होगा, कविता उतनी ही प्राणवान होगी। कविता का विषय उनके लिएं इस लोक जीवन के अलावा और कोई नहीं है। लोकोत्तर अनुभूतियों को वे कविता के दायरे में नहीं मानते। वे ज्ञान-प्रसार के भीतर ही भाव प्रसार को स्वीकार करते हैं। इसके अलावा वे कविता को मात्र विचार भी नहीं स्वीकार करते। कविता के भीतर वे मुख्यतः मनुष्य के इंद्रिय बोध को, और भाव जगत को मानते हैं। विचारों की स्थिति कविता में इनके तहत और इनकी संश्लिष्टता में ही हो सकती है। कोरा विचार कविता नहीं कहा जा सकता, वह और कुछ भी हो। शुक्ल जी कविता में मात्र अर्थ-ग्रहण को भी नहीं स्वीकार करते। कविता में उनके अनुसार बिम्बग्रहण अपेक्षित है। कविता में जो कुछ व्यक्त होता है, वह चित्रों और बिम्बों में व्यक्त होना चाहिए, सपाट रूप में नहीं। तभी कविता अपनी समूची अस्मिता के साथ आस्वाद्य बन सकेगी। 'कविता क्या है' निबंध में व्यक्त शुक्ल जी के ये विचार इस मायने में महत्त्वपूर्ण हैं कि उनके माध्यम से हम उच्च काव्य को घटिया या सतही काव्य से अलगा सकते हैं।

कविता-सम्बन्धी शुक्ल जी के कुछ स्पष्ट पूर्वाग्रह भी हैं, जिन्हें जान लेना भी जरूरी है। उदाहरण के लिए रस और रसानुभूति-सम्बन्धी शुक्ल जी की अवधारणा प्रबंध काव्यों के जितना अनुरूप है, मुक्तक रचनाओं के लिए नहीं। कविता का विभाव पक्ष अपने पूरे समारोह के साथ प्रबंध कविता में ही आ सकता है, मुक्तक में नहीं। इस नाते शुक्ल जी की व्यावहारिक समीक्षा में

मुक्तक रचनाकारों के साथ पूरा न्याय नहीं हुआ है। छायावादी कविता के बड़े रचनाकार भी उनसे पूरा न्याय नहीं पा सके हैं। एक बात और भी है। शुक्ल जी की रस-सम्बन्धी मान्यता के साथ अविभाज्य रूप से उनका लोकमंगल वाला सिद्धान्त भी जुड़ा हुआ है। लोकमंगल के अंतर्गत वे आनन्द के प्रयत्न पक्ष को उसके उपभोग पक्ष की तुलना में वरीयता प्रदान करते हैं। और इस प्रयत्न पक्ष का सम्बन्ध पुनः प्रबंध काव्यों से ही बनता है, कारण उन्हीं में एक प्रशस्त कथा वैविध्यपूर्ण मानव-चरित्रों तथा जीवन के नाना कार्यव्यापारों के साथ चलती है या चल सकती है। वही लोकरक्षण की उस धारणा से भी जुड़ सकते हैं, जो शुक्ल जी को लोकरंजन से पहले प्रिय है। मुक्तक काव्य प्रायः लोकरंजन के काव्य होते हैं और इस कारण सूर जैसे रचनाकार, जिन्होंने कृष्ण का लोकरक्षक रूप न लेकर प्रेममय रूप लिया है, तुलसी के आगे अपनी संपूर्ण काव्यत्व के बावजूद शुक्ल जी की निगाह में, छोटे हो जाते हैं। जब सूर का यह हाल है, तब कबीर कहाँ होंगे, इसकी कल्पना की जा सकती है। बहरहाल ये एक बड़े समीक्षक के बड़े पूर्वाग्रह हैं, और इनको लिए हुए भी शुक्ल जी हमारे समय के सबसे समर्थ समीक्षक की हैसियत रखते हैं।

संप्रति हम इस विवाद में नहीं उलझना चाहेंगे कि कबीर की भक्ति सही भक्ति है, जैसा कि आचार्य हजारी प्रसाद द्विवेदी का कहना है, या वह सही भक्ति नहीं है, जैसा कि शुक्ल जी के विचार प्रतिपादित करते हैं। हमने अपने पिछले निबंध में कबीर की भक्ति को सराहा है, और उसे उनकी सर्जना का सबसे उज्ज्वल अंग माना है। वहाँ कबीर अपने जाने माने स्वभाव के विपरीत विनम्र और आर्त्त है।[1] कोमल और बहुत संवेदनशील हैं। हजारीप्रसाद द्विवेदी ने उनके इस भक्ति भाव को और भक्तिजन्य उनके उद्गारों को बड़ी आत्मीयता के साथ विवेचित किया है। हमें भी कबीर की भक्ति के ये उद्गार बावजूद इस पचड़े में पड़े बिना कि वे अव्यक्त के प्रति हैं या व्यक्त के प्रति, बिल्कुल उसी परंपरा के लगते हैं, जिस परंपरा में तुलसी की 'विनयपत्रिका में उनका

---

1. हौं बलि कब देखौंगी तोहि
   अह-निसि आतुर दरसन कारनि ऐसी व्यापी मोहिं।
   × × × ×
   बहुत दिनन के बिछुरे माधव मन नहिं बाँधे धीर
   देह छता तुम मिलहु कृपा करि आरतिवंत कबीर।।
   × × × ×

आत्मनिवेदन है[1] या सूर और मीराँ के ढेरों पद। कबीर के ये राम सर्वथा निरुपाधिक और निर्गुण भी नहीं हैं, कबीर ने यथाप्रसंग उन पर कुछ गुण भी आरोपित किए हैं।[2] सबसे बड़ी बात है प्रपत्ति की, जिसे शुक्ल जी भी भक्ति की चरमावस्था मानते हैं, और हजारीप्रसाद जी भी।[3] शुक्ल जी भी अहैतुक भक्ति को उत्तम भक्ति मानते हैं, और द्विवेदी जी भी। कबीर की भक्ति यही अहैतुक भक्ति है, यही शरणागति की भक्ति है। भक्ति में अहंकार का कहीं कोई स्थान नहीं, आराध्य के समक्ष सर्वस्व सपर्मण ही उसकी चरितार्थता है। दोनों आचार्यों को यह स्वीकार है, और कबीर के यहाँ भक्ति का यही रूप है अर्थात् सीस काटकर जमीन पर रख देना, तब देहरी पार करके भीतर जाना[4] ऐसी स्थिति में महज सिद्धान्त के स्तर पर उलझे रहने की जरूरत नहीं है। कबीर की भक्ति-भावना से सम्बन्धित पदों में वह कविता है, जिसे शुक्ल जी ने तुलसी की 'विनयपत्रिका' में पहचाना और उजागर किया है। हम जानते हैं कि कबीर पंडित नहीं थे, अपढ़ थे। काव्य शास्त्र की बारीकियों से भी उनका परिचय नहीं था। उनमें यदि कुछ था, और भरी-पूरी तरह से था तो वह अपने साईं के प्रति उत्कट लगाव ही था, जिसकी गहरी अनुभूति से प्रेरित होकर वे जब कुछ कह उठते थे, और चूँकि वह उनके सरल-सात्विक और निर्मल मन की पुकार होती थी। अतएव बरबस कविता बन जाया करती थी। जिसके पास भाषा का ज्ञान नहीं, शास्त्र का ज्ञान नहीं, कविताई का ज्ञान नहीं, वह अनुभूति की इसी पूँजी के बल पर ही तो कुछ कहने का साहस करेगा। कबीर की ये भक्तिपरक बानियाँ और पद उनके इसी सहज साहस का उदाहरण हैं, यहाँ वे बिना प्रयास कविताई की जमीन पर पहुँच गए हैं, पहुँच ही नहीं गए, दूसरे तमाम भक्तों के साथ पहली पाँत के हकदार भी बन गए हैं। आखिर मीरा के

---

1. वे दिन कब आवैंगे माइ।
   जा कारन हम देह धरी है, मिलिबौ अंग लगाइ।
   × × × ×
   यहु अरदास दास की सुनिए तन की तपन बुझाइ,
   कहै कबीर मिलिहै साईं मिल करि मंगल गाइ।।
2. हरि जननी मैं बालक तेरा।
3. बालम आओ हमारे गेह रे
   तुम बिन दुखिया देह रे।।
4. कबीर यह घर प्रेम का खाला का घर नाहिं।
   सीस उतारे भुइँ धरै सो घर पैठे आहि।।

पदों में भी क्या हैं। अलंकारों की घटा, वाणी का अनूठा विन्यास, कल्पनों की कीमियागिरी या फिर महज एक भाव प्रेरित हृदय, दर्द की गहरी अनुभूति, व्यथा की एक मार्मिक कथा। न कोई आयास और न ही कोई सजावट, यह दर्द ही है जो मीरा के कंठ से कविता बनकर फूटा है और अपने प्रभाव में कविताई का दावा करने वाले दूसरे तमाम लोगों के बनाऊ और जड़ाऊ काव्य की तुलना में, न केवल बेधक और झकझोर देने वाला है, वरन टिकाऊ और मूल्यवान भी है। जिस तरह मीरा की रची पंक्तियाँ पढ़ने वाले के हृदय में दर्द की एक गहरी लकीर खींचती चली जातीं हैं उसी प्रकार कबीर भी जब कहते हैं—

नैना नीझर लाइया रहट बसै निस जाम,
पपिहा ज्यूं पिव-पिव करौं, कब रे मिलौगे राम।।
अंखड़ियाँ झाईं परि पंथ निहारि-निहारि,
जीभड़ियाँ छाला पड्या राम पुकारि-पुकारि।।
कै विरहिन कूँ मीच दै कै आपा दिखलाइ,
आठ पहर का दाझणा, मोपे सह्या न जाइ।।
सोई आँसू साजणा सोई लोक विडाहिं,
जो लोहू लोइन चुवै तो जानों हेत हियाहिं।।

तब कबीर के हृदय का दर्द भी, अपनी सारी बेधकता के साथ पाठक या श्रोता के मन पर वैसी ही गहरी लकीर खींचता है। दर्द की यह अतिशयता ही है, आराध्य के प्रति उनकी यह आकुल तड़प ही है, जो अपने आप कविता बन गई है, निरलंकृत किन्तु महिमामयी, सरल, किन्तु पारदर्शी। शुक्ल जी ने स्वयं इस तथ्य को स्वीकार किया है कि कबीर ने नाथों-सिद्धों के प्रभाव से शुष्क हुए हृदयों को सरस बनाया, तब क्यों उन्हें कबीर के इन उद्‌गारों को, जो कबीर की सर्जना में दूर-दूर तक व्याप्त हैं, कविता कहने में संकोच हुआ। जाहिर है कि इसके मूल में शुक्ल जी के वे पूर्वाग्रह ही हैं, जिनकी ओर हम संकेत कर चुके हैं। इन पूर्वाग्रहों के चलते ही कबीर की सर्जना का वह पहलू भी उनके द्वारा उपेक्षित हुआ है, जिसे भावात्मक रहस्यवाद कहते हुए स्वतः उन्होंने ही रहस्यवाद के अपेक्षाकृत रुक्ष और जटिल रूपों से अलगाया था। इस भावात्मक रहस्यवाद के अंतर्गत जो कविता थी वह भी उस रहस्यवाद के साथ-साथ अनदेखी और उपेक्षित हो गई। मसलन अपने भावात्मक रहस्यवाद के अंतर्गत कबीर अधिकतर दाम्पत्य प्रेम के रूपक बाँधते हुए अपनी बात कहते हैं। नैहर छोड़कर जाने की ललक अनेक पदों में व्यक्त हुई है, कभी

अँखियों इतना अलसा गई हैं कि सुहागिन पिया से सेज पर चलने को कह रही हैं, कभी चुनरिया प्रेम रस की बूँदों से भीग उठी हैं, कभी पिया को घर आने का आमंत्रण है। कहने का मतलब यह है कि माधुर्य भक्ति का बड़ा ही सरस रूप कबीर के ये पद प्रस्तुत करते हैं। ऐसे ही पद मीरा के भी हैं, जिनमें प्रियतम के प्रति उनका माधुर्य भाव बड़ी कशिश के साथ मूर्त हुआ है। जाहिर है कि ये पद सामान्य स्तर के पद नहीं हैं, इनमें गहरी व्यंजना है। शुक्ल जी, चूँकि भक्ति के इस रूप को पसंद नहीं करते, इस नाते उसकी उपेक्षा करते हैं, या उस पर चलताऊ टिप्पणी करते हैं। ध्यान देने की बात यह है कि उन्होंने इस बात को रेखांकित किया है कि कबीर में माधुर्य भाव कुछ दूसरे ऐसे ही भक्तों की तुलना में मलिन या विलास-कलुषित नहीं हुआ है, फिर भी उन्होंने उसे विशद करने योग्य नहीं समझा। यही शुक्ल जी के विवेचन की सीमा है।

भक्ति-जन्य उद्गारों और भावात्मक रहस्यवाद से सम्बन्धित पदों के अलावा कबीर की सर्जना के अन्य आयाम भी हैं, उदाहरण के लिए उनकी योग और साधनापरक बानी, उनके दार्शनिक पद तथा उनकी सर्जना का वह रूप जहाँ कबीर समाज और उसकी विसंगतियों पर, सामाजिक-धार्मिक पाखंडियों और पाखंडों पर वज्र प्रहार करते हैं, उनकी मखौल उड़ाते हैं, उन्हें चिकोटियाँ काटते हैं या फिर नीति की बातें करते हैं। कबीर की सर्जना के ये पहलू अपने-अपने ढंग से महत्त्वपूर्ण हैं। इनके बारे में हम अपने पिछले निबंध में टिप्पणियाँ कर चुके हैं। बिना विस्तार में गए हम कहना चाहेंगे कि रहस्यवाद के बारे में शुक्ल जी की आपत्तियाँ बुनियादी तौर पर सही हैं। रहस्यवाद जैसे किसी भी तत्त्वचिन्तन से हमारी भी सहमति नहीं है। जीव और ब्रह्म का गोरखधंधा दर्शन की जमीन पर चले, परंतु उसके काव्य की जमीन पर आने और लाने के हिमायती हम भी नहीं हैं। कविता हमारे लेखे भी लोक जीवन की वस्तु है, और हम भी उसे लोकजीवन के कार्यव्यापारों तथा अनुभूतियों तक सीमित रखने के पक्ष में हैं। ध्यान देने की बात बस इतनी है कि चूँकि मध्यकाल का तमाम काव्य धार्मिक-आध्यात्मिक साँचे का काव्य है और रहस्य वृत्ति उसका एक महत्त्वपूर्ण पहलू है, अतएव उसकी अंतर्वस्तु से असहमति के बावजूद इतना और भी देखा जाना चाहिए कि अपने युग-संदर्भों में इस रहस्यवाद की, और रहस्यदर्शी कवियों-भक्तों की, ऐतिहासिक भूमिका क्या थी? जिस समय और समाज में ये संत और भक्त रच रहे थे, जी रहे थे, उस समाज के बारे में उनकी समझ क्या थी, उन्हें उससे कोई सरोकर था या नहीं, या वे हमेशा अनहद नाद ही सुना करते थे, अपने सामने यातना पा रही

मनुष्यता के दुख-दर्दों के प्रति एकदम बेपरवाह थे, आदि-आदि। और जब हम इस रहस्यवाद तथा इन मध्यकालीन रहस्यदर्शियों की, इस जमीन से पड़ताल करते हैं, तो पाते हैं कि ये सुन्न समाधि जरूर लगाते थे, अनहद नाद भी सुनतें थे, ऐसे सुरम्य लोक में भी विचरण करते थे जहाँ बारहों मास बसंत छाया रहता है, हद को छोड़ बेहद तक को नापने की बात करते थे, परंतु अपने समय और समाज के प्रति कतई बेपरवाह नहीं थे। उसकी यातना का दंश, दूसरे तमाम साधारण जनों की भाँति, खुद भी भोग चुके थे, और भोग रहे थे। इनकी आँखें हमेशा भीतर ही नहीं देखती थीं, बाहर भी उतने ही पैनेपन के साथ सक्रिय थीं, और सामाजिक विसंगतियों को पहचानने और उसे उघारने में उतनी ही निर्मम भी थीं। उनमें साधारण यातनाग्रस्त जन के प्रति गहरी करुणा का भाव था, तथा यातना देने वालों के प्रति आक्रोश और विक्षोभ। स्वयं कबीर और नानक इसके उदाहरण हैं। अतएव, उनके रहस्यवाद को कोरमकोर खारिज करने के बजाय ऐतिहासिक संदर्भों में परखने की जरूरत हो जाती है। डॉ० रामविलास शर्मा, जो शुक्ल जी के दृष्टिकोण के दृढ़ समर्थक हैं, इस बात को महत्त्वपूर्ण मानकर ही शुक्ल जी से आगे जाकर मध्यकालीन रहस्यवाद की इस ऐतिहासिक भूमिका को रेखांकित करते हैं, और कहते हैं—

"किसी समय रहस्यवाद ने साहित्य और समाज में बड़ी क्रांतिकारी भूमिका पूरी की थी। मनुष्य में ब्रह्म-दर्शन करके कवियों ने मनुष्य मात्र की समानता की घोषणा की थी। धर्म, संप्रदाय, वर्ण, मत-मतान्तर आदि के भेदों का विरोध करके मानवता की प्रतिष्ठा की थी। पुरोहित वर्ग और देववाणी के दर्प से आतंकित न होकर उसने लोक भाषाओं को साहित्य के सिंहासन पर बिठाया था। दरबारों की रीतिबद्ध कविता के मुकाबले नए भावों, विचारों और कलात्मक सौन्दर्य से भारतीय काव्य को समृद्ध किया था। सवाल, मध्यकालीन रहस्यवाद के इस पहलू को उभारने का है, इस नाते उसे खारिज कर देने का नहीं कि वह बाहर से आयातित है।"

यह भी सच है कि कबीर की सर्जना में ऐसा भी बहुत कुछ है, जिसे शुक्ल जी ने बहुत सही तरीके से काव्य की कोटि से बाहर का माना है। अन्य दृष्टियों से उसका महत्त्व हो, और वह है, परंतु उसे कविता जरूर नहीं कहा जा सकता। कबीर की दार्शनिक उक्तियाँ उनकी योगपरक बानियाँ, उनकी उलटबासियाँ और अपने समय के समाज की विसंगतियों और उनके कर्ताओं पर कबीर के वज्र प्रहार, धर्म और धर्म के ठेकेदारों के पाखंड की उनकी

भर्त्सना, पंडित, काजी, मुल्ला, और मौलवी पर उनकी फबतियाँ, उनकी नीतिपरक बानी, यह सब और जो भी हो, कविता की कोटि का नहीं है। इसमें तमाम कुछ सांप्रदायिक शिक्षा है, और तमाम कुछ सपाट बयानी। कोरे विचार वे कितने भी उत्तम क्यों न हों, कविता नहीं होते। कविता गहन अनुभूति की बुनियाद पर ही रची जाती है। शुक्ल जी जब काव्य में जीवन के नाना कार्य व्यापारों के, मनुष्य की सुखदुखमयी जीवनानुभूतियों के चित्रण की बात करते हैं, कविता की बिम्बधर्मिता पर बल देते हैं, तो वे कविता की सही छवि की ओर हमें मुखातिब करते हैं। कबीर ही नहीं, अन्य निर्गुण संतों के यहाँ इसीलिए हमें शक्ति-जन्य गहरे उद्गारों के अलावा और कहीं कविता नहीं मिल पाती, कारण ये संत मानवीय क्रियाकलापों के वैविध्य को, जीवन और जगत के बहुआयामी रंग रूप को, उस सजीव चित्रमयता के साथ पेश नहीं कर पाए हैं, जैसा कि सगुण भक्तों के यहाँ हमें मिलता है। सगुण भक्ति की कविता और भक्त इसी नाते कविताई में निर्गुण संतों को बहुत पीछे छोड़ देते हैं। उनके यहाँ जीवन का कथन नहीं, उसकी चित्रमय प्रस्तुति है, मनुष्य के राग विराग हैं, संसार का सौन्दर्य है, उसकी कुरूपता है, उसके घात-प्रतिघात हैं, भावों का बहुरंगी विधान है। वहाँ जो कुछ कहा गया है, जीवन व्यापारों के चित्रण के माध्यम से, उसके बीच से कहा गया है। अतएव कबीर पर, विशेष रूप से उनकी कविता पर, निर्णय लेने से पहले भावुकता से बचते हुए, उनके व्यक्तित्व को समग्र रूप से आँकते और थाहते हुए भी वस्तुपरक रहने की जरूरत है, जितनी दूर तक शुक्ल जी वस्तुपरक रह सके हैं, वे हमें स्वीकार्य हैं, जितनी दूर तक आचार्य द्विवेदी वस्तुपरक हैं, हमें वे भी स्वीकार्य हैं, परन्तु जहाँ वे पूर्वाग्रहग्रस्त हैं अथवा कबीर के भावुक प्रशंसक,वे हमें स्वीकार्य नहीं हैं।

अंततः, कबीर की कविताई को परखते हुए और उस पर कोई भी रायजनी करते हुए हमें यह भी देखना चाहिए कि कबीर किस युग में जन्मे थे और किस युग में कार्यरत थे। कबीर का समय सूर-तुलसी आदि का समय नहीं था। कविता के कोई भी बड़े मान तब तक नहीं बने थे। भाषा का कोई भी मानक रूप तब तक सामने नहीं आया था। कबीर का भी सामान्य परिवेश नहीं था। उनसे उत्तम कविताई की अपेक्षा करने के पहले इन बातों पर भी विचार जरूरी होगा। बावजूद इसके, अपने समय से मुठभेड़ करते हुए, फिर भी वे उभरे, उभरे ही नहीं, अपने समय पर अपने गहरे निशान छोड़ते हुए अपने सवालों के साथ उस पर छा गए। अपने भीतर को, और अपने बाहर

को उन्होंने समान शक्ति के साथ थाहा और उजागर किया। अपने समय में उनकी आवाज सबसे ऊँची और जानदार आवाज के रूप में सुनी और महसूस की गई। वे घिघियाते हुए नहीं जिए, समय और समाज को झकझोरते हुए, उनकी चुनौतियों के बीच, उन्हें चुनौती देते हुए जिये, अपने समय से बहुत आगे के समय के प्रतिनिधि बनकर जिए, शास्त्रज्ञों और पंडितों ने उनका लोहा माना। वे आजीवन अग्निशिखा की भाँति धधकते रहे। उन्होंने अपने मनुष्य होने को चरितार्थ किया। वे प्रेरणास्त्रोत हैं, उस सर्जना के, साधारण जन की वास्तविक मुक्ति जिसका साध्य रहा है।

कबीर और कबीर

सदी के इस आखिरी दौर में, देश-विदेश, उत्तर-भारत और खासतौर से हिन्दी-क्षेत्र में, संत कबीर की 600वीं जयंती की धूमधाम है। कबीर की इस जंयती को बड़े-बड़े उत्सव-समारोहों, यात्राओं, सांगीतिक अनुष्ठानों, मेलों, विद्वानों की विचार गोष्ठियों तथा और भी कई रूपों में मनाया जा रहा है। इन आयोजनों में कबीर-मठ, कबीर प्रतिष्ठानों, गैर सरकारी उपक्रमों के साथ-साथ सरकारी तंत्र और सरकार के स्तर पर होने वाली पहल का भी योगदान है। जो सरकारी तंत्र तथा जो व्यवस्था अभी तक कबीर को लेकर बहुत उत्साहित नहीं दिखाई पड़ती थी, अचानक कबीर संबंधी इन आयोजनों को लेकर बेहद उत्साहित दिखाई पड़ रही है। कबीर पर उसका अनुराग यकायक बढ़ गया है। व्यवस्था की कबीर के प्रति जो सांप्रतिक उन्मुखता है, उसके अपने कारण हैं। उसका राजनीतिक कारण तो बहुत स्पष्ट है। कबीर को अपने दायरे में और उसके बाद अपने कब्जे में लेकर वह उस विराट तबके से अपने को जोड़ना चाहती है, कबीर जिसके अंग थे, और जिसे उसने अभी तक अपने से अलग कर रखा था। आज उसे कबीर के समाज के समर्थन की बेहद जरूरत है, और कबीर पर उसका अचानक उमड़ आया यह अनुराग, उसकी इसी आकांक्षा के तहत है। एक बार फिर कबीर उसके निशाने पर हैं।

व्यवस्था ने अपने दाँत कबीर पर गड़ा दिये हैं। उसके दाँत कबीर के जिस्म पर कितने गहरे जायेंगे, कहा नहीं जा सकता। उसकी हजार बाहें कबीर को कितना समेट पायेंगी, यह तो समय बताएगा। जरूरत इस मुद्दे पर सोचने की है, खासतौर से उन्हें जिनके लिए कबीर एक निर्गुण संत भर नहीं है, किसी मठ या प्रतिष्ठान से बंधे हुए, बल्कि कुछ और है—मसीत और देहुरा से आगे भी जिनकी अहमियत है। कबीर की यह जो हकीकत है, वह उन्हें हमारे समय के लिए ही नहीं आने वाले समयों के लिए भी जरूरी बनाती है। जरूरी यह है कि कबीर का यह 'कुछ' बचा रहे, उस विराट मनुष्यता की खातिर जो एक मानवीय जीवन जीने के सपने को सदियों से अपनी आँखों में पाले नरक की स्थिति भोग रही है।

अपने जीवन भर जो कुछ कबीर ने कहा और सुनाया, उसका फलक बड़ा है। उसमें कबीर का कहा सब कुछ है जिसके चलते कई तरह के विचारों के

दायरे में हर किसी के जरिए ग्रहण और विश्लेषित किये जाते रहे हैं। किसी को कबीर की भक्ति प्रिय है, तो किसी को उनका योग, कोई उनके 'ज्ञान' पर रीझा हुआ है, तो कोई उनके रहस्यवाद पर। कोई उनकी दार्शनिक आस्थाओं को अपने पक्ष से विश्लेषित कर रहा है, तो कोई अपने दायरे में उन्हें ले आना चाहता है। इन तमाम बातों के साथ कबीर के अपने जिए-भोगे और देखें-सुने को प्रतिफल बनाकर सामने आने वाला उनका समाज दर्शन है, जो जरूर सबके अनुकूल नहीं पड़ता। उसे पं० रामचंद्र शुक्ल ने तो पूरी तरह से नकार दिया था किन्तु जो विद्वान मसलन, आचार्य द्विवेदी, उसे उभार कर सामने लाए हैं, उनकी मंशा भी उसे बुनियादी तौर पर. कबीर के दीगर पहलुओं में घुल-मिलाकर इस तरह सामने लाना रहा है कि वह अपनी विशिष्टता ज्ञापित करने के बजाय, उनके दूसरे पहलुओं के साथ गाठजोड़ किए एक सामान्य धरातल पर ही रहे। इसी नाते आचार्य हजारी प्रसाद द्विवेदी ने कबीर को मूलतः भक्त मानते हुए आगे के सगुण भक्तों से उनके अंतवर्ती संबंध स्थापित किए हैं, सगुण भक्ति और निर्गुण भक्ति को उनकी बुनियाद पर एक और अभिन्न माना है।

समाज-दर्शन के साथ यह जो कबीर में और भी बहुत-सा है, वह आपस में टकराता भी है, और समग्रतः कबीर के कहे गये में अन्तर्विरोधों की पुष्टि भी करता है। इस सबको एक सूत्र में बाँधने के जो भी प्रयास हुए हैं और हो रहे हैं, वे न उसकी एकतानता को बनाए रखने में न सफल हुए हैं, और न हो सकते हैं, कारण उनकी अन्तर्वस्तु एक दूसरे से मेल नहीं खाती। यही बात हमें इस तथ्य का अहसास भी कराती है, जैसे कबीर में ही एक और कबीर भी है। कबीर के इस द्वित्व का संबंध वस्तुतः इसी अन्तर्विरोधी अन्तर्वस्तु से है, जिसमें एक ओर परम्परा से चले आते हुए का 'स्वीकार' है, दूसरी तरफ 'अस्वीकार'। कबीर को समग्रतः और प्राथमिक तौर से जानने के लिए उन्हें उनके दोनों पहलुओं के साथ जानने और समझने की जरूरत है। यह जानने की जरूरत है कि कितना कुछ परम्परा का उन्होंने सजग रूप से स्वीकार किया है या अस्वीकार किया है और कितना कुछ अनजाने, संस्कारों के रूप में अनायास उनके साथ आ गया है। कबीर पर आज जब कि एक विमर्श शुरू हो गया है, उन्हें अन्धश्रद्धावश ग्रहण करने के बजाय विवेक सम्मत धरातल पर देखना उचित और सही होगा।

आइए पहले कबीर के 'स्वीकार' वाले पहलू को देखें। दिलचस्प बात यह है कि आचार्य हजारीप्रसाद द्विवेदी ने कबीर-संबंधी अपनी प्रसिद्ध पुस्तक में कबीर के 'अस्वीकार' को जितना उभार कर रेखांकित किया है, अपनी कबीर विषयक अधिकांश चर्चा कबीर के स्वीकार वाले पहलू की करते हुए भी 'अस्वीकार' की

तरह उसे न तो उभारा ही है और न ही रेखांकित किया है। उन्होंने यह जरूर कहा कि 'कबीर अपने समय में अस्वीकार का बहुत बड़ा साहस लेकर सामने आये थे', किन्तु यह नहीं बताया कि कबीर में जितना 'अस्वीकार' है, उससे कहीं ज्यादा—'स्वीकार'। यह अस्वीकार जैसा कि हम आगे चलकर देखेंगे, कबीर को अपने समय से बहुत आगे की शख्सियत बनाता है, जबकि उनका स्वीकार वाला पहलू उन्हें युगबद्ध बनाता है। अस्वीकार वाला पहलू कबीर को विशिष्टता प्रदान करता है, अपने समय में उनकी अलग पहचान बनाता है; जबकि जैसा हमने अभी संकेत किया है, स्वीकार वाले पहलू के तहत कबीर अपने समय के, वरन् अपने बाद के सगुण भक्तों के साथ एक समान धरातल पर खड़े दिखाई देते हैं, सामान्य बन जाते हैं। जहाँ अस्वीकार वाले पहलू के तहत कबीर की आँच को झेल पाना और सह पाना—हर आदमी के बूते की बात नहीं है, कम से कम व्यवस्था और उससे दरकार रखने वालों के लिए तो नितांत क्लेशदायक है, वहाँ उनका स्वीकार वाला पहलू व्यवस्था के लिए सहज रूप से ग्राह्य है, उस सतह पर कबीर को स्वीकार करने में उसकी परेशानी नहीं है। चले रहे विमर्श में भी, और पहले भी व्यवस्था कबीर के इस स्वीकार करने वाले पहलू को ही 'हाईलाइट' करती है और कर रही है, और कोशिश करती रही है और कर रही है कि कबीर का अस्वीकार वाला पहलू—जितना भी 'डाइल्यूटेड' हो सके उतना ही 'डाइल्यूट' किया जाय। कबीर महत्त्वपूर्ण बनें तो स्वीकार वाले इस पहलू के तहत, न कि महत्त्वपूर्ण और समकालीन माने जायें अपने 'अस्वीकार' वाले पहलू के लिए। तर्क दिया जाता है कि कबीर को 'स्वीकार' और 'अस्वीकार' की बुनियाद पर बाँट कर देखना सही नहीं है, उन्हें उनकी समग्रता में देखा, परखा और विश्लेषित किया जाये, किन्तु इस तर्क के पीछे भी कबीर को उनकी समग्रता, समग्र जटिलता और उनके अन्तर्विरोधों के साथ देखें और विश्लेषित किए जाने पर उतना बल नहीं है, जितना समग्रता में देखे जाने वाली दलील के पीछे उनकी 'स्वीकार' वाली प्रतिमा को मान्यता और महत्त्व देने और दिलाने पर है।

बहरहाल, देखें कि क्या है कबीर का वह 'स्वीकार' वाला पहलू जो व्यवस्था को इतना प्रिय है। कबीर के इस 'स्वीकार' में है, उनका जाना-पहचाना रहस्यवाद-ब्रह्म, जीवन-मरण और माया का प्रपंच, विरहिणी आत्मा का परमात्मा के लिए जलना-तड़पना, संयोग और वियोग की लुका-छिपी। इस स्वीकार में है उनकी उलटबाँसियाँ, गगन मंडल में गाय का ब्याना, मछलियों का आकाश में चढ़ना, कंबल का बरसना और पानी का भींगना। इस स्वीकार में है कबीर का अनहद, गगन गुहा से रस का झरना और कबीर का उसमें भींगना और नहाना। इसमें उनका योग-दर्शन, इंगला-पिंगला के ताने-बाने, अष्टदल कमल है और

सहस्त्रदल कमल है, ससुराल, पीहर-मायका है, दुल्हन बनी कबीर की आत्मा और भरतार राम हैं। इसमें भाग्य, नियति और जीवन की क्षणभंगुरता की बातें हैं, पूर्वजन्म और पुनर्जन्म है और इसमें कबीर की भक्ति भी है उनका प्रेम-दर्शन भी है। एक प्रकार से कहें कि इसमें कबीर की उस दृष्टि की प्रधानता है जो परंपरा से चले आ रहे धर्म और धर्मशास्त्रों, परम्परागत दार्शनिक उपक्रमों की देन और उनसे अनुकूलित हैं। इस 'स्वीकार' का कुछ अंश तो कबीर का ग्रहण किया हुआ है, मसलन उपनिषदों के ब्रह्म की अवधारणा, और तमाम कुछ उनके साथ कुछ परंपरा के प्रवाह में और कुछ संस्कारों के रूप में चला आया है। कबीर का यह वह पहलू है, जिसके कई आयामों पर कबीर दुर्बोध भी लगते हैं, कठिन, जटिल और कहीं-कहीं अव्याख्येय। व्यवस्था इस जटिलता और दुर्बोधता को और भी गाढ़ा करते हुए कबीर की ऐसी बानियों को उनकी मुख्यदेन के रूप में प्रचारित करने का उद्योग करती रही है और कर रही है कि उनसे उन्हें अपने तईं कहीं कोई परेशानी नहीं नजर आती। वह चाहती है कि कबीर गूढ़ बानियों के एक पहुँचे हुए संत के रूप में पूजे जायँ और जानने-समझने का उपक्रम करने पर भी वे आसानी से समझ में न आएँ और यदि व्याख्येय भी हो जायें, तो उनकी ये बानियाँ ऐसी हैं कि उनके कबीर का वही महत्त्व सामने आयेगा, जो व्यवस्था कबीर को देना चाहती है।

आखिर कबीर के रहस्यवाद, उनके अध्यात्म, उनके हठयोग और उनकी उलटबासियाँ वे माधुर्य-भाव की हों अथवा प्रपत्ति-भाव की, उनकी भक्ति से व्यवस्था का क्या बनने-बिगड़ने वाला है। बिगड़ने वाला तो जरूर ही कुछ नहीं है, हाँ, पर बनने वाला जरूर है, वह उस सारे चले आते हुए को धर्म, दर्शन, परम्परा और संस्कृति के नाम पर आसानी से न केवल बनाए रख सकेगी, उसे मजबूत करते हुए आगे के समयों में ले जाने के अपने मंसूबे में भी कामयाब होगी। कबीर के 'स्वीकार' के पहलू में भी ऐसा कुछ है, जो व्यवस्था पर उँगली उठाता है और उसकी अमानवीयता को बेनकाब करता है, परन्तु व्यवस्था इससे परिचित है। वह पहले भी इस प्रकार के प्रयासों को झेल चुकी है और जान चुकी है कि इससे उसे तात्कालिक कुछ परेशानी भले हो, अंततः उसका कुछ भी बिगड़ने वाला नहीं है; क्योंकि इस जरिए से यदि उस पर कुछ सवाल उठाए भी जाते हैं, तो जन-मानस उनसे प्रभावित नहीं होता। अपने संस्कारों के तहत जो जनमानस पर सदियों से हावी होते चले आये हैं, वह उनसे उभरे अर्थों को अपनी नियति मानकर स्वीकार करता चला आया है। मसलन, इसी बात को लें कि संसार में जो कुछ भी है सब कुछ साईं का ही पैदा किया हुआ है, कोई छोटा-बड़ा, राजा-प्रजा नहीं है, सब बराबर और एक है, तो जनमानस मनुष्य मात्र की इस बराबरी को जानते-समझते हुए भी समाज में उनकी गैर-बराबरी या

विषमता को भी ईश्वर की देन, भाग्य या कर्मों का फल मानता हुआ, स्वीकार करता चला आया है। बावजूद इसके जरूरी है कि कबीर के 'स्वीकार' वाले पहलू के इन निहितार्थों को बराबर उभारा जाये और व्यवस्था तथा उसके कर्णधारों की अमानवीयता का पर्दाफाश होता रहे।

अब तनिक कबीर के 'अस्वीकार' को देखें, वस्तुतः जिसके नाते कबीर हमारे कबीर, समकालीन कबीर, ठेठ हमारे आज और हमारे ही कल के कबीर हैं, हमारे हमसफर, हमारी सदी के मार्गदर्शक, आग के शोले की तरह जलते-सुलगते और दहकते कबीर, जिनकी आँच को व्यवस्था न उनके समय में सह पाई थी, और न आज ही सह पा रही है—कबीर संबंधी अपने सारे अनुराग, उन्हें महत्त्वपूर्ण मानने के अपने सारे ढोंग के बावजूद। यह 'अस्वीकार' जाना-समझा अस्वीकार है, उनके जिए-भोगे की फलिश्रुति, उनके अपने विवेक और सहजबुद्धि से तपा-निखरा अस्वीकार है। इस 'अस्वीकार' में कबीर हमें मुकम्मिल तौर पर, अपने व्यक्तित्व और स्वभाव के दोनों ध्रुवों से मिलते हैं—एक ओर आक्रामक, अक्खड़, विद्रोही और हर तरह के समझौतों को लानत देने वाले और दूसरी ओर उतने ही आर्द्र, विनम्र, मृदु, शांत और मानवीय करुणा से आप्लुत-विराट मनुष्यों के प्रति सदियों—सहस्राब्दियों से चल रहे एक बड़े सामाजिक अन्याय को देखकर, रात-रात भर जागकर रोने वाले, दीन, निरीह, और विनयी। यही तो है कबीर के व्यक्तित्व और स्वभाव के दो विपरीत ध्रुव। यह 'अस्वीकार' ही कबीर को निर्गुण संत के रूप में उनको अपनी अलग पहचान देता है, तैंतीस करोड़ देवी-देवताओं और दसियों अवतारों वाले देश में उन्हें एकेश्वरवादी होने का हौसला प्रदान करता है—सारे अवतार और देवी-देवतावाद का निषेध करते हुए उन्हें ईश्वर-ब्रह्म-अल्लाह, राम-रहीम से उस एक के ही अनेक नामों जोड़ता है। यह एकेश्वरवाद ही उन्हें मस्जिद, मंदिर, काबा-काशी, तीर्थ-व्रत-रोजा-उपवास-नमाज-बंदगी, सबसे अलग—घट-घट में, पिण्ड-पिण्ड में और दुनिया-जहान में उन्हें देखने और पाने का विश्वास देता है। इसी के चलते कबीर धर्म के मर्म को जान पाते हैं, जो सेवा, पर-उपकार, पर दुखकातरता, सदाचरण, सच्चाई, निर्मल अंतःकरण मेहनत की कमाई तथा ईमानदारी के साथ जीने के अलावा और कुछ नहीं है। धर्म के इसी मर्म के जानकार होकर ही कबीर अपने समय के सबसे धार्मिक इंसान के रूप में सामने आते हैं, और इसी के नाते अपने समय के सबसे 'सेक्यूलर' व्यक्ति बनकर ही मुखातिब होते हैं। धार्मिक, सेक्यूलर और धार्मिक। सेक्यूलरिज्म इसके सिवा है भी क्या? हर तथाकथित धर्म के रूढ़िवाद को सर्वधर्म समभाव के नाम पर हर तरह से प्रचारित करने वाली व्यवस्था और उसके हामी सेक्यूलर हैं अथवा इन तथाकथित धर्मों के सारे निरर्थक कर्म-काण्डों, वाह्याचारों, उनसे जुड़ी रूढ़ियों-अंधविश्वासों को धिक्कारते हुए आदमी को वर्ग,

वर्ण, धर्म, नस्ल, संप्रदाय, सारे भेदों से अलग महज आदमी के रूप में देखने-मानने और स्वीकार करने वाले कबीर सेक्यूलर हैं? समय आ चुका है कि हम तय करें और जाने कि धर्म क्या है, और सेक्यूलरिज्म क्या है। समय आ गया है कि धर्म के नाम पर पंडितों-मुल्लों का सदियों से चला आ रहा धंधा, अज्ञ और भोली-भाली जनता को मूर्ख बनाकर चलने वाला उनका व्यापार और सेक्यूलरिज्म का उनका मुखौटा उतरे और उतारा जाये और नयी सदी में हम धर्म और सेक्यूलरिज्म की सही शक्ल के साथ पहुँचे। नयी सदी का धर्म वही है, जो कबीर का आकांक्षित था—एक मनुष्य-धर्म, जिसमें मनुष्य-सत्य से बढ़कर और कोई न हो, न कोई हिंदू और न मुसलमान हो, सब इंसान के रूप में जाने और पहचाने जायें, जैसा कि कबीर चाहते थे और जैसा कि कबीर खुद थे।

यह 'अस्वीकार' ही है कबीर का, जिसके तहत वे वर्तमान सामाजिक संरचना और उसे बहुसंख्यक मनुष्यता की नियति के रूप में बनाये और बचाये रखने वाले धर्म और धर्मशास्त्रों की अमानवीयता, उसकी भेदभावपूर्ण दृष्टि और उससे जुड़े सारे विधि-निषेधों, नियमों और अनुशासनों के प्रति बागी के रूप में सामने आते हैं, उन्हें हर स्तर पर उनकी बुनियाद में ही अस्वीकार करते हैं। जो सामाजिक संरचना जन्म के साथ ही आदमी की अपनी अलग-अलग हैसियत तय कर देती हो, अधिकार और कर्तव्यों के स्तर पर आदमी-आदमी में फर्क करती हो, मनुष्यता के एक बड़े तबके को अस्पृश्य मानते हुए उसे जानवरों से भी बदतर जिंदगी देती हो, कबीर ऐसी सामाजिक संरचना और उसके प्रेरक धर्म और धर्मशास्त्रों को न केवल नकारते हैं, उसके हामियों पर व्यंग्य के वज्रास्त्र भी बरसाते हैं, उन्हें उनकी अमानवीयता के नाते जलील करते हैं, उनकी मखौल उड़ाते हैं उन्हें भू-लुंठित करते हैं। उनका आक्रामक, विद्रोही, असहिष्णु तेवर ऐसे प्रसंगों पर देखते ही बनता है।

किंतु जिस प्रकार व्यंग्य की बुनियाद में गहरी मानवीय करुणा बीज-भाव के रूप में विद्यमान रहती है, कबीर के इस आक्रामक स्वभाव और गैर-समझौतवादी अक्खड़ता की सात पर्तों के नीचे भी मानवीय करुणा का एक विराट स्त्रोत विद्यमान है। यातनाग्रस्त मनुष्य की पीड़ा के प्रति जितनी करुणा उनके मन में है, आततायी व्यवस्था और उसके हामियों के प्रति उनका क्रोध भी उतना ही प्रखर है। यह क्रौंच-मिथुन में से काममोहित एक के वध से उपजी वाल्मीकि की करुणा ही थी, जो बहेलिए के इस जघन्य कृत्य पर शाप बनकर फूटी थी। अपने बुनियादी स्वभाव में कबीर नितांत करुर्णाद्र, शांत और मृदु है, जैसा कि किसी संत को होना चाहिए। इस बिंदु पर वे संतों के आदर्श हैं। उनका आक्रामक और विद्रोही तेवर उनकी मानवीय करुणा का ही प्रसंग के अनुरूप प्रतिफलन है, उनके व्यक्तित्व के समग्र आकलन में इस तथ्य को ध्यान में लाने की जरूरत है।

हम कह चुके हैं कि कबीर का 'स्वीकार' जहाँ उन्हें युगबद्ध करता है, उन्हें भक्ति की दूसरी धारा के भक्तों के साथ समान धरातल पर खड़ा करता है, उन्हें परंपरावादी तथा परंपरा से चले आ रहे तमाम कुछ अवांछित को ढोए चले जाने वाला बनाता है, किसी भी प्रकार के सामाजिक परिवर्तन को जो मनुष्य के हक और हित में हो, अस्वीकार करने और चली आ रही अमानवीयता को स्थायी बनाने वाली पंक्ति में खड़ा करता है, वहाँ उनका 'अस्वीकार' उन्हें हर प्रकार की अमानवीयता, भेदभाव, सामाजिक अन्याय, धर्म तथा संप्रदायगत रूढ़िवाद तथा अंधविश्वासी आस्थाओं का विरोध करने वाले के रूप में हमारे अपने समाज की आकांक्षाओं से, मानवीय और न्यायसंगतता से, एक समतापूर्ण समाज और उसके तहत आदमी के उज्ज्वल भविष्य से जोड़ता है और यहीं हमें कबीर में ही एक और कबीर मिलते हैं—वास्तविक कबीर और जैसा हम कह चुके हैं, हमारे अपने कबीर, आगामी सदी के कबीर।

आज हम नयी सदी की दहलीज पर खड़े हैं। इस नयी सदी में परंपरा का बहुत कुछ आ रहा है और ले आया जा रहा है। वांछित-अवांछित तमाम कुछ जाने-अनजाने आ रहा है। हर युग में हर समय में ऐसा होता आया है कि अपने समय से जुड़े और आगामी समय के प्रति चिंताशील लोग ग्रहण और त्याग के अपने विवेक का इस्तेमाल करते हुए कोशिश करते रहे हैं कि चले आते हुए का कितना कुछ आगे के समय में बना रहे और कितना कुछ अपने समय में ही सीमित रह जाये, भले ही हमारा प्रणम्य बनकर। परंपरा से ग्रहण और त्याग का अधिकार हर पीढ़ी को रहा है। उसे यह अधिकार रहा है कि वह क्या वरण करे और क्या छोड़े? इस संदर्भ में उसका विवेक उसकी कसौटी बनता रहा है। परंपरा इसी तरह ग्रहण और त्याग के विवेक की कसौटी से गुजर कर आगे बढ़ा भी करती है।

आगामी सदी के हमारे सपने और सरोकार हैं। उनके तहत हमें भी चले आ रहे तमाम में कुछ को ग्रहण करने और कुछ को छोड़ने का अधिकार है। हमारा विवेक इस काम में हमारा मददगार भी है। 19वीं सदी के उत्तरार्द्ध में नवजागरण के तहत हमारे पूर्वजों ने भी अपने विवेक का इस्तेमाल किया था और बीसवीं सदी के एक न्याय-संगत, मानवीय, आधुनिक भारत के सपने को सँजाए हुए उन्होंने बहुत कुछ अस्वीकार करते हुए विरासत के उसी अंश को आगे ले जाने के लिए चुना था, जो उनके विवेक के अनुसार उनके सपनों को मूर्त होने में मदद दे सकता था। बीसवीं सदी के भारत की अद्यतन छवि जो भी हो, उसमें हमारे पूर्वजों के ग्रहण का बहुत कुछ वह अंश शामिल है, जो तमाम चुनौतियों, विपर्ययों और विसंगतियों के बावजूद भारत की आत्मा को संभाले हुए हैं। अतएव हम भी सोचें और हम भी तय करें कि अंततः नई सदी के भारत में हम क्या

कुछ ले जाना चाहते हैं और क्या कुछ बीसवीं सदी के खाते में में ही रहने देना चाहते हैं।

इस बिंदु पर यदि कबीर भी हमारे चयन के दायरे में आयें तो कोई हर्ज नहीं। कबीर ने खुद अपने समय में बहुत कुछ चले आते हुए को अस्वीकार करने का साहस जुटाया था। आजीवन वे अपने ग्रहण व त्याग पर दृढ़ रहे। यदि कबीर के स्वीकार और अस्वीकार के पहलुओं के मद्देनजर हम उनके उस पहलू को अपने ग्राह्य के तौर पर चुनते हैं जो आगामी सदी में हमारे उन सपनों को साकार कर सकें, जिन्हें कबीर के कहे हुए ने, कबीर ने ही, हमारी और यातनाग्रस्त बहुसंख्यक मनुष्यता की आँखों में जिंदा रखा है, उन्हें मरने नहीं दिया, तो यह स्वाभाविक ही होगा। हम जानते हैं कि कबीर का यह पहलू और और कुछ नहीं उनके 'अस्वीकार' का पहलू ही है, जहाँ कबीर अपनी पूरी तेजस्विता के साथ जिंदा है। व्यवस्था और उसके हामी, हम कह चुके हैं, समग्रता की आड़ में कबीर के स्वीकार वाले पहलू को ही हर तरह से उभार और उजागर कर रहे हैं, क्योंकि वह उनके हित में है। क्यों न हम पूरी ताकत से कबीर के 'अस्वीकार' वाले पहलू को अपनी और आगामी सदी की विरासत मानते हुए अगली सदी में उसे ले जाने की जद्दोजहद में शामिल हों। कबीर को, क्यों न हम उतना ही उन्हीं अंशों में अगली सदी के अपने मार्गदर्शक के रूप में स्वीकारें जो कि वस्तुत वे हैं। यह कबीर को बाँटना नहीं, उनका अवमूल्यन नहीं, उनके सबसे तेजस्वी अंश का स्वीकार है—उनकी सदा-सदा की समकालीनता का स्वीकार। यह कबीर का ही अनुगमन है, उनकी सीख के अनुसार किया जाने वाला आचरण है। जाहिर है इस तरह हम एक कबीर को दूसरे कबीर के विरोध में खड़ा नहीं कर रहे, कबीर को उनके वास्तविक रूप में, उनकी वास्तविक असहमित के साथ सामने ला रहे हैं। कबीर इसी बिंदु पर जीवित रहेंगे—आगामी समयों में। कबीर यदि होते तो यही चाहते भी, इसका हमें विश्वास है।

7

मलिक मुहम्मद जायसी

जायसी निर्गुण भक्ति की प्रेममार्गी शाखा के प्रतिनिधि तथा प्रमुख कवि के रूप में ख्यात हैं। उन्हें मध्यकालीन कवियों की पहली पंक्ति में लाने तथा एक प्रमुख (मेजर) कवि के रूप में प्रतिष्ठित करने में आचार्य पं० रामचंद्र शुक्ल का योग सर्वोपरि है। शुक्ल जी की दृष्टि जब जायसी की कवि प्रतिभा की ओर गई और उन्होंने जायसी ग्रंथावली का संपादन करते हुए उन्हें प्रथम श्रेणी के कवि के रूप में पहचाना, उसके पहले जायसी को इस रूप में नहीं देखा और सराहा गया था।

निस्संदेह जायसी को विस्मृति, तथा अधूरी और अपर्याप्त पहचान से, उबारने और उन्हें सूर, तुलसी के समक्ष प्रतिष्ठा देने का सारा श्रेय आचार्य शुक्ल को है। आचार्य शुक्ल पर अनजाने और जानबूझ कर भी, कुछ लोगों ने ब्राह्मणवाद को प्रश्रय देने, संकुचित-सांप्रदायिक दृष्टि को उभाड़ने तथा सगुण भक्ति की धारा के प्रति अनावश्यक पक्षपात बरतने का आरोप लगाया है। हम इस आरोप की तफसील में नहीं जाना चाहते, और उसकी छानबीन करते हुए उसका निराकरण भी नहीं करना चाहते, यहाँ हम महज इतना ही कहना चाहते हैं कि यदि शुक्ल जी वस्तुतः वह सब होते, जो कुछ आरोपकर्ताओं ने उन्हें सिद्ध करना चाहा है, कम से कम मलिक मुहम्मद जायसी जरूर हमारे लिए बेपहचान ही बने रहते, अपनी उस संश्लिष्ट तथा समग्र प्रतिभा तथा अपनी उदार सहृदयता मानसिकता के साथ हमारे सामने न

आ पाते, जिस रूप में आचार्य शुक्ल के प्रयासों के तहत, उनकी अपनी उदार मानसिकता तथा काव्य-मर्मज्ञता का अवलंब पाकर वे आज हमारे बीच प्रतिष्ठित हैं।

हम यहाँ आचार्य शुक्ल की दृष्टिगत सीमाओं को ढकना नहीं चाहते, मूल्यांकन के सिलसिले में जब तक उनके द्वारा हो जाने वाली चूकों तथा अपनाए जाने वाले दुहरे या एकांगी मानदंडों पर भी पर्दा नहीं डालना चाहते, कारण यह सब आचार्य शुक्ल में कहीं न कहीं, किसी न किसी स्तर पर है, और वस्तुतः उनमें भी है, जो इस प्रकार की, उनकी सीमाओं को उजागर कर सकने में सफल हुए हैं। हमारा मूल कथन यहाँ यही है कि आचार्य शुक्ल पर संकुचित सांप्रदायिकता तथा ब्राह्मणवाद का आरोप नहीं लगाया जा सकता, और इसका एक प्रमाण, तमाम और प्रमाणों के साथ, उनके द्वारा किया गया जायसी का मूल्यांकन, और मूल्यांकन ही नहीं, सूर और तुलसी जैसे भक्ति काल के महान रचनाकारों और भक्तों के समक्ष उनकी प्रतिष्ठा है। संकुचित-संप्रदायवादी दृष्टि तथा ब्राह्मणवादी मानों के तहत किसी रचनाकार का, और जायसी जैसे रचनाकार का, वह मूल्यांकन नहीं हो सकता था, जैसा कि आचार्य शुक्ल में हमें उपलब्ध है।

जायसी के लिखे तीन ग्रंथ प्रसिद्ध हैं, 'पद्मावत', 'अखरावट' तथा 'आखिरी कलाम'। इधर 'कन्हावत' के नाम से जायसी द्वारा लिखित एक अन्य महत प्रबंध कृति का उल्लेख हुआ है और उसे प्रकाशित भी किया गया है। 'कन्हावत' की प्रामाणिकता पर संदेह भी किया गया है। हम यहाँ इस सवाल की चर्चा नहीं करेंगे। हमारा इरादा जायसी की मान्य कृतियों का विवेचन-विश्लेषण करना भी नहीं है। प्रस्तुत निबंध में हम कुछ ऐसे मुद्दों की चर्चा करना चाहेंगे, जो एक बड़े कवि के रूप में हमें जायसी की पहचान कराते हैं तथा जिनके नाते जायसी अपने रचनाकाल के सैकड़ों वर्षों बाद भी हमें अपने लिए जरूरी महसूस होते हैं, हमारी विरासत बनते हैं। इन मुद्दों का सम्बन्ध रचनाकार जायसी से भी है, और उनके भीतर के मनुष्य से भी, जो उनकी रचनाओं के माध्यम से ही हमारी पहचान के अंतर्गत आता है।

जायसी को लेकर अब तक तमाम एकेडेमिक चर्चा हुई है। अर्थात् उनमें जो रहस्यवाद पाया जाता है, वह कहाँ तक भारतीय चिंतन परंपरा का अंग है, और कहाँ उसमें इसलामी प्रभाव है; जायसी जिस सूफी धर्म से संबद्ध थे, वह सूफी धर्म क्या है, और वह कहाँ तक इसलाम से पृथक है; जायसी ने जो कथाकाव्य या प्रेमकाव्य लिखा है, वह समासोक्ति है कि अन्योक्ति; जायसी तथा कबीर के रहस्यवाद में कौन श्रेष्ठ है, आदि आदि।

हम जानते हैं कि ये बातें मूलतः एकेडेमिक बातें हैं, और जायसी की चर्चा हम जिस रूप में, और जिस नाते यहाँ करना चाहते हैं, उससे इनका बहुत ज्यादा तथा सीधा सम्बन्ध नहीं है। हम जायसी की अपनी पहचान को कुछ दूसरे ही सवालों के माध्यम से उभारना चाहेंगे, क्योंकि हमारा अपना विचार है, कि शायद तभी हम आज के संदर्भ में जायसी को अपनी आत्मीयता की परिधि में लिए रह सकेंगे, और उन्हें अपनी, नई रचनाकार पीढ़ी की, तथा आज के युग की, जरूरत भी बनाए रख सकेंगे। जायसी, जाहिर है कि प्रबंधकार कवि हैं, और उनका अपनी रचना में एक धार्मिक-आध्यात्मिक मकसद भी रहा है। प्रबंधकार कवि होने के नाते उनकी कृति, विशेषकर 'पद्मावत' में, लीक का अनुसरण भी है, अनावश्यक प्रसंग तथा उनका अनावश्यक विस्तार भी है, मतलब, बहुत कुछ ऐसा है जो आज हमारे लिए उपयोगी नहीं है, वह कविता की भी बहुत मूल्यवान विरासत नहीं है, किंतु इस 'पद्मावत' में तमाम कुछ ऐसा भी है जो जायसी की बड़ी खरी तथा सशक्त पहचान भी हमें देता है तथ जिसके बीच से एक अत्यंत उदार, सहृदय तथा अपनी जमीन से रचे-पगे कवि के रूप में जायसी हमारे सामने आते हैं।

जायसी जिस युग में हुए वह इसलाम की भारत विजय का युग था। इसलाम किस प्रकार एक चुनौती बनकर भारतीय सामाजिक तथा सांस्कृतिक जीवन के बीच आया और उस चुनौती को किस प्रकार झेला गया, तथा उसके फलस्वरूप भारतीय सामाजिक तथा सांस्कृतिक जीवन की चली आ रही धारा में कैसी उथल-पुथल हुई, इन बातों का विवरण इस किताब के कुछ दूसरे निबंधों में हम दे चुके हैं। हम उस सारी चर्चा को यहाँ न दुहराते हुए महज इतना ही कहना चाहेंगे कि लंबे साहचर्य के बाद समाज के निचले स्तर पर साधारण हिंदू मुसलमान जनता में एक-दूसरे के निकट आने तथा एक-दूसरे को समझने का जो भाव पैदा हुआ था, जायसी जैसे सहृदय मुसलमानों ने उस प्रक्रिया को तेज करने में मदद की, और अपनी धार्मिक आस्थाओं को कायम रखते हुए, वे इसीलिए ऐसा कर सके कि वे हृदय के उदार थे तथा तमाम सारी मजहबी तथा धार्मिक विशिष्टताओं, उसूलों तथा विधिनिषेधों के, एक ईश्वर के सत्य को स्वीकार करते थे तथा यह मानते थे कि उसे महज प्रेम के द्वारा ही पाया जा सकता है।

आचार्य शुक्ल ने यह सही कहा है कि कबीर की कठोर उक्तियाँ हिंदू मुसलमानों को एक-दूसरे के निकट लाने का जो कार्य आकांक्षित स्तर पर नहीं कर सकीं उसे जायसी जैसे सहृदय मुसलमानों ने सफलता के साथ पूरा किया। सेक्यूलर मानसिकता के माने यह नहीं हैं कि व्यक्ति किसी धर्म-विशेष से कोई

सम्बन्ध न रखे। सेक्यूलर मानसिकता के अर्थ यह है कि अपने धर्म पर निष्ठा रखते हुए भी व्यक्ति दूसरे धर्मों का सम्मान करे तथा अपनी धार्मिक निष्ठा को दूसरे धर्मों में निष्ठा रखने वालों से जुड़ने में बाधा न माने। जायसी, या कि उनके तत्कालीन अनेक समानधर्मा इसी अर्थ में सेक्यूलर माने जा सकते हैं। कबीर सरीखा तेजस्वी मानस जरूर उनका नहीं था, परंतु अपने मजहब के प्रति ईमानदार रहते हुए भी उन्होंने दूसरे धर्ममतों को आदर दिया और जिसे मनुष्यता का सामान्य हृदय कहते हैं, या जिसे मनुष्यत्व की सामान्य भूमि कहते हैं, उस जमीन पर, जिससे भी मिले, मनुष्य के नाते मिले, बिना किसी फर्क या भेदभाव के मिले।

हम चर्चा जायसी के भावप्रवण, सेक्यूलर दृष्टिकोण की कर रहे थे, उसे आचार्य शुक्ल ने इस प्रकार प्रस्तुत किया है। कबीर का जो उल्लेख यहाँ है वह कबीर की आलोचना नहीं है, जायसी की सराहना जरूर है और जायसी इसके पात्र भी हैं। शुक्ल जी कहते हैं :

सौ वर्ष पहले कबीरदास हिंदू और मुसलमान दोनों के कट्टरपन को फटकार चुके थे। पंडितों और मुल्लों की तो नहीं कह सकते पर साधारण जनता राम और रहीम की एकता मान चुकी थी। साधुओं और फकीरों को दोनों दीन के लोग आदर और सम्मान की दृष्टि से देखते थे। साधु या फकीर भी सर्वप्रिय वे ही हो सकते थे जो भेदभाव से परे दिखाई पड़ते थे। बहुत दिनों तक एक साथ रहते-रहते हिंदू और मुसलमान एक-दूसरे के सामने अपना हृदय खोलने लग गए थे जिससे मनुष्यता के सामान्य भावों के प्रवाह में मग्न होने और मग्न करने का समय आ गया था। जनता की प्रवृत्ति भेद से अभेद की ओर हो चली थी। मुसलमान हिंदुओं की राम कहानी सुनने को तैयार हो गए थे और हिंदू मुसलमानों का दास्तान हमजा। ईश्वर तक पहुँचाने वाला मार्ग ढूँढ़ने की सलाह भी दोनों कभी-कभी साथ बैठकर करने लगे थे। इधर भक्तिमार्ग के आचार्य और महात्मा भगवत्प्रेम को सर्वोपरि ठहरा चके थे और उधर सूफी महात्मा मुसलमानों को 'इस्क-हकीकी' का सबक पढ़ाते आ रहे थे।

(जायसी ग्रंथावली, भूमिका, 1)

आचार्य शुक्ल इस प्रकार भक्ति-आंदोलन के उच्छल प्रवाह का सम्बन्ध सूफियों से जोड़ते हैं और भक्ति की चेतना की उस उठान में सूफी साधकों का योग स्वीकार करते हैं जो वामाचार में रस लेने वाले या तंत्र-मंत्र से जनता को चकित करने तथा उसे भक्ति के सहज पथ से अलग करने वाले संप्रदायों द्वारा गुमराह तथा बाधित की जा रही थी। भक्ति के वैष्णवी आदर्शों का प्रभाव किस प्रकार व्यापक होता गया इसका उल्लेख करते हुए शुक्ल जी कहते हैं कि,

'हिन्दुओं और मुसलमानों दोनों के बीच साधुता का आदर्श प्रतिष्ठित हो गया था। बहुत से मुसलमान फकीर भी अहिंसा का सिद्धांत स्वीकार करके मांस भक्षण को बुरा कहने लगे थे।' (वही, 2) जायसी के, याकि सूफी साधकों के सांस्कृतिक जीवन में प्रवेश करने की यही पृष्ठभूमि है।

आचार्य शुक्ल लिखते हैं, 'ऐसे ही समय में कुछ भावुक मुसलमान प्रेम की पीर की कहानियाँ लेकर साहित्य के क्षेत्र में उतरे।' 'ये कहानियाँ हिंदुओं के ही घर की थीं। इनकी मधुरता और कोमलता का अनुभव करके इन कवियों ने यह दिखला दिया कि एक ही गुप्त तार मनुष्य मात्र के हृदयों से होता हुआ गया है, जिसे छूते ही मनुष्य सारे बाहरी रूपरंग के भेदों की ओर से ध्यान हटा एकत्व का अनुभव करने लगता है।' सच्ची सेक्यूलर मानसिकता यही कार्य करने में चरितार्थ होती है, और यह कार्य अपने ढंग से इन सूफी साधकों ने अपने समय में किया। कबीर ने भी यह कार्य अपने ढंग से किया, किंतु आचार्य शुक्ल का कहना है कि कबीर की बानी हिंदू और मुसलमानों के हृदयों को भेदभाव से पूरी तरह रहित नहीं कर सकी। जरूरत संवेदनात्मक आधार पर, रागात्मक भूमिका पर दोनों को एक दूसरे के निकट लाने की थी। वे कहते हैं:

जिस प्रकार दूसरी जाति या मत वाले के हृदय है, उसी प्रकार हमारे भी है, जिस प्रकार दूसरे के हृदय में प्रेम की तरंगे उठती हैं, उसी प्रकार हमारे हृदय में भी, प्रिय का वियोग जैसे दूसरे को व्याकुल करता है, वैसे ही हमें भी, माता का जो हृदय दूसरे के यहाँ है वही हमारे यहाँ भी, जिन बातों से दूसरों को सुख-दुख होता है, उन्हीं बातों से हमें भी, इस तथ्य का प्रत्यक्षीकरण कुतबन, जायसी आदि प्रेम-कहानी के कवियों द्वारा हुआ। अपनी कहानियों द्वारा इन्होंने प्रेम का शुद्ध मार्ग दिखाते हुए उन सामान्य जीवन दशाओं को सामने रखा जिनका मनुष्य मात्र के हृदय पर प्रभाव दिखाई देता है। हिंदू हृदय और मुसलमान हृदय आमने-सामने करके अजनबीपन मिटाने वालों में इन्हीं का नाम लेना पड़ेगा। इन्होंने मुसलमान होकर हिंदुओं की कहानियाँ हिंदुओं की ही बोली में पूरी सहृदयता से कहकर उनके जीवन की मर्मस्पर्शिनी अवस्थाओं के साथ अपने उदार हृदय का पूर्ण सामंजस्य दिखा दिया। कबीर ने केवल भिन्न प्रतीत होते हुए परोक्ष सत्ता की एकता का आभास दिया था। प्रत्यक्ष जीवन की एकता का दृश्य सामने रखने की आवश्यकता बनी थी। वह जायसी द्वारा पूरी हुई। (वही, 2)

इस प्रकार आचार्य शुक्ल ने जायसी को कबीर का पूरक माना है। शुक्ल जी का इतना लंबा उद्धरण भी हमने इसी कारण दिया है ताकि उसके माध्यम

से जायसी अपनी मूलवर्ती मानसिकता के साथ प्रथमतः पहचाने जा सकें, दूसरे आचार्य शुक्ल पर लगाए गये संकुचित सांप्रदायिकता तथा ब्राह्मणवाद जैसे मिथ्या आरोपों की असलियत भी सामने आ सके। चिंतन तथा विवेचना की जो जमीन यहाँ है, जाहिर है कि वह आचार्य शुक्ल की अपनी प्रामाणिक पहचान को उजागर करती है, उनकी प्रशस्त मानसिकता का ही आख्यान करती है।

बात प्रेमगाथाओं की उठ गई है, और इस सिलसिले में जायसी के 'पद्मावत' की चर्चा का यहाँ केंद्रीय हो जाना स्वाभाविक है। 'पद्मावत' एक प्रेमाख्यान है, और एक सूफी कवि के द्वारा लिखा गया है। जाहिर है कि जिस 'इश्क-हकीकी' का जिक्र आचार्य शुक्ल ने सूफियों के प्रसंग में किया है उसकी स्थिति उसमें होगी। जायसी ने एक भी मौका नहीं छोड़ा, और जहाँ भी वे अपनी प्रेमकथा की आध्यात्मिक व्यंजना कर सकते थे, उन्होंने किया है। बहुत से लोगों के लिए इन आध्यात्मिक व्यंजनाओं का विशेष महत्त्व हैः कारण, तभी जायसी को रहस्यवादी, सूफी या भक्तिमार्गी कवि सिद्ध किया जा सकता है।

किंतु ऐसे भी लोग हैं, जो जायसी को भक्त कवि मानते ही नहीं, महज प्रेमाख्यान का रचियता ही मानते हैं। हम यहाँ इस विवाद में नहीं उलझना चाहते, गोकि हमारे लिए भी जायसी का भक्त वाला, रहस्यवादी या सूफी रंग वाला रूप बहुत महत्त्वपूर्ण नहीं है। हम भी चाहते हैं कि सूर की भाँति, आध्यात्मिक संदर्भों को हटाकर महज प्रेम की, मानवीय तथा लौकिक प्रेम की कविता के रूप में जायसी की रचना को परखा जाए। और जब हम इस रूप में 'पद्मावत' की प्रेमकथा को देखते हैं, तो पाते हैं कि जायसी ने 'प्रेम की पीर' को तमाम सारी लीक पीटने के बावजूद, मानवीय तथा लौकिक भूमि पर भी बड़ी सहृदयता तथा बड़ी भावुकता के साथ प्रस्तुत किया है।

'इश्क-हकीकी' की बात जाने भी दें तो लौकिक तथा मानवीय भूमि पर भी जायसी द्वारा चित्रित प्रेम किसी प्रकार के 'इश्क-हकीकी' से कम नहीं हैं, वह यहाँ भी प्रशांत, गंभीर, मन को भीतर एक शीतल करने वाला, आदमी को कुंदन की तरह निखार कर पेश करने वाला, सुख-दुख में सम तथा आत्मा की भीतरी गहराइयों से उपजा निष्कलुष और अकुंठित प्रेम है। मतलब जायसी के यहाँ भी प्रेम कोई शौकिया वस्तु नहीं है, मन बहलाने की चीज नहीं है, और गोकि सूर के प्रेम की भाँति वह लंबे साहचर्य से उपजा न होकर फारसी प्रेमकथाओं तथा कुछ भारतीय प्रेमकथाओं जैसा गुणश्रवण, चित्रदर्शन आदि से उपजा तात्कालिक प्रेम है, फिर भी, जायसी के भारतीय संस्कारों ने उसे

एकांतिक नहीं होने दिया है, और वह फारस की प्रेम गाथाओं वाले प्रेम की तरह लोक पक्ष से शून्य भी नहीं होने पाया है।

यह जायसी के प्रेमदर्शन की अपनी मौलिक उपलब्धि है। उसकी तीव्रता तथा उसका आवेग फारस की प्रेमकथाओं जैसा ही है परंतु भारतीय कहानियों के तत्त्व ने उसमें गुणात्मक रूप से इजाफा किया है और उसे जीवन की नाना दशाओं के बीच से गुजारा और निखारा है। जायसी प्रेम के गूढ़ तत्त्व को समझते थे, उसके जीवनव्यापी प्रभाव से परिचित थे। प्रेम उनके लिए क्या था, यह उन्हीं के शब्दों में इस प्रकार स्पष्ट हुआ है;

प्रीति बेलि जिनि अरुझे कोई। अरुझे मुए न छूटे सोई।
प्रीति बेलि ऐसे तन डाढ़ा। पलुहत सुख, बाढ़त दुख बाढ़ा।
प्रीति अकेलि बेलि चढ़ि छावा। दूसरि बेलि न संचरै पावा।।

रत्नसेन, जो 'पद्मावत' में एक प्रेमी साधक के रूप में चित्रित हुआ है, प्रेम की इस बेल में उलझता है और उपर्युक्त पंक्तियों में कही गई एक-एक बात का साक्ष्य प्रस्तुत करता है। जैसा कि आचार्य शुक्ल ने प्रतिपादित किया है, जायसी ने अपने प्रेम चित्रण में फारसी तथा भारतीय प्रभाव दोनों का अच्छा मिश्रण किया है, और यह सुविधा उन्हें अपनी कथा से भी मिली है।

'पद्मावत' की कथा के स्पष्टतः दो भाग हैं। एक में, अर्थात् पहले में, कथा अधिकांशतः क्या, सर्वांशतः कल्पित है, और महज लोक में कही जाती रही है। कथा के इस अंश तक ही अपने को सीमित रखकर जायसी फारसी प्रेम पद्धति का बखूबी निर्वाह कर सकते थे, जिसके अंतर्गत प्रेम का वेग नायक में ही दिखाई पड़ता है और वह प्रेमिका को पाने के लिए भाँति-भाँति की बाधाओं को चीरता और पार करता है। यहाँ प्रेम एकांतिक तथा अपने में ही सिमटा हुआ बन जाता है, वह अपना साध्य स्वयं होता है, किंतु जायसी ने कथा के परवर्ती भाग में इतिहास का आश्रय लिया है, और गोकि कल्पना यहाँ भी है, परंतु काफी कुछ कथा इतिहासानुमोदित है। कथा के इस अंश ने 'पद्मावत' में और जो भी रचनात्मक योग दिया हो, कम से कम, जायसी की प्रेम पद्धति में एक गुणात्मक विकास उसके नाते भी आया है। कारण, न केवल प्रेम तत्त्व की व्याप्ति लोक की व्यापक भूमिकाओं की ओर हुई है, वह जीवन की नाना दशाओं तक भी व्याप्त हुआ है। सबसे बड़ी बात जो घटित हुई है, वह यह कि प्रेम का वेग नायक तथा नायिका दोनों पक्षों में सम हो गया है।

रत्नसेन बंदी होता है, तो उसे मुक्त कराने के लिए पद्मिनी की सक्रियता भी दिखाई गई है तथा सक्रियता ही नहीं, वह स्वयं संकटों में जूझते हुए भी सामने आई है। यहाँ प्रेम की व्याप्ति युद्धक्षेत्र तक है, और युद्धक्षेत्र तक ही नहीं, पति के साथ एक ही चिता पर बैठकर भस्म हो जाने तक है। एक और विशेषता जिसकी ओर संकेत करना लाजिमी है, वह यह कि यह प्रेम दांपत्य जीवन में भी अपना प्रसार करता है और नागमती तथा पद्मावती दोनों के माध्यम से उसे ऊँचाई प्रदान की गई है। दांपत्य प्रेम के चित्र शृंगारी कवियों ने प्रायः कम ही दिए हैं और जायसी चूँकि कवि न होकर प्रबंधात्मक प्रतिभा के संत कवि हैं, अतएव दांपत्य जीवन में प्रेम की व्याप्ति दिखाकर तथा दांपत्य जीवन की कठिन परिस्थितियों के बीच भी उसे पूरी गहराई में उभारकर उन्होंने न केवल प्रेम के बारे में समस्त प्रकार की सतही तथा एकांगी धारणाओं का तिरस्कार किया है, नारी के व्यक्तित्व तथा अस्मिता को भी दीप्ति प्रदान की है।

आचार्य शुक्ल ने गार्हस्थिक क्षेत्र के भीतर देदीप्यमान इस प्रेम की भूरि-भूरि प्रशंसा की है, जो बिलकुल सही है। भोग के साथ-साथ इस प्रेम में त्याग का भी उतना ही ताप है और बड़े से बड़े बलिदान के लिए भी यहाँ उनके प्रेमी नायक तथा नायिका प्रस्तुत हैं। प्रेम की अनन्यता, उसकी सात्विकता के ये चित्र यदि जायसी की आध्यात्मिक आस्थाओं के तहत उपजे हैं तो भी ये स्वीकार्य हैं, और यदि ये मात्र लौकिक धरातल तक ही सीमित हैं, तो भी स्वागत योग्य हैं। संभव है कि प्रेम के इस प्रकार के चित्रणों में जायसी के भारतीय संस्कार अभिव्यक्त हुए हों, और संभव है कि आज के संदर्भों में वे बहुत प्रगतिशील न लगें, परंतु तत्कालीन संदर्भों में, सामाजिक जीवन तथा पारिवारिक जीवन पर पड़ने वाले दबावों, उनमें व्याप्त अराजकता तथा बिखराव तथा हिंदू-मुसलमानों के बीच कायम होते हुए सद्भाव आदि को देखते हुए उनका अपना विशेष महत्त्व है।

नागमती पद्मावती का राजा के साथ सती होना, रत्नसेन के प्रति उनके प्रेम की अनन्यता, गार्हस्थिक जीवन में पति के अभाव के फलस्वरूप आ जाने वाली रिक्तता तथा विषाद एवं पत्नी के अनन्य प्रेम की कवि द्वारा प्रशस्ति, ये सारी बातें जो दांपत्य प्रेम के महत्त्व तथा गरिमा को उभारती हैं, जायसी के अपने समय के संदर्भों में, और मात्र परकीया प्रेम को गौरवान्वित करने के तत्कालीन माहौल में, महत्त्वपूर्ण कही जाएँगी। वे आज भी अपनी सार्थकता को बहुत कुछ बरकरार रखती हैं। इस दृष्टि से नागमती के वियोग का अंश विशेष रूप से महत्त्वपूर्ण है जिसके अंतर्गत आचार्य शुक्ल ने भारतीय दांपत्य

जीवन की गरिमा तथा एक हिन्दू गृहिणी के अंतर्मन के सात्विक विरह ताप का अनुभव किया है, और उसे भरपूर सराहा है।

हमने इस किताब में ही कहीं लिखा है कि श्रृंगार की कसौटी संयोग-चित्रण में न मानकर वियोग के चित्रण में माननी चाहिए, और वह भी इस भूमि पर, कि कोई कवि वियोग के क्षेत्र में पूरी गरिमा तथा गंभीरता के साथ कितना टिक पाता है। इस दृष्टि से सूर ही नही जायसी भी, इस कसौटी पर पूरी तरह खरे उतरते हैं, क्योंकि जायसी के यहाँ भी संयोग कम, वियोग का ही अधिक प्रसार है, तथा गहराई भी वहाँ संयोग से ज्यादा है। रत्नसेन के चले जाने पर नागमती का वियोग तो काव्य की दृष्टि से अतीव उत्तम है ही, रत्नसेन के बंदी होने पर पद्मावती की विकलता, उसका गोरा-बादल से जाकर मंत्रणा करना तथा रत्नसेन की मृत्यु पर दोनों रानियों का शांत गंभीर रूप, सब इस दृष्टि से जायसी के वियोग चित्रण को उत्तम बनाते हैं, उसे एक विशेष गरिमा प्रदान करते हैं।

इस बिंदु पर हम कुछ चर्चा नागमती वियोग की करना चाहेंगे। आचार्य शुक्ल ने इसे हिंदी साहित्य में अद्वितीय कहा है। यह सही है कि यह वियोग वर्णन अधिकतर परंपरायुक्त शैली में ही हुआ है, अर्थात् बारहमासे के रूप में, किंतु बावजूद परंपरा की इस लीक पर चलने के, **विरहिणी के हृदयगत भावों की बड़ी कोमल तथा मार्मिक व्यंजना यहाँ हुई है।** जायसी ने अपना अधिकतर ध्यान **मन की वृत्तियों को, मन के अवसाद तथा क्लेश को सामने लाने में दिया है;** अतिशयोक्तियों से बचते हुए (गोकि पूरी तरह बच नहीं सके हैं) उन्होंने प्रयास यही किया है कि नागमती के अंतर्मन के उद्वेग और तड़प को ही प्रत्यक्ष करें और इस कार्य में वे दूर तक सफल हुए हैं।

विरह की स्थिति में व्यक्ति की **चित्तवृत्तियों का विस्तार हो जाता है,** अपने से बाहर निकलकर व्यक्ति शेष संसार को भी देखने लगता है, जायसी ने नागमती के वियोग वर्णन में उसके हृदय के इस विस्तार का भी चित्र दिया है। **नागमती पशु-पक्षियों से ही नहीं वनस्पतियों से भी अपने आंतरिक क्लेश का कथन करती** है तथा उनसे सहानुभूति तथा सहायता की अपेक्षा करती है। कालिदास से लेकर आगे तक विरह वर्णनों में यह परंपरा चली है और जायसी ने खूबी के साथ उसका अनुसरण किया है। विरहिणी की मनोदशा की शास्त्रीय भूमिकाओं में हम नहीं जाना चाहते, किंतु इतना अवश्य कहेंगे कि जायसी ने बड़ी गहराई में जाकर प्रियवियोग से प्रताड़ित तथा आहत नारी मन का साक्षात्कार हमें कराया है।

यह वह स्थिति है जहाँ नारी को अपने प्रिय का ध्यान एक पल के लिए भी नहीं भूलता और प्रिय के शुभ के लिए, उसकी एक झलक के लिए, उसके सामीप्य को पाने के लिए वह अपने प्राण तक निछावर करने को तत्पर रहती है। **प्रेम की अनन्यता तथा निष्ठा** की बात जाने भी दें, तो नागमती के वियोग-वर्णन में ऐसे न जाने कितने स्थल हैं, जो दांपत्य प्रेम को उसकी समूची गरिमा तथा मर्यादा में हमारे सामने प्रस्तुत करते हैं। उद्धरण देकर हम विस्तार नहीं करना चाहते, कारण वे लोकप्रिय और सर्वविदित हैं। हम यहाँ जायसी की उस सहृदयता का जरूर रेखांकित करना चाहते हैं जिसका प्रतिफल यह हृदयग्राही वियोग वर्णन है, और जिसकी सराहना आचार्य शुक्ल ने इस नाते विशेष रूप से की है कि उसमें हिंदू-गृहिणी का बड़ा ही आदर्श चित्र उभरा है, पातिव्रत धर्म की बड़ी गरिमामय व्यंजना हुई है।

मर्यादावादी आचार्य शुक्ल का ऐसा सोचना लाजिमी है और परंपरित मानसिकता भी हमें ऐसा ही सोचने को विवश करती है जिससे जायसी मुक्त नहीं थे वरन मुसलमान होने के नाते, और हिंदू घरों की कहानियाँ लिखने के नाते, अपने समय और अपने लक्ष्य के संदर्भों में विशेष सजग भी थे। पद्मावती को जिस प्रकार ईश्वर का पर्याय मानकर कथा में पेश किया गया है, (गोकि सब जगह ऐसा संभव नहीं हो सका है) उसे देखते हुए भी, रत्नसेन का नागमती को छोड़कर पद्मावती की तलाश में जाना अपना औचित्य रख सकता है, और नागमती के वियोग तथा उसके सारे पातिव्रत्य तथा उसकी सराहना का एक आधार बन सकता है।

फिर भी, यहाँ हम इतना जरूर कहना चाहेंगे कि भारतीय परंपरा में दांपत्य प्रेम को टिकाऊ बनाए रखने तथा उसे निरंतर गरिमा देते रहने, तमाम सारे त्याग और बलिदान, तमाम सारी अनन्यता, और निष्ठा से उसे सींचते तथा मजबूत करते रहने का ठेका पुरुष वर्ग ने स्त्रियों को ही दे रखा है, वे सीता हों, यशोधरा हों, उर्मिला हों, नागमती हों, या कोई और यह परंपरा आधुनिक युग में भी बराबर चलती आ रही है और अपने को महा आधुनिक कहने वाले रचनाकर तक इस मानसिकता से मुक्त नहीं हैं। 'कामायनी' की श्रद्धा, स्कंदगुप्त की देवसेना इसका उदाहरण हैं। और जिन्हें हमने महा आधुनिक कहकर संकेतित किया है,वे अज्ञेय भी (देखिए 'नदी के द्वीप' के नारी पात्रों को), इस परंपरित मानसिकता से मुक्त नहीं हैं। ऐसी स्थिति में जायसी से विपरीत की आकांक्षा करना या नारी पुरुष की पारस्परिक निष्ठा को रेखांकित करना अर्थात् पुरुष से भी वैसी ही अपेक्षा करने की बात को सामने लाना, अतिरिक्त आग्रह होगा।

अतएव सब कुछ को यहीं छोड़कर, और चर्चा को यहीं तक सीमित कर हम यहाँ इतना ही कहना चाहेंगे कि जायसी ने इस प्रसंग में जो कुछ कहा है वे उस समय को देखते हुए वैसा ही कह और प्रस्तुत कर सकते थे। वास्तव में जिसे पातिव्रत्य कहा गया है और जिसकी हमारे यहाँ नारी से ही विशेष अपेक्षा की गई है, उसे जायसी उस मानसिकता के तहत बड़ी गरिमा से उभार सके हैं। उनकी सहृदयता को हम इस कारण विशेष मानते हैं कि उन्होंने नागमती की साधना की सुखमय परिणति भी दिखाई है जबकि रत्नसेन पुनः चित्तौड़ आकर उससे मिलता है, और **उसे मना-समझा कर उसकी आकांक्षाओं को फिर से हरा कर देता है।** वह नागमती से अपने प्रेम की साखी भी देता है और 'आदर्श हिंदू ग्रहिणी' या 'आदर्श भारतीय नारी' के नाते नागमती उसकी सारी बातें मानकर उससे पहले जैसा ही जुड़ जाती है।

हमारे कहने का मतलब यह है कि जायसी इस प्रसंग में दूसरे पक्ष को एकदम भूले नहीं हैं, **मानिनी नारी का मान उन्होंने प्रिय के द्वारा तुड़वाया भी है।** बहरहाल, जायसी ने नागमती के पातिव्रत्य को बड़ी ऊँचाई के साथ इस वियोग-वर्णन में प्रस्तुत किया है। अनेक स्थलों पर वे बहुत अधिक भावुक हो उठे हैं:

गिरि समुद्र ससि मेघ रवि, सहि न सकहिं वह आगि।
मुहमद सती सराहिए, जरै जो अस पिउ लागि।।

पतिव्रता सती के बारे में मुसलमान कवि जायसी की यह उक्ति यदि हिंदू मनों को अभिभूत करती है, तो स्वाभाविक ही है। दीगर तमाम संदर्भों को हटाकर यदि हम नागमती के विरह वर्णन को उसके प्रकृत रूप में लेते हैं तो सचमुच जायसी के भावुक कवि-हृदय का बड़ा मनोरम परिचय हमें होता है। आचार्य शुक्ल ने लिखा है कि नागमती यहाँ अपना समस्त रानीपन भूलकर एक **साधारण विरहिणी स्त्री के समान अपनी व्यथा का निवेदन करती दिखाई पड़ती है,** और सचमुच ऐसे स्थल हृदयग्राही हैं।

जायसी की ग्रामीण दृष्टि ने बारहमासे के परंपरित रूप में भी बड़ी ताजगी ला दी है। उन्होंने प्रकृति तथा सामाजिक जीवन के निरीक्षण के क्रम में अपने को एकदम उन्हीं वर्णनों तक सीमित नहीं रखा जो प्रायः बारहमासों में मिलते चले आ रहे हैं, कहीं-कहीं उनका निरीक्षण लोकजीवन की बड़ी यथार्थ झाँकियों को सामने लाया है। लोकजीवन के हर्ष-उल्लास, अवसाद तथा विषाद के उनके द्वारा दिए गए अनेक चित्र नव केवल अत्यंत मर्मस्पर्शी हैं, उनकी पैनी दृष्टि तथा संवेदनशील हृदय का अनोखा साक्ष्य प्रस्तुत करते हैं।

एक बहुत लोकप्रिय तथा प्रायः उद्धृत किया जाने वाला नागमती का कथन है:

तपै लागि अब जेठ असाढ़ी। मोहि पिउ बिनु छाजनि भइ गाढ़ी।
तन तिनउर भा, झूरौं खरी। भइ बरखा दुख आगर जरी।।
बंध नाहिं औ कंध न कोई। बात न आव कहौं केहि रोई।।
सांठि नाहि, जग बात को पूछा। बिनु जिउ फिरै मूंज तनु छूंछा।।
भई दुहेली टेक बिहूनी। थांभ नाहिं उठ सकै न थूनी।
बरसै मेह चुवहिं नैनाहा। छपर-छपर होइ रहि बिनु नाहा।।
कोरौं कहाँ ठाठ नव साजा। तुम बिनु कंत न छाजनि छाजा।

सच है कि यह किसी रानी का अपनी दीन दशा का वर्णन नहीं है। **जायसी के ग्रामीण जीवन के अपने अनुभवों में इस प्रकार के अनेक अनुभव स्वाभाविक हैं।** वे ग्रामीण जीवन की दरिद्रता से, वहाँ के क्लेशों से इतना अधिक परिचित थे कि उन जैसे सहृदय को इस प्रकार के वर्णनों में रानी नागमती नहीं, गाँव की कोई भी साधारण विरहिणी दिखाई पड़ सकती थी, जिसका पति परदेश में है और वर्षा ऋतु जिसके लिए संकट बन कर आई है। केवल यही चित्र नहीं, इस वियोग वर्णन में ऐसे बहुत से चित्र हैं, जो ग्रामीण जीवन के दुख दर्द, वहाँ की विषम जीवनस्थितियों तथा उनके बीच पति से बिछुड़ी साधारण नारी की व्यथा को सामने लाते हैं। ये चित्र सचमुच मार्मिक हैं और जायसी के संवेदनशील प्रशस्त कवि-हृदय का परिचय देते हैं। आचार्य शुक्ल का यह कहना नितांत सही है कि इस प्रकार की अंतर्मन से सम्बन्ध रखने वाली विरह व्यथा का आशिक माशूकों के निर्लज्ज प्रलाप से कोई भी सम्बन्ध नहीं है; पर यदि वे इसे हिंदू गृहिणी की आर्त वाणी तक ही सीमित न रखकर किसी भी साधारण गृहिणी की आर्तवाणी के रूप में प्रस्तुत करते, तो अधिक सही होता। 'मनुष्यता के सामान्य हृदय' तथा 'मनुष्यत्व की समान भूमि' की बात उन्हीं की है, अतएव इस स्थल पर उसका याद हो आना स्वाभाविक ही है।

चूँकि जायसी प्रबंधकार कवि हैं, और प्रबंधकार कवि के लिए जरूरी है कि वह अपनी कथा के मार्मिक स्थलों को पहचाने, जायसी इस पहचान में दूर तक सफल हुए हैं। उन्होंने 'पद्मावत' की कथा यों ही नहीं कही है, काफी सलीके के साथ कही है, और कथा की मर्मस्पर्शिता बढ़ाने के लिए यत्र-तत्र अपनी कल्पना का सुन्दर प्रयोग किया है। कथा यद्यपि प्रेम कथा है, फिर भी, जैसा कि हम इंगित कर चुके हैं, जीवन की नाना दशाओं तक उसका विस्तार है। कथा में शृंगार रस प्रधान होने के बावजूद दूसरे रस भी यथावसर अपनी

सशक्त अभिव्यंजना करते हैं। अवधी भाषा की अपनी ठेठ ग्रामीण मिठास ने इन प्रसंगों को और भी मर्मस्पर्शी बना दिया है। हम केवल एक प्रसंग को उद्धृत करना चाहेंगे, और वह बादल के युद्ध गमन का प्रसंग है। बादल का गौना होकर ही आया है, नवागता पत्नी पतिसंपर्क से भी रहित है। बादल की माता बादल को वात्सल्य से अभिभूत होकर समझाती है;

बादल केरि जसौवे मावा। आई गहेसि बादल कर पावा।।
बादल राय! मोर तुइ बारा। का जानसि कस होइ जुझारा।।
बादसाह पुहुमी पति राजा। सनमुख होइ न हमीरहि छाजा।।
जहाँ दलपती दलि मरहिं तहाँ तोर का काज।
आजु गवन तोर आवै, बैठि मानु सुख राज।।

बादल की नवागता पत्नी की स्थिति को जायसी ने इन शब्दों में उभारा है:

मानि गवन सो घूंघुटु काढ़ी। बिनवै आइ बार भई ठाढ़ी।।
तीखे हेरि चीर गहि ओढ़ा। कंत न हेर कीन्ह जिउ पोढ़ा।।
तब धनि बिहंसि कीन्ह सहुं दीठी। बादल ओहि दीन्हि फिरि पीठी।।
मुख फिराइ मन अपने रीसा। चलत न तिरिया कर मुख दीसा।।
रहौं लजाइ त पिउ चले, गहौं त कह मोहिं ढीठ।
ठाढ़ि तेवानि कि का करौं, दूभर दुवौ बईठ।।
लाज किए जो पिउ नहिं पावौं। तजौं लाज कर जोरि मनावौं।।
करि हठ कंत जाइ जेहि लाजा। घूंघुट लाज आव केहि काजा।।
तब धनि बिहंसि कहा गहि फेटा। नारि जो बिनवै कंत न मेटा।।
आजु गवन हौं आई नाहा। तुम न कंत! गवनहुं रन माहा।।
गवन आव धनि मिल के ताईं। कौन गवन जौ बिसुरै साईं।।
धनि न नैन भरि देखा पीऊ। पिउ न मिला धनि सौं भरि जीऊ।।
जहं अस आस भरा है केवा। भंवर न तजै बास रस लेवा।।
पायन्ह धरा लिलाट धनि, विनय सुनहु हो राय।
अलक परी फंदवार होइ, कैसेहु तजै न पाय।।

बादल, माता और पत्नी को प्रबोधता हुआ युद्ध के लिए प्रयाण करता है, और युद्ध क्षेत्र में मारा जाता है। सारा प्रसंग भावगर्भित है, भावुकता से पूर्ण है, परंतु कथा को देखते हुए तथा जायसी की सहृदयता से जुड़कर प्रभाव

डालता है, और कथा को व्यापक बनाता है। युद्धक्षेत्र में शौर्य के प्रसंगों में भी जायसी तल्लीन हुए हैं। विशेषतः गोरा-बादल के शौर्य की सराहना उन्होंने बड़े खुले मन से की है, और अलाउद्दीन के साथ युद्ध के प्रसंग में गोरा के शौर्य पर तो वे अभिभूत हो उठते हैं।

यह वह प्रसंग है जहाँ जायसी की सेक्यूलर मानसिकता से हमारा पुनः साक्षात्कार होता है। कथा के हिंदू मुसलमान चरित्रों को उन्होंने बिना किसी भेदभाव के पेश किया है। हिंदुओं के लोक-विश्वासों, उनकी रीतियों तथा आचार-विचारों, उनकी धार्मिक-आध्यात्मिक आस्थाओं को उन्होंने विशद रूप में, सहानुभूतिपूर्वक और भरपूर संवदेना के साथ चित्रित किया है। नागमती-पद्मावती के रत्नसेन की मृत्यु के उपरान्त उसके साथ सती होने के प्रसंग को जायसी ने तत्कालीन लोक-मान्यताओं तथा आस्थाओं के तहत बड़े भव्य रूप में प्रस्तुत किया है तथा अलाउद्दीन को इतिहास के सत्य की रक्षा करते हुए चित्तौड़ पर विजयी जरूर प्रदर्शित किया है, किंतु कहा है कि चित्तौड़ उसे मिला जरूर किंतु वह जो चाहता था वह उसे नहीं मिल सका, उसकी जगह मिली मुट्ठी भर धूल, जो उसकी या उस जैसे लोगों की औकात थी। शांत रस का यह संदर्भ भी अपने में मार्मिक है—करुणा के मिश्रण ने जिसे और भी गाढ़ा कर दिया हैः

सर रचि दान पुन्नि बहु कीन्हा। सात बार फिर भांवर दीन्हा।।
एक जो भांवरि भई बियाही। अब दूसरे होइ गोहन जाहीं।।
जियत कंत! तुम हम्ह गर लाई। मुए कंठ नहिं छोड़हि साईं।।
औ जो गांठि, कंत तुम्ह जोरी। आदि अंत लहि जाइ न छोरी।।
यह जग काह जो अछहि न आथी। हम तुम नाह! दुहूँ जग साथी।।
लेइ सर ऊपर खाट बिछाई। पौढ़ी दुवौं कंत गर लाई।।
लागी कंठ आगि देह होरी। छार भई जरि अंग न मोरी।।
वै सहगवन भई जब जाई। बादसाह गढ़ छेका आई।।
तौ लगि सो अवसर होइ बीता। भए अलोप राम औ सीता।।
आइ साह जौ सुना अखारा। होइगा राति दिवस उजियारा।।
छार उठाइ लीन्ह एक मूठी। दीन्ह उड़ाई पिरिथमी झूठी।।
जौ लगि ऊपर छार न परै। तो लगि यह तिस्ना नहिं मरै।।
जौहर भइ सब इस्तरी, पुरुष भए संग्राम।
बादसाह गढ़ चूरा, चितउर भा इसलाम।।

कुछ हेरफेर के साथ चित्तौड़ विजय की यही कथा इतिहास में भी वर्णित है, परंतु जायसी के हाथों से उसे जो मानवीय संस्पर्श मिला है, वह इतिहास में दुर्लभ है। जायसी निर्विवाद रूप से बड़ी संवेदनशील प्रतिभा के कवि हैं और इस कथन के प्रमाण में प्रसंग पर प्रसंग उद्धृत किए जा सकते हैं।

यों तो जायसी और पद्मावत की चर्चा के ढेरों मुद्दे हैं पर हम अब केवल एक मुद्दे को ही रेखांकित करते हुए अपनी चर्चा का समापन करना चाहेंगे। इस मुद्दे का सम्बन्ध जायसी द्वारा चित्रित अवध प्रदेश के लोकजीवन से है जिसमें तुलसीदास के बाद निर्विवाद रूप से वे अप्रतिम हैं।

जायसी अवध प्रदेश के कवि हैं और अवधी भाषा पर उनका सहज अधिकार है। यह भाषा भावानुरूप कितनी मीठी और कितनी रुक्ष है, जायसी इसे अच्छी तरह पहचानते हैं। अवध का लोकजीवन भी कहाँ मृदु और कहाँ कठोर है, जायसी इसके भी खरे पारखी हैं। वे अवध प्रदेश की धरती से अपने लंबे साहचर्य के नाते उसके एक-एक रेशे से भली-भाँति परिचित हैं। वे मूलतः एक ग्रामीण कवि हैं, और अपनी ग्रामीण दृष्टि से ही उन्होंने रत्नसेन, नागमती, पद्मावती, अलाउद्दीन तथा उनके साथ जुड़े सारे आख्यान को देखा है। उनकी सारी कल्पना उनका सारा निरीक्षण, वह जीवन का हो या प्रकृति का, मनुष्य से सम्बन्धित हो या मानवेतर हो, उनकी निपट ग्रामीण दृष्टि का ही साक्ष्य देता है। उनकी भाषा ही नहीं उनके उपमान, कथा कहने की उनकी शैली, पात्रों की मनोवृत्तियों को थाहने-पहचानने का उनका तरीका, सब कुछ, उनके ठेठ ग्रामीण अंदाज को ही सूचित करता है।

वे बहुश्रुत ही नहीं, काफी घूमे-फिरे व्यक्ति भी थे, और जिस जनता से उनका निरंतर साबका पड़ता रहा होगा वह भी राजमहलों की तथाकथित जनता न होकर साधारण जनता ही रही होगी, कारण उन्हें लोक चित्त की जो इतनी खरी पहचान है, वह साधारण जनता के साथ उनके नितांत आत्मीय तथा घनिष्ठ सम्बन्ध का ही प्रतिफल हो सकती है, अन्य कहीं से जायसी उसे नहीं पा सकते थे। लोकजीवन की गहराइयों में जायसी की यह पैठ ही कवि के रूप में उनकी सबसे बड़ी पूँजी बन कर सामने आई है। 'पद्मावत' भले ही राजमहलों में बसने वालों की प्रेम कथा हो, जायसी के यहाँ उसका 'ट्रीटमेंट' विशुद्ध लोकजीवन से पाए अनुभवों से जुड़कर हुआ है, तभी तो आचार्य शुक्ल कहते हैं कि वियोग-प्रसंग में नागमती अपना रानीपन भूल जाती है। वस्तुतः यह जायसी हैं जो उसके रानीपन को भूल जाते हैं और अपने देखे हुए और भोगे हुए को सामने सजीव करते हैं।

अवध की प्रकृति अपनी संपूर्ण सुषमा के साथ 'पद्मावत' में मूर्त्त है। नागमती के वियोग-वर्णन में उसका घनीभूत रूप उभर कर सामने आया है, गोकि अन्य प्रसंगों में भी वह हमेशा विद्यमान है। अवध की एक-एक वनस्पति ही नहीं, पशु-पक्षी भी वहाँ मौजूद हैं। वहाँ के फल-फूल, वहाँ के लोगों द्वारा इस्तेमाल किया जाने वाला अनाज, उनके दैनंदिन जीवन में काम में आने वाली एक-एक चीज, एक-एक औजार, विशेषतः कृषि के औजार, सब जायसी के 'पद्मावत' में है और यही नहीं, कि उनके बस नाम गिना दिए गए हैं, जायसी उनसे भीतर तक परिचित हैं। कौन पक्षी कब बोलता है, कैसे बोलता है, उसकी बोली मीठी है अथवा रूखी, जायसी सब जानते हैं। अवध के तिथि-त्योहार, खेलकूद, उत्सव-पर्व वहाँ के निवासियों के सुख-दुख, उनके कष्ट-क्लेश, सब से जायसी की निपट आत्मीयता है। नागमती बहुधा ही अपने वियोग-प्रसंग में उनका नाम लेती है, उनके नाते और भी दुखित होती है, कारण वह पति-वियुक्ता है।

अवध प्रदेश में ऋतुएँ कैसे आती हैं, और उनका क्या रूप होता है यह जायसी के बारहमासे से स्पष्ट है। इन ऋतुओं के समय सामान्य जनजीवन की क्या दशा होती है, यह भी वहाँ हम देखते हैं। कहने का तात्पर्य यह कि लोकजीवन की एक-एक लय को जायसी ने बड़ी आत्मीयता से पकड़ा और उभारा है। प्रकृति के उपकरणों तथा प्रकृति की सहज क्रियाओं का उपयोग उनकी कवि कल्पना ने बड़े सामर्थ्य से किया है। 'आइ साह अंबराव जो लाए। फरे-झरे पै गढ़ नहिं पाए' जैसी पंक्तियों में तथा 'बौरे आम फरैं अब लागे। अबहुं आउ घर कंत सभागे' में आमों के फलने तथा झरने या आमों के बौर आने तथा उनके फलने में जो बीत चुके समय की स्थिति है, उसे जायसी ने अलाउद्दीन द्वारा चित्तौड़ पर घेरा डालने तथा उसे लंबे समय तक जीत न पाने या नागमती के वियोग के कठिन लंबे समय की व्यंजना कराने के लिए बड़ी खूबी के साथ इस्तेमाल किया है।

हम कह चुके हैं कि जायसी की ग्राम दृष्टि अधिकतर स्थितियों की व्यंजना के लिए ठेठ ग्रामीण जीवन के ही उपमान लाई है। चाहे 'लागिउं जरै-जरै जस भारु' जैसी उक्ति हो, चाहे 'दीठि दंवगरा मेरवहु एकू' जैसी बिखरते हृदय को पुनः जोड़ देने, बिखरने न देने की व्यंजना हो, उपमान जायसी की ग्राम जीवन के बीच से ही प्राप्त होते हैं। अधिक विस्तार में न जाकर, हम उद्धरण देने के मोह का संवरण करते हुए, यही कहना चाहेंगे कि इतने संवेदनशील हृदय वाला लोकजीवन का पारखी कवि किसी भाषा को बड़ी साधना के बाद नसीब होता है।

समग्रतः हम कहना चाहेंगे कि जायसी सच्चे अर्थों में लोकजीवन के गायक हैं। उनकी कथा भी लोकमानस में परंपरा से व्याप्त कथा है, जिसे उन्होंने बड़ी तन्मयता तथा बड़ी मस्ती के साथ कहा है। उनकी भाषा, उनकी कल्पना, उनकी अभिव्यक्ति शैली, इन सब का लोकजीवन से सीधा सम्बन्ध है। वे बड़ी सहजता के साथ, एक आत्मीय रूप में हिंदू परिवारों में प्रवेश कर गए हैं, और उनके एक-एक विश्वास, मान्यता, रीति-रिवाज, तिथि-त्योहार, आदि को बड़ी विश्वसनीयता के साथ उनके समक्ष प्रस्तुत किया है। उनके ऋतुवर्णन तथा बारहमासे में अवध के सामान्य जन के जीवन से सीधा साक्षात्कार किया जा सकता है। 'पद्मावत', सच पूछा जाए, तो लोकजीवन का महाकाव्य है। जिस मिट्टी से जायसी का सम्बन्ध था, उसकी सारी महक उसमें आदि से अंत तक व्याप्त है।

'पद्मावत' में सूफी आदर्श हैं, उसमें परोक्ष संकेत है, उसमें रहस्यवाद है, उसमें गंभीर दार्शनिक चिंतन है, उसमें एक कुशल कवि की कल्पना और कला है, किन्तु जो बात आगे भी 'पद्मावत' को हमारे बीच जीवित रखेगी, वह उसमें चित्रित लोकजीवन का माधुर्य है, जिसे यथार्थ संदर्भों में, बड़ी प्रामाणिकता और बड़ी सच्चाई के साथ, जायसी ने हमारे सामने मूर्त्त किया है। जायसी इस लोकजीवन के प्राणवान चित्रण के लिए, अपनी उदार और सेक्यूलर दृष्टि के लिए अपने निश्छल फकीराना अंदाज के लिए, अपने बड़े ऊँचे मनुष्यत्व के लिए, हमेशा याद किए जाएँगे।

यदि तुलसी ने 'रामचरितमानस' की रचना कर अवधी भाषा को गौरव दिया है, सूर ब्रज के लोकजीवन की निधि के उद्‌घाटन के लिए स्मरणीय हैं, तो जायसी अवधी भाषा के शीर्षस्थ कवियों में अपनी लोकजीवन की खरी पहचान के नाते याद किए जायेंगे। प्रेम-वेदना के चित्रण में तो शुक्ल जी ने उन्हें गोस्वामी जी से भी श्रेष्ठ माना है। उनके 'पद्मावत' काव्य को उन्होंने लोक पक्ष और भगवत् पक्ष दोनों में अत्यंत गूढ़ और विलक्षण कहा है।

8

पद्मावत : कुछ महत्त्वपूर्ण विचारणीय बिन्दु

आचार्य रामचन्द्र शुक्ल ने पद्मावत को मसनबी शैली में लिखे प्रबंध की संज्ञा दी है। उनके अनुसार प्रबंधकार कवि की सफलता का एक बहुत बड़ा कारण लोक जीवन से उसकी अभिन्नता होती है। लोक जीवन के विविध तेवरों से, उसके बहुआयामी प्रसार से जो रचनाकार जितना अधिक और जितनी गहराई से परिचित होगा, उसकी प्रबंध रचना उतने ही निखरे हुए रूप में सामने आएगी। गोस्वामी तुलसीदास की प्रबंधकार कवि के रूप में अद्भुत सफलता के मूल में लोकजीवन और लोकसंस्कृति की उनकी विशद और गहरी पहचान है। सूरदास प्रबंध रचनाकार नहीं हैं; परन्तु अपने काव्य में लोकजीवन से अपने गहन और प्रगाढ़ परिचय का अकाट्य साक्ष्य उन्होंने प्रस्तुत किया है। भक्तिकाल के तीसरे महत्त्वपूर्ण कवि के रूप में शुक्ल जी ने मलिक मुहम्मद जायसी की पहचान की है। जायसी की सहृदयता पर शुक्ल जी मुग्ध हैं। 'जायसी ग्रंथावली' की भूमिका में उन्होंने जायसी के मनुष्य और रचनाकार दोनों पर अपनी विस्तृत टिप्पणियाँ दी है। अपने पिछले निबंध में हमने जायसी और 'पद्मावत' के महत्त्व के कुछ विशिष्ट बुनियादी बिन्दुओं को उभारने की चेष्टा की है। इन बुनियादी बिन्दुओं में एक बिन्दु 'पद्मावत' का लोकपक्ष है। लोक जीवन और लोक संस्कृति का जितना भरा पूरा विशद और गंभीर चित्रण जायसी पद्मावत में कर सके हैं, वह लोकजीवन के उनके विशद ज्ञान के बिना संभव ही नहीं था। यदि केवल लोकतत्त्व को ही ध्यान में रखा जाये, तो महज़ उसके चित्रण के बल पर पद्मावत मध्यकाल का एक अनुपम काव्य ठहरेगा। अगली पंक्तियों में हम 'पद्मावत' के इसी लोकतात्विक पहलू को कुछ विशद करके प्रस्तुत करना चाहेंगे।

1. लोक जीवन और लोक-संस्कृतिः—जायसी एक सूफी साधक, ईश्वर भक्त, कवि, प्रेमाख्यानकार जो भी हों, उनकी रचना के भीतर से उनकी जो बुनियादी छवि उभरती है, वह गँवई-गाँव के मन और संस्कारों वाले एक निहायत साधारण, सरल पारदर्शी अंतःकरण वाले एक निश्छल और सहृदय मनुष्य की ही छवि है। एक ऐसा मनुष्य और एक ऐसा मानस जो साधारण जन से, साधारण जन मानस से तदाकार हो, वर्ग, वर्ण, नस्ल, धर्म और संप्रदायगत भेदों से ऊपर मनुष्यता को तरजीह देने वाला इंसान हो। उनकी यह छवि एक सच्चे सूफी साधक के रूप में उनकी पहचान से मेल खाती है। अपने सूफियाना घुम्मकड़पन के नाते ही वे जन मन से परिचित हो सके, अपनी जमीन और अपनी मिट्टी तथा अंचल से एकतान हो सके। जिस तरह तुलसी की बहुत बड़ी विशेषता लोकमन की उनकी पहचान है, उसी तरह जायसी भी लोकमन के सहज पारखी और उससे एक थे। उनकी अपनी राजनीतिक, सामाजिक, सांस्कृतिक, या दुनियावी जो भी सोच उनकी रचना में प्रतिबिम्बित हुई हो, वह पिछड़ी हुई, युगबद्ध सामाजिक सोच भले ही मानी जाय, वह साधारण जन की सोच ही है। साधारण जन मानस ही उनके मानस में प्रतिबिम्बित हुआ है गोस्वामी तुलसीदास की तरह। इस साधारण जन को उसकी बोली बानी आधार व्यवहार हर्ष उल्लास और उसके सारे दुख दाह और ताप त्रास के साथ उन्होंने बहुत नजदीक से देखा और सुना था। किन स्थितियों में उसकी क्या प्रतिक्रियाएँ होती हैं या हो सकती हैं इसे वे बखूबी जानते समझते थे, यही कारण है कि 'पद्मावत' के ढेरों, प्रसंगों में, उसके विविध चरित्रों संदर्भ में वे भले ही शहंशाह, राजा, रानी अथवा सामंत सरदार क्यों न हों, उनके अपने हर्ष, उल्लास और ताप, त्रास में जायसी ने उन्हें जिस तरह देखा और दिखाया है, ये साधारण जन के रूप में ही सामने आए हैं, शहंशाह राजा या सामंत सरदारों के रूप में नहीं। इनकी इन प्रतिक्रियाओं के चलते उनकी अपनी बुनियादी छवि भले ही अविश्वसनीय मानी जाए, परन्तु पाठक का उनकी जायसी द्वारा प्रस्तुत छवि से सहज तादात्म्य हो जाता है, उन्हें साधारण पाठक बिल्कुल अपने करीब पाता है। इस स्थिति का एक और भी पहलू हो सकता है। आदमी भले ही छोटा बड़ा राजा रंक क्यों न हो, उसके अपने सुख दुख छोटे-बड़े नहीं होते। हर्ष, उल्लास और ताप त्रास के क्षणों में अनुभूति अपने प्रकृत रूप में ही सामने आती है, राजा या रंक की अनुभूति बनकर नहीं। फिर साधारण जन के बीच जीने वाले जायसी को अनुभव भी साधारण जनजीवन का ही था। वे केशवदास की तरह दरबारी तामझाम के कवि नहीं थे, जो राजाओं के तौर तरीकों को जानने पहचानने में

माहिर हो, जो भी हो, जैसा हमने कहा, जायसी ने जीवन के हर्ष, उल्लास और ताप, त्रास के क्षणों को जिन तेवरों में प्रस्तुत किया है, वे मनुष्य मात्र के सहज तेवर, सहज रिस्पांस ही है, साधारण जन के अपने अनुभव और अपने संवेदन हैं, उनका सम्बन्ध रचना में भले ही किसी विशिष्ट पात्र से क्यों न हो। उनके रचनात्मक व्यवहार और प्रस्तुति में लोक का मन ही प्रतिबिम्बित हुआ है। आचार्य शुक्ल तथा अन्य इसी पर रीझे भी हैं।

जायसी पर अपने पहले निबंध में हम नागमती के वियोग की बात कर चुके हैं, जिसके बारे में शुक्ल जी ने मुग्ध होते हुए कहा है कि नागमती अपना सारा रानीपन भूलकर साधारण स्त्रियों की तरह अपने दुख का निवेदन करती है। साधारण नारी की तरह का उसका यह वियोगजन्य व्यवहार पाठकों को इसी नाते विश्वसनीय और मार्मिक लगता है कि पाठक के अपने मन से उसका सहज तादात्म्य हो जाता है। इसी तरह का एक प्रसंग बादल के युद्ध में जाने का प्रसंग है, जिसकी माँ उसे रोकती है उसकी अल्पावस्था के नाते और इस नाते कि उसी दिन उसका गौना हुआ था। बादल की माँ और उसकी पत्नी की प्रतिक्रिया को भी अपने पिछले निबंध में हमने उद्धृत किया है। इसी तरह का एक उदाहरण वह है जहाँ नागमती और पद्मावती दोनों अपने पति रत्नसेन के शव के साथ सती होने के लिए चिता पर बैठती हैं। हम पिछले निबंध में इसे भी उद्धृत कर चुके हैं। एक अन्य उदाहरण देकर हम इस प्रकरण को समाप्त करेंगे जहाँ रत्नसेन की वृद्धा माँ का आर्तनिवेदन एक पक्षी रत्नसेन तक पहुँचाता है, जो सिंहल द्वीप में पद्मावती के संयोग सुख से डूबा था। यह व्यथा भी एक साधारण माँ की है किसी राजमाता की नहीं। लोकजीवन और लोकव्यवहार में अपनी गहरी दखल और अपने गहरे अनुभवों के नाते जायसी किसी भाव के मर्म तक पहुँच जाते हैं और उसे साधारण जन के अपने मानस के प्रतिबिम्ब के रूप में पेश करते हैं। लोकजीवन का ऐसा पारखी और ऐसा मर्मी रचनाकार ही लोक का प्यारा हो सकता है, जैसे कि जायसी हैं। वे लोक से इतना एक मन हैं कि लोक उनकी वाणी में बोलता है, लोक के अनुभव संवेदन उनकी लेखनी से गुँथे हुए चले आते हैं। रत्नसेन की माँ का यह व्यथा-निवेदन देखिए जो पक्षी के जरिए जायसी ने रत्नसेन तक पहुँचाया है-

रतनसेन की माइ सुरसती। गोपीचन्द्र जस मैनावती।।
आंधरि बूढ़ि होई दुख रोवा। जीवन रतन कहाँ दहु खोवा।।
जीवन अहा लीन्ह सो काढ़ी। भइ बिनु टेक करे को ठाढ़ी।।
बिनु जीवन भई आस पराई। कहाँ सो पूत खंभ होई आई।।

नैन दीठ नहिं दिया बराही। घर अंधियारा पूत जो नाहीं।।

को जो चले सरवन के ठाऊ। टेक देह औ टेके पाऊँ।।

तू सपूत माता कर अस परदेस न लेहि।

अब ताई मुइ होइहि मुए जाइ गति देहि।।

लोक जीवन का एक विशिष्ट पहलू लोक की अपनी संस्कृति होती है, जिसमें लोक का व्यवहार, उसके आचार मूर्त्त होते हैं। जन्म से लेकर मृत्यु तक के संस्कार और उनसे जुड़ा लोक मन का हर्ष उल्लास और दुख-दाह, उसका अंग है। अपने इस प्रबंध काव्य में जायसी ने इन्हें विशद रूप में आँका और हमारे अपने अनुभव का विषय बनाया है। जन्म, नामकरण, लग्न, विवाह, सुहागरात, भोजन जेवनार आदि-आदि तथा मृत्यु तक के सारे विधान पद्मावत में हैं, अपने पूरे व्योरों के साथ। अवध प्रदेश के सारे व्यंजन वहाँ वर्णित हैं। लोकमन में रूढ़िबद्ध तंत्र-मंत्र, भूत-प्रेत बाधा, शकुन-अपशकुन, मुहूर्त्त-विचार सबकी चर्चा वहाँ है। दान, पुण्य, देशाटन, तीर्थाटन आदि का उल्लेख प्रसंग के अनुरूप है। अंध आस्थाएँ और अंधविश्वास जो लोकमन में गहरे विद्यमान है उनकी भी चर्चा है। कहने का मतलब यह है कि लोकजीवन के सकारात्मक नकारात्मक कोई भी पहलू जायसी की निगाह से छूटे नहीं हैं। उनके जरिए जायसी ने अवध के लोक जीवन का यथार्थ हमारे सामने रखा है। पर्व, त्योहार और उत्सवों में बसंत पंचमी, होली और दीवाली की विशद चर्चा है। समूह नृत्य और समूह गान भी है। ये सब मिल-जुलकर अवध की अपनी लोक संस्कृति को भरेपूरेपन के साथ उजागर करते हैं।

2. लोक जीवन में प्रकृति : लोक जीवन का एक अन्य विशिष्ट पहलू लोक की प्रकृति का अंकन है। आचार्य शुक्ल ने इसे नरेतर बाह्य प्रकृति कहा है। इसके अंतर्गत पेड़-पौधे पशु-पक्षी नदी-नाले, जंगल-पठार सब आते हैं, जिनसे लोक सुन्दर और लोकजीवन गतिशील और समृद्ध होता है। जायसी के गँवई के संस्कार और उनका गँवई मन लोक की इन प्राकृतिक विभूतियों में रमा-रचा है। अपने अंचल की प्रकृति से वे उसके पूरे पन में परिचित हैं और उसके एक-एक रग रेशे को वे पूरी तन्मयता में उभारते हैं। आचार्य शुक्ल ने प्रकृति के प्रति सच्चे प्रेम को देशप्रेम के रूप में परिभाषित किया है। धरती और देश से प्रेम आखिर है क्या? धरती और देश के रग रेशे से परिचय और एकात्म। परिचय को वे प्रेम की सीढ़ी मानते हैं और पूछते हैं, "भाइयों, बिना परिचय के प्रेम कैसा? वे लिखते हैं, जो नहीं जानते कोयल किस चिड़िया का नाम है, जो यह भी नहीं सुनते कि चातक कहाँ चिल्लाता है, जो आँख भर

यह भी नहीं देखते कि आठ प्रणय सौरभपूर्ण मंजरियों से कैसे लदे हैं, जो यह भी नहीं जानते कि किसानों की झोपड़ियों के भीतर क्या हो रहा है, वे यदि दस बने ठने मित्रों के बीच प्रत्येक भारतवासी की औसत आमदनी का पता लगाकर देशप्रेम का दावा करे तो उनसे पूछना चाहिए कि भाइयों बिना परिचय का यह प्रेम कैसा? जिनके सुख-दुख के तुम कभी साथी न हुए उन्हें तुम सुखी देखना चाहते हो तो यह समझते नहीं बनता। उनसे कोसों दूर बैठे-बैठे, पड़े-पड़े या खड़े-खड़े तुम विलायती बोली से अर्थशास्त्र की दुहाई दिया करो पर प्रेम का नाम साथ मत घसीटो। प्रेम हिसाब-किताब की बात नहीं है। हिसाब-किताब करने वाले भाड़े पर मिल सकते हैं प्रेम करने वाले नहीं।" इसी बिन्दु पर कालिदास के विशुद्ध विरह काव्य को शुक्ल जी ने एक नए कोण से देखते हुए उसमें कालिदास के सरस हृदय तथा उदात्त देशप्रेम के दर्शन किए हैं। वे लिखते हैं—"पूर्वमेघ (मेघदूत) तो यहाँ से वहाँ तक प्रकृति की ही एक मनोहर झाँकी या भारतभूमि के स्वरूप का ही मधुर ध्यान है। जो इस स्वरूप के ध्यान में अपने को भूलकर कभी-कभी मग्न हुआ करता है, वह घूम-घूम कर वक्तव्य दे या न दे चंदा इकट्ठा करे या न करे, देशवासियों की आमदनी का औसत निकाले या न निकाले सच्चा देशप्रेमी है। मेघदूत न कल्पना की क्रीड़ा है न कला की विचित्रता; वह है प्राचीन भारत के सबसे भावुक हृदय की अपनी प्यारी भूमि की रूप-माधुरी पर सीधी-सादी प्रेम दृष्टि।"

इसी बिन्दु पर जायसी भी उतने ही भावुक और उतने ही सहृदय ठहरते हैं जितने कालिदास या इस तरह के अन्य रचनाकार। जायसी घुमन्तू भी थे और बहुज्ञ भी। आचार्य शुक्ल ने उनकी बहुज्ञता की भी चर्चा की है। अपनी धरती तथा प्रकृति की जिन वस्तुओं से उनका साक्षात् परिचय नहीं भी था, उन्हें भी अपनी जानकारी के आधार पर उन्होंने जुटाया है। प्रकृति उनके यहाँ केवल अलंकार बनकर या मानवीय भावों की उद्दीपन बनकर ही नहीं आई है, जैसा कि नागमती के वियोग वर्णन, खासतौर से बारहमासे में है, प्रकृति पर और उसके नाना उपकरणों पर उनका बेहद अनुराग भी था और उन्होंने उनका स्वतंत्र रूप से भी चित्रण किया है। ज्यादातर प्रकृति उनकी अपनी जानकारी और उनके अपने अनुभवों के तहत ही आई है। वे उसके चित्रण में पूरी तरह से तल्लीन हुए हैं। लोकजीवन की इस पूँजी का उन्होंने बहुत ही कुशलता से अपनी रचना में विनियोग किया है। सिंहल द्वीप के वर्णन के कुछ अंश देखें।

फरे आम्ब अति सघन सोहाए। औ जस फरे अधिक सिर नाए।।
कटहर डार पींड सन पाके। बड़हर सो अनूप अति ताके।।

खिरनी पाकि खांड अस मीठी। जामुन पाकि भंवर अति दीठी।।
पुनि महुआ चुअ अधिक मिठासू। मधु जस मीठ पुहुप जस बासू।।
फरे तूत कमरख ओ न्यौजी। राय करौंदा बेर चिरौंजी।। आदि आदि।

आगे इसी तरह पुष्पों की भिन्न-भिन्न किस्मों, पक्षियों की न जाने कितनी प्रजातियों, ताल तलैयाँ, कुओं, बावड़ियों के वर्णन हैं।

प्रकृति का भरपूर उपयोग जायसी ने भाव-व्यंजना में किया है। नागमती का वियोग-वर्णन इसका उदाहरण है। इसी के अंतर्गत उनका प्रसिद्ध बारहमासा है, जिसमें गँवई प्रकृति अपने सारे रूपों के साथ उजागर हुई है। यह बारहमासा पद्मावत में नागमती वियोग के अंतर्गत सबसे प्रभावशाली और जायसी की कवि-दृष्टि उनके बारीक निरीक्षण का प्रमाण है। बैसाख का महीना है। सरोवर का जल दिन प्रतिदिन घट रहा है। अब तो स्थिति यह है कि हृदय में दरारें पड़ गयी हैं। प्रिय, तुम आओ और अपनी दृष्टि रूपी दँवगरे से हृदय की इन दरारों को भरो। 'दँवगरा' वर्षा ऋतु में पहले आने वाले पानी के झोंके को कहते हैं :

सरवर हिया घटत नित जाई। टूक टूक होइकै बिहराई।।
बिहरत हिया करहु पिय टेका। दीठि दँवगरा मेरवहु एका ।

नागमती वियोग दुख में बावली और उन्मादी हो उठी है :

भई पुछार लीन्ह वनवासू। बैरिन सवति दीन्ह चिलबासू।।
होई खर बान बिरह तनु लागा। जो पिउ आवै उड़हि तो कागा।।
हारल भई पंथ मैं सेवा। अब तंह पठवौ कौन परेवा।।
धौरी पंडुक कहु पिउ नाऊं। जौ चितरोख न दूसरे ठाऊं ।।
जाहि बया होई पिउ कंठ लवा। करै मेराव सोइ गौरवा।।
कोईल भई पुकारति रही। महरि पुकारै लेइ लेइ दही।।
पेड़ तिलोरी औ जल हंसा। हिरदय पैठि बिरह कटनंसा।।

× × × ×

कुहुकि कुहकि जस कोइल रोई। रकत आँसू घुंघुंची बन बोई।।
भई कलमुखी नैन तन राती। को सेराव बिरहा दुख ताती।।
जंह-जंह ठाढ़ि होहि बनवासी। तंह-तंह होहि घुंघुंचि कै रासी।।
बूंद-बूंद मंह जानहु जीऊ। गुंजा गुंज करै पिउ पीऊ।।
तेहि दुख भए परास निपाते। लोहू बूड़ि उठे हुई राते।।

राते बिंब भीजि तेही लोहू। परवर पाक फाट हिय गोहूँ।।
देखौं जहाँ होई सोई राता। जहाँ सो रतन करै सो बाता।।
नहिं पावस ओहि देसरा, नहिं हेवंत बसंत।
ना कोकिल न पपीहरा, जेहि सुनि आवै कंत।।

द्रष्टव्य है कि जायसी के यहाँ गँवई प्रकृति की ही प्रधानता है, उसी के कार्य-व्यापारों का अंकन है। आकाशीय प्रकृति की छटाएँ भी उनके यहाँ हैं परन्तु गंवई दृष्टि से देखी हुई। प्रकृति के कोमल, रौद्र, सुन्दर, भव्य और दाहक सभी प्रकार के चित्र उनके यहाँ हैं। बारहमासे के वर्णन में प्रकृति नागमती के वियोग भाव की संगति में है, तो रत्नसेन और पद्मावती के विवाह के अवसर पर संयोगावस्था में वह उनके सुखद संवेदनों के साथ है षटऋतु वर्णन के रूप में। सारा काव्य प्रकृति के नाना रूप-व्यापारों से भरा हुआ है। प्रकृति के नाना रूपों और व्यापारों का इतना मुग्ध दर्शक, उनकी बारीक पहचान रखने वाला, जितने कि जायसी हैं, भक्ति काल में तुलसी और सूर के अलावा और कोई नहीं हुआ।

3. अन्योक्ति और समासोक्ति : जायसी सूफी संत थे, यह बात सर्वविदित है। सूफियों में ईश्वर की भावना प्रियतम के रूप में करने का रिवाज है। 'पद्मावत' के अंत में ये जो पंक्तियाँ आती हैं, उनके आधार पर अनेक विद्वानों ने 'पद्मावत' को अन्योक्ति सिद्ध करने की चेष्टा की है। पंक्तियाँ हैं—

मैं एहि अरथ पंडितन्ह बूझा। कहाँ कि हम किधु और न सूझा।।
चौदह भुवन जो तर उपराहीं, ते सब मानुस के घट माहीं।।
तन चितउर मन राजा कीन्हा। हिए सिंघल बुधि पदमिनि चीन्हा।।
गुरु सुवा जेहि पंथ देखावा। बिनु गुरु जगत को निरगुन पावा।।
नागमती यह दुनियाँ धंधा। बांचच सोई न एहि चित बंधा।
राघव दूत सोह सैतानू। माया आलादीन सुल्तान।।

प्रेम कथा एहि भाँति विचारहु। बूझि लेहु जो बूझे पारहू।।

इन पंक्तियों में जायसी ने व्यंग्य अर्थ को ही प्रधान या प्रस्तुत मानते हुए इस काव्य के अन्योक्ति माने जाने का मार्ग प्रशस्त कर दिया है। परन्तु आचार्य रामचन्द्र शुक्ल को यह मत मान्य नहीं है। उनका तर्क है कि "यदि कवि के स्पष्टीकरण के अनुसार व्यंग्य अर्थ को ही प्रधान या प्रस्तुत मानें, तो जहाँ-जहाँ दूसरे अर्थ भी निकलते हैं, वहाँ-वहाँ अन्योक्ति माननी पड़ेगी। पर ऐसे स्थल

अधिकतर कथा के अंग हैं और पढ़ते समय कथा के अप्रस्तुत होने की धारणा किसी पाठक को नहीं हो सकती। अतः इन स्थलों के वाच्यार्थ को अप्रस्तुत नहीं कह सकते। इस प्रकार वाच्यार्थ के प्रस्तुत और व्यंग्यार्थ के अप्रस्तुत होने से ऐसी जगह सर्वत्र समासोक्ति ही माननी चाहिए। जाहिर है कि आचार्य शुक्ल 'पद्मावत' को समासोक्ति काव्य मानने के पक्ष में हैं, जायसी के संकेतानुसार अन्योक्ति काव्य नहीं ।

एक दूसरी दिक्कत भी है, जिसे सूफी काव्यों और जायसी के मर्मज्ञ पं० रामपूजन तिवारी ने स्पष्ट किया है। तिवारी जी के अनुसार प्रणाली से जिन अध्येताओं ने 'पद्मावत' का पाठ निर्धारण किया है, वे उपर्युक्त पंक्तियों को प्रक्षिप्त मानते हैं। इन पंक्तियों को वे जायसी लिखित नहीं मानते। उनके अनुसार यदि मान भी लिया जाय कि ये पंक्तियाँ जायसी की हैं और 'पद्मावत' की कथा को समझने की कुँजी हैं तब भी बात नहीं बनती। उनका सबसे पहला तर्क है कि सूफियों में साधना की सफलता के लिए अहं का विनाश अनिवार्य माना गया है। जब तक अपने अहं को विनष्ट कर साधक परम प्रियतम के प्रेम में बेसुध नहीं हो जाता, तब तक उसे परमात्मा की प्राप्ति नहीं हो सकती। इस दृष्टि से पद्मावत में बहुत-सी असंगतियाँ हैं।

उद्धृत पंक्तियों में राजा को मन तथा पद्मावती को बुद्धि बताया गया है। तिवारी जी के अनुसार अगर इस प्रतीक को स्वीकार करें, तो उन कई स्थलों की संगति कैसे बिठा सकते है, जहाँ पद्मावती के मुँह से राजा रत्नसेन का परमतत्त्व के रूप में वर्णन कराया गया है। वैसे 'पद्मावत' में पूर्वार्द्ध से पद्मावती परम सत्ता या परम सौन्दर्य के प्रतीक के रूप में सामने लाई गई है और रत्नसेन को साधक बताया गया है। अगर इस प्रतीकत्व को मानें, तो कठिनाइयाँ और बढ़ जाती हैं। नागमती दुनिया धंधा बताई गई है। अब अगर नागमती वस्तुतः दुनिया धंधा है, तो परम सत्ता या परम सौन्दर्य के प्रतीक पद्मावती को पाकर साधक रत्नसेन फिर दुनियाँ धंधा या नागमती के पास क्यों लौट आता है? यही नहीं, वह पद्मावती और नागमती दोनों में मेल-मिलाप कराकर दोनों के साथ रहने लगता है। बड़ी असंगतियाँ हैं पद्मावत के इस रूपक में। कथा के दूसरे तमाम पात्रों को भी फिर हमें कुछ न कुछ मानना पड़ेगा, जो संभव नहीं है। यही नहीं, अंत में रत्नसेन के साथ नागमती-पद्मावती दोनों के सती होने को क्या कहा जाएगा?

आचार्य शुक्ल ने सही कहा है कि पद्मावत के सारे वाक्यों के दोहरे अर्थ नहीं है। सर्वत्र अन्य पक्ष के व्यवहार का आरोप नहीं है। केवल बीच-बीच में कहीं-कहीं दूसरे अर्थ की व्यंजना होती है। समग्रतः पद्मावत को समासोक्ति

मानना ही उचित है। अन्योक्ति वहाँ होती है, जहाँ अप्रस्तुत से प्रस्तुत की व्यंजना होती है, परन्तु जहाँ वाच्यार्थ प्रस्तुत और व्यंग्यार्थ अप्रस्तुत हो वहाँ समासोक्ति ही होगी।

4. प्रेमाख्यानकों की परंपरा में 'पद्मावत' : सूफी प्रेमाख्यानकों में पद्मावत के वैशिष्टय की चर्चा करने के पहले यह बता देना जरूरी होगा कि प्रेमाख्यानक कोई सूफी परंपरा या फारसी की ही चीज नहीं है, उसकी बड़ी प्राचीन भारतीय परंपरा है। यह परंपरा वेदों में भी है, जहाँ उर्वशी-पुरूरवा का प्रेम वृत्तान्त है। वेदों के अलावा बौद्ध ग्रंथों में भी इस परंपरा के सूत्र मिलते हैं। अपभ्रंश के काव्यों में तो ये प्रेमाख्यानक ऐसी तमाम बातों को लेकर सामने आते हैं, जो बाद को सूफी प्रेमाख्यानकों में दिखाई पड़ती है। पद्मावत के बाद भी प्रेमाख्यानकों की यह परंपरा विकास करते रहे हैं। शोधकों ने संस्कृत से लेकर अपभ्रंश और फारसी तथा हिन्दी (अवधी) में लिखी प्रेमगाथाओं के अलावा पंजाबी तथा अन्य भारतीय भाषाओं में भी इन प्रेमकथाओं को पाया और उनके महत्त्व को उजागर किया है। बहरहाल, हमारा प्रतिपाद्य यहाँ 'पद्मावत' है। अतः हम उसे केन्द्र में रखकर कुछ जरूरी बातें करना चाहेंगे।

'पद्मावत' क्या, जायसी के भी जन्म काल को लेकर काफी मतभेद है। पं० रामचन्द्र शुक्ल ने जायसी का जन्म काल 900 हिजरी माना है; जबकि रामपूजन तिवारी उसे 870 हिजरी मानते हैं। इस हिसाब से जब जायसी ने पद्मावत को समाप्त किया होगा, उनकी अवस्था 77 वर्ष की होगी। पद्मावत की रचना रामपूजन तिवारी 927 हिजरी मानते हैं। उनके अनुसार पद्मावत के शाहे वक्त शेरशाह की जो प्रशस्ति प्रारंभ में है, वह उसमें बाद की जोड़ी गई होगी। ये बातें महज प्रासंगिक हैं। जिस बात को जायसी ने पद्मावत में लिखा है, वह यह कि उनके पहले इसी शैली की कुछ प्रेम कहानियाँ विद्यमान थीं। उन्होंने खासतौर से अपने पहले की चार ऐसी प्रेमगाथाओं का जिक्र किया है, जो उस शैली में हैं, जिसमें 'पद्मावत' की रचना हुई हैं। विक्रमादित्य और उषा अनिरूद्ध की कथा शैली भिन्न प्रकार की है। जायसी के अनुसार ये प्रेम गाथाएँ निम्नलिखित हैं-

विक्रम धँसा प्रेम के बारा। सपनावति कहँ गएउ पतारा।
मधु पाछ मुगधावति लागी। गगनपूर होइगा बैरागी।।
राजकुंवर कंचनपुर गयऊ। मिरगावति कहँ जोगी भयेऊ।।
साधु कुंवर खंडावत जोगू। मधुमालति कर कीन्ह वियोगू।।
प्रेमावति कहं सुरसरि साधा। ऊषा लागि अनिरूध कर बाधा।।

इनमें शुक्ल जी के अनुसार 'मधुमालती' तथा 'मृगावती' की प्रेमकथाओं की पाण्डुलिपियाँ तो मिली हैं, शेष मुग्धावती तथा प्रेमावती का पता अभी तक नहीं चला है। इनके अलावा कुछ और प्रेमकथाएँ भी अवधी में दोहा, चौपाई, छंदों में मिलती है। उदाहरण के लिए उस्मान या मानकृत 'चित्रावली' तथा नूर मुहम्मद कृत इन्द्रावती। मधुमालती के प्रेमगाथाकार मंझन हैं, जबकि मृगावती के कुतबन।।

जैसा कहा गया, ये प्रेमकथाएँ अवधी भाषा से दोहा, चौपाई, छंद में हैं और मसनबी शैली में है। जायसी रचित पद्मावत के अलावा रतनसेन पद्मावती प्रेमप्रसंग पर जायसी के उपरान्त आगे भी लिखा जाता रहा है। ऐसी रचनाओं में हंस कवि रचित रतन कहानी, (1592), लब्धोदय कृत पद्मिनी चरित्र चौपाई (1650 ई०) गुलाम अली कृत 'पद्मावत' (1680 ई०) गुरु गोविन्द सिंह कृत रत्नसेन पद्मावती (1696 ई०) इशरती कृत दीपक पतंग तथा वली वेल्लेरी कृत 'रतन व पद्म' है। इन रचनाओं की शैली अलग-अलग है; परन्तु सबमें रत्नसेन पद्मावती का लोक प्रचलित किस्सा ही है। यह तथ्य इस कथा की लोकप्रियता की ओर संकेत करता है। जाहिर है कि हर दृष्टि से इनमें जायसी का पद्मावत अनुपम है। उसमें काव्यात्मकता तो है ही, उसका परिप्रेक्ष्य भी अपेक्षाकृत व्यापक है। जैसा कि विद्वानों ने बताया है—पद्मावत की लोकप्रियता के नाते ही उसके कई अनुवाद हुए और श्री शिरेफ ने तो उसका अनुवाद अंग्रेजी में भी किया। इसके अलावा उसके फारसी तथा बंगला में भी अनुवाद हुए।

इस प्रकार पद्मावत एक लोकप्रिय कथा पर रचित प्रेमाख्यान है। पद्मावत की चर्चा करते हुए प्रायः उसे सूफी प्रेमाख्यानकों की परंपरा में रखकर देखा जाता है। न केवल उसके संदर्भ में भारत की अपनी परंपरा में उपलब्ध प्रेमकथाओं को नहीं लिया जाता, उसे विशुद्ध मसनवी शैली में रची गई प्रेमकथाओं में पाई जाने वाली काव्य रूढ़ियों और कथानक रूढ़ियों में ही बाँध दिया जाता है। देखने वाली बात यहाँ यह है कि 'पद्ममावत' मसनबी शैली की प्रेमकथाओं में उपलब्ध रूढ़ियों और कथानक रूढ़ियों के पालन के साथ-साथ अपना संबंध भारतीय परंपरा की उन प्रेमकथाओं से भी जोड़ता है, जो यहाँ की अपनी चीज है और उनमें भी वे तमाम काव्य रूढ़ियाँ और कथानक रूढ़ियाँ मिलती हैं, जो मसनबी शैली की प्रेमकथाओं में हैं। ऐसा करने पर पद्मावत को समझने का एक प्रशस्त आधार मिलेगा और वह महज सूफी मुसलमानों द्वारा रचित प्रेमकथाओं के दायरे के बाहर भी परखा जा सकेगा।

5. काव्य और कथानक रूढ़ियाँ : अब आइए मसनबी शैली की प्रेमकथाओं की काव्य तथा कथानक रूढ़ियों की बात करें और देखें कि पद्मावत में उनका क्या रूप है।

मनसबियों में आई काव्य रूढ़ियों में मुख्य हैं—प्रारंभ में परमात्मा का स्मरण पैगम्बर का गुणगान, गुरु परंपरा का वर्णन और शाहेवक्त की प्रशंसा। इसके अलावा कुछ छोटी काव्य रूढ़ियाँ भी हैं। मसलन अपने पहले की कृतियों की चर्चा आदि आदि। पद्मावत में इनका पालन हुआ है और इसी के आधार पर आचार्य शुक्ल ने उसे भारतीय संगबद्ध चरित काव्यों से अलग माना है। इसका एक अन्य भेदक लक्षण यह है कि मसनबियों में भारतीय चरित काव्यों की तरह कथा का विभाजन सर्गों या अध्यायों में नहीं होता; वरन् उसमें कथा के प्रमुख प्रसंगों और घटनाओं के आधार पर समूची कथा में ढेरों शीर्षक रखे जाते हैं, जैसा कि पद्मावत में दिखाई पड़ता है। हुआ यह है कि शुक्ल जी के बताए अनुसार प्रायः इन्हें मसनबियों की आम विशेषता मान लिया गया है। यह सही है कि मसनबियों की ये आम विशेषताएँ हैं; परन्तु इन्हें मसनबी की बुनियादी विशेषताएँ मान लेना नहीं होगा। विद्वानों ने बताया है कि मसनबी और कुछ नहीं एक खास तरह का काव्यरूप है, जिसमें जरूरी नहीं कि प्रेमकथा ही लिखी जाए। उसमें बीस-पच्चीस पंक्तियों की रचना भी हो सकती है और की गई है। वस्तुतः वह प्रेमकथाओं के लिए ही सर्वथा नियत कोई काव्यरूप नहीं है। उसमें प्रकृति और परमात्मा से संबंधित रचनाएँ भी हुई हैं। इसके अलावा, बुनियादी तौर पर यह भी नहीं है कि उसमें परमात्मा की महिमा, पैगम्बर का गुणगान या शाहेवक्त की प्रशंसा हमेशा एक ढंग से हुई हो। ऐसी भी मसनबियाँ हैं, जिनमें गुरु-परंपरा का उल्लेख नहीं है, और ना ही उनमें पहले लिखी गई कृतियों का भी उल्लेख।

काव्य रूढ़ियों के बाद अब कथानक रूढ़ियों पर आइए—

कथानक रूढ़ियाँ : कथानक रूढ़ियाँ जो प्रायः सूफी प्रेमाख्यानकों में हैं तथा अन्य भारतीय प्रेमाख्यानकों में भी हैं मुख्यतौर पर ये हैं—

नायिका का पद्मिनी स्त्री के गुणों वाली होना और सिंहल द्वीप से संबंधित होना, नायिका के लिए प्रेमी नायक की तड़प और उसे पाने के लिए उसका जोगी के वेश में बाहर निकलना, मार्ग की तमाम विपत्तियाँ, समुद्र की यात्राएँ, नायक की नाव का समुद्री तूफान में फँसना, अति प्राकृतिक अलौकिक शक्ति वाले लोगों का नायक की सहायता करना, किसी मंदिर में नायक और

नायिका का मिलन होना, संदेश देने वालों में विविध पक्षियों का उपयोग, तमाम आगामी संकटों की भविष्यवाणी आदि।

जो बात यहाँ हम स्पष्ट करना चाहते हैं, वह यह है कि ये कथानक रूढ़ियाँ विशुद्ध मसनबी शैली की फारसी प्रेम कहानियों की ही नहीं हैं, ये भारतीय मूल के आख्यानक प्रेमकाव्यों में भी बराबर मिलती हैं। अतएव इन कथानक रूढ़ियों के आधार पर पद्मावत को विशुद्ध फारसी के मनसबी शैली के प्रेमाख्यानों की परंपरा का मानना सही नहीं होगा। पद्मावत फारसी के मसनबी शैली के प्रेमाख्यानों से अपने घनिष्ठ संबंधों के बावजूद भारतीय परंपरा के प्रेमाख्यानों की संगति में भी है। पद्मावत पर यह दृष्टिकोण उसे एक बड़ा परिप्रेक्ष्य देता है और जायसी को उनके सूफी मत के अलावा भारतीय काव्यों को अपनी परंपरा से भी जोड़ता है।

पद्मावत में जरूर सूफी धर्ममत की बातें हैं। जायसी सूफी संत थे भी, परन्तु हम उनकी बहुज्ञता की बात कर चुके हैं। शुक्लजी ने बहुत सही उन्हें 'भारतवर्ष का कवि कहा है। वे भारतीय जीवन शैली से ही नहीं, भारत की अपनी सांस्कृतिक विशेषताओं से भी परिचित थे। भारतीय धर्म मतों, बौद्धों, शैवों, नाथों आदि के अलावा उन्हें भारतीय पुराणों की भी जानकारी थी। वे भारत की अपनी साहित्यिक परंपरा की भी थोड़ी बहुत जानकारी रखते थे। उनके पद्मावत में उनकी इस बहुज्ञता के दर्शन होते हैं। भारत के अपने पुराने इतिहास का भी उन्हें अपनी तरह का ज्ञान था। तभी उन्होंने शेरशाह के जमाने में रहते और लिखते हुए भी अपने से पहले के अलाउद्दीन खिलजी और चित्तौड़ की रानी पद्मावती की कथा 'पद्मावत' में लिखी। यह सही है कि उनके इतिहास ज्ञान में त्रुटियाँ हैं, इतिहास के तथ्य उसमें पूरी तरह से खप नहीं सके हैं; परन्तु उन्होंने इतिहास न लिखकर काव्य लिखा है और उसमें इतिहास का हल्का आधार भर लिया है। उनका भौगोलिक ज्ञान भी अच्छा था। इसकी ताइद शुक्ल जी ने भी की है। भारत के भौगोलिक दूर-दराज के स्थानों के नामों से परिचित होने के अलावा वे समुद्र पार के प्रदेशों की जानकारी भी रखते थे। भारतीय रीति-रिवाजों, सामाजिक रहन-सहन, खान-पान, घर-परिवार के नीति-नियमों की उन्हें अच्छी-खासी जानकारी थी। उनकी यह सारी बहुज्ञता पद्मावत में हमें दिखाई देती है। हिन्दू देवी देवताओं और उनसे संबंधित किस्मों को भी वे जानते-समझते थे और बिना धार्मिक मतवाद की कट्टरता के उन्होंने इन सबका उपयोग अपने काव्य में पूरी सहृदयता के साथ किया है। ये सारी बातें जायसी को सूफी परंपरा के परन्तु भारत के अपने एक बहुत सहृदय और विशिष्ट कवि के रूप में महत्त्वपूर्ण बनाती है।

हम ऊपर भारतीय प्रेमाख्यानकों की बात कर रहे थे। हमने कहा है कि जायसी में जिस तरह की कथानक रूढ़ियाँ मिलती हैं, वे भारतीय प्रेमाख्यानकों में भी मिलती हैं। उनके पद्मावत की काव्य-रूढ़ियों की बात भी हमने ऊपर की है। फारसी के मसनबी शैली के आख्यानों में पायी जाने वाली काव्य रूढ़ियों के अलावा पद्मावत में जो अन्य काव्य रूढ़ियाँ हैं, मसलन षटऋतु वर्णन और बारहमासा, उनका संबंध भी सूफी प्रेमाख्यानकों के अलावा भारतीय प्रेमाख्यानकों से है। मांसल शृंगारिक चित्रण, संभोग आदि के जो विवरण पद्मावत में हैं, वे संस्कृत के कुमारसंभव और मेघदूत जैसे काव्यों में भी पाए जाते हैं, नायिका के सौन्दर्य में परम सत्ता की छवि देखना जैसी बातें भी भारतीय परंपरा के काव्यों में हैं। धर्मसूरि की 'बारहनावउं' कृति में तथा अन्य कृतियों बारहमासा भी है। यही बात षटऋतु वर्णनों के बारे में भी कही जा सकती है। समग्रतः हमारा कहना यही है कि 'पद्मावत' को सूफी प्रेमाख्यान मानते हुए भी उसके अखिल भारतीय परिप्रेक्ष्य का भी ध्यान रखा जाये। वह भारत की अपनी प्रेमाख्यानक परंपरा का भी उतना ही अभिन्न अंग है।

6. पद्मावत की प्रेम-पद्धति : प्रेम कविता का सनातन विषय रहा है। भारतीय चरितकाव्य हो अथवा फारसी की मसनबी शैली के प्रेमाख्यानक, जिनमें लौकिक प्रेम को ईश्वरोन्मुख बताया गया है या जिनमें साधक अपने माशूक अर्थात् प्रियतम के रूप में परमात्मा का ध्यान करता है, प्रेम की महिमा बराबर गाई है। जायसी या सूफी कवि और साधक थे। वे भी प्रेम के रंग में डूबे हुए थे। हम बता चुके हैं कि किस प्रकार 'पद्मावत' में उन्होंने पद्मावती रूपी ईश्वर के प्रेम में रत्नसेन रूपी साधक को मतवाला दिखाया है। वे अपने इस रूपक का निर्वाह हमेशा बराबर भले न कर पाएँ हों, और ऐसा हुआ भी है, जिसकी चर्चा हम कर चुके हैं, परन्तु उनकी ऐसी भावना जरूर रही है, इससे इंकार नहीं किया जा सकता। देखा जाए तो यह प्रेम एक बहुत बड़ी ताकत के रूप में सभी भक्त कवियों में विद्यमान है। सारे भक्त कवि इसे मानते हैं कि प्रेम के बल पर ही भगवान को पाया जा सकता है, भगवान प्रेम के वश में हैं। हमने कबीर सूरदास, तुलसीदास और मीरा की चर्चा में इस प्रेम तत्त्व को विशद किया है। आगे भी यह प्रेम रीतिकाल के घनानंद जैसे मुक्त धारा के कवि में अपनी लौकिक संसक्ति को छोड़कर उदात्त होता हुआ एक ऐसे बिन्दु पर पहुँचता है, जिसे ईश्वरीय प्रेम ही माना जा सकता है। इस दृष्टि से अमीर खुसरो से लेकर कबीर, जायसी, सूर, तुलसी, मीरा और घनानंद सब एक ही उदात्त प्रेम धारा में अवगाहन करते दिखाई पड़ते हैं। घनानंद में

सुजान के प्रति उनका शरीरी प्रेम कैसे उदात्त बनकर ईश्वर प्रेम से बदलता है, उसका साक्ष्य उनका निम्नलिखित सवैया है—

अंतर हौ, किधौ अन्त रहौ, दृग फारि फिरौ कि अभागनि भीरौं,
आगि जरौ अकि पानि परौं, अब कैसी करौ हिए का विधि धीरौं,
जो घन आनंद ऐसी रूची तो कहा बस है इन प्राननि पीरौं,
पाऊ कहाँ हरि हाय तुम्हैं धरनी में धंसौ कि अकासहिं चीरौं।।

लौकिक प्रेम का यही ईश्वरीय रूपान्तरण अनेक स्थलों पर 'पद्मावत' में जायसी दिखाते हैं,जब वे कहते हैं कि ''मानुष प्रेम भयेउ बैकुंठी।।'' जायसी पर अपने पिछले निबंध में हम बता चुके हैं कि 'पद्मावत' में उन्होंने प्रेम की महिमा का कैसा विशद वर्णन और चित्रण किया है।

सवाल उठता है कि जायसी ने प्रेम के जिस रूप को 'पद्मावत' में उभारा है उसका स्वरूप क्या है। आचार्य शुक्ल ने 'जायसी ग्रंथावली' की भूमिका में उसकी चर्चा की है। अब तक के भारतीय चरित काव्यों और फारसी की प्रेम कहानियाँ आदि को समेटते हुए उन्होंने काव्यों में पाए जाने वाले प्रेम की चार मुख्य पद्धतियाँ बताई हैं-पहले प्रकार का प्रेम उन्होंने उसे माना है, जो विवाहोपरान्त प्रारंभ होता है और समय बीतने के साथ-साथ उत्कर्ष पाता जाता है। 'रामायण' में राम और सीता के प्रेम को उन्होंने इसी तरह का प्रेम माना है और उसकी बहुत प्रशंसा की है। शुक्ल जी की अपनी नीतिवादी सोच के दायरे में यह प्रेम पूरी तरह आता भी है। दूसरी तरह का प्रेम उन्होंने उसे माना है, जिसमें प्रेमी प्रेमिका किसी उपवन या सुरम्य स्थल में मिलते हैं, उनमें प्रेम हो जाता है और जीवन में समय के साथ-साथ उतार-चढ़ाव झेलते हुए जो विकसित होता है। विवाह ऐसे प्रेम का प्रतिफल होता है। 'अभिज्ञान शाकुंतलम' में दुष्यंत और शकुंतला का प्रेम तथा 'रामचरित मानस' में राम और सीता का प्रेम ऐसा ही प्रेम है। इससे संयोग और विप्रलभ दोनों के अवसर आते हैं और विपरीत स्थितियों में यह पकता और मजबूत होता रहता है। तीसरे प्रकार का प्रेम उन्होंने उसे माना है, जिसकी शुरुआत राजाओं के अंतःपुर में होती है या उनके उद्यान में। 'हर्षचरित', 'रत्नावली' आदि में प्रेम का यही रूप है। इसे उन्होंने अत्यंत निकृष्ट कोटि का प्रेम मानता है। उन्होंने इसकी भर्त्सना भी की है। इसमें लोलुपता तथा कामुकता को भी उभारता है। चौथे प्रकार का प्रेम उन्होंने उसे माना है जो स्वप्न दर्शन, चित्र दर्शन, गुण-श्रवण के उपरान्त मन में उदय होता है। इसमें प्रायः तीव्रता नायक की ओर से होती है, जो बाद में दूसरे पक्ष में भी दिखाई पड़ती है। फारसी प्रेम कहानियों

में तथा 'उषा अनिरुद्ध' जैसे परंपरा के प्रेम काव्यों में प्रेम का ऐसा रूप ही दिखाई देता है।

जाहिर है कि 'पद्मावत' में प्रेम का जो रूप है, वह ऐसा ही है। इसमें हीरामन तोते से सिंहल द्वीप की राजकुमारी पद्मावती के रूप की प्रशंसा सुनकर रत्नसेन दीवाना होकर उसको पाने के लिए चल देता है। तमाम आपत्तियाँ-विपत्तियाँ झेलने के बाद वह सिंहल द्वीप पहुँचता है और पद्मावती से विवाह करता है। इसके बाद कथा कुछ इतिहास के आधार पर चलती है। अंत में नागमती और पद्मावती दोनों रत्नसेन की चिता में उसके साथ भस्म हो जाती हैं। हमारा उद्देश्य यहाँ कथा का विवेचन करना नहीं है। हम यहाँ महज इस तथ्य को उभारना चाहते हैं कि फारसी की प्रेम कहानियों के तरीके का प्रेम होते हुए भी जायसी की अपनी भारतीय सोच के नाते 'पद्मावत' का प्रेम फारसी प्रेम कहानियों की बहुत-सी विशेषताओं को समेटते हुए भी अपने को विशिष्ट बना सका है। शुक्ल जी का यह कहना सही है कि फारसी की कहानियों में प्रेम में पहले नायक और कालान्तर में दोनों पक्षों में समान तीव्रता के बावजूद फारसी कहानियों का प्रेम ऐकान्तिक और प्रायः लोकपक्ष से शून्य होता है। दीन-दुनिया की परवाह न करते हुए फारसी कहानियों के प्रेमी-प्रेमिका एक दूसरे पर दीवाने होकर, दीन-दुनिया से अलग अपना जीवन जीते हैं और अपने प्रेम की आग में जलकर भस्म हो जाते हैं। यह प्रेम भावना कितनी भी तीव्र और आदर्श क्यों न हो प्रेम का आदर्श भले ही कितना ऊँचा हो, लोक पक्ष से उसका कटा होना उसकी एक बहुत बड़ी कमी है। इसी बिन्दु पर आचार्य शुक्ल ने सूरदास के कृष्ण और गोपियों के प्रेम की भी आलोचना की है। उनके अनुसार कृष्ण और गोपियों का प्रेम भले ही बहुत स्वाभाविक और उदात्त प्रेम हो, उसमें लोकपक्ष का अभाव है। वह ऐकान्तिक प्रेम है। उसका विकास जीवन की नाना स्थितियों और व्यवहारों के बीच नहीं होता। इसके विपरीत राम और सीता के प्रेम को उन्होंने आदर्श माना है, और तुलसीदास की प्रशंसा की है।

आचार्य शुक्ल जायसी के 'पद्मावत' के प्रेम को यद्यपि फारसी प्रेम कहानियों की परंपरा का मानते हैं, फिर भी उनका कहना है कि जायसी के उसे ऐकांतिक नहीं होने दिया है। यह भारत की अपनी जमीन से जायसी का लगाव था जिसके चलते उन्होंने रत्नसेन और पद्मावती के प्रेम को जीवन की तमाम स्थितियों के बीच से, तमाम सारे नाते-रिश्तों के बीच से गुजारते हुए उसे ऐकान्तिक नहीं होने दिया है। पूर्वार्द्ध हो अथवा उत्तरार्द्ध, कथा के दोनों हिस्सों में उन्होंने प्रेम को समाज तथा उसके व्यापारों से अलग नहीं होने दिया

है। पद्मावती के प्रेम में बेसुध होते हुए भी रत्नसेन पक्षी से अपनी माता के बारे में सुनकर व्यवस्थित होता है और वापस लौटता है। पद्मावती को ब्याहते हुए भी वह नागमती को स्वीकार करता है और दोनों के साथ रहता है। दोनों रानियाँ भी जीवन के हर मौके पर रत्नसेन का साथ देती हैं। रत्नसेन के बंदी होने पर पद्मावती अपने सहयोगी सरदारों की मदद से उसे अलाउद्दीन के चंगुल से मुक्त कराती है। बाद को जब देवपाल द्वारा रत्नसेन धोखे से मारा जाता है, पद्मावती तथा नागमती दोनों भारतीय सती-प्रथा का अनुकरण करते हुए राजपूतानियों की तरह उसकी चिता में उसके साथ सती होती हैं। कहने का मतलब हैं कि जायसी ने अपनी प्रेमी युग्मों को जीवन की नाना परिस्थितियों के बीच से गुजारा है और उन्हें लोक तथा सांसारिक नाते रिश्तों से एकदम अलग नहीं होने दिया है। यही पद्मावत की प्रेम पद्धति की विशेषता है जो उसे पूरी तरह फारसी की प्रेम कहानियों की तरह ऐकांतिक और लोकपक्ष से शून्य नहीं होने देती। आचार्य शुक्ल ने इसी बिन्दु पर 'पद्मावत' की प्रेमपद्धति की सराहना की है।

7. 'पद्मावत' में रहस्यवाद का स्वरूप : निर्गुण भक्ति कविता में ज्ञान मार्ग के प्रतिनिधि कबीर और प्रेममार्ग के प्रतिनिधि जायसी प्रायः रहस्यवादी कवियों के रूप में मान्य हुए हैं। आचार्य शुक्ल ने उनकी रचना से आए रहस्यवाद की अपनी कोटियाँ बनाई है। कबीर को उन्होंने साधनात्मक रहस्यवाद के कवि के रूप में याद किया है। जबकि जायसी के रहस्यवाद को उन्होंने भावात्मक किस्म का रहस्यवाद कहा है और उसे काफी दूर तक स्वीकार किया है। रहस्यवाद की आचार्य शुक्ल द्वारा निर्धारित ये कोटियाँ कहाँ तक संगत है, यह एक अलग सवाल है, जिसके विस्तार में हम नहीं जाना चाहेंगे। यहाँ हमारा उद्देश्य जायसी के पद्मावत में आए रहस्यवाद को पहचानना और उस पर संक्षिप्त विचार करना है।

देखा जाय तो रहस्यवाद संबंधी आचार्य शुक्ल की धारणा विवादास्पद है। बुनियादी तौर पर तो शुक्ल जी रहस्यवाद जैसे किसी विचार को स्वीकार ही नहीं करते। उनकी बुद्धिवादिता और उनकी वैज्ञानिक मानसिकता के अनुरूप ही रहस्यवाद का उनका यह अस्वीकार है। हम उससे सहमत हैं। इस विषय पर 'चिन्तामणि' के भाग दो में संग्रहीत 'काव्य में रहस्यवाद' शीर्षक अपने निबंध में बहुत विस्तार से अपनी बातें कह चुके हैं। बुनियादी तौर पर रहस्यवाद को आचार्य शुक्ल काव्य का हिस्सा मानते ही नहीं हैं। ब्रह्म, जीव, जगत, आत्मा-परमात्मा से संबंधित सारे चिन्तन को वे बुद्धि के दायरे का चिन्तन मानते हैं, जो दार्शनिकों ने किया है और दर्शन का अंग है। कविता

का संबंध वे हृदय या भावसत्ता से मानते हैं और उनके अनुसार काव्य के अंतर्गत इस परमसत्ता से मिलने के लिए आत्मा या जीवन का तड़पना और उससे एकात्म हो जाना। ये बातें कविता का हिस्सा नहीं हो सकतीं। कविता में मन के भावों को जगह मिलती है। जहाँ तक भावों का संबंध है, वे वहीं तक जाते हैं जहाँ तक का ज्ञान मनुष्य को होता है। शुक्ल जी की बहुत सही स्थापना है कि भाव प्रसार ज्ञान प्रसार के भीतर ही होता है या हो सकता है। जितना हम जानते हैं हमारे सुख-दुख के भाव वहीं तक जाते हैं या जा सकते हैं। जिसे हम जानते नहीं, वहाँ तक हमारी भावनाएँ नहीं जा सकतीं। जब ब्रह्म या परमात्मा हमारे ज्ञान के दायरे में है ही नहीं, तो उसके बारे में प्रेम संयोग या विरह का निवेदन भी हम कैसे कर सकते हैं। इसी बुनियाद पर उन्होंने रहस्यवाद को पूरी तौर पर खारिज किया है और कहा है समूची भारतीय काव्य परंपरा को देखा जाए तो उसका एक भी कवि रहस्यवादी कवि के रूप में नहीं माना गया, वे वाल्मीकि हो, व्यास हो, कालिदास, भवभूति, तुलसी, सूर कोई भी क्यों न हो। यह दर्शन की वस्तु है, काव्य की नहीं।

आचार्य शुक्ल अधिक से अधिक यदि रहस्य भाव को स्वीकार करते हैं तो जिज्ञासा के स्तर तक। हमें सृष्टि के बारे में, अपने बारे में, जन्म-मृत्यु या संसार के रहस्यों के बारे में जिज्ञासा तो हो सकती है, पर जिज्ञासा से आगे जब कोई परम सत्ता से मिलने की संयोग और विप्रलंभ की भूमिकाएँ जुटाता है जो यह सब उसकी बौद्धिक कसरत जरूर मानी जा सकती है, स्वाभाविक कवि कर्म नहीं।

रहस्यवाद को आचार्य शुक्ल सामी मतों, पैगम्बरी मतों की चीज मानते हैं। इन मतों में अद्वैतवादी चिन्तन भावना के क्षेत्र में लाया गया और ईसाई हो या मुसलमान परमात्मा से अनेक संबंध मानते हुए अपनी लौ लगाते पाए गए। ऐसी अनेक अंग्रेजी कवयित्रियों का जिक्र उन्होंने किया है जिन्होंने ईश्वर की उपासना पति के रूप में की है। यही भाव उनके अनुसार सूफियों में आया और सूफी साधक भी परमात्मा को माशूक मानते हुए उसके इश्क में दीवाने दिखाई पड़े हाल की दशा में पहुँचते पाए गए। इस तरह आचार्य शुक्ल का यह मत सही हो या गलत, वे भारतीय या मध्यकालीन भक्ति कविता में जो रहस्यवाद आया है, उसका स्रोत सूफियों की इस रहस्य चर्या को मानते हैं। मीरा पर इन्हीं का प्रभाव है। वे पति के रूप में कृष्ण की आराधना करती हैं। सूर की गोपियों में भी यही माधुर्य भाव है और कबीर की विरहिणी आत्मा भी इसी तरह परमात्मा रूपी पति के वियोग में तड़पती है। कहने का तात्पर्य यह कि शुक्ल जी के अनुसार रहस्यवाद विदेशी चीज है, यह कविता की अपनी

परंपरा में नहीं है। इसी नाते उन्होंने भक्त कवियों के इस माधुर्य भाव को भी कभी बहुत सराहा नहीं है।

कबीर में तो वे अधिकतर साधनात्मक रहस्यवाद पाते हैं जो नाथपंथियों की योग साधना का साक्ष्य देता है। घट के भीतर परमसत्ता को देखना, इड़ा-पिंगला सुषुम्ना नाड़ियाँ, अनहद, सुन्न समाधि, ये सारी बातें योग की बातें हैं और कष्टसाध्य हैं। उनमें सरसता और रमणीयता नहीं है। वे रूखी बातें हैं। शरीर को कष्ट देने वाली बातें हैं। रही माधुर्य भाव की बात या ईश्वर को प्रियतम के रूप में मानने की बात, वह विश्वसनीय भले न हो, कम से कम उसमें भावुकता है। मन उसमें रमाया जा सकता है। उसमें तन्मयता है। सूफी हों या उनसे प्रभावित भारतीय भक्त—इस तरह के माधुर्य भाव ने उनकी रहस्यवृत्ति को रूखा नहीं होने दिया है। प्रियतम को परमात्मा मानना, उसके नूर को सारे संसार में बिखरा हुआ देखना, उसी में संसार को प्रकाशित होते हुए मानना उसी के हर्ष को सब जगह अनुभव करना (हँसत जो देखा हँस भा) सब कुछ में उसके दर्शन करना, जैसी बातें जो जायसी के पद्मावत में पद्मावती के माध्यम से आई हैं शुक्ल जी को उतनी अप्रिय नहीं लगीं। जब पद्मावती अपनी वेणी छोड़कर केशों को फटकारती है, सारा संसार अंधियारे से भर उठता है, आदि पंक्तियों में वे काव्यात्मकता भी देखते हैं। इसी नाते जायसी के रहस्यवाद को कबीर की तुलना में भावात्मक रहस्यवाद कहकर उन्होंने ग्राह्य माना है। 'पद्मावत' में ऐसी ढेरों पंक्तियाँ है, जिन्हें उद्धृत न करते हुए हम यही कहना चाहेंगे कि अपनी भावुकता और सहृदयता के चलते जायसी इस बिन्दु पर भी आचार्य शुक्ल को ग्राह्य हुए हैं। रहस्यवाद के बारे में उनकी जो बुनियादी धारण है, उसका उल्लेख हम कर चुके हैं।

9
पद्मावती का अग्नि-स्नान अर्थात् जायसी होने का मतलब

'जला है जिस्म जहाँ, दिल भी जल गया होगा,
कुरेदते हो जो अब, राख, जुस्तजू क्या है।'—ग़ालिब

आचार्य रामचन्द्र शुक्ल पहले समीक्षक हैं जिन्होंने 'सेक्यूलर मानसिकता के एक बड़े कवि के रूप में जायसी को हिन्दी जगत् से परिचित कराया। इतना ही नहीं, जायसी की पहचान एक अत्यन्त सहृदय और संवेदनशील, आदमीयत से भरपूर इंसान के रूप में भी उन्होंने की—लिखा कि 'मुसलमान होते हुए भी उन्होंने अपने आदमी होने का परिचय दिया। शुक्ल जी का आशय यही है कि आदमी को आदमी पहले होना चाहिए, हिन्दू-मुसलमान होना तो बाद की बातें हैं। 'सेक्यूलर' शब्द शुक्ल जी के समय में नहीं चला था, परन्तु 'ग्रंथावली' की भूमिका में जहाँ जहाँ और जब भी जायसी की मनोभूमि में वे उतरे हैं, हर प्रकार के भेद-भाव से परे उसकी बड़ी निर्मल और पारदर्शी छवि ही उन्होंने देखी और दिखाई है। जायसी की सहृदयता और उनके गँवई संस्कारों पर तो वे मुग्ध हैं। अवध के लोक-जीवन और अवध की लोक-संस्कृति को जायसी ने 'पद्मावत' में जितनी व्यापकता, साथ ही जितनी गहराई पर जाकर उद्घाटित किया है, शुक्ल जी उसकी प्रशंसा करते नहीं थकते। जायसी शुक्ल जी के लिए हिन्दी के तीन बड़े कवियों में गोस्वामी तुलसीदास और सूरदास के साथ परिगणित हुए। जायसी की कविता से वे इस कदर अभिभूत हैं कि ग्रंथावली की भूमिका में कविता, खासतौर से प्रबंध-

कविता के आयाम पर उन्होंने उन्हें कुछेक पहलुओं पर गोस्वामी तुलसीदास से अधिक सफल माना है। सूरदास ने भी आचार्य शुक्ल के समीक्षक की भरपूर संवेदना पाई है, परन्तु वे कविता के किसी आयाम पर गोस्वामी तुलसीदास से आगे नहीं जा सके। जायसी इस बिन्दु पर सूरदास को पीछे छोड़ते हुए गोस्वामी तुलसीदास के समक्ष खड़े होते हैं। उनकी सहृदयता, जो छन कर उनकी कविता में आई है, उसे लक्ष्य करते हुए ही शुक्ल जी ने लिखा है कि जो काम कबीर की अटपटी वाणी नहीं कर सकी, साधारण हिन्दू-मुसलमान जनता को एक-दूसरे के करीब लाने का वह काम जायसी ने किया।

विजयदेव नारायण साही दूसरे व्यक्ति हैं, आचार्य शुक्ल और मलिक मुहम्मद जायसी सम्बन्धी उनके विचारों से सीधे अपना नाता न जोड़ते हुए भी, जहाँ तक जायसी की 'सेक्यूलर' मनोभूमि का, उनकी सहृदयता और संवेदनशीलता का, और सबसे आगे उनकी आदमीयत का सवाल है, अपनी जमीन से जिस तरह इन मुद्दों की चर्चा की है, प्रकारांतर से शुक्ल जी की मान्यता उससे पुष्ट ही हुई है। जायसी के कवि और कवि-व्यक्ति पर साही के चिन्तन का जो निचोड़ है, वह जायसी को एक बड़ी और प्रशस्त मानसिकता के रचनाकार के रूप में ही हमसे परिचित कराता है।

जायसी के बारे में अपनी अत्यन्त विचारोत्तेजक पुस्तक में बड़े पुष्ट तर्कों एवं प्रामाणिक ऐतिहासिक साक्ष्यों के आधार पर साही ने कुछ ऐसी स्थापनाएँ दी हैं जो उनके पहले किसी अन्य के जरिये प्रस्तुत नहीं हो सकी थी। मसलन, साही ने बुनियादी तौर पर जायसी को कवि माना है, सूफी संत और साधक नहीं। साक्ष्य देते हुए उन्होंने कहा है कि जायसी औपचारिक रूप से सूफियों की किसी भी शाखा से जुड़े हुए नहीं थे, न ही औपचारिक रूप से उन्होंने किसी गुरु से साम्प्रदायिक दीक्षा ली थी। उन पर सूफी मत की कुछ मूलभूत शिक्षाओं का प्रभाव हो सकता है, परन्तु विधिवत वे सूफी साधना के दायरे में नहीं माने जा सकते। सूफी संत और साधक होने की अपेक्षा प्रेम के कवि के रूप में प्रेम की पीर के कवि के रूप में देखना ही अधिक संगत है। इस बात के प्रमाण स्वरूप साही ने कहा है कि जहाँ अन्य सन्तों और भक्तों ने बड़े शब्दों में अपने कवि होने से इंकार किया है, जायसी एक मात्र व्यक्ति हैं जिन्होंने एकाधिक बार अपने ग्रंथ में अपना परिचय कवि के रूप में ही दिया है। अतएव, जबरन उन्हें संत या साधक कहना और उनके काव्य को अन्योक्ति-समासोक्ति के दायरे में विवेचित करना सही नहीं है। उनका मानना है कि ऐसे अधिकांश स्थल जो 'पद्मावत' में बाद में वर्णित रत्नसेन-पद्मावती की कथा को आध्यात्मिक आशयों में ले जाते हैं, प्रक्षिप्त हैं और 'पद्मावत' में

जोड़े गये हैं। साही के इस कथन की पुष्टि अन्य विद्वानों ने भी की है। वैसे देखा जाय तो जिस आध्यात्मिक रूपक के आधार पर 'पद्मावत' की अध्यात्मपरक व्याख्या की जाती है, रचना में वह अंत तक चल नहीं पाया है। यदि पद्मावती 'ईश्वर' है और रत्नसेन साधक, तो कथा के अंत में रत्नसेन के चिता के साथ पद्मावती का भी भस्म हो जाना संगत नहीं लगता। बहरहाल, इस बात में कोई संदेह नहीं है कि पद्मावत को आध्यात्मिक आशय से जोड़ने वाले अधिकांश स्थल प्रामाणिक नहीं हैं।

विजयदेव नारायण साही ने अपनी पुस्तक में यह स्थापना भी दी है कि 'पद्मावत' की कथा जायसी द्वारा रचित कथा है और उसका कोई ऐतिहासिक आधार नहीं है। तर्कों और साक्ष्यों के सहारे साही ने सिद्ध किया है कि जिन इतिहास-ग्रंथों या इतिहास का आभास देने वाले ग्रंथों में चित्तौड़ के राजा रतनसी और रानी पद्मिनी की कथा आई है, वे सारे इतिहास ग्रंथ 'पद्मावत' के रचे जाने के बाद के हैं। 'पद्मावत' के रचे जाने के पहले के किसी भी इतिहास-ग्रंथ या तवारीख़ में रतनसी, पद्मिनी, अलाउद्दीन ख़िलजी और चित्तौड़ की वैसी कथा नहीं है, जो बाद के ग्रंथों में मिलती है। इससे तो यह स्पष्ट होता है कि जायसी ने इतिहास-ग्रंथों से अपनी कथा नहीं ली, इतिहास लिखने वालों ने 'पद्मावत' से रत्नसेन-पद्मिनी की कथा को लिया है। आचार्य शुक्ल ने 'जायसी-ग्रंथावली' की भूमिका में 'पद्मावत' के पूर्वार्द्ध को जायसी की कल्पना पर आधारित माना है, जबकि उत्तरार्द्ध को ऐतिहासिक आधार वाला माना है। साही, इसके विपरीत 'पद्मावत' की समूची कथा को जायसी की मौलिक उद्भावना मानते हैं। संभव है लिखित रूप में 'पद्मावत' या इतिहास का हिस्सा बनने के पहले अलाउद्दीन रत्नसिंह और पद्मिनी की कथा लोक में प्रचलित हो गई हो और जायसी हों या इतिहास लेखक उन्होंने उसके सूत्र लोक के बीच से उठाये हों। कुल मिलाकर 'पद्मावत' की कथा को लेकर साही ने एक विचार को प्रस्तुत किया ही है, और यदि वह प्रामाणिक विचार है तो उससे जायसी की मौलिक कवि-प्रतिभा के आकलन की दिशा में एक प्रस्थान का सूचक तो मानना ही चाहिए।

प्रस्तुत आलेख में हमारा विचार उपर्युक्त मुद्दों में जाने का नहीं है। उन्हें लेकर किसी अकादमिक चर्चा में उलझने के बजाय हम अपने मूलवर्ती प्रतिपाद्य 'पद्मावती के अग्नि-स्नान' पर आना चाहेंगे और उसे विशद करना चाहेंगे।

आप कभी चित्तौड़ जाइए और जो स्थल पद्मावती के अग्निदाह के रूप में मान्य है, उस स्थल को देखिए। गाइड बताता है कि यह वही स्थल है जहाँ

रानी पद्मिनी ने अग्नि-स्नान किया था। 'अग्निस्नान' शब्द कानों में पड़ते ही जैसे मन की भीतरी पर्तों तक पहुँचकर अंतवर्ती सारे तारों को झनझना देता है। याद आती हैं जयशंकर प्रसाद की, 'प्रलय की छाया' कविता की वे पंक्तियाँ, जिन्हें गुजरात की रानी कमलावती की आत्मग्लानि को प्रस्तुत करते हुए चित्तौड़ की रानी पद्मिनी के आत्मदाह के संदर्भ में ही प्रसाद ने लिखा है। रानी कमलावती की आत्मग्लानि इस नाते है कि उसने चाहा तो था अपने रूप से अलाउद्दीन को छलना से और इस तरह पद्मिनी के आत्मदाह का बदला लेना, परन्तु अलाउद्दीन खिलज़ी तो नहीं छला जा सका, रूपगर्विता वह स्वतः अलाउद्दीन के माया-जाल में फँसकर छली गई। यही नारी कमलावती सोचती है कि एक वह पद्मिनी थी जिसने अपने रूप को आग में भस्म कर दिया और एक मैं हूँ जो रूप की आग में स्वतः ही भस्म हो गई। पद्मिनी के अग्निकुंड में कूदने के दृश्य को ही प्रसाद इन पंक्तियों में मूर्त करते हैं-

पावक सरोवर में अवभृथ स्नान था,
आत्म सम्मान यज्ञ की वह पूर्णाहुति
सुना जिस दिन पद्मिनी का जल मरना
सती के पवित्र आत्म गौरव की पुण्य गाथा।।

पद्मिनी या पद्मावती का यह अग्नि स्नान लम्बे समय तक मन पर दस्तक देता रहता है। साही ने इस बिन्दु पर ग़ालिब को याद किया है, उनके उस शेर को, जो बहुत ख्यात है—

जला है जिस्म जहाँ, दिल भी जल गया होगा,
कुरेदते हो जो अब, राख, जुस्तजू क्या है?

ग़ालिब ने जब ये पंक्तियाँ लिखी होंगी, जरूर उन्होंने किसी रूपमती हिन्दू युवती को चिता पर रखे जाते, भस्म होते देखा होगा। ग़ालिब के अपने मज़हब में शव को दफनाया जाता है, जलाया नहीं जाता है। ग़ालिब कवि थे, संवेदनशील थे। अग्निदाह के उस दृश्य को भूल नहीं सके होंगे और बरबस वह उनकी कलम की नोक पर आ गया होगा। अपने वृहत्तर और मार्मिक आशयों के साथ वे जरूर गये होंगे दुबारा उस स्थल पर और किसी को भस्म बटोरते-कुरेदते देख आहत हुए होंगे। कहना चाहते होंगे उससे कि जिस्म के भीतर जो दिल हुआ करता है, वह दिल तो जिस्म के साथ ही इस आग में भस्म हो गया। अब तो जो कुछ ढूँढ़ा-कुरेदा जा रहा है वह तो राख मात्र है, दिल अब वहाँ कहाँ है? गहरी वेदना के साथ ही, जैसा कहा, वे इन पंक्तियों को लिख सके होंगे। जिस्म जल जाता है, दिल जल जाता है, सब कुछ आग

की लपटों में स्वाहा हो जाता है।

जायसी बताना चाहते हैं आदमी को, कि जिन्दगी का अन्तिम निष्कर्ष बस एक मुट्ठी राख है। वे कहना चाहते हैं कि अलाउद्दीन खिलज़ी, हिन्दुस्तान का बादशाह, गया तो था पद्मावती को पाने, परन्तु उसे मिली बस एक मुट्ठी राख। 'पद्मावत' के इस स्थल पर जायसी लिखते हैं कि बादशाह ने धरती से एक मुट्ठी राख उठाई और उसे यह जान-समझकर फिर धरती पर डाल दी कि पृथ्वी की यह सारी मोह माया झूठी है।

छार उठाइ लीन्हि इक मूठी
दीन्हीं डारि पिरिथिमी झूठी।।

वे इतना ही लिखकर चुप नहीं हो जाते। हिन्दुस्तान के बादशाह को लानत देते हैं उसकी हबस पर, उसकी तृष्णा पर, उसकी रूप लंपटता पर, उसकी वासना पर। वे उसे, उसकी, आदमी की, औकात बता देते हैं-

'जब लगि तन पर छार न परै,
तब लगि यह तृष्णा नहिं मरै।।'

जब तक आदमी के शरीर पर मिट्टी नहीं पड़ती तब तक उसकी तृष्णा नहीं मरती। वे अपनी कविता का समापन शान्त रस में करते हैं। मुसलमान होने के नाते चित्तौड़ पर इस्लाम का झण्डा फहराते देख उल्लसित नहीं होते, दुखी होते हैं, आदमी की करतूत पर लज्जित होते हैं। यदि जायसी सचमुच सूफी या संत हैं तो इसी अर्थ में कि आदमी तक उनका यह सन्देश पहुँचे कि उसकी सारी हबस, सारी वासना, सारी तृष्णा, सारे दर्प की परिणति अंततः एक मुट्ठी राख है। ये थे मलिक मुहम्मद जायसी जिन्हें शुक्ल जी और विजयदेव नारायण साही ने अपने-अपने ढंग से आदमीयत के प्रतिरूप एक नितांत सहृदय और संवेदनशील कवि के रूप में हमसे परिचित कराया है।

जायसी की संवेदनशीलता तो इतनी प्रगाढ़ है कि आदमी के दुख-दाह में उन्होंने समूचे प्राणि जगत को ही नहीं, समूची वनस्पति तक को भागीदार बनाया है। नागमती की व्यथा से द्रवित होकर पेड़-पौधे, पशु-पक्षी सब उसके साथ आ जाते हैं, उसके दुख को बाँटने के लिए, उसे हलका करने के लिए और नागमती भी, जैसा कि शुक्ल जी ने लिखा है रानी की अपनी हैसियत को भूलकर एक साधारण ग्राम-नारी की तरह अपने कष्ट और क्लेश को कहती-सुनाती है, सारे वन-प्रांतर में उसकी आर्त पुकार गूँजती है।

आइए, अब अपने को पुनः पद्मावती प्रसंग पर केन्द्रित करें। यदि साही के इस कथन को मान लिया जाय कि 'पद्मावत' की समूची कथा जायसी की

अपनी मौलिक उद्भावना है तो कहना पड़ेगा कि 'पद्मावत' काव्य ही नहीं, पद्मावती भी शत-प्रतिशत जायसी की ही रचना है। पद्मावती के स्रष्टा भी जायसी ही हैं।

परन्तु यदि हम, जैसा कि आचार्य शुक्ल ने कहा है, यह मानें कि 'पद्मावत' का पूर्वार्द्ध ही जायसी की उद्भावना है, उसका उत्तरार्द्ध ऐतिहासिक आधार लिए है, तो भी हमारे प्रतिपाद्य पर उसका कोई असर नहीं पड़ता, कारण पूर्वार्द्ध तो जायसी का रचा है ही। 'पद्मावत' की कथा के इस पूर्वार्द्ध में पद्मावती सिंहलद्वीप के राजा गंधर्व सेन की बेटी है। वह इतनी रूपवती है कि उसके रूप की ख्याति समुद्र पार, सारी दुनिया में, चारों ओर है। पद्मावती के रूप की ख्याति हीरामन तोते के मुख से सुनकर रत्नसेन विह्वल हो उठता है और उसे पाने के हेतु योगी का वेश धारण कर, योगियों की एक सेना समेत अपनी पूर्व-ब्याहता नागमती को छोड़, तमाम तरह की विघ्न-बाधाओं, पर्वतों, जगलों और सात समुद्रों को लाँघता हुआ सिंहल द्वीप पहुँचता है। वहाँ उसे राजा गंधर्वसेन से युद्ध करना पड़ता है, परन्तु अंततः पद्मावती का हृदय जीतने में वह सफल हो जाता है। पद्मावती से विवाह कर पुनः मार्ग में अनेक संकटों से जूझता हुआ, किसी तरह वह चित्तौड़ वापस आता है। पूर्वार्द्ध की कथा यहीं पर समाप्त हो जाती है और उत्तरार्द्ध की कथा इसके आगे अलाउद्दीन खिलज़ी से जुड़े प्रसंगों के साथ गतिशील होती है।

पूर्वार्द्ध की यह जो पद्मावती है, वह शत प्रतिशत जायसी की रची हुई है। कहते हैं कि जायसी बहुत कुरूप थे। काला वर्ण, चेहरे पर चेचक के गाढ़े दाग, बायीं ओर की एक आँख और कान से वंचित। शेरशाह जायसी को देखकर उनकी कुरूपता पर हँस पड़ा था। किन्तु जैसे अपनी बंद आँखों से सूरदास ने सौन्दर्य के अनूठे चित्रों को—धरती पर बिखरी सुन्दरता की अपार राशि को—न जाने कैसे देखा और मनुष्य तथा प्रकृति की सुन्दरता के अनूठे चित्र रचे, कुरूपता के मानक मलिक मुहम्मद जायसी ने भी पद्मावती के रूप में सौन्दर्य की अद्वितीय प्रतिमा गढ़ी। दुनिया भर में, जहाँ और जितना सौन्दर्य है, सबका सब अपने एक नेत्र के जरिए अपनी संवेदना में समेट कर उन्होंने पद्मावती पर उड़ेल दिया। पद्मावती को उन्होंने अनुपम-अद्वितीय सुन्दरी के रूप में ही नहीं प्रस्तुत किया, उसे संसार के सारे गुण भी भेंट किये। गुण में, सौन्दर्य में अनूठी उनकी पद्मावती, उनकी परिकल्पना की आदर्श नारी बनी। परन्तु उसे मानक रूप देने के लिए अद्वितीय आदर्श बनाने के लिए उन्होंने उसे जितना सुन्दर और जितना गुणवान बनाया, उतना ही वैदुष्य भी उसे दिया। सारे वेद-पुराण, सारा ज्ञान, जो परम्परा से स्त्री के लिए निषिद्ध माना

गया है, मसलन वेद पांठ, उन्होंने उसे भी पद्मावती रूपी अपनी आदर्श नारी परिकल्पना में संजोया। सुन्दरता, ज्ञान, विवेक, समझदारी, साहस, नैपुण्य, निष्ठा, धीरज, कुछ भी तो नहीं बचा जो पद्मावती की आदर्श प्रतिमा गढ़ते हुए उन्होंने बचा रखा हो। सब का सब उन्होंने पद्मावती की प्रतिभा को अर्पित कर दिया। युवा समीक्षक श्रीभगवान सिंह ने 'कसौटी' पत्रिका में प्रकाशित अपने एक आलेख में जायसी की पद्मावती के रूप में की गई आदर्श परिकल्पना को अच्छी तरह विशद किया है। सचमुच, कुछ भी उठा नहीं रखा कुरूप, बूढ़े, किन्तु निहायत संवेदनशील और मानवीय, इस फकीर ने पद्मावती की प्रतिभा को गढ़ने और सँवारने में। 'पद्मावत' को नहीं, सही मायने में जायसी ने अपने पूरे मन से यदि किसी को रचा-गढ़ा है तो वह पद्मावती है।

पद्मावती की त्रासदी भी इसी बिन्दु से शुरू होती है, जिसे जायसी ने मध्यकाल के इतिहास की त्रासदी से जोड़ा है।

साही की, जायसी के बारे में एक अन्य महत्त्वपूर्ण स्थापना यह भी है कि जायसी ने अपने समय के इतिहास की त्रासदी को 'पद्मावत' में उसके पूरे यथार्थ में प्रस्तुत किया है। कैसी और क्या है, मध्यकाल के इतिहास की यह त्रासदी? देखा जाय तो इस बिन्दु पर जायसी, मध्यकाल के अपने समान-धर्माओं को बहुत पीछे छोड़ देते हैं, और एक ऐसे वैशिष्ट्य के अधिकारी बनते हैं, जिसे न तो अपनी सारी विद्रोह धर्मिता के बावजूद कबीर पा सके, न अपनी सम्पूर्ण सहृदयता के बावजूद सूरदास और न ही अपने समूचे पांडित्य और सर्वाभिनिवेशी दृष्टि के बावजूद गोस्वामी तुलसी दास। कबीर आजीवन सामाजिक वैषम्य पर, सामाजिक धार्मिक रूढ़िवाद पर वज्र प्रहार करते रहे, प्रतिपक्षियों को ललकारते रहे, उनकी ओर चुनौतियाँ फेंकते रहे, परन्तु अपने समय के इतिहास और अपने समय की राजसत्ता और उसके क्रियाकलापों से सीधे नहीं टकराए—जब-तब उनका कुछ उल्लेख भर किया, उससे मुठभेड़ उन्होंने नहीं की। सूरदास श्रीकृष्ण के वात्सल्य-शृंगार में जो रमे तो फिर दूसरे तमाम पहलुओं की ओर उन्होंने देखा भी नहीं। उनका मन श्रीकृष्ण और गोप-गोपिकाओं के रास पर, उनकी केलि-क्रीड़ाओं में ही लगा, गोस्वामी तुलसीदास ने अपने समय को उसके पूरे प्रसार और प्रभाव में देखा, राजाओं, राजतंत्र पर टिप्पणियाँ की, लोक को आचार-संहिता दी, परन्तु इतिहास से, राजतंत्र से, उसके क्रियाकलापों से जैसी मुठभेड़ होनी चाहिए थी, वे नहीं कर पाये। रामराज्य के वैकल्पिक आदर्श के जरिए उन्होंने विद्यमान व्यवस्था पर सवाल जरूर उठाए, परन्तु अपना मूलवर्ती ध्यान राम के मर्यादा पुरुषोत्तम रूप, उनकी सर्वशक्तिमानता और उनके 'रामराज्य' पर ही केन्द्रित किया।

वस्तुतः ये मलिक मुहम्मद जायसी हैं, जिन्होंने अपने समय के ही इतिहास से नहीं, अपने समय के सैकड़ों साल पहले जाकर, एक तरह से मध्यकाल के समूचे मुस्लिम शासन के इतिहास को अपनी दृष्टि की परिधि में लिया, उससे टकराए और उसके यथार्थ को उसके समूचे रोमांच के साथ उभारा और उजागर किया। पद्मावत का एक बड़ा हिस्सा मध्यकाल के इतिहास से सीधे जायसी की मुठभेड़ है, उस जायसी की, जिन्हें सूफी संत और साधक के रूप में विज्ञापित किया गया है। यूँ जायसी का अपना समय मुगलों का समय है, या कहें मुगल बादशाह हुमायूँ को अपदस्थ कर पठान शेरशाह सूरी का समय है, शाहे-वक्त के रूप में 'पद्मावत' में जिसे जायसी ने याद किया है, परन्तु सुल्तान अलाउद्दीन खिलज़ी को कथा के केन्द्र में लाकर जायसी ने अपने समय के सैकड़ों साल पहले के इतिहास को 'पद्मावत' के मुख्य पृष्ठ पर ला दिया है, और इस तरह मुस्लिम शासन के अधिकांश को समेट लिया है।

क्या है और कैसा है, मध्यकाल का यह इतिहास, जिसके यथार्थ को, और जिसकी त्रासदी को जायसी 'पद्मावत' में विवृत्त करते हैं :

मध्यकाल का यह इतिहास राज सत्ता पाने की महत्त्वाकांक्षाओं का इतिहास है, आक्रमणों और आक्रमणकारियों का इतिहास है, सत्ता प्राप्ति के लिए अपनाए गये छल-छद्म फरेब, विश्वासघात और उससे जुड़ी रोमांचक क्रूरताओं का इतिहास है, सगे-सम्बन्धियों की हत्याओं, उनके साथ किये गये षड्यंत्रों का इतिहास हैं। राज्य-विस्तार के लिए छेड़े गये युद्धों का इतिहास है। सुन्दरियों के अपहरण और उन अपहरणों के चलते हजारों-हजार साधारण-सैनिकों की बलि लेने, साधारण जनता को अपरिमित कष्ट-क्लेशों में झोंकने का इतिहास है। बर्बरताएँ इस इतिहास का अभिन्न हिस्सा हैं। लम्पटता, स्वार्थ और क्षुद्रताएँ, तृष्णा और पाशविकता की हद तक पहुँची हुई आदमी की लोभवृत्ति इस इतिहास की वे सच्चाइयाँ हैं, जो उसके पृष्ठ-पृष्ठ पर अपनी रोमांचक परिणतियों के साथ दर्ज हैं। दिलचस्प है कि इस इतिहास को हिन्दू-मुसलमान दोनों मिल-जुल कर रचते हैं। दोनों की भागीदारी है इसमें।

साक्ष्य हैं कि मध्यकाल में हुए युद्धों में हिन्दू-हिन्दू भिड़ते हैं, किसी महत् उद्देश्य के लिए नहीं, अपनी रूप-लिप्सा, अपनी हबस की खातिर, अपने ही रक्त सम्बन्धियों से। पृथ्वीराज और जयचंद के बीच की लड़ाई संयोगिता के अपहरण को लेकर होती है। इन युद्धों में मुसलमान-मुसलमान आपस में टकराते हैं। राज सत्ता की प्राप्ति के लिए साम्राज्य विस्तार के लिए। बाबर-इब्राहीम लोदी, हुमायूँ-शेरशाह का युद्ध साक्ष्य है। ये युद्ध हिन्दू-मुसलमानों के बीच होते हैं। सत्ता को छीनने और उसे बरकरार रखने के लिए, अपने-अपने

प्रभाव-क्षेत्र से आगे घुसपैठ कर, दूसरों के इलाके में अपने झंडे गाड़ने के मतलब से। राणा प्रताप और अकबर, शिवाजी और औरंगजेब तथा दूसरे ढेरों उदाहरण दिये जा सकते हैं।

बर्बरताओं, क्रूरताओं, क्षुद्रताओं, बड़े सीमित सरोकारों के लिए बड़े विशद अपराधों को अंजाम देने का इतिहास है, मध्यकाल का इतिहास। कहने की जरूरत नहीं कि युद्धों में दुनिया भर में तबाही और बरबादी के सबसे बड़े कारण, इन युद्धों में यदि सबसे पहले और सबसे अधिक किसी चीज़ की बलि चढ़ती है, किसी चीज़ की क्षति होती है, तो वह आदमीयत की, आदमी की सर्वोत्तम उपलब्धियों की, उसके द्वारा रचे और गढ़े गये सबसे सुन्दर और सबसे उदात्त की क्षति होती है, उसी की बलि चढ़ती है। जीवन में, समाज में, आदमीयत के दायरे में जो कुछ सबसे शुभ और सबसे सुन्दर है, उसे नष्ट कर दिया जाता है, फूँक दिया जाता है, नेस्तनाबूद कर दिया जाता है। जितना और जो कुछ स्पृहणीय है, सदा-सदा के लिए खत्म कर दिया जाता है। युद्ध से अधिक विद्रूप, युद्ध से अधिक बर्बर, युद्ध से अधिक अमानवीय और अवांछित दुनिया में और कुछ नहीं है। सारे शुभ, सुन्दर, स्पृहणीय और उदात्त को युद्ध लील जाता है, और 'पद्मावत' में जायसी इसी त्रासदी को उजागर करते हैं, उसी का साक्षात्कार करते और हमें कराते हैं।

क्या कुछ नहीं था अलाउद्दीन खिलज़ी—भारत के सुल्तान-शाहंशाह—के पास। दुनिया भर की न्यामतें उसे सुलभ थीं—पर उसके मन में हबस उठती है चित्तौड़ की पद्मावती को पाने की। छल से, बल से, वह पद्मावती को हर सूरत पर पाना चाहता है। चित्तौड़ पर इस्लाम का झंडा फहरा उठता है। जायसी लिखते हैं—

जौहर भई सब इस्तिरी, पुरुष भए संग्राम।
पातसाह गढ़ चूरा, चितउर भा इसलाम।।

परन्तु जैसा हम कह चुके हैं किले पर पहुँचने पर उसे पद्मावती नहीं, उसकी भस्म हुई देह की एक मुट्ठी राख मिल जाती है। यदि सचमुच 'पद्मावत' की पूरी कथा जायसी की रची हुई है तो चित्तौड़ की पद्मावती भी जायसी की रची-गढ़ी मानी जायगी। या, जैसा हमने कहा है, बाद की पद्मावती जायसी की रची-गढ़ी भी हो तो शुरुआत की पद्मावती जिसे उन्होंने अपनी परिकल्पना की सबसे सुन्दर, सबसे गुणवान, सबसे आदर्श नारी प्रतिमा के रूप में ढाला है, वह तो उनकी अपनी रचना है ही। और जायसी अपनी रची-गढ़ी, अपने आदर्शों की इस प्रतिमा को, आग में झोंक देते हैं—स्वतः, या फिर उन्हें

इतिहास के, उस इतिहास के दबाववश, जिसका उल्लेख हम कर चुके हैं, उन्हें उसे आग में झोकना पड़ता है। वे इतिहास के आगे विवश हो जाते हैं।

कैसा अनुभव हुआ होगा जायसी को पद्मावती को आग में झोंकते समय? गुण और सौन्दर्य के अपने मानक को भस्म होते देख क्या महसूस कर रहे होंगे जायसी। कलेजे पर पत्थर रखकर ही वे कर सके होंगे यह सब, बहुत आहत हुए होंगे, टूट गये होंगे। उन्होंने खुद कहा है कि पद्मावती की इस कथा को उन्होंने अपने 'रक्त की लेई' से जोड़ा है? यह पद्मावती जब भस्म हो रही होगी, राख में बदल रही होगी, जायसी का संवेदनशील कवि-हृदय, आदमीयत से लबरेज़ उनका मन व्याकुल सोच रहा होगा?

मुहमद यहि कवि जोरि सुनावा। सुना जो पेम पीर गा पावा।।
जोरी लाइ रक्त कै लेई। गाढ़ी प्रीति नैन जल भेई।।

केइ न जगत जस बेंचा, केइ न लीन्हि जस मोल।।
जो यह पढ़ै कहानी, हम सँवरे दुइ बोल।।

''इस प्रेम-कथा को रक्त की लेई लगाकर जोड़ा है। इसकी गाढ़ी प्रीति को आँसुओं से भिगोया है।—किसी ने जगत में यश नहीं बेचा; किसी ने यश मोल नहीं लिया। जो इस कहानी को पढ़े वह हमारे लिये दो शब्द स्मरण करे।''

एक सच्चा, पारदर्शी, संवेदनशील रचनाकार इस तरह वस्तुतः अपने को ही अपनी रचना में होम देता है। जायसी ऐसा कर सके—पद्मावती के रूप में यह जायसी का अपने को ही अपनी रचना में निमज्जित कर देना मिला देना है। शांत रस में उन्होंने अपनी त्रासद कथा की परिसमाप्ति की है। जायसी वस्तुतः पद्मावत की रचना करके ही कालजयी बने हैं। अपनी आदमीयत का, अपनी संवेदनाओं का, अपनी रचनात्मक क्षमताओं का सर्वश्रेष्ठ पद्मावत और पद्मावती को समर्पित कर वे हमसे विदा लेते हैं। जायसी सूफी कवि हों, सूफी संत हों, साधक हों, जो कुछ 'पद्मावत' के रूप में उन्होंने हमें दिया, समय उसे याद रखेगा। आने वाली पीढ़ियाँ उन्हें अपने 'दो बोलों' से—जो उन्होंने चाहे हैं अवश्य स्मरण करेंगी। मलिक मुहम्मद जायसी होने का यही मतलब है।

10

किधौं सूर को पद लग्यो

सूरदास की कविता के बारे में एक दोहा प्रचलित है, जिसमें उसकी बेधक क्षमता का कथन किया गया है:

किधौं सूर को सर लग्यो किधौं सूर की पीर।
किधौं सूर को पद लग्यो............।।

कहते हैं कि यह दोहा संगीत सम्राट तानसेन द्वारा रचित है। वह किसी के भी द्वारा रचित हो, सूर की कविता की अद्वितीय प्रभाव-क्षमता, उसके अमिट की बड़ी सटीक व्यंजना करता है। सूर कालजयी कवि हैं, और बिरले कवि ही कालजयी हो पाते हैं। सूर की कविता में जो हृदयबेधक क्षमता है, एक लंबी कालावधि के बाद, वह आज भी उतनी ही असरदार बनी हुई है और उसे कालजयी बनाए हुए है। इस निबंध में हम सूर की कविता को समग्रता में न लेते हुए उसके कुछ ऐसे पक्षों पर ही अपनी दृष्टि केंद्रित करेंगे जिनका उसके कालजयी होने में बहुत बड़ा योग है तथा जो उसे आज भी हमारी जरूरत बनाए हुए हैं : जिनके नाते वह आज भी हमारे लिए अर्थवान है, और जिनके तहत सूर के कवि व्यक्तित्व का, उनके सहृदय भक्त का, अत्यंत मानवीय रूप हमारे सामने उजागर होता है, और जिनके नाते सूर ही क्यों, मध्य काल की तमाम भक्ति कविता हमारे लिए जरूरी हो उठती है।

मध्यकाल की भक्ति कविता का महत्त्व हमारे सामने उस समय और भी उजागर हो उठता है, जब हम एक ओर उसके पहले के नाथपंथी-योगियों और वज्रयानी सिद्धों की कृच्छ्र तथा गुह्य धर्म और रहस्य-साधना तथा जन-मन पर पड़ने वाले उसके आतंकदायक, चमत्कारी प्रभाव को देखते हैं, दूसरी ओर उसके बाद के नायिका भेद-प्रधान दरबारी रीति-काव्य और उसके मूल में निहित सामंती मानसिकता से साक्षात्कार करते हैं। इन दो छोरों के बीच तीन

सौ वर्षों से भी ऊपर प्रवाहित होने वाली भक्ति की स्रोतस्विनी यदि हमें बलात् अपनी विशिष्ट अहमियत का अहसास कराती है तो यह स्वाभाविक ही है। कहना न होगा कि तत्कालीन सामाजिक जीवन में नाथों तथा सिद्धों के अराजक और आतंककारी प्रभाव को समाप्त करते हुए सामाजिक जीवन की दिशा को भक्ति की इस विराट स्रोतस्विनी की ओर मोड़कर संत तथा भक्त कवियों ने एक महत् सामाजिक दायित्व का निर्वाह किया, गोस्वामी तुलसीदास की उस उक्ति के साथ कि 'गोरख जगायो जोग, भगति भगायो लोग', आचार्य रामचंद्र शुक्ल ने इस संदर्भ में अपनी जो टिप्पणी प्रस्तुत की है, वह हमारे कथन को पुष्ट करती है। आचार्य शुक्ल कहते हैं :

जिस समय मुसलमान भारत में आए, सच्चे धर्म भाव का बहुत कुछ ह्रास हो गया था। कालदर्शी भक्त कवि जनता के हृदय को सँभालने और लीन रखने के लिए दबी हुई भक्ति को जगाने लगे। क्रमशः भक्ति का प्रवाह ऐसा प्रबल और विस्तृत होता गया कि उसकी लपेट में हिन्दू जनता ही नहीं, देश में बसने वाले सहृदय मुसलमानों में भी न जाने कितने आ गए। प्रेम-स्वरूप ईश्वर को सामने लाकर भक्त कवियों ने हिंदुओं और मुसलमानों, दोनों को मनुष्य के सामान्य रूप में दिखाया और भेद-भाव के दृश्यों को हटाकर पीछे कर दिया। (हिंदी साहित्य का इतिहास, 65)

यह सही है कि जिस भक्ति-आंदोलन के प्रवाह में भक्तिकाव्य ने जन्म लिया, कालांतर में उसका वही रूप नहीं रह गया, जैसा वह प्रारंभ में था, निर्गुण भक्ति से सगुण भक्ति और सगुण कृष्ण-भक्ति से सगुण राम-भक्ति तक पहुँचते-पहुँचते साधारण जन के हाथ से निकलकर उसके बहुत से सूत्र समाज के प्रभु वर्गों के हाथ में आ गए, जिस 'मनुष्य सत्य' को चंडीदास ने सबसे बड़ा सत्य घोषित किया था, और वर्ग-वर्ण की कठोर दीवारों पर जबर्दस्त प्रहार करते हुए जिस मानव धर्म को कबीर तथा अन्य संतों ने सबसे बड़ा धर्म बताया था, वे 'मनुष्य सत्य' और 'मानवधर्म' भी समाज के प्रभु वर्गों द्वारा अपने हितों के अनुरूप ढाल लिए गए, फिर भी, कुल मिलाकर, इतना निर्विवाद रूप से कहा जा सकता है कि समूचे भक्ति-आंदोलन तथा समूचे भक्तिकाव्य की मूलवर्ती चेतना मानवतावादी-जनवादी चेतना ही है, और इस मानवतावादी चेतना में विच्छिन्न करके भक्ति-आंदोलन, भक्तिकाव्य तथा सूरदास और उनकी कविता को नहीं पहचाना जा सकता। भक्तिकाव्य अपने मूल रूप में मानवतावादी काव्य ही है, यह और बात है कि मानवतावादी स्वरों का उद्घोष किसी कवि की रचना में क्रांतिकारी आस्था के साथ जुड़ा हुआ है, किसी के काव्य में वह रागात्मक स्तर पर अभिव्यक्त हुआ है, और किसी के

यहाँ वह सुधारवादी आशय लिए हुए है। भक्तिकाव्य की यह वह जमीन है जो उसे कालजयी बनाती है।

सवाल है कि सूर की कविता हो या भक्ति की धारा के किसी अन्य कवि की रचना, उसकी जीवंतता के आयाम कौन से हैं। जो मानवतावाद मूलवर्ती चेतना के रूप में उसमें विद्यमान है, उसका आलंबन कौन है? कौन है जो जादू बनकर इस सारे भक्तिकाव्य और सूर की कविता के शीर्ष पर चढ़कर बोला है? कहाँ से सूरदास और उनके समानधर्माओं ने अपने अनुभवों की गहन राशि बटोरी है? उनकी शिरा-शिरा में रक्त की तरह किसकी वाणी या किसकी आर्त्त पुकार प्रवाहित हुई है? उनकी रचनाओं में अभिव्यक्त होने वाले सुख-दुख, हर्ष-उल्लास, शोक-संताप किसके हैं? अपने प्रभु और अपने आराध्य के समक्ष ये भक्त कवि किसकी व्यथा कथा को लेकर प्रस्तुत हुए हैं? वह कौन-सा हृदय है जिसमें लीन होकर इतनी सरस उक्तियाँ उन्होंने कही हैं? सूरदास की कविता हो या भक्तिकाल के दूसरे संतों या भक्तों की कविता, जब हम इन सवालों तथा इन जैसे दूसरे सवालों की गहराई में उतरते हैं तो उनका एक मात्र उत्तर हमें यही मिलता है कि भक्तिकाव्य की जीवंतता तथा शक्ति का स्रोत और कुछ नहीं, वह लोक जीवन ही है, जिसे इन भक्त कवियों ने खुली आँखों से निहारा तथा उसके समूचे वैविध्य और व्यापकता को अपने रचनाकार मानस में आत्मसात किया है।

किताबों से बढ़कर इन्होंने अपने देखे हुए और भोगे हुए पर विश्वास किया है। लोकजीवन का कोना-कोना इन्होंने झाँका है और उसी के भीतर से अपने अनुभवों की राशि जुटाई है। लोकजीवन के समूचे प्रसार में इन्होंने सामान्य जन के ही, उसकी संपूर्ण आशाओं-आकांक्षाओं, सुख-दुख के साथ, दर्शन किए हैं, उसी के साथ एकात्म हुए हैं, उसी की वाणी उनकी रचनाओं में गूँजी है और उसी के सुख-दुख लेकर वे अपने प्रभु के समक्ष प्रणत हुए हैं। उसकी भक्ति का आलंबन भले ही ईश्वर हो, किन्तु उनका जो मनुष्य धर्म है, उसका आलंबन यह साधारण जन ही रहा है। लोक हृदय में अपने हृदय को लीन कर अपनी सरस वाणी से उन्होंने इसी जन की संतप्त छाती को सींचा और शीतल किया है। मनुष्य से, जन से, लोक से संसार तथा समाज के राशि वैविध्य से जुड़ने की बातें तो बहुत से लोग करते हैं, लोक हृदय की सही और सच्ची पहचान का मुगालता भी प्रायः सभी को हो जाया करता है, किन्तु लोक से, मनुष्य से लोक और मनुष्य के वास्तविक संवेदनों से जुड़ना, संसार को उसकी समग्रता में आत्मसात करना तो दूर, पहचान भी पाना और लोक हृदय से एक हो जाना हर किसी के बूते की बात नहीं होती।

ये बातें ताक पर रखी हुई वस्तुएँ नहीं हैं कि हाथ बढ़ाने पर उन्हें पा लिया जाए। ये आत्मदान माँगती हैं, जिनमें जन देवता या लोक देवता के सामने बाहर-भीतर हर स्तर पर अपने को दे देने का साहस, उत्कंठा और सामर्थ्य हो, वही इनका स्वामी बन सकता है। सूरदास तथा उनके समानधर्माओं में यह साहस, यह निष्ठा तथा यह आस्था थी, इसीलिए वे अपने को शक्ति के उस जीवंत स्रोत से जोड़ सके, जो सैकड़ों वर्षों के बाद आज भी उन्हें जीवित बनाए हुए है। उनकी कविता मिसाल है इस बात की कि लोकजीवन और जनजीवन से एकात्म होना किसे कहते हैं? वह मिसाल है इस बात की भी कि सामान्य जन से या लोक से जुड़कर ही कोई रचना कालजयी बन सकती है।

सूर और उनके समानधर्माओं की कविता लोकजीवन से गृहीत अनुभूतियों की कविता है, और इसीलिए लोकजीवन को प्रभावित करने में वह इतनी सक्षम भी है। इस कविता के सारे आध्यात्मिक संकेतों को निकाल दिया जाए, उसके सांप्रदायिक आशयों तथा धार्मिक-दार्शनिक निरूपणों को भी तरजीह न दी जाए, उसे महज संसार सागर की रूप तरंगों से प्रभावित होने वाली, उसी से प्रेरणा लेने वाली, विशुद्ध मानवीय और विशुद्ध लौकिक अनुभूतियों की कविता के रूप में स्वीकार किया जाए तो भी लोकजीवन के बहुआयामी सौंदर्य का जो अक्षय कोष उसमें है, मानवीय जीवन के हर्ष-विषाद का जो आख्यान उसमें है, लोक की पीड़ा और लोक के उल्लास के जो स्वर उसमें हैं, लोकजीवन की जितनी खरी और सटीक पहचान उसमें है, मात्र इन सबके बल पर ही वह किसी भी सहृदय के मन पर अमिट छाप छोड़ने में समर्थ है।

वह अपने भक्तिपरक आध्यात्मिक, रहस्यात्मक, सांप्रदायिक और धार्मिक दार्शनिक चरित्र में किसी के लिए प्रासंगिक और किसी युग के लिए प्रासंगिक और महत्त्वपूर्ण हो सकती है और है, पर जहाँ तक हमारा और हमारे युग का सवाल है, वह अपनी मानवीय तथा लौकिक आकृति के ही संदर्भ में हमारे लिए प्रासंगिक और महत्त्वपूर्ण है और इसी रूप में एक मूल्यवान विरासत के रूप में हमें ग्राह्य है। वह हमें ग्राह्य इसलिए भी है कि उसके रचयिताओं में हमें वह आत्मसम्मान देख पड़ता है, वह तेजोद्दीप्त वाणी सुन पड़ती है जो अपने आराध्य के अलावा किसी के समक्ष दीन नहीं होती, बड़े-बड़े सम्राटों तथा बादशाहों की मनसबदारी को लानत मानती है, बड़ से बड़े प्रलोभनों के समक्ष भी घिघियाती नहीं, व्यवस्था तथा स्थापित सत्ता से न केवल समझौता नहीं करती, उसकी अनीति, अन्याय, अनाचार तथा अहंकार की धज्जियाँ

उड़ाती है, जन को त्रास देने वाली शक्तियों पर वज्र बनकर टूटती है तथा जन की व्यथा पर करुणार्द्र हो उठती है। यह उन संतों और भक्तों की वाणी है जिन्हें बड़े से बड़े आश्रय मुहैया थे, किन्तु जिन्होंने सारे आश्रयों को ठुकरा कर ठेठ जन सामान्य के बीच, उसके हृदय में पैठकर 'भरोसो दृढ़ इन चरनन केरो' जैसी निष्कंप आस्था के साथ भक्ति के गीत गाए। जिन्होंने अपने आराध्य के अलावा, जिसके प्रति वे संपूर्णतः समर्पित थे, और साधारण जन के सिवा, जिसके वे प्रतिनिधि थे, किसी से सरोकार नहीं रखा। जिन्होंने मनुष्य को कभी हेय नहीं माना, लोक और उसकी पीड़ा की सच्चाई को सदा सामने रखा, अपनी आस्था का प्रसार उन्होंने मानव जगत के विविध रूपों के भीतर ही किया, जिन्होंने मनुष्य में विकास और आत्मविस्तार की असीम संभावनाएँ देखीं।

इन भक्त कवियों की कविता को इसी आधार पर मानव जीवन की समग्रता की कविता कहा गया है, जो सर्वथा उचित है। सवाल है कि इन्हें अपने समय की बड़ी से बड़ी सत्ता को ठुकरा देने की जो प्रेरणा मिली उसका राज क्या है? जाहिर है कि अपने समय की शीर्ष सत्ता को चुनौती देने का साहस वही कर सकता है जो उतनी ही गहराई से जन-साधारण के जीवन से जुड़ा हो। इन रचनाकारों की आस्था का स्रोत साधारण जन से इनकी यही गहन संपृक्ति है। इस संपृक्ति के नाते ही ये प्राकृत जनों की प्रशस्ति से बच सके तथा नर की मनसबदारी को धिक्कार सके। यह बहुत बड़ी आस्था है जो हवा में नहीं मिलती, जिसके लिए अपने को जन के नाम लिख देना पड़ता है, दे देना पड़ता है।

यह वह कविता है जो मात्र वैराग्य, निवृत्ति अथवा परलोक की चिंता तक सीमित नहीं है, इसमें जीवन के प्रति असीम अनुराग, लोकजीवन के प्रति अप्रतिहत निष्ठा, तथा प्रवृत्तिमय जीवन के प्रति असीम प्रेम भी दिखाई पड़ता है। सगुण भक्त कवि भक्ति का रास्ता जीवन के ठेठ बीच से ही निकालते हैं और सूर में मानवीय श्रृंगार, प्रेम, वात्सल्य तथा जगत के नाना रूपों की जो मनोरम झाँकी देख पड़ती है, वह भी इस बात की परिचायक है कि बिना जीवन को उसकी संपूर्णता में स्वीकार किए इस प्रकार की झाँकियाँ प्रस्तुत नहीं की जा सकतीं। यह ठीक है कि उसमें अंतर्विरोध हैं, रहस्य अध्यात्म की चर्चा है, मिथक तथा फेंटेसी है, किन्तु ऐसा नहीं है कि उसमें जीवन का खरा यथार्थ बोध न हो। उसमें प्रखर सामाजिक चेतना भी है जो इन कवियों के अंतर्विरोध को उभारती है। पूरे मध्यकाल में अकाल पर सबसे अधिक लिखने वाले गोस्वामी तुलसीदास ही हैं। वही हैं जो हर प्रकार की आग से बड़ी पेट

की आग को बताते हैं और वही हैं जो इस आग में जलते साधरण जन की पीड़ा तक हमें ले जाते हैं। इस कविता में ईश्वर और ब्रह्म भी हैं, उसके अवतारी रूप का चित्रण है, किन्तु उसमें ब्रह्म के अवतारी रूप को जीवन के नाना आयामों में, संसार के बीच ही अपनी लीलाएँ करते दिखाया गया है।

जैसा कहा गया है, इसमें यदि एक ओर संसार को असार कहा गया है, तो दूसरी ओर मनुष्य के जन्म से लेकर मृत्यु तक के नाना संस्कारों को भी चित्रित किया गया है। ये अतंर्विरोध वस्तुतः उस युग के अंतर्विरोध हैं जो इन कवियों की रचना में भी मूर्त हुए हैं। हम इन अंतर्विरोधों को ढकना नहीं चाहते। हम यह चाहते हैं कि हम इन अंतर्विरोधों के बीच से सूर और दूसरे भक्त कवियों की वास्तविकता को पहचानें और जहाँ वे इन अंतर्विरोधों को अतिक्रमित करते हैं उन बिंदुओं को रेखांकित करें। भक्तिकाव्य के मानवेतर दिव्य प्रसंग जिनके लिए प्रासंगिक और महत्त्वपूर्ण हों, वे हों, जहाँ तक हमारा सवाल है हम उनके उस रूप को सहेजने के आग्रही हैं, जहाँ उनकी कविता मानवीय जीवन को उसकी विविध छवियों में हमारे सामने मूर्त करती है, उससे जुड़कर सामने आती है, जुड़ती ही नहीं, उसे जीवंत बनाकर हमारे सामने पेश करती है।

भक्तिकाव्य की मानवीय और ठेठ लोकजीवन तथा जन से जुड़ी हुई अनुभूतियों तथा उनके फलस्वरूप उभरने वाली उसकी जीवंत छवि के इस परिप्रेक्ष्य में हम अगली पंक्तियों में सूर काव्य के कुछ विशिष्ट प्रसंगों की चर्चा करेंगे, इस तथ्य को रेखांकित करना चाहेंगे कि सूर आज भी हमारे लिए जरूरी क्यों हैं, प्रेरक क्यों हैं, हमारी विरासत क्यों हैं?

कहते हैं कि महाप्रभु वल्लभाचार्य से भेंट होने के पहले सूरदास केवल विनय के पद गाया करते थे। वल्लभाचार्य ने उन्हें पुष्टि मार्ग में दीक्षित किया और उन्हें बाल कृष्ण की लीला के गायन की ओर प्रेरित किया। लीला के इन पदों के संदर्भ की चर्चा हम आगे करेंगे, संप्रति सवाल यह है कि विनय के जो ढेरों पद सूर ने गाए हैं, उनका लौकिक संदर्भ क्या है? विनय के इन पदों के भीतर जिस दैन्य, आत्मग्लानि तथा जिस मर्मांतक पीड़ा को अभिव्यक्ति मिली है, उसका स्रोत क्या है? क्या यह एक व्यक्ति का आत्म-निवेदन मात्र है अथवा एक व्यक्ति के माध्यम से एक पूरे युग की व्यथा-कथा का आकलन? इस वाणी को केवल सूरदास तक ही सीमित करना तथा उसे केवल एक भक्त का आत्म-निवेदन मानना एक बहुत बड़ा भ्रम होगा। सूर जिस समाज में रह रहे थे, जाहिर है कि वह समाज एक सामंती समाज था, जिसके अंतर्गत शासक-शोषक वर्ग का पंजा साधारण जन की गर्दन पर दृढ़ता के

साथ जमा हुआ था। सूर के इन विनय सम्बन्धी पदों में दैन्य, वेदना तथा पीड़ा की जो मार्मिक अभिव्यक्ति है, उसे सामंती समाज में घुटते हुए जन साधारण की पीड़ा से जोड़कर देखने और समझने की जरूरत है। इन पदों के भीतर से झाँककर तत्कालीन सामंती समाज के यथार्थ को हम बखूबी पहचान सकते हैं।

वात्सल्य और श्रृंगार के क्षेत्र में सूर की वृत्ति विशेष रूप से रमी है। ये उनके प्रिय विषय रहे हैं और उनके चित्रण में ही उनकी ख्याति का मूलाधार अवस्थित है। यह सही है कि कृष्ण की विविध बाल क्रीड़ाओं का वर्णन करते हुए सूर जब-तब अपने पाठकों को कृष्ण के ईश्वरीय रूप का बोध करा देते हैं; किन्तु कृष्ण पर पड़े इस ईश्वरीय आवरण को तनिक हटाकर देखें तो क्या ये लीलाएँ अधिक सहज और अधिक स्वाभाविक रूप में हमारे आकर्षण का विषय नहीं बनतीं। 'मैया मोरी मैं नहि माखन खायो' 'मैया मोहि दाऊ बहुत खिझायो', 'खेलन में को काको गुसइयाँ' जैसे ढेरों पदों में अभिव्यक्ति पाने वाली कृष्ण की छवि क्या अपनी मानवीयता और लौकिकता में हमें अपनी ओर नहीं खींचती? क्या जरूरी है कि इन पदों का आस्वाद करते हुए कृष्ण के ईश्वरीय रूप का ध्यान रखा जाए या इन्हें गाते समय सूर के मन में कृष्ण के ईश्वरीय रूप की ही छाप थी? सच पूछा जाए, तो अपने मानवीय तथा लौकिक संदर्भों में ही ये लीलाएँ सूर के काव्य की स्थायी निधि हैं और इनकी इस मानवीय तथा लौकिक आकृति के संदर्भ में ही उनके अंतर्गत निहित तथा व्यंजित सूर काव्य की विशिष्टता को उभारा जा सकता है।

सवाल है कि सूर ने कृष्ण के बाल रूप का वर्णन इतनी तन्मयता और इतने विस्तार में क्यों किया? यदि यह वल्लभाचार्य की दीक्षा का प्रतिफल था तो यह दीक्षा तो सूर के अलावा पुष्टि मार्ग के दूसरे कवियों को भी मिली थी। अष्टछाप के कवियों में सूर ही वात्सल्य को इतने उदात्त, गरिमामय और सहज स्वाभाविक रूप में पूरी जीवंतता के साथ विस्तार से क्यों उभार सके? क्या ये पद मात्र पुष्टि मार्ग की लीक पीटने के क्रम में ही सामने आए हैं अथवा इनके मूल में सूर की अपनी आभ्यंतर निष्ठाओं, अपनी प्रामाणिक अनुभूतियों और अपनी निजी आस्थाओं का भी योग है? हमें इस सवाल पर कुछ गंभीरता से विचार करने की जरूरत है, महज पुष्टि मार्ग के दायरे में ही सीमित कर देने या महज बालमनोविज्ञान की ही सीमाओं में बाँध देने से उसके एक महत्त्वपूर्ण कोण के अछूते रह जाने का खतरा है। सूर की अपनी जिंदगी का एक बड़ा अंश अभी अंधकार में है। वल्लभाचार्य से मिलने के पहले की उनकी जिंदगी हमारे सामने लगभग नहीं है। संभव है इस जिंदगी में ही हमारे इस सवाल के

बहुत से सूत्र फैले हों, जिन्हें हमें पाने और टटोलने की कोशिश करनी चाहिए। एकबारगी, या जल्दबाजी में लिए गये निर्णय इस सम्बन्ध में अपर्याप्त होंगे, अधूरे होंगे।

वात्सल्य के जिस महासागर को एक नारी के हृदय में लहराना था वह एक पुरुष के हृदय में यदि इतने विस्तार तथा वेग से उफनाया तो उसके पीछे कोई न कोई आधार होना चाहिए, और इस आधार को पाने के लिए सूर की उस जिंदगी को उजागर करने की जरूरत है, जो उजागर नहीं हो पाई है, और जिसे उजागर करने लायक साधन तथा सामग्री से हम वंचित हैं। ऐसी स्थिति में एकांगी निर्णय को ही समग्र मान लेने की बात से भी हमें बचना चाहिए। हमारा कहना इस संदर्भ में कुल इतना ही है।

इसी पक्ष से सम्बन्धित एक और सवाल भी है। सवाल है कि पुष्टि मार्ग के अंतर्गत वल्लभाचार्य ने बाल कृष्ण की उपासना को ही क्यों प्रतिष्ठा दी? दार्शनिक-आध्यात्मिक सांप्रदायिक तथा उपासना की भूमि पर इस सवाल का जवाब दिया भी गया है, और ईश्वर की सबसे निर्विकार कल्पना के रूप में उसकी व्याख्या भी की गई है, किन्तु यहाँ भी हमें कुछ गहराई में जाकर सवाल पर विचार करने की जरूरत हैं।

यह सब लोग जानते हैं कि वल्लभाचार्य मात्र एक धार्मिक-दार्शनिक आचार्य ही नहीं, अपने समय के एक बहुत बड़े क्रांतद्रष्टा, सामाजिक विचारक भी थे। वल्लभाचार्य ही क्यों, भक्ति-आंदोलन के आचार्यों में रामानुज, रामानंद आदि सभी के लिए यह बात कही जा सकती है। यदि ये आचार्य सामाजिक जीवन के नाना महत्त्वपूर्ण मुद्दों पर एक प्रगतिशील मानवतावादी, क्रांतिकारी रुख न अपनाते, भक्ति का आंदोलन हार्दिक औदार्य तथा मानसिक औदात्य की जिस गहरी प्रेरणा से अनुप्राणित हैं, परंपरागत तमाम आचार-विचारों, विश्वासों तथा मान्यताओं को तोड़ता हुआ उस प्रशस्त सामाजिक आधार पर न खड़ा हो सकता था जिस पर वह खड़ा है, और जिसके तहत हरिजन, मुसलमान, ऊँच-नीच, स्त्री-पुरुष सब एक ही जमीन पर साथ-साथ अपने लक्ष्य की ओर बढ़ते दिखाई पड़ते हैं।

सवाल यहाँ वात्सल्य का है और वात्सल्य के इस सवाल के साथ अनिवार्य रूप से तत्कालीन समाज में नारी की अपनी हैसियत का सवाल भी जुड़ा हुआ है। नारी के सम्बन्ध में वामाचार से जुड़े हुए तांत्रिक तथा सिद्धों के दृष्टिकोण से हम बखूबी परिचित हैं। उसके बारे में नाथपंथी साधुओं, यहाँ तक कि निर्गुण संतों की सोच भी हमारे सामने स्पष्ट है। एक के लिए यदि नारी भोग तथा नाना प्रकार की तांत्रिक साधनाओं का माध्यम है, तो दूसरे के लिए

वह मुक्ति के मार्ग की सबसे बड़ी बाधा है, माया है, ठगिनी है आदि आदि। नारी की अस्मिता के प्रति चली आ रही यह सोच गाहर्स्थ धर्म की जिस अवमानना पर टिकी है, उसे भी हम अच्छी तरह जानते हैं।

तत्कालीन समाज और समाजजीवन की जिस अव्यवस्था तथा अराजकता का जिक्र आचार्य शुक्ल ने भक्ति-आंदोलन के संदर्भ में किया है, उसका एक आयाम और बड़ा आयाम गार्हस्थ जीवन के प्रति तथा नारी के प्रति इस गहरे वितृष्णा भाव तथा उपेक्षा से सम्बन्ध रखता है। वल्लभाचार्य जैसे क्रांतद्रष्टा, सामाजिक विचारक तथा चिंतक सामाजिक जीवन की इस अराजकता तथा ह्रासशील मानसिकता से परिचित थे। वल्लभाचार्य ने अपने पुष्टि मार्ग में बाल कृष्ण की जो आराधना प्रधान तथा केंद्रवर्ती रूप में मान्य की तथा सूर जैसे कवि जिस उत्साह तथा तन्मयता से ईश्वर के इस बाल रूप में डूबे-उतराए, जिस ऊँचाई पर जाकर उन्होंने वात्सल्य को प्रतिष्ठित किया, क्या उसके भीतर से हमें उनका इस प्रकार का कोई भी प्रयास लक्षित्त नहीं होता कि अस्त-व्यस्त होते हुए सामाजिक जीवन में संतुलन लाने के हेतु समाज में गार्हस्थ धर्म की मर्यादा को पुनः प्रतिष्ठित किया जाए, कि ईश्वर के बाल रूप की महिमा के माध्यम से नारी और इस प्रकार उसके मातृत्व को सम्मानित किया जाए। जहाँ बालक होगा, स्वभावतः वहाँ माँ भी होगी, नारी होगी।

सूर ने कृष्ण के बाल रूप को जहाँ भी और जितना भी उभारा है, प्रायः हमेशा और हर जगह कृष्ण के साथ यशोदा भी हैं। 'यशोदा हरि पालने झुलावे', 'सिखवत चलन जशोदा मैया', 'मुख छवि देखि हो नंदघरनि' ह्वां लागि नेकु चलौ नंदरानी', आदि आदि ढेरों पद माता और पुत्र के इस चिरंतन सान्निध्य को गरिमा प्रदान करते हैं। यही नहीं, ढेरों पदों में कृष्ण के साथ यशोदा ही नहीं, नंद भी हैं और माता-पिता के शिशु-प्रेम के सैकड़ों पदों के बीच से एक सुखी गृहस्थ जीवन की जो छवि निखर कर हमारे सामने आती है, क्या उसके माध्यम से वल्लभाचार्य और सूर बिखरते हुए गृहस्थ जीवन को एक नया आधार नहीं प्रदान करते? यदि कृष्ण के बाल रूप के वर्णन में सूर पुष्टि मार्ग की सांप्रदायिक परंपरा का ही निर्वाह कर रहे होते, कहना न होगा कि नारी के मातृत्व की, गार्हस्थ जीवन की जितनी विशद व्यंजना उनके माध्यम से हुई है, वह कदापि संभव न थी।

नारी के मातृत्व तथा गार्हस्थ धर्म की गरिमा से अभिभूत हुए बिना इस प्रकार के पदों की रचना की कल्पना भी नहीं की जा सकती। वात्सल्य की एक-एक मनोदशा को, शिशु मनोविज्ञान की एक-एक बारीकी को, माता-शिशु तथा पिता और शिशु के सम्बन्धों की एक-एक रेखा को, विषय की

सीमा में, जितनी गहराई, जितनी तन्मयता तथा जितने विस्तार से लगभग आत्मविभोर होकर सर ने चित्रित किया है, उसे मात्र पुष्टिमार्गीय परंपरा का निर्वाह नहीं कहा जा सकता।

पुष्टिमार्ग में और भी कवि भक्त हुए हैं, 'अष्टछाप' में सूर के अलावा सात और रचनाकार-भक्त हैं किन्तु सूर को ही 'अष्टछाप का जहाज' कहा गया, विश्व स्तर की ख्याति सूर को ही मिल पाई, कालजयी सूर की कविता ही हुई। परंपरा की लकीर पीटने तथा परंपरा की लीक का अतिक्रमण कर नई लीक बनाने वालों में यही फर्क होता है और सूर की चर्चा करते समय हमें इसे याद रखना चाहिए। जाहिर है कि सूर के इन पदों के भीतर से उनकी स्वस्थ सामाजिक चेतना, उनकी प्रखर मानवीय चिंता भी व्यंजित होती है। ये पद हमें केवल मुग्ध ही नहीं करते, सोचने के लिए भी प्रेरित करते हैं। मात्र सांप्रदायिक चर्चा से ही इन्हें नहीं निपटाया जा सकता।

अब हम सूर के शृंगार चित्रण पर आयेंगे जिस क्षेत्र में वे अद्वितीय माने गए हैं। सूर द्वारा चित्रित कृष्ण की शृंगार लीलाओं की भी आध्यात्मिक व्याख्या की गई है, उनके रास को नित्य कहा गया है, रास ही नहीं, राधा-कृष्ण की युगल मूर्ति की अन्य प्रेम लीलाओं को भी सांप्रदायिक आशयों से गर्भित माना गया है। सम्भव है, सूर इस सारे शृंगार-चित्रण का दार्शनिक सांप्रदायिक आध्यात्मिक अर्थ हो, जैसा कि बहुतों के लिए वह है भी, किन्तु हमारे लिए उसका महत्त्व नहीं है। हम उसमें दिलचस्पी नहीं रखते। हम उनकी बात नहीं जानते जो इन सहज मानवीय लीलाओं में कोई दिव्य अर्थ खोजकर उसमें डूबा रहना चाहते हैं, जानना भी नहीं चाहते। हम तो विशुद्ध मानवीय धरातल पर, विशुद्ध लौकिक भूमि पर, अपनी संपूर्ण लौकिक और मानवीय व्यंजनाओं के साथ सूर द्वारा सहज ही सुलभ किए गए प्रेम के इस महोदधि में अवगाहन करना चाहते हैं और चाहते हैं कि दूसरे भी ऐसा करें।

आँखों के सामने राशि-राशि सुषमा के साथ लहराते हुए प्रेम के इस महासागर में अवगाहन न कर इन लीलाओं की सत्ता एक दिव्य तथा अलौकिक जगत में मानने वालों के लिए हम क्या कहें? जो साक्षात् ब्रज की धरती पर होने वाली इन लीलाओं को दैवी मानते हैं, वे माना करें, हमारे लिए तो यह सब न केवल एकदम मानवीय हैं, हम सूर काव्य की बहुत अमूल्य और बड़ी पावन मानवीय धरोहर मानते हैं। बड़ी मानवीय, बड़ी सहज, बड़ी निष्कलुष और बड़ी उदात्त अनुभूतियों से मंडित सूर का यह प्रेम लोक है। यहाँ कुंठा, मलिनता, स्वार्थ और लिप्सा का लेशमात्र भी नहीं है, यहाँ खुले हृदय और खुले मन से किया गया अद्भुत प्रेम व्यापार है, जो रूखे

मनों को सरस करता है, शुष्क हृदयों को सींचता है, जड़ से जड़ व्यक्ति को स्पंदित करते हुए उसे जीवन के प्रति उन्मुख करता है। यहाँ कृष्ण हैं, राधा हैं, गोप-गोपियाँ हैं, ब्रज की हरीभरी उन्मुक्त प्रकृति है, और इन सब के बीच प्रेम का वह महोदधि है जो हमें आमंत्रित करता है, एक खुले हुए जीवन के राग, रस, रंग में डूब जाने को, मानवीय जीवन के ताप को महसूस करने को, अपने को जीवन के स्पंदनों से भर देने को, एकदम तरोताजा हो जाने को।

राधा और कृष्ण तथा गोपियों के इस प्रेम की तुलना रीतिकालीन दरबारी कवियों के प्रेम चित्रण से करें, जहाँ भी भले ही बहाने के रूप में, लेकिन राधा कृष्ण ही नायिका और नायक के रूप में विराजमान हैं। कहना न होगा कि दोनों को आमने-सामने रखकर देखने मात्र से सूर की सोच तथा रीतिकाल के दरबारी कवियों की सोच का अंतर स्पष्ट हो जायेगा। हमें स्पष्ट होगा कि जहाँ रीतिकालीन दरबारी कवियों की सीमा मध्यकालीन सामंती मानसिकता को ढोने में स्पष्ट हुई है, वहाँ सूर की कविता, उनकी सोच न केवल इस मध्यकालीन सामती मानसिकता को नकारती है, उसका तिरस्कार भी करती है। यही नहीं, वह कुंठाहीन निष्कलुष प्रेम की नई भूमियों और नए प्रतिमानों की सृष्टि भी करती है।

अपने प्रणय चित्रण में सूर ने जीवन के सहज उल्लास और यौवन के सहज आवेग को नितांत वर्जनाहीन अभिव्यक्ति दी है। जैसाकि आचार्य शुक्ल का कहना है, यहाँ प्रेम कोई बैठेठाले का धंधा बनकर, कोई शौकिया चीज बनकर नहीं आया है। यहाँ वह जीवन की अनिवार्यता है, यहाँ उसकी व्याप्ति जीवन की नाना भूमिकाओं तक है। वह यहाँ मात्र संयोग नहीं है, वरन बाल्यावस्था से क्रमशः अंकुरित होते हुए युवावस्था तक पूरी तरह पल्लवित होते दिखाया गया है। उसका विकास हुआ हुआ है, गुणात्मक विकास। यहाँ वह लंबे साहचर्य का परिणाम है जिसके निशान दिलों से मिटाए नहीं मिटते। तभी तो गोपियाँ उद्धव से कहती हैं, 'लरिकाई को प्रेम कहो अलि कैसे छूटे।' सूर के प्रेम वर्णन की यह कुंठाहीन अस्खलित, निर्मल तथा निखरी हुई छवि ही है, जिसे लक्ष्य कर मर्यादावादी आचार्य शुक्ल तक रीझ उठे हैं और उसके संदर्भ में रीतिकालीन दरबारी प्रेम चित्रण की भर्त्सना करते हुए टिप्पणी करते हैं:

सूर का संयोग वर्णन मात्र एक क्षणिक घटना नहीं है, वह प्रेम संगीतमय जीवन की एक गहरी चलती धारा है।...किसी की रूप चर्चा सुन या अकस्मात् किसी की एक झलक पाकर हाय-हाय करते हुए इस प्रेम का आरंभ नहीं हुआ है, नित्य अपने बीच चलते-फिरते, हँसते-बोलते, वन में गाय चराते देखते-

देखते गोपियाँ कृष्ण में अनुरक्त होती हैं और कृष्ण गोपियों में। इस प्रेम को हम जीवनोत्सव के रूप में पाते हैं, सहसा उठ खड़े हुए तूफान या मानसिक विप्लव के रूप में नहीं, जिनमें अनेक प्रकार के प्रतिबंधों और विघ्न-बाधाओं को पार करने की लंबी-चौड़ी कथा होती है। सूर के कृष्ण और गोपियाँ पक्षियों के समान स्वच्छंद हैं। वे लोक बंधनों से जकड़े हुए नहीं दिखाए गए हैं। जिस प्रकार के स्वच्छंद समाज का स्वप्न अंग्रेज कवि शैली देखा करते थे, उसी प्रकार का यह समाज सूर ने चित्रित किया है। (त्रिवेणी, 86)

सूर द्वारा चित्रित बाधा-बंध-विहीन यह जो समाज है, और इस समाज में अपनी समूची गहराई मुक्तता तथा विस्तार में चित्रित उनका यह जो प्रेम है, वह यदि सूर की फंतासी है, उनके द्वारा रचित एक कल्पना लोक है, तो सवाल उठता है कि आखिर इस फंतासी और इस कल्पना लोक की रचना सूर ने क्यों की? इस सवाल का जवाब देते हुए यदि हम कहें कि यहाँ भी सूर की निगाह अपने समय के समाज की वास्तविकता पर टिकी हुई है, और इस प्रेम चित्रण के माध्यम से वे इस वास्तविकता के बारे में अपनी निहायत तीखी प्रतिक्रिया व्यक्त करते दिखाई पड़ते हैं तो गलत नहीं होगा। मध्यकालीन रूढ़ि-जर्जर, भाँति-भाँति की वर्जनाओं से ग्रस्त, सामाजिक पारिवारिक जीवन, उसके घुटन और ऊब भरे सामंती माहौल, उसके तमाम सारे जर्जर कानून-कायदों, रीतियों-नीतियों के खिलाफ जीवन की सहजता पर आस्था रखने वाले सूरदास का यह सात्विक आक्रोश और रोष ही है, जो उनकी सरस वाणी में घुल-पचकर प्रेम के इस शानदार महोत्सव का रूप धारण कर सामने आया है।

हमने ऊपर वात्सल्य चित्रण के प्रसंग में नारी की अपनी अस्मिता के सवाल को उठाया है। शृंगार के इस संदर्भ में वह और भी उभरकर हमारे सामने आता है। मध्यकाल के सामंती समाज में घर और परिवार की चहारदीवारों में घुटती नारी की स्थिति पर गौर करें, नारी शरीर के भोग की सामंती मानसिकता पर ध्यान दें, और तब नारी मन के भीतर छिपी हुई उसकी प्रेम की प्यास को पहचानें। अपनी सामाजिक और मानसिक मुक्ति के लिए छटपटाती हुई नारी की कुचली हुई अस्मिता को सूर अपने प्रेम-शृंगार वर्णन के माध्यम से उसकी समस्त आकांक्षाओं के साथ हमारे सामने मूर्त करते हैं। यह नारी मन में छिपी प्रेम की आकुल प्यास है जिसे सूर ने पहचाना, उभारा और गहराई तक जाकर सराहा है।

हमने सूर के उन्मुक्त शृंगार-वर्णन पर मर्यादावादी आचार्य शुक्ल के रीझने की बात कही है। तनिक इस दृश्य पट को आँखों के सामने रखिए। चाँदनी रात है, यमुना का किनारा है, हवा में झूमते लहराते अरण्य कुंज हैं। ऐसे ही

मादक माहौल में कृष्ण की वंशी बज उठती है, और वंशी की ध्वनि को सुनते ही अपने घर-परिवार, लोक-लाज, कानून-कायदों को एक ओर रख, उनका तिरस्कार करते हुए गोपियाँ दौड़ पड़ती हैं कृष्ण के साथ यमुना के तट पर रास रचाने, और यह रास सारी रात चलता है, जिसमें सब बेसुध हो जाते हैं।

आचार्य शुक्ल का सहृदय अपना सारा मर्यादवाद विस्मृत कर यहाँ सूर की कविता और कला पर मुग्ध हो उठता है। नारी मुक्ति की यह वह परिकल्पना है जो सामंती समाज में नारी की विगर्हणीय स्थिति को लक्ष्य कर सूर ने अपने यहाँ प्रस्तुत की है। नारी अस्मिता को पहचानने वाला और नारी मन के स्वप्नों, उसकी आशाओं-आकांक्षाओं को मानवीय संवेदना की समूची गहराई तथा व्याप्ति के साथ उभारने और अंकित करने वाला इतना बड़ा रचनाकार उस युग में दूसरा नहीं हुआ।

कुछ चर्चा हम सूर द्वारा अंकित वियोग वर्णन की करना चाहेंगे। वह इसलिए कि सूर संयोग श्रृंगार के कवि उतने नहीं, जितने वियोग श्रृंगार के कवि हैं। सूरसागर का अधिकांश विरह के आँसुओं से निर्मित है। संयोग तो वहाँ मात्र उस पृष्ठभूमि का काम करता है जो वियोग के प्रभाव तथा व्याप्ति को अनेक गुना बढ़ा देती है। कृष्ण जब तक मथुरा नहीं गए हैं, वियोग के चित्रों का सवाल ही पैदा नहीं होता, केलि क्रीड़ा के चित्र पर चित्र हैं, शोख और चंचल राधा की न जाने कितनी मादक अदाएँ; बाण जैसी नुकीली चितवन से वह कृष्ण को बेध देती है, 'गोरी तेरे नैन किधौं री बाण'। वह कृष्ण के कंधों पर भी चढ़कर घूमती है। गोपियाँ निर्वसन होती हैं, कृष्ण उनके वसन चुरा लेते हैं, रात-रात भर यमुना के किनारे चाँदनी की मादकता में बेसुध नाचा करते हैं। यह सब सूरसागर में है, परंतु कितना और कितनी दूर तक? एक बार अक्रूर आए और कृष्ण को मथुरा ले गए तो ले गए, और कृष्ण के मथुरा जाने के बाद सूरसागर क्या है, वियोग का महोदधि जिसमें राधा, गोपियों, ब्रज के लोगों, नंद और यशोदा के आँसुओं की ही राशि-राशि एकत्रित है, और कहना न होगा कि यह अंश सूरसागर का सबसे लंबा अंश है।

सूरसागर का अधिकांश वियोग की इन्हीं मार्मिक अनुभूतियों से निर्मित है। सूरसागर मूलतः और मुख्यतः वियोग का काव्य है, काव्य ही नहीं वह वियोग का महाकाव्य है, एक दुखांत महाकाव्य, जिसके जोड़ की दूसरी मिसाल मिलना कठिन है। सूर ने संयोग से ज्यादा, बहुत ज्यादा, अपने को इस वियोग पर केंद्रित किया है, अपनी संवेदना को वियोग की कठिन अनुभूतियों से होकर गुजारा है। यहीं सूर और सामान्य श्रृंगारी कवियों में अंतर स्पष्ट हो जाता है।

शृंगार को रसराज कहा गया है, और उसके रसराज इस नाते कहा गया है कि उसमें जीवन की सुख और दुख मिश्रित अनुभूतियों का समान योग है, वह जिदगी को उसकी संपूर्णता में छूता है। इस रसराज को मात्र उसे संयोग पक्ष तक ही सीमित कर देने वाले बहुत से कवि हुए हैं; कह सकते हैं कि अधिकांश शृंगार काव्य संयोग का ही काव्य है कारण संयोग में रसिक मन को लुभाने तथा रमाने की सामग्री बहुत होती है। जहाँ तक वियोग का सवाल है, वहाँ नायिका या तो वैसी शोख, चंचल गदराए यौवन वाली, केलि क्रीड़ा की पुतली रह नहीं जाती, या कम से कम, उसकी गतिविधियाँ वैसी नहीं रह जातीं, जैसी वे संयोगावस्था में थीं।

अब कवि रसराज का चित्रण करें तो करे, रसिक मन संयोग से आगे शृंगार की उस भूमि में जाने को ही नहीं होता जहाँ सूख कर काँटा हुई नायिका है, उसका पीड़क एकांत और उसका भग्न मन है। यही कारण है कि जीवन की समग्रता में न रमने वाले, उसमें दिलचस्पी न रखने वाले कवि प्रायः शृंगार के संयोग वर्णन में ही ठहर जाते हैं, और यदि वियोग की जमीन पर कदम रखते भी हैं, औपचारिकता या आवश्यकता के निर्वाह के लिए, तो या तो बुरी तरह असफल होते हैं, या उपहासास्पद बन जाते हैं, शृंगार को ही उपहासास्पद बना देते हैं। रीतिकाल के दरबारी कवियों का उदाहरण हमारे सामने है।

ऐसी स्थिति में यदि कहा जाए कि लिखने के लिए कोई भी शृंगार की रचना करे, शृंगार का वास्तविक और रससिद्ध कवि वही कहा जाएगा, शृंगार की रचना में प्रतिमान वही निर्मित करेगा, कसौटियाँ वही बनाएगा जिसमें संयोग के साथ-साथ उसी सामर्थ्य को सूचित करते हुए वियोग के चित्रण की भी क्षमता हो, मात्र क्षमता ही न हो जो वियोग के क्षेत्र में संयोग से भी ज्यादा रमने और ठहर सकने का साहस रखता हो, और बावजूद वियोग की जमीन पर अपने लंबे ठहराव के, जो वियोग की गरिमा को, उसके सारे त्रास और सारी कचोट के साथ ऐसी गंभीरता दे सकने में समर्थ हो जो उसकी मूलवर्ती चारित्रिक पहचान है।

सूर रससिद्ध कवि इसलिए हैं, सूर शृंगार के क्षेत्र में अपराजेय इसलिए हैं कि उन्होंने ऐसा किया है, कि वे वियोग की जमीन पर उसकी संपूर्ण गरिमा को सुरक्षित रखते हुए रमे और ठहरे हैं, कि उनमें वियोग के त्रासद चरित्र को उभारने और उसे लंबे समय तक झेलते रहने की अद्‌भुत क्षमता है। शृंगार बिहारी ने भी लिखा है, और यश पाया है पर सूर के शृंगार और बिहारी या उन जैसे रचनाकार में क्या फर्क है, यह हम ऐसे विशिष्ट

संदर्भों में ही पहचान सकते हैं।

वियोग का तन्मय कर देने वाला त्रासद चित्रण ही नहीं, उस वियोग चित्रण के बीच से मानिनी नारी की, अस्मिता की जो छवि सूर ने उभारी है, उसका कोई भी मुकाबला नहीं है। आचार्य शुक्ल जैसे मर्मज्ञ भी इस स्थल पर सूर की सही पहचान से चूक गए हैं। कृष्ण जो एक बार मथुरा गए सो फिर वापस लौटकर कभी नहीं आए, और बात यहीं तक सीमित नहीं है, नारी अस्मिता की महानता और गरिमा के चितेरे सूर अपनी ग्रामीण गोपिकाओं को भी फिर कभी मथुरा नहीं भेजते। वह राधा जो एक पल भी कृष्ण के अभाव को नहीं सह सकती थी, फिर कभी मथुरा की ओर पैर नहीं रखती। कृष्ण नहीं आए, वादा करके भी नहीं आए, यदि उनमें इतना अभिमान है, तो नारी का अभिमान कम तो नहीं है, वह उनकी याद में तिल-मिल कर गल जाना, मर जाना पसंद करेगी किन्तु आत्मसम्मान बेच कर ऐसे झूठे व्यक्ति के पास अपनी ओर् से जाना नहीं चाहेगी, नहीं जाएगी।

कृष्ण लौटकर नहीं आते तो नहीं आते, और गोपियाँ मथुरा नहीं जातीं तो नहीं जातीं, नारी अस्मिता का, नारी के आत्मसम्मान का यह गरिमामय चित्र सूर ही अंकित कर सकते थे, और उन्होंने किया भी है, पूरे विस्तार से, पूरी निष्ठा से किया है। और उस कंट्रास्ट को भी देखें जो राधा के संदर्भ में सूर ने चित्रित किया है। कहाँ तो पहले की शोख और चंचल राधा, बाण जैसे नुकीले कटाक्ष फेंकने वाली राधा, कृष्ण के कंधे पर चढ़ कर केलि करने वाली राधा, और कहाँ यह राधा जिसके चित्र सूर ने कुरुक्षेत्र के मेले के अवसर पर दिया है। कृष्ण रुक्मिणी के साथ कृरुक्षेत्र के मेले में आते हैं। रुक्मिणी उनसे पूछती है तुम जिस राधा का जिक्र अक्सर किया करते हो वह राधा कहाँ है? कृष्ण भीड़ में रुक्मिणी को इशारा करते हैं कि वह देखो, वह राधा वहाँ है। रुक्मिणी देखती है, सूर का चित्र हैः

मनसा सुमिरन, रूप ध्यान उर, दृष्टि न इत उत मोरी।
वह लखि जुवति वृंद मैं ठाढ़ी, नील वसन तन गोरी।।

रुक्मिणी का साक्षात्कार यहाँ एक ऐसी राधा से होता है जिसकी शोखी न जाने कहाँ विलीन हो गई है, जिसके नेत्र-बाण अब वैसे नहीं रहे, वे आँसुओं से लबालब भरे हैं, और उसका गदराया बदन जैसे एकदम से सूख गया हो, जिसकी चंचलता पता नहीं कहाँ चली गई है, जो शांत, स्थिर, युवतियों की भीड़ में खोई सी खड़ी है। इसे ही सच्चे रससिद्ध कवि की दृष्टि का पैनापन कहते हैं, इसे ही किसी कवि और उसकी रचना का बड़प्पन कहते हैं। ये वे

स्थल हैं जहाँ सूर रससिद्ध कवि पहले हैं, पुष्टिमार्गीय भक्त बाद में। यह वह श्रृंगार है, यह वह प्रेम है जिसके समक्ष सामंती मानसिकता से ग्रस्त रीतिकालीन श्रृंगार तथा प्रेम पानी भरता हुआ दिखाई पड़ता है, जिसके सात्त्विक ताप में सारा का सारा रीतिकालीन नायिका भेद भस्म हो जाता है। यही श्रृंगार का रस राजत्व है, यही उसकी महत्ता है और यही सूर की उपलब्धि है, हमारे लिए सूर की सबसे मूल्यवान विरासत है।

वात्सल्य तथा श्रृंगार के इस चित्रण में ब्रज की लोक संस्कृति तथा लोकजीवन को जिस गहराई तथा विस्तार से सूर ने प्रस्तुत किया है वह सूरसागर और सूर काव्य की ही नहीं, समूची हिन्दी कविता की अमूल्य निधि है। यह एक ऐसी ग्रामीण संस्कृति है जो अपनी जीवंतता में अनुपम है। यह एक ऐसा समाज है जहाँ हर व्यक्ति क्रियाशील है। प्रेम का कारोबार भी दैनंदिन जीवन के कारोबार के साथ ही चलता है। कृष्ण गायें चराने जाते हैं, गोपियाँ दूध-दही बेचने जाती हैं, और इन सारे प्रसंगों की जीवंत कर्मठता के बीच उनके प्रेम के प्रसंग भी गुंथे रहते हैं। प्रातःकाल से ही समूचे ब्रज में ये कार्य-व्यापार चलने लगते हैं। कहीं दूध दूहा जा रहा है, कहीं माखन बिलोया जा रहा है, कहीं उन्हें घर-घर बेचने के लिए ले जाया जा रहा है, कहीं सौदा सुलुफ खरीदा जा रहा है।

ब्रज की जीवंत, क्रियाशील जिंदगी को अंधे सूरदास ने हम सबको उसके सारे वैविध्य के साथ दिखाया है। ब्रज के लोकपर्व, तिथि-त्योहार, उत्सव-समारोह, बाजार-मेले आदि ही नहीं, जैसा हमने कहा, ब्रज के निवासियों के दैनंदिन जीवन की एक-एक रेखा सूर ने उकेरी है। रीतिकालीन नागर संस्कृति की कृत्रिमता यहाँ नहीं, यहाँ वह सहजता है जो हमें बलात् अपनी ओर खींचती है। ब्रज में रहते हुए कृष्ण का सारा जीवन ग्वाल-बालों के समान ही बीतता है, उसमें सूर की ओर से कहीं कोई आरोपण नहीं हैं। यह सूर की अपनी ग्राम दृष्टि है जो गाँवों की संस्कृति को इतनी विशदता से और इतनी बारीकी से देख और दिखा सकी है। ब्रज प्रदेश और उसकी संस्कृति का इतिहास लिखने वालों के लिए सूरसागर एक अक्षय कोश है।

यदि मात्र लोक संस्कृति के अध्ययन की दृष्टि से ही सूरदास की कविता को देखा जाए, तो इस बिन्दु पर भी वह अद्वितीय है। लोकजीवन से तादात्म्य के बिना लोकजीवन का इतना यथार्थ और हृदयग्राही चित्र संभव नहीं है। यह एक सीख है जिसे लोक संस्कृति में रुचि रखने वालों को सूरदास से ग्रहण करना चाहिए।

कहा गया है कि सूर की दृष्टि महज वात्सल्य और शृंगार के क्षेत्रों में ही रमी है। यह भी कहा गया है कि उनकी सामाजिक चेतना तुलसी के समान प्रखर नहीं है, ब्रह्म की शील, शक्ति तथा सौंदर्य, इन तीन विभूतियों में उन्होंने मात्र सौंदर्य पर ही अपने को केंद्रित किया है। यह सही है कि लोक संग्रह तथा लोक रक्षा का जैसा और जो भाव तुलसी में पाया जाता है, वैसा सूर में नहीं है और यह आवश्यक भी नहीं है। आवश्यक नहीं है कि कोई कवि जीवन के सारे पक्षों तक दौड़ लगाए और महत्त्वपूर्ण या महत् कविता की यह कोई आवश्यक और आधारभूत शर्त भी नहीं है।

सूर ने अपने ढंग से जीवन को देखा और चित्रित किया है, और जिन क्षेत्रों तक उन्होंने अपनी पहुँच प्रदर्शित की है, उनमें वे आद्यंत रमे और जिए भी हैं। रही सामाजिक चेतना की प्रखरता और उसकी अभिव्यक्ति की बात, तो हम अपने पिछले विवेचन में इस तथ्य पर प्रकाश डाल चुके हैं कि सूर के वात्सल्य तथा शृंगार वर्णनों के भीतर से उभरने वाली दूसरी व्यंजनाओं को भी हमें पढ़ना चाहिए और उनके संदर्भ में सूर गहरी सामाजिक चेतना के कवि भी ठहरते हैं। जहाँ तक सामाजिक वास्तविकता को सीधे ही उभारने की बात है, अथवा समकालीन जीवन के प्रति सीधी प्रतिक्रियाओं का सवाल है, वे भी हमें सूर में अनेक प्रसंगों में उपलब्ध होती हैं। सामंती समाज की भोगलिप्सा का यथार्थ और जीता-जागता चित्र तथा उसके प्रति सूर की स्पष्ट और तीखी प्रतिक्रिया हमें उनके 'चौपारि जगत मढ़े जुग बीते' पद में दिखाई पड़ती है। ऐसे भी अनेक पद हैं जिनमें सूर अपने समय की समाज-व्यवस्था, शासन, राजदरबार आदि पर व्यंग्य करते हैं और उनकी असलियत को उभार कर हमारे सामने रखते हैं। धार्मिक रूढ़ियों पर उनके कठोर व्यंग्य को हम उनके 'जरत ज्वाला गिरत गिरि ते स्वकर काटत शीश' जैसे पद में पाते हैं। 'जनम साहिबी करत गयो' शीर्षक पद आध्यात्मिक रूपक में तत्कालीन शासन-व्यवस्था पर चोट करता है।

गोपियाँ जो बार-बार उद्धव को भ्रमर कह कर संबोधित करती हैं उसकी रस लोलुपता की भर्त्सना करती हैं, उसके मूल में सामंती मानसिकता वाले ह्रासशील लंपटों का रूप ही विद्यमान है। कृष्ण के द्वारिकाधीश बन जाने पर सुदामा के साथ किया गया कृष्ण का आत्मीय व्यवहार, जिसे लेकर सूर ने अनेक पद रचे हैं, सामंती समाज में विघटित होते हुए मैत्री सम्बन्धों पर कठोर व्यंग्य ही करता है। ह्रासशील सामंती समाज के संदर्भ में सूर की ये निष्ठाएँ जितनी तात्विक और प्रगतिशील हैं, सूर के समसामयिक बोध को भी उतनी ही प्रखरता से उजागर करती हैं। हमारे कहने का तात्पर्य यहाँ यही है कि

सामाजिक चेतना की अभिव्यक्ति का सूर का अपना अलग आयाम है और इस आयाम पर सूर मात्र श्रृंगार और वात्सल्य के मुग्ध कवि ही नहीं रह जाते सामयिक बोध के स्वामी बनकर भी हमारे समक्ष आते हैं।

सूर के 'भ्रमरगीत' प्रसंग की थोड़ी चर्चा भी हम करना चाहेंगे। 'भ्रमरगीत' के इस प्रसंग को लेकर सगुण-निर्गुण का विवाद हिन्दी में खूब उछाला गया है। यह विवाद जितना अतिरंजित बनाकर पेश किया गया है वस्तुतः वैसा वह है नहीं। दार्शनिक स्तर पर तो सगुण भक्त भी निर्गुण को स्वीकार करते हैं, व्यावहारिक जमीन पर, जनता की चित्तवृत्ति को आराधना का कोई ठोस आधार प्रदान करने के लिए वे जरूर सगुण साकार को उभारते और महत्त्व देते हैं। किन्तु जहाँ तक सूर का सवाल है, वे अपने को 'भ्रमरगीत' में भी इस विवाद में ज्यादा नहीं उलझाते। अतएव 'भ्रमरगीत' को सही रूप में पहचानने के लिए हमें उसकी मूलवर्ती चिंता को सही परिप्रेक्ष्य में देखना होगा। कुछेक पद सूर में ऐसे जरूर मिलते हैं जिनमें उन्होंने निर्गुण की मखौल उड़ाई है, उसकी वास्तविकता पर संदेह किया है। 'निर्गुण कौन देस को वासी' जैसे पद इसी प्रकार के हैं, किन्तु अधिकतर पदों में उन्होंने निर्गुण की व्यर्थता का ही प्रतिपादन किया है। उनका कहना कुछ इस प्रकार का है कि होगा कोई निर्गुन, पर वह हमारे काम का नहीं है, अतएव हम उस पर अपना सिर क्यों मारें। उद्धव से गोपियों के अधिकांश तर्क इसी मनोभूमि की उपज हैं।

हमने पिछले पृष्ठों में भक्त कवियों को मूलतः जीवन के प्रेमी कवियों के रूप में पेश किया है, कम से कम सूर पर हमारी सौ फीसदी लागू होती है। वे प्रेम के कवि हैं, जीवन में रस लेने और देने वाले कवि हैं, और इसीलिए 'भ्रमरगीत' में वे जिस सवाल को पूरी गंभीरता से उभारते हैं, और गोपियों तथा उद्धव में प्रतिद्वंद्विता दिखाते हैं, वह निर्गुन-सगुण से उतना सम्बन्ध नहीं रखता वरन प्रेम बनाम ज्ञान, योग बनाम भक्ति जैसे मुद्दों को उभारता है। एक ओर ज्ञानी उद्धव हैं, जो गोपियों के समक्ष ज्ञान और योग का पक्ष प्रस्तुत करते हैं, दूसरी ओर कृष्ण की भक्ति तथा प्रेम आकंठ डूबी गोपियाँ हैं, जो उनके तर्कों को काटती हुई भक्ति और प्रेम का पक्ष रखती हैं, और इस झगड़े में सूर आदि से अंत तक गोपियों का साथ देते हैं। लगभग सारे ही पदों में यही ज्ञान बनाम प्रेम, योग बनाम भक्ति का द्वंद्व देख पड़ता है। सूर का प्रेम तथा भक्ति का पक्ष लेते हुए ज्ञान तथा योग की मखौल उड़ाना उनकी प्रवृत्तिमुखी चेतना का ही परिचायक है। उन जैसे रससिद्ध, प्रेमी कवि और भक्त और कुछ कर ही नहीं सकते थे।

यहाँ भी हम कहना चाहेंगे कि प्रेम तथा भक्ति की बात भी सूर अपनी विशुद्ध भक्तिपरक आस्था के तहत नहीं कहते। उन तर्कों को छोड़ दिया जाए जो ठेठ लोकजीवन के संदर्भों से उपजे हैं तथा जिन्हें सूर की ग्रामीणाएँ प्रस्तुत करती हैं, गोकि बड़े प्यारे तर्क उनके हैं, तो क्या इन तर्कों के भीतर से सूर की लोकपरक आस्था नहीं झलकती? क्या संसार के मिथ्यात्व की बात को ये तर्क क्षतिग्रस्त नहीं करते? गोपियों का सात्विक निर्मल प्रेम जो इन तर्कों के भीतर से अभिव्यक्त पा रहा है, क्या नारी धर्म के प्रति, सांसारिक जीवन के प्रति, सूर और उनकी निष्ठा के योग को सूचित नहीं करता? सच पूछा जाए, तो निर्गुण और सगुण सम्बन्धी सारे विवाद में भ्रम और वास्तविकता के बीच सूर ने वास्तविकता के पक्ष का समर्थन किया है, संसार के मिथ्यात्व का खंडन करके उसकी सत्यता को प्रतिष्ठित किया है, रहस्य और योग तथा ज्ञान और वैराग्य की तुलना में सहज सांसारिक धर्म की विजय दिखाई है। क्या यह सूर काव्य की सबसे महत्त्वपूर्ण उपलब्धि नहीं है?

सूर की गोपिकाएँ निर्गुण और सगुण के झगड़े में इसलिए भी नहीं पड़तीं, जैसा कि आचार्य नंददुलारे वाजपेयी का कहना है कि उनकी दृष्टि में, जिस सगुण कृष्ण को वह चाहती हैं, वह कौन से निर्गुण से कम हैं? जो कृष्ण चार कोस पर विराजमान होकर भी कभी उनके पास नहीं आता, जिसके रूप के दर्शन तथा बोल तक सुनने को वे तरस जाती हैं, वह किस निर्गुण से कम उनके लिए निर्गुण है? उस एक निर्गुण को ही झेलना उनके लिए जब इतना त्रासद है, तब उद्धव के बताए दूसरे निर्गुण को वे कैसे स्वीकार करें, कैसे झेलें? बात ठेठ गोपिकाओं के अपने जीवनानुभवों से उपजी है, अतएव उसे दरकिनार नहीं किया जा सकता।

सूर काव्य की लोकधर्मी आकृति की कुछ प्रमुख रेखाएँ हैं जिन्हें हमने उकेरने का प्रयास किया है। सूर निश्चय ही एक भक्त कवि हैं, और उनकी कविता भक्ति के भाव में डूबी हुई है। इससे हमें परेशान होने की जरूरत इसलिए नहीं है कि उस युग में भक्ति का अवलंब लेकर ही सूर अपनी बातें कह सकते थे। उनकी धार्मिक आस्थाओं से भी हमें विचलित होने की जरूरत नहीं है, कारण उस युग में धर्म के आवरण से ही बात की जा सकती थी। किंतु जो कुछ सूर ने समग्रतः व्यंजित किया है, वह धर्म और भक्ति ही नहीं है, उसमें उनकी लोकपरक आस्था की भी, उनकी प्रखर मानवीय संवदेनाओं की भी, उनकी सामाजिक चेतना की भी बहुत बड़ी पूँजी है।

धर्म और भक्ति के बहुत से तत्त्व और उनसे जुड़ा सूर के काव्य का बहुत-सा अंश जरूर आज हमारे लिए महत्त्वपूर्ण नहीं रह गया है, किंतु उनकी

कविता का मानवीय अंश जरूर युग संदर्भों के बदल जाने पर भी कालजयी साबित हुआ है, और वही हमारी सबसे मूल्यवान विरासत भी है। हम कह चुके हैं कि भक्ति तथा अध्यात्म का सारा तामझाम हटा दीजिए, तो मात्र लोक जीवन की, लोक संस्कृति की मर्मस्पर्शी छवियों के लिए, वात्सल्य और शृंगार की भरी पूरी संपदा के लिए, और सबसे ऊपर वर्जनाओं यथा कुंठाओं से रहित, उमंग तथा उल्लास से परिपूर्ण जीवन के प्रति अपनी अप्रतिहत आस्था के लिए, नारी की अस्मिता की अपनी खरी पहचान तथा उसकी आकांक्षाओं को वाणी देने के लिए, सूर हमेशा याद किए जायेंगे। कहना न होगा कि इस अंधे कवि में लोकजीवन और कविता, दोनों चरितार्थ हुए हैं।

11

ऊधौ, ब्रज कौं गमन करौ

(भ्रमर-गीत के बहाने सूर के रचना-संसार की एक और यात्रा)

सूरदास-सम्बन्धी अपने पिछले निबंध में हमने सूर के काव्यत्व, उनकी रचना-दृष्टि तथा उसके प्रयोजनों की संक्षिप्त चर्चा करते हुए हुए मुख्यतः सूर-काव्य के उन सामाजिक आशयों पर विशेष रूप से ध्यान केन्द्रित किया है, जिन पर प्रायः विद्वानों की दृष्टि नहीं गई है। इस निबंध में हमारा एक अन्य उद्देश्य सूर-काव्य की वर्तमान संदर्भता तथा उसकी प्रगतिशील भूमिका का उपस्थापन भी रहा है। इस क्रम में हमने वात्सल्य, संयोग-वियोग श्रृंगार तथा भ्रमर-गीत प्रसंग के कुछ नए पहलू उद्घाटित करने के प्रयास भी किए हैं। प्रस्तुत निबंध में हम इनसे सम्बन्धित चर्चा को कुछ विस्तार देना चाहेंगे, और चाहेंगे कि इस क्रम में सूर की कविता से हम और भी अंतरंग साक्षात्कार करते हुए उसके महत्त्व को जानें और परखें। सूरदास जैसे रससिद्ध कवि के विषय में वस्तुतः जितनी भी चर्चा की जाय, वह कम होगी, उसे जितनी अंतरंगता से देखा-परखा जाय, उसके नए-नए पहलू सामने आते रहेंगे। हमने यहाँ भ्रमर-गीत प्रसंग को जान-बूझकर मुख्यता दी है, इस कारण कि उसके बहाने, सूर-काव्य के वात्सल्य तथा संयोग श्रृंगार-सम्बन्धी पदों को छोड़ते हुए भी, ऐसे अनेक बिंदुओं का निकट साक्षात्कार हम कर सकेंगे जो सूर की रचना-दृष्टि और रचना-सामर्थ्य को बड़ी खूबी के साथ सामने लाते हैं,और जिनका सम्बन्ध उन पक्षों से भी बनता है, जो इस चर्चा में शामिल नहीं हैं।

आचार्य पं० रामचंद्र शुक्ल ने सूर के काव्य की चर्चा करते हुए सहृदयता और भावुकता के साथ उनकी चतुरता और वाग्विदग्धता को विशेष रूप से

रेखांकित किया है। भावुक, सहृदय, चतुर और वाग्विदग्ध तो सूर अपने समूचे काव्य में हैं—वात्सल्य के प्रसंगों में भी और संयोग शृंगार के प्रसंगों में भी; किंतु उनकी ये विशेषताएँ बहुत सघन बनकर उनके 'भ्रमरगीत' में उद्घाटित हुई हैं। अपनी सांप्रतिक चर्चा में हम सूर की इन विशेषताओं को उभारना चाहेंगे ताकि उनके काव्य और उसकी मनोभूमि से हमारा परिचय और भी अंतरंग हो सके।

भ्रमर-गीत प्रसंग की एक अन्य संदर्भ में भी विशेष चर्चा हुई है और वह है—निर्गुण-सगुण का प्रसंग। अपने पिछले निबंध में हमने इस प्रसंग को संक्षेप में उठाया है और कहा है कि सूर के यहाँ सवाल निर्गुण सगुण का उतना नहीं है, जितना योग बनाम भक्ति और ज्ञान बनाम प्रेम का। गोपियाँ जो भोली-भाली ग्रामीणाएँ हैं-सगुण-निर्गुण प्रपंच में क्यों पडेंगी? जिस कृष्ण के पीछे, सगुण साकार कृष्ण के पीछे, वे दीवानी हैं वह उनके लिए किस निर्गुण से कम हैं? अपनी वर्तमान चर्चा में हम इस प्रश्न पर विस्तृत चर्चा करना चाहेंगे और दिखाना चाहेंगे कि सूर के काव्य में ही नहीं, समूचे भक्तिकाव्य में निर्गुण-सगुण प्रपंच उतना नहीं है, जितना इस बात पर बल है कि भक्ति और प्रेम से बढ़कर दूसरी कोई चीज नहीं है। निर्गुण-संतों तक में जिनके यहाँ सगुण की चर्चा ही नहीं है, निर्गुण ही निर्गुण है, वहाँ भी मुख्य बल प्रेम तत्त्व पर और भक्ति पर ही है—योग और ज्ञान पर उतना नहीं, बावजूद इसके कि हिन्दी में कबीर जैसे निर्गुण संतो को ज्ञानमार्गी कहा गया है।

सूर-काव्य की एक अन्य महत्त्वपूर्ण विशेषता को भी अपने प्रस्तुत निबंध में हम जोर देकर सामने लाना चाहेंगे और वह है सूर काव्य की वह अंतर्वस्तु जो सगुण-साकार कृष्ण की लीलाओं से ओत-प्रोत होते हुए भी कहीं भी संकुचित नहीं है, वरन् लीलापरक होने के नाते इतनी प्रशस्त बन सकी है कि हिन्दू-मुसलमान सबके लिए आकर्षण का केन्द्र बनी है। कहना न होगा कि रसखान, रहीम और नजीर अकबराबादी जैसे मध्यकालीन मुसलमान सहृदय ही नहीं, आधुनिक युग में भी कृष्ण का यह लीलागायन, हिन्दू-मुसलमान सबको परिधि में खींचता रहा है। शास्त्र और वेद की अवमानना न करते हुए भी सूर अपनी सर्जना में, अपनी रचना-दृष्टि में इतने सेक्यूलर, उदार और मानवीय बने रह सके हैं कि तमाम सारे धार्मिक-सामाजिक परंपरागत आदर्श और व्यवहार, मान्यताएँ और रीति-रिवाज, शास्त्र और वेद की बातें उनके रचना-संसार में कहीं गहरे विद्यमान हो तो हों, सूरदास अपने लीला गायन को वर्ग, वर्ण, नस्ल, जाति, धर्म और संप्रदाय के घेरे से बाहर निकालकर मनुष्यता के प्रशस्त धरातल पर लाने में सफल हुए हैं। आचार्य पं० रामचंद्र

शुक्ल ने तुलसी की अपेक्षा सूर की कविता को इस नाते अधिक 'सांप्रदायिक (वल्लभ-संप्रदाय तथा पुष्टिमार्ग से उसके सीधे जुड़ाव के नाते) कहा है कि जहाँ तुलसीदास भक्ति के किसी संप्रदाय से सीधे नहीं जुड़े और बहुदेवोपासना की ज़मीन पर रहे, वहाँ सूरदास न केवल वल्लभ सम्प्रदाय और पुष्टिमार्ग से जुड़े उसमें दीक्षा ली, वरन् उसी के चलते कृष्ण के अलावा अन्य देवों की उपासना से भी अलग रहे। आचार्य शुक्ल की इस मान्यता को ध्यान में रखते हुए सबसे अंत में हमारी चर्चा का मुख्य मुद्दा यह होगा कि क्योंकर वल्लभ संप्रदाय, पुष्टिमार्ग या अष्टछाप से सीधे संबद्ध होते हुए भी सूरदास इस नाते सांप्रदायिक और सीमित नहीं हो पाए कि इस संप्रदाय या मार्ग की विचारधारा तथा शिक्षा को वे अपनी सर्जनात्मकता में इतना रचा-पचा सके कि वह प्रायः उनकी रचना में उभरकर सतह पर नहीं आने पाई। इसी नाते सूर की कविता कविता-धर्म के निकट बनी रही, धर्म की कविता के रूप में सामने नहीं आ सकी। धर्म की कविता के रूप में भी उसका इस्तेमाल हुआ हो या हो रहा हो, किन्तु जैसा हम कह चुके हैं, उसका आस्वाद उन्होंने भी किया और वे भी उससे जुड़े जो दूसरे धर्मों के थे या कतई धार्मिक नहीं थे। सूर की कविता धार्मिक बुनियाद पर रची जाकर भी सही मायने में इस नाते प्रामाणिक कविता बन सकी कि उसमें मनुष्य का इंद्रिय-बोध अपनी सारी मानवीयता तथा पैनेपन के साथ मूर्त हो सका, उसका भावजगत अपनी समूची गहराई के साथ उद्‌घाटित हो सका और जहाँ तक विचार या विचारधारा का सवाल है, यह उनके रचना-संसार में मौजूद रहते हुए भी उसकी भाव-सत्ता या सौंदर्य-सत्ता को दबोच नहीं सकी।

अपनी वर्तमान चर्चा का प्रारंभ हम 'भ्रमर गीत' के प्रसंग से करना चाहेंगे और प्रयास करेंगे कि उसी के माध्यम से हम भावुक, सहृदय, वाग्विदग्ध और चतुर सूर के अंतर्वर्ती रचनाकार से साक्षात्कार करें, उसके उस रचना-कौशल से परिचित हों जिसने मुक्तक कही जाने वाली एक रचना को प्रबंधात्मक दीप्ति प्रदान की है।

'भ्रमर-गीत' प्रसंग के पहले 'सूरदास' में वियोग-शृंगार की मार्मिक पेशकश है। कंस के आमंत्रण पर अक्रूर के साथ कृष्ण गोकुल से मथुरा जा चुके हैं। लौटने की अवधि तक ब्रजवासी कृष्ण की प्रतीक्षा करते हैं किन्तु जब अवधि बीत जाने पर भी कृष्ण नहीं लौटते तो शुरू होता है विरह का वह सिलसिला जिसका कोई ओर-छोर नहीं दिखाई पड़ता और जिसके नाते ही सूरसागर वियोग-शृंगार की त्रासद व्यथा-कथा का दर्जा पा सका है। जिन गोकुलवासियों के मन में कृष्ण से विरहित होकर गोकुल में रहने और जीने की

कल्पना भी न आई थी, कृष्ण का वियोग उन्हें भीतर तक आहत और स्तब्ध कर देता है। वे हत-चेतना हो उठते हैं। गोप-गोपियाँ, नंद-यशोदा ही नहीं, गोकुल के प्राणि-मात्र,यहाँ तक कि वनस्पतियाँ भी, वियोग के इस पारावार में संज्ञा-शून्य हो उठती हैं। वस्तुतः सूर यहाँ यह दिखाना चाहते हैं कि गोकुलवासियों के लिए, वहाँ के चर-अचर के लिए कृष्ण के वहाँ होने के मायने क्या थे? कृष्ण किस प्रकार वहाँ की धरती, वहाँ के लोगों, वहाँ की प्रकृति और वहाँ के कण-कण से एकात्म थे। उसी नाते उनके बिना गोकुल में सब दुखी हैं, सब संतप्त हैं। सूर ने वियोग श्रृंगार के इस प्रसंग में गोपियों की मनोभूमि और उनकी शारीरिक अवस्था का जो चित्रण किया है, जिस प्रकार उन्होंने ब्रज के कण-कण को कृष्ण की याद में बिलखता दिखाया है, यह सब उनकी सहृदयता तथा भावुकता का ही प्रतिफल है। बिना सहृदय और बिना भावुक हुए सूरदास गोपियों की मनोभूमि में इतने अधिकार के साथ प्रवेश ही नहीं कर सकते थे, जितने अधिकार के साथ उसके भीतर प्रवेश करते हुए उन्होंने उसे थाहा, परखा और प्रस्तुत किया है :

(1) *अब हम निपटहिं भईं अनाथ।*
जैसे मधु तोरे माखी त्यौं हम बिनु ब्रजनाथ।

(2) *अब वै बातैं उलटि गई।*
जिन बातनि लागत सुख आली, तेऊ दुसह भई।।

(3) *सखी इन नैननि तैं घन हारे।*

(4) *हमको सपनेहूँ में सोच।।*

(5) *हमकौं जागत रैनि बिहानी।* आदि-आदि।

ढेरों पद हैं जिनमें सूर ने गोपियों की मनोव्यथा को पूरी सजीवता के साथ उद्‌घाटित किया है। गोपियों के अलावा यशोदा की मनोव्यथा की गहराई में भी सूर निर्बाध गए हैं और पुत्र के विरह में दुखी माता के साथ अपनी पूरी संवेदनागत ऊष्मा के साथ विद्यमान हैं-

(1) जसोदा *बार-बार यौं भाखे।*
है कोइ ब्रज मैं हितू हमारौ चलत गुपालहिं राखै1।

(2) *जसुमति अति ही भईं बिहाल।*
सुफलक-सुत यहि तुम्हहिं बूझियत हरत हमारे बाल।।
ये दोउ भैया जीवन हमरे कहत रोहिनी रोइ,
धरनी गिरति, उठति अति आकुल कहि राखति नहिं कोइ।

(3) *यह सुनि गिरि धरनि झुकि माता,*
कहा अक्रूर ठगौरी लाई लिए जात दोउ भ्राता।।
बिरध समय की हरत लकुटिया पाप पुण्य डर नाहीं,
कछू नफा है तुमकौ यामैं सोचौ धौं मन माहीं।।

(4) *जद्यपि मन समुझावत लोग।*
सूल होत नवनीत देखि मेरे, मोहन के मुख जोग।।
प्रातकाल उठि माखन रोटी को बिनु माँगे दैहै।
को मेरे वा कान्ह कुंवर कौ छिनु अंकम लैहै।।
कहियो पथिक जाहु घर आवहु राम कृष्ण दोउ भैया।
सूर स्याम कत होत दुखारी जिनके मो सी मैया।।

समूचे पदों में, यहाँ से वहाँ तक, सूरदास की सहृदयता तथा उनके भावप्रवण मन की गहरी छाप देख पड़ती है। आश्चर्य होता है कि सूर जैसे विरागी गायक, जिनके घर-परिवार तथा जीवनवृत्त के बारे में अत्यंत अल्प सूचनाएँ हैं, मानव-हृदय में इतनी गहराई तक पहुँच सकने और उसे थाह सकने की क्षमता और दृष्टि कहाँ से पा सके हैं। गोपियों की व्यथा हो या गोप सखाओं की, नन्द की व्यथा हो अथवा माता यशोदा की, सूर सबके हृदयों की थाह ले सके हैं। कृष्ण के वियोग में दुखी और संतप्त गाय-बछड़ों तथा ब्रज की प्रकृति को भी संवेदना की समान ऊष्मा के साथ प्रस्तुत कर सके हैं।

इस बिन्दु पर आचार्य पं० नन्ददुलारे वाजपेयी ने एक अच्छा सवाल उठाया है। भागवत की कथा के अनुसार कंस को मारकर कृष्ण महाराज तो बन गए, मथुरा में उनके जीवन को एक नई दिशा मिली, वह बदल गया किन्तु जिन्हें वे गोकुल में छोड़ आए थे, उनका अपना जीवन कृष्ण के जीवन के साथ कैसे बदल जाता? वह तो उसी गति से चल रहा था। "समस्या यह थी कि कृष्ण क्या उपाय करें जिससे उधर उनके लोकोत्तर चरित्र का भी विकास हो और इधर ब्रजवासियों का भी समाधान हो। मधुर भाव से कृष्ण की उपासना करने वाले कवियों और गायकों के सामने भी यह समस्या उपस्थित थी, और सूर के सामने भी, कि आगे कृष्ण-काव्य की कौन-सी दिशा बदली जाय?" संयोग की लीलाओं की हद हो चुकी थी। मान लिया जाय कि कृष्ण ब्रजभूमि में लौट आते, मथुरा में नहीं रुकते, तो फिर संयोग की ये लीलाएँ फिर प्रारम्भ होतीं? लेकिन कब तक चलतीं। काव्य तब एकदम एकरस और

उबाऊ हो जाता। ऐसी स्थिति में उनका ब्रज लौटना अच्छा था, एकरसता को बनाए रखना अच्छा था या न लौटने की स्थिति में समूची कृष्ण कथा को एक नया मोड़ देना अच्छा था, ताकि विरह का, संयोग के बाद अवसाद और व्यथा का, एक नया अध्याय खुले, कथा में और भी मार्मिकता आए। सवाल एक और भी था कृष्ण के सामने कि इस स्थिति में भी ब्रज के वे लोग जिन्हें वे इतने प्रिय थे, निराधार न रह जायँ, उनकी अवमानना न हो। इसी समस्या के समाधान हेतु उद्धव का प्रसंग सामने आया, जिन्हें अपने ज्ञान का अभिमान था। उन्होंने उद्धव को ब्रज भेजा ताकि उद्धव अपने ब्रह्मज्ञान से ब्रज के संतप्त लोगों के संताप को दूर करें। वस्तुतः उनकी मंशा थी कि उद्धव का ज्ञान का गर्व चूर हो।

बहरहाल, यह जो नई दिशा कृष्ण कथा को मिली, वह सप्रयोजन है। आचार्य वाजपेयी ने ठीक कहा है कि "सूर ने इस समूचे प्रसंग को एक अनूठे विरह-काव्य का रूप दिया है, जिसमें आदि से अंत तक ब्रज की दुख-कथा कही गई है। इस कथा के भी दो भाग हो जाते है—एक तो उद्धव के संदेश ले जाने तक के पूर्व की वियोग कथा, जिसमें विरह की दशा के प्रायः सभी वर्णन, विनय और उपालंभ आदि हैं, और दूसरा उद्धव तथा गोपियों का वार्तालाप जिसमें प्रेम की अनन्य तन्मयता सर्वत्र ध्वनित हुई है।"

यह सब सूर के रचना-कौशल का भी प्रमाण है। संयोग के पूर्वार्द्ध के बाद वियोग का उत्तरार्द्ध जो अत्यंत विशाल है, कथा को एकरस होने से तो बचाता ही है, मुक्तक होने के बावजूद सूरसागर को वियोग की महागाथा के रूप में हमारे आस्वाद की वस्तु बनाता है। वियोग का जो त्रासद संसार सूर ने यहाँ निर्मित किया है, वह त्रासद होते हुए भी कविता के धरातल पर मनोरम बना रहे, इसी नाते सूर ने उसके अंतर्गत उद्धव-गोपी संवाद की नियोजना की है। गहरे अवसाद तथा गहरी व्यथा की बुनियाद पर स्थित यह संवाद इस नाते मार्मिक हो उठा है कि इसमें व्यंग्य, चुहल, रीझ, हास-परिहास के ऐसे छींटे हैं, जो अवसाद के गाढ़ेपन को समय-समय पर कम करते हैं, कम से कम पाठक की चेतना में उस अवसाद को इतना घनीभूत नहीं होने देते कि वह उसी से आच्छन्न हो जाय। सहृदय और भावुक सूर यहाँ भी हैं-व्यथा के सारे संदर्भ, सारे चित्र और सारी मनोभूमि बिना सहृदयता और भावुकता के उस रूप में नहीं उभारी जा सकती थी जिस रूप में वह इस वार्तालाप के क्रम में उभरी है, किंतु यहाँ सूर की विदग्धता तथा वचन-चातुरी को भी उसकी पूरी प्रभाव क्षमता के साथ देखा जा सकता है। इस वचन-चातुरी और विदग्धता का रूप स्वाभाविक बना रहे, इस नाते सूर की गोपियों का रूप भी यहाँ विशिष्ट

ही रखा गया है—सरल, निश्छल किन्तु गँवई-गाँव के ठेठपन से युक्त। बातचीत का लहजा, उसके तेवर तथा बोली-बानी और मुहावरे, व्यंग्योक्तियाँ और रीझ-खीझ, ठेठ ब्रज के गँवई-गाँव की नारियों जैसी। सहृदयता, भावुकता, वचन-चातुरी और विदग्धता ने मिल-जुलकर सूर के भ्रमरगीत को एक बेजोड़ विरह-काव्य की गरिमा प्रदान की है।

ज्ञान का गुमान लेकर, बड़े आत्म-विश्वास के साथ उद्धव ब्रज की धरती पर अपने रथ से उतरते हैं। कोई कृष्ण जैसे रूप-स्वरूप वाला रथ पर बैठकर गोकुल आया है, वह खबर हवा की तरह समचे ब्रज में फैल जाती है—

(1) *है कोउ वैसी ही अनुहारि।*

मधुबन तन तैं आवत सखि री, देखौ नैन निहारि।। आदि

(2) *वैसोइ रथ वैसोइ कोउ आवत उतही तैं।*

झुरि झुरि सब मरतिं बिरह गोपी जित की तैं।। आदि।

उद्धव ब्रज आकर गोपियों को श्रीकृष्ण के कुशल-समाचार बताते हैं, उन्हें कृष्ण की चिट्ठी देते हैं। सूर ने इस बिंदु पर गोपियों की बेचैनी, और पत्र देखने-मात्र से उत्पन्न हुई उनके मन की अवसाद-मिश्रित उत्सुकता, आह्लाद आदि का बड़ा ही मार्मिक चित्र प्रस्तुत किया है। (देखियत अंक स्याम सुंदर के बार-बार लावहिं लै छाती) आचार्य शुक्ल ने इन पंक्तियों में सूर की भाषा और रचना-कौशल को सराहा है। आँसुओं के कारण भीग कर स्याही फैलने से सारी चिट्ठी काली हो गई है, "इससे कृष्ण-सम्बन्ध की भावना के कारण प्रबल प्रेमोद्रेक सूचित हुआ। आगे देखिए तो इस प्रेमोद्रेक की तीव्रता व्यंजित करने के लिए 'अंक' और 'श्याम' शब्दों में श्लेष कैसा काम कर रहा है। पत्री पाकर वैसा ही प्रेम उमड़ा जैसा कृष्ण को पाकर उमड़ता। कृष्ण की पत्री ही उनके लिए कृष्ण हो गई। जैसे वे कृष्ण के अंक (गोद अर्थात् शरीर) को पाकर आलिंगन करतीं वैसे ही कृष्ण के लिखे अंक (अक्षर) देखकर वे पत्री को बार-बार हृदय से लगाती हैं। यहाँ भावाधिपति सूर ने भाव का और आधिक्य व्यंजित करने के लिए शब्द साम्य की सहायता ऐसे कौशल से ली है कि एक बार शब्दों का साधारण अर्थ (अक्षर और काला) लेने से जिस भाव की अधिकता सूचित हुई, फिर आगे उनका श्लिष्ट अर्थ (गोद और श्रीकृष्ण) लेने से उसी भाव की ओर अधिकता व्यंजित हुई। इससे जो लाघव हुआ है—मजमून में जो चुस्ती आई है, वह तो है ही, साथ ही प्रेम के अंतर्भूत एक मानसिक दशा के चित्र का रंग कैसा चटकीला हो गया। शब्द साम्य को उपयोग में लाने वाला सच्चा कवि-कौशल यही है।" (सूरदास, पृ०

268) यहाँ सूर ने सादृश्य या साधर्म्य के कारण नहीं सम्बन्ध भावना के कारण कृष्ण के हाथ की लिखी चिट्ठी के कारण, पत्री और राधा तथा गोपियों के बीच की आत्मीयता निरूपित की है। जहाँ चमत्कारी कवि शब्द साम्य पर बल देकर कला की बाजीगरी दिखाते हैं, वहाँ सूर जैसे रससिद्ध प्रभाव साम्य की ओर प्रवृत्त होते हैं।

गोपियाँ चिट्ठी पाकर आतुर-उत्साहित तो होती हैं, आकुल-व्याकुल भी होती हैं किन्तु शीघ्र ही स्थिर भी हो जाती हैं, चिट्ठी आई तो, किंतु वे चिट्ठी लेकर करें क्या, उसे पढ़ने वाला कौन है वे तो अपढ़, मूरख गँवार हैं—उन्हें तो साक्षात् श्रीकृष्ण ही चाहिए थे—

ऊधौ कहा करैं लै पाती।
जौ लौं मदन गुपाल न देखैं, बिरह जरावत छाती।।

इसी के उपरांत शिकवे-शिकायतों का दौर शुरू होता है। बीच में कहीं से कोई भ्रमर वहाँ आ जाता है और फिर गोपियाँ उसी उद्धव का नाम लेकर सीधे, और उसी भ्रमर का संबोधन करते हुए उद्धव के समक्ष अपना हृदय और मन खोलने लगती हैं। बीच-बीच में उद्धव उन्हें समझाते भी हैं किन्तु भँड़ास, बैचैनी और व्याकुलता तो गोपियों में थी, अतएव उद्धव को बोलने का बहुत कम अवसर देते हुए वही अधिकतर बोलती हैं। गोपी-उद्धव संवाद का यह सारा प्रसंग अत्यंत मार्मिक और अत्यंत व्यंजक और सूर की वचन-चातुरी तथा विदग्धता से भरा हुआ है। ध्यान देने की बात है कि इस विदग्धता या चातुरी को कहीं भी महज चमत्कार के धरातल पर नहीं जाने दिया गया है। यह कोरी WIT नहीं है, इसके मूल में प्रेम की एक गहरी अंतर्धारा प्रवाहित है, अवसाद और विषाद की गहरी लकीरें हैं, व्यथा और बेचैनी की आकुल तड़प है। तभी यह WIT या वह विदग्धता मन को भीतर तक छूती है। गोपियाँ कभी उद्धव को फटकारती हैं, चिढ़ाती हैं, कभी उन पर या कृष्ण पर अपनी खीझ या झल्लाहट प्रकट करती हैं, कभी उनकी मखौल उड़ाती हैं, कभी अपने आप पर हँसती हैं, कभी कोयल-पपीहे आदि को कोसती हैं, कभी रोने और आँसू बहाने लगती हैं और कभी एकदम शांत हो जाती हैं, चुप हो जाती हैं, उद्धव से क्षमा माँगती हैं उनके समक्ष दीन और हतभागी बन जाती हैं। अनुभावों की बड़ी सशक्त योजना इस पूरे प्रसंग में है, संचारी भावों की योजना भी उतनी ही चुस्त-दुरूस्त है और वचनवक्रता, विदग्धता तथा रचना-चातुरी का कमाल यहाँ दर्शनीय है। भाषा के तेवर और लहजे, ग्रामीण अंचल, विशेषकर ब्रज-अंचल के मुहावरे और कथन-भंगिमाएँ सब यहाँ सूर

की लेखनी में जीवित हो उठी है। भोली-भाली, सरल, निष्कपट ग्रामीणों की सहजता तथा भावों के अतुल गाम्भीर्य के भीतर से छलकती-उफनती हास-परिहास, व्यंग्य-विनोद, रीझ-खीझ, गिले-शिकवों तथा चुटकियों और फबतियों की यह उपस्थिति सूर-सागर की निधि है। अवसाद तथा व्यथा की अधिकता में हँस सकने और हास-परिहास कर सकने का जो माहौल यहाँ सूर ने निर्मित किया है वह उनकी मनोवैज्ञानिक अंतर्दृष्टि का भी प्रमाण है। संदेशों से मधुबन के कुएँ भर गए हैं, संदेशा लेने वाले गये तो लौटे नहीं, पता नहीं, श्याम ने उन्हें सिखा-समझाकर वहीं रोक लिया या वे बीच ही में मर खप गए—'संदेसनि मधुबन कूप भरे। ढेरों पद हैं, एक के बाद एक वचन-चातुरी और विदग्धता से भरे हुए; लगता है उद्धव तुम जा कहीं और रहे थे, भूल कर यहाँ आ गए—अच्छा यह बताओ कि कृष्ण ने जब तुम्हें यहाँ भेजा था तो मुसकाए तो नहीं थे—'सूर स्याम जब यहाँ पठाए तब नेकहुँ मुसकाने। तुम कैसे व्यापारी हो जो यहाँ ज्ञान की गठरी लेकर ज्ञान बेचने आए हो—और कहीं जाकर यह धंधा करो :

1. आयो घोष बड़ो व्यापारी
2. जोग ठगौरी ब्रज न बिकैहै।। आदि-आदि

यहाँ तुम्हारे माल को खरीदने वाला कोई नहीं। कौन मूर्ख है जो मूली के पत्तों के लिए मुक्ताहल देगा, दाख को छोड़कर निबौरी खाएगा—

'मूरी के पातन के बदले को मुक्ताहल दैहै,
दाख छोड़कर कटुक निबौरी को अपने मुख खैहै!!

योग की तुम्हारी चर्चा वैसी ही है जैसे कड़वी ककड़ी, तुम व्यर्थ ही यहाँ अपना समय बरबाद कर रहे हो। हम नारियों को योग की शिक्षा देते तुम्हें शरम नहीं आती, कहाँ भस्म-भभूत, कहाँ हम नारियाँ? तुम्हारा निर्गुन किस देश का वासी है? तुम सब काले लोग हो, धूर्त और ठग, तुम हमें बहकाने-फुसलाने आए हो—तात्पर्य यह कि अपने मन की एक-एक पर्त को गोपियाँ उद्धव के समक्ष खोल कर रख देती हैं और उद्धव जान जाते हैं कि प्रेम का कितना गंहन पयोनिधि, व्यथा का कितना हहराता हुआ सागर, गोपियों के अंतर्मन में पछाड़ें खा रहा है। गोपियों की उक्तियाँ कभी-कभी इतनी मार्मिक हो उठी हैं कि उद्धव उन्हें ढाढ़स देते हैं, समझाते हैं किन्तु गोपियों का आवेग कम नहीं होता। वे उसी आवेग में झल्ला उठती हैं—

कहिबै जिय न कछू सक राखौ,
लाँबी मेलि दई है तुमकौं बकत रहौ दिन, आखौ।।

कभी इस बात को लेकर संतोष करती हैं कि चलो इतनी भाग्यशालिनी वे हैं कि उन्होंने उन उद्धव को देखा जो कृष्ण को देखकर और उनसे मिलकर आए हैं—

ऊधौ हम आजु भईं बड़भागी

जिन अंखियन तुम स्याम बिलोके, ते अँखियाँ हन लागीं।।

ग्रामीण गोपिकाओं के तर्क भी अपने ढंग से बड़े दिलचस्प हैं कि उद्धव उन्हें काट नहीं पाते। उद्धव से गोपिकाएँ कहती हैं—कृष्ण की जिस मूर्ति को तुम हमारे हृदय से निकालकर ब्रह्म या निर्गुण की प्रतिष्ठा करना चाहते हो, वह मूर्ति निकले भी तो कैसे। कृष्ण की त्रिभंगी मुद्रा हृदय में बसी है। सीधी सादी मूर्ति होती तो सरलता से बाहर आ जाती किंतु वह तो हृदय में तिरछी होकर अड़ी है, कैसे निकले।

इहिं उर माखन चोर गड़े

अब कैसे निकसत सुनि ऊधौ, तिरछै ह्वै जु अड़े।।

अरे, क्या तुम जानते नहीं कि हमारे कोई दस बीस मन तो हैं नहीं। एक मन था सो वह कृष्ण को समर्पित है अब तुम्हारे ब्रह्म की आराधना हम किस मन से करें।

ऊधौ मन नाहीं दस बीस।

एक हुतौ सो गयो स्याम संग को आराधै ईस।।

गोपियाँ कभी ठिठोली करते हुए राधा से कहती हैं कि कृष्ण के जिस रूप को तुम अँचए बैठी हो, वह बाहर निकालो—कृष्ण ने अपना रूप माँगा है—

मोहन माँग्यौ अपने रूप

इहिं ब्रज बसत अँचै तुम बैठी ता बिनु उहाँ निरूप।।

सब कुछ कह सुन लेने के उपरांत गोपियाँ शांत हो जाती हैं। उद्धव से कहती हैं कि हमने तुम्हारी किसी बात का बुरा नहीं माना। तुम बस हमारी पीड़ा को हमारे श्याम तक पहुँचा दो। उनके सिवा हमारा कौन है—वे हमारे लिए हारिल की लकड़ी हैं—हम उन्हें कैसे छोड़ सकती हैं या भुला सकती हैं। तुम्हें जो कहना हो कह लो, हम सब कुछ सुन और सह लेंगी। हमारी छाती तो अब कुलिश के समान कठोर हो गई है।

समूचा भ्रमर गीत, समूचा उद्धव-गोपी संवाद, सूरदास की लेखनी से उपजे भावगर्भित प्रगल्भ काव्य का चरम उदाहरण है। व्यथा का, प्रेम और प्रेमजन्य व्यथा का, ऐसा सागर सूर ही रच सकते थे, और उसमें उतने गहरे

सूर ही उतर सकते थे। सूर की रचना सामर्थ्य का जीवित प्रमाण है, भ्रमर-गीत का उनका विरह-काव्य। इस विरह के भीतर नारी-हृदय की अथाह गहराइयाँ हैं, बारीक मनोदशाएँ हैं। सूर ने इन मनोदशाओं के बारीक से बारीक सूत्र उसके भीतर खोले हैं । सहृदयता और भावुकता के साथ चतुरता और वाग्विदग्धता का ऐसा संगम हिन्दी कविता क्या, भारतीय काव्य में विरल है। सूर इसी के चलते श्रृंगार रस के, विप्रलंभ श्रृंगार के अपराजेय स्रष्टा हैं।

अब इस भ्रमर-गीत प्रसंग के भीतर से ध्वनित होने वाले कुछ ऐसे प्रसंगों को हम सामने लाना चाहेंगे जिन्हें लेकर हिन्दी आलोचना में कुछ विवाद उठा है और कुछ चलताऊ टिप्पणियाँ की गई हैं। कुछ मुद्दे ऐसे भी सामने लाए गए हैं जो वस्तुतः मुद्दे ही नहीं हैं। अपने पिछले निबंध में इस विषय पर अपने कहे हुए को दुहराते हुए हम कुछ ऐसी चर्चा करना चाहेंगे ताकि इन बातों के सम्बन्ध में हमारी समझ साफ हो सके।

सूरदास पर लिखे गए अपने पिछले निबंध में हमने निगुर्ण-सगुण विवाद को भ्रमर गीत के प्रसंग में उठाते हुए कहा है कि सूरदास के यहाँ वस्तुतः ऐसा कोई विवाद है ही नहीं। सच पूछा जाय तो सगुण भक्ति कविता में ही यह विवाद नहीं है कारण तुलसी भी इसे बार-बार दुहराते हैं कि अगुणहिं सगुणहिं नहिं कछु भेदा या अगुण-सगुण दुइ ब्रह्म। भक्तों के यहाँ वे सूर हों या तुलसी, कहीं भी निर्गुण ब्रह्म का अस्वीकार नहीं है। स्वतः तुलसी रामचरित मानस या अपने दूसरे ग्रंथों में जब-तब राम के ब्रह्म-स्वरूप की झलक दे दिया करते हैं, और सूर के यहाँ भी कृष्ण सदा ही नन्द यशोदा के पुत्र और गोप-गोपियों के सखा नहीं हैं। बीच-बीच में उनके ईश्वरीय रूप की झाँकी सूर भी देते हैं—मिट्टी खाने के प्रसंग में, मूसल के प्रसंग में या मथानी से बाँध दिए जाने के प्रसंग में। ढेरों प्रसंग इस प्रकार के हैं। यह जरूर है कि भक्तों की भक्ति के आलंबन सगुण साकार ही हैं, कारण उनके अनुसार निर्गुण की भक्ति सबके बूते की बात नहीं है, साधारण जन के लिए दुष्कर है। अतएव ईश्वर के अवतारी रूप की कल्पना हुई, उसे रूप और गुणों में बाँधा गया, इस भक्ति के कायदे तय हुए। सूरदास का एक पद है जिसमें उन्होंने अविगत की गति को न समझने वाली, गूँगे का गुड़ कहा है, और कहा है कि निर्गुण की भक्ति को सब प्रकार से अगम मानकर ही वे सगुण की भक्ति की ओर प्रवृत्त हुए।

अविगत गति कछु कहत न आवै।
ज्यों गूँगे मीठे फल को रस अंतरगत ही भावै।

× × × × ×

रूप, रेख, गुन, जाति जुगति बिनु निरालम्ब मन चक्रित धावै।
सब विधि अगम विचारत तातें सूर सगुन लीला पद गावै।।

कबीर की चर्चा के क्रम में भी हम बता चुके हैं कि उनके निर्गुण राम निर्गुण ब्रह्म से भिन्न हैं। प्रसंगतः उन्होंने अपने निर्गुण राम में कतिपय गुणों का आरोप भी किया है। अतएव भक्तिकाव्य में विशेषतः सगुण भक्तिकाव्य में निर्गुण सगुण विवाद कहीं नहीं है। सभी को निर्गुण की सत्ता मान्य है, भक्ति का आलंबन जरूर सगुण साकार है। तब क्यों 'भ्रमर-गीत' में इस विवाद को व्यर्थ में ढूँढ़ा जाय और उसकी आवश्यक चर्चा की जाय। भ्रमरगीत में गोपियाँ निर्गुण की सत्ता को अमान्य नहीं करतीं—वे उसे अपने काम का नहीं मानतीं। मजाक-मजाक में वे उद्धव से निर्गुण के बारे में नाना प्रकार के प्रश्न करती हैं और उन्हें चिढ़ाती हैं कि तुम्हारा निर्गुण किस देश का रहने वाला है, उसका रूप क्या है आदि-आदि। गोपियों की समस्या निर्गुण न होकर उद्धव द्वारा दिया जाने वाला योग और ज्ञान का नीरस उपदेश है।

गोपियों की कृष्ण पर भक्ति है। वे कृष्ण से प्रेम करती हैं। उद्धव उन्हें निर्गुण ब्रह्म का ज्ञान देते हैं, उनसे योग का आचरण करने को कहते हैं। अपनी भक्ति और अपने प्रेम के बूते पर ही गोपियाँ उद्धव के ब्रह्म ज्ञान तथा योग विद्या का मजाक उड़ाती हैं। उनके लिये भक्ति से बढ़कर, प्रेम से बढ़कर और कोई चीज नहीं है। योग की तुलना में भक्ति को महत्त्व देने की गोपियों की यह बात सूर का तो प्रतिपाद्य है ही, देखा जाय तो यह कबीर का भी प्रतिपाद्य है। वे भी मूलतः भक्त हैं, अहैतुक भक्ति करने वाले, प्रपत्ति पर विश्वास करने वाले। योग की चर्चा वहाँ है किंतु भक्ति की बात आते ही कबीर योग को उससे हल्का बताते हैं। योग से उनका लगाव भक्ति के मूल्य पर नहीं है। इसी प्रकार उन्हें ज्ञानमार्गी भले कहा जाय वे मूलतः प्रेम के उपासक हैं। इस बात को भी हम रेखांकित कर चुके हैं कि सारे संतों और भक्तों ने प्रेम को ही सबसे बड़ा पुरुषार्थ कहा है। कबीर स्वयं सारे पोथी ज्ञान और चरित्र ज्ञान को प्रेम के ढाई अक्षरों में तोल देते हैं—

पोथी पढ़ि पढ़ि जग मुआ पंडित भया न कोइ।
ढाई आखर प्रेम का पढ़े सो पंडित होइ।।

जब योग के ऊपर भक्ति का और ज्ञान के ऊपर प्रेम का यह वर्चस्व समूचे भक्तिकाव्य में है तो उसे इस बिंदु पर महत्त्वपूर्ण मानने के बजाय गलत मुद्दों में उलझाना सही नहीं है। अपने प्रेम की अनन्यता तथा निष्ठा के बूते पर ही सूर की ग्रामीण गोपियाँ ब्रह्म ज्ञानी उद्धव की बोलती बंद कर देती हैं और

उद्धव के ज्ञान का सारा गर्व ब्रज की प्रेममयी धरती पर गिरकर चूर-चूर हो जाता है। गए थे गोपियों का ब्रह्म ज्ञान तथा योग विद्या का उपदेश देने और लौटते हैं गोपियों की भक्ति तथा प्रेमभावना में सराबोर होकर। यह योग पर भक्ति की और ज्ञान पर प्रेम की विजय नहीं तो और क्या है? व्यर्थ में 'भ्रमरगीत' को सगुण के मण्डन तथा निर्गुण के खण्डन जैसे मिथ्या मुद्दे से क्यों जोड़ा जाय। भक्ति और प्रेम की सशक्त बुनियाद पर खड़ा सूर का काव्य और उनका भ्रमर गीत इसी नाते इतना लोकप्रिय और ग्राह्य है।

अब सवाल शेष रहता है, शुक्ल जी की इस मान्यता पर विचार करने का कि सूर की रचना का रूप तुलसी की अपेक्षा इस नाते अधिक सांप्रदायिक है कि सूर तुलसी की तुलना में एक भक्ति संप्रदाय-वल्लभ संप्रदाय से सीधे जुड़े हैं और उसकी सांप्रदायिक मान्यताओं को अभिव्यक्ति देते हैं।

हमने पीछे कहा है कि सूरदास में पुष्टिमार्ग की छाप हो या न हो, वे उसकी दार्शनिक आध्यात्मिक विचारधारा से प्रतिबद्ध हों या न हों—(निश्चय ही प्रतिबद्ध होंगे कारण पुष्टिमार्ग में वे बाकायदा दीक्षित हुए थे, और अष्टछाप के कवियों में भी वे सिरमौर हैं) सूर की सर्जना के जो अंश उनकी इतनी प्रसिद्धि के कारण हैं—मुख्यतः भागवत के दशम स्कंध की कथा जहाँ उन्होंने कही है और जिसका सम्बन्ध लीला गायन, कृष्ण के बचपन तथा उसके बाद की लीलाओं से है, जिसके अन्तर्गत ही वात्सल्य और शृंगार के उनके पद आते हैं, उनकी प्रस्तुति सूरसागर में सूर अपनी संपूर्ण साम्प्रदायिक, धार्मिक, दार्शनिक, आध्यात्मिक प्रतिबद्धता के बावजूद इस स्तर पर कर सके हैं कि उनकी कविता संप्रदाय, धर्म, दर्शन सबको अतिक्रमित करती हुई सहृदय मनुष्य मात्र को प्रभावित करती है। पुष्टिमार्ग में रुचि रखने वाले, उससे जुड़े लोग, या कविता की धार्मिक-आध्यात्मिक व्याख्याओं में रस लेने वाले, उन्हें महत्त्व देने वाले विद्वान और अध्येता उनमें पुष्टि मार्ग, दर्शन अध्यात्म और पुष्टिमार्गीय लीला-भूमि ढूँढ़े, पाएँ और रस मग्न हों, जिनका पुष्टिमार्ग से दर्शन, भक्ति अध्यात्म आदि से कोई लेना देना नहीं है, जो मानवीय धरातल पर, लौकिक धरातल पर, संवेदना के धरातल पर, कविता का आनन्द लेना चाहते हैं, मनुष्य के भाव जगत में गहरे पैठना चाहते हैं, अपने संपूर्ण इंद्रिय बोध से इस अनंत रूपात्मक संसार से परिचित होना चाहते हैं, मुग्ध और क्षुब्ध होना चाहते हैं, उनके लिए भी सूर की कविता उतनी ही ग्राह्य और उतनी ही महत्त्वपूर्ण है। चीर-हरण, दान-लीला, रास-लीला, माखन-चोरी, किस लीला की आध्यात्मिक व्याख्याएँ नहीं हुई हैं और नहीं की गई हैं, किन्तु सूर की कविता महज इन व्याख्याओं तक ही सीमित नहीं है। वह उनका

अतिक्रमण करती हैं। वह मनोविज्ञान की जमीन पर, बाल मनोविज्ञान की बारीकियों में जाते हुए कृष्ण की बाल-सुलभ चेष्टाओं तथा नंद-यशोदा के वात्सल्य को नितांत मानवीय लौकिक भूमिका पर भी आस्वाद्य बनाती है। सूर की सर्जनात्मक कल्पना वात्सल्य के इन अंशों में परंपरागत ही सही, उपमाओं, उत्प्रेक्षाओं और रूपक का भव्य समारोह प्रस्तुत करती है। इसी प्रकार जिस संयोग तथा विप्रलंभ श्रृंगार की चर्चा हम कर चुके हैं, उसके साथ जुड़े लीला प्रसंग—महारास—इस सब को महज सांप्रदायिक कहकर सीमित नहीं किया जा सकता। शुक्ल जी ने इस श्रृंगार को स्वतः जीवन महोत्सव की संज्ञा दी है, उसे सूर की स्वच्छंद कल्पना वा मनोभूमि का प्रतीक कहा है, मानव जीवन के गहरे भावात्मक संदर्भों से जोड़ा है। जैसा कि हम पहले भी कह चुके हैं वह हमारे लिए नितांत लौकिक भूमि पर भी आस्वाद्य है। विचार का कला में वास्तविक रूपांतरण देखना हो तो सूर की कविता से अधिक उपयुक्त स्थल हमें और कहाँ मिलेगा। जो रचनाकार एक मनोभूमि से हटाकर (विनय) एक दूसरी मनोभूमि पर रचना करने के लिए नियोजित किया जाता है (लीला गायन) जिस पर संप्रदाय विशेष की छाप लगती है (अष्टछाप) जो श्रीनाथ के मंदिर में कीर्तनिया के रूप में नियुक्त होता है और जिसका काम होता है, आठों यामों में, श्रीकृष्ण के प्रातःकाल जागने से लेकर संध्याकाल के उपरांत पुनः सो जाने तक भजन और गीत गाए—ऐसा नियोजित—निर्देशित रचनाकार अपने गुरु और उसकी शिक्षा से प्रतिबद्ध ऐसा निष्ठावान भक्त और अनुयायी, गुरु और उसके मार्ग की, गुरु की शिक्षा की अवहेलना करे—उपेक्षा करे, यह तो समझ में नहीं आता। सूर ने इस सबकी उपेक्षा नहीं की। यह सूर के रचनाकार की, उनके सांप्रदायिक भक्त और निष्ठावान शिष्य पर विजय है कि जब भी सूर ने गाया है अधिकतर उनके कंठ से वह स्वर फूटा है जो गहरे कहीं सांप्रदायिक आशयों को भले ध्वनित करें, लोक के अधिकांश जनों के लिए नितांत मानवीय, गैर-सांप्रदायिक, सर्जना की सही उठान को अभिव्यक्ति देने वाला और उसे मुखर करने वाला स्वर है। कौन है जो बाल कृष्ण की नटखटी पर उनकी क्रीड़ाओं पर, उनकी भाँति-भाँति की लीलाओं पर नहीं रीझेगा। कृष्ण के इस उलाहने पर कि—

मैया मोहिं दाऊ बहुत खिझायो
मो सों कहत मोल को लीन्हों-तू जसुमति कब जायो।।

कौन है, जो मुग्ध नहीं होगा। सांप्रदायिक निष्ठा वाले भक्त अपने तईं रीझें कृष्ण के इस बालहठ पर कि 'मैया मैं तो चंद खिलौना लैहौं', हमें भी रीझने से कौन रोक सकता है। यह सब और जिनके लिए हो तो हो, यह व्यापक

मनुष्यता के लिए, मनुष्य मात्र के लिए, साधारण सहृदय के लिए भी हैं। इसमें अध्यात्म हो, दर्शन हो, किंतु इसमें बड़ी सहज मार्मिक, बेधक कविता भी है जो मानव मात्र की संपत्ति है। सूर मानव मात्र के हृदयों को झकझोरते और आंदोलित करते हैं, इसीलिए वे पुष्टिमार्गीय सगुण भक्त होते हुए भी बड़े रचनाकार हैं, कालजयी रचनाकार हैं। अष्टछाप में जहाँ अन्य निष्ठावान भक्त और सामान्य रचनाकार बनकर ही उभरे, सूर अष्टछाप के जहाज कहलाए-कालदर्शी कालजयी रचनाकार बने।

जरूरत सूरदास तथा संतों और भक्तों की रचना को इस संदर्भ में पहचानने और उजागर करने की है। शुक्ल जी ने अपने पूर्वाग्रहों के चलते वात्सल्य और शृंगार में सूर को बेजोड़ कहते हुए भी सूर द्वारा अंकित प्रेम और वियोग को तुलसी के वियोग वर्णन की तुलना में छोटा साबित किया है, उसे 'बालक्रीड़ा' कहा है। गोपियों के विरह को उन्होंने लोक बाह्य माना है। उसमें किसी महत्त्वपूर्ण लोक संग्रह का भाव उन्होंने नहीं पाया। चार कोस पर विराजे कृष्ण के लिए विरह का इतना बड़ा मजमून क्यों? यह उनकी शंका है।

शुक्ल जी ने सूर की कविता की सहृदयता से समीक्षा की है। उनके नाते सूर बड़े कवि हैं। किंतु जहाँ उनके पूर्वाग्रह प्रबल हुए हैं, उनकी समीक्षा दृष्टि मुक्त न रहकर बद्ध हो गई है। शुक्ल जी ने 'कविता क्या है' निबंध में हृदय की मुक्तावस्था और बद्धावस्था की चर्चा की है। शुक्ल जी अपनी समीक्षा में इसी प्रकार मुक्त और बद्ध हुए हैं। जहाँ मुक्त हैं, हमारे सबसे समर्थ समीक्षक के रूप में उभरे हैं, जहाँ पूर्वाग्रहों से बद्ध हुए हैं, अपनी सीमा निर्देशित करते हैं। उनकी बद्ध मनःस्थिति की इस प्रकार की बातें अलग, उनके लेखे भी सूर हमारी महनीय विरासत हैं।

12

हम चाकर रघुबीर के

गोस्वामी तुलसीदास मध्यकालीन भक्ति-काव्य की सगुण रामभक्ति-शाखा के प्रतिनिधि तथा प्रमुख कवि हैं। भक्ति-आन्दोलन की सामाजिक पृष्ठभूमि तथा वर्गीय आधार की चर्चा करते हुए गजानन माधव मुक्तिबोध ने भक्ति की निर्गुणधारा के बरक्स सगुण धारा तथा उसमें भी उसकी रामभक्ति-शाखा की एक महत्त्वपूर्ण सीमा की ओर संकेत किया है। मुक्तिबोध का कहना है कि "क्या यह एक महत्त्वपूर्ण तथ्य नहीं है कि रामभक्ति-शाखा के अंतर्गत एक भी प्रभावशाली और महत्त्वपूर्ण कवि निम्न जातीय शूद्र वर्गों से नहीं आया? क्या यह एक महत्त्वपूर्ण तथ्य नहीं है कि कृष्णभक्ति-शाखा के अन्तर्गत रसखान और रहीम जैसे हृदयवान मुसलमान कवि बराबर रहे आए किन्तु रामभक्ति-शाखा के अन्तर्गत एक भी मुसलमान और शूद्र कवि प्रभावशाली और महत्त्वपूर्ण रूप से अपनी काव्यात्मक प्रतिभा को विशद नहीं कर सका?" जबकि यह एक स्वतः सिद्ध बात है कि निर्गुण शाखा के अंतर्गत ऐसे लोगों को अच्छा स्थान प्राप्त था? अपने द्वारा उठाये गये सवालों के भीतर प्रवेश करते हुए मुक्तिबोध इस स्थिति के कारणों की पहचान करने का प्रयास करते हैं। वे लिखते हैं—"निष्कर्ष यह कि जो भक्ति-आन्दोलन जन-साधारण से शुरू हुआ और जिसमें सामाजिक कट्टरपन के विरुद्ध जनसाधारण की सांस्कृतिक आशा-आकांक्षाएँ बोलती थीं, उसका मनुष्य सत्य बोलता था, उसी भक्ति-आन्दोलन को उच्च वर्गों ने आगे चलकर अपनी तरह बना लिया और उनसे समझौता करके और फिर उस पर अपना प्रभाव कायम करके और अनंतर जनता के तत्त्वों को उसमें से निकालकर उन्होंने उस पर अपना पूरा प्रभुत्व स्थापित कर लिया।" मुक्तिबोध के अनुसार भक्ति-आंदोलन के उच्च वर्गों के प्रभुत्व में आने का ही परिणाम है कि जो आन्दोलन तीन शताब्दियों से भी

अधिक समय तक एक बड़ी सांस्कृतिक घटना के रूप में समूचे देश में विद्यमान रहा, उसे अंततः सिकुड़कर समाप्त हो जाना पड़ा। गोस्वामी तुलसीदास इस भक्ति-आन्दोलन के अंतिम बड़े कवि हैं। बाद को, विशेषतः हिन्दी में, भक्ति के स्थान पर शृंगार रस का वर्चस्व दिखाई पड़ा, हिन्दी साहित्य का रीतिकाल जिसके पतनशील रूप का साक्ष्य प्रस्तुत करता है।

भक्ति-आंदोलन के विषय में मुक्तिबोध की जो धारणा यहाँ व्यक्त हुई है, प्रस्तुत पुस्तक के भक्ति-आंदोलन सम्बन्धी पहले निबंध में हमने भी उसे इसी रूप में देखा और व्याख्यायित किया है। उसके इसी रूप के तहत हमने उसे मध्यकाल की एक महान सामाजिक-सांस्कृतिक घटना कहा है, जिसकी अन्य युगों में कोई मिसाल नहीं मिलती। वर्ग, वर्ण, जाति, धर्म और सम्प्रदाय से परे जिस मनुष्य सत्य की उद्घोषणा करते हुए भक्ति-आंदोलन का प्रादुर्भाव हुआ था, यह सही है कि भक्ति-आन्दोलन के आचार्यों और प्रवक्ताओं ने इस 'मनुष्य-सत्य' को भक्ति तथा अध्यात्म के क्षेत्रों में ही वरीयता दी, उसे समाजार्थिक जमीन पर लाने की पहल उनकी ओर से नहीं हुई, फिर भी, भक्ति तथा अध्यात्म की जमीन पर मनुष्य-मात्र के समान होने की इस घोषणा तथा उसके अनुरूप बने माहौल का यह परिणाम तो हुआ ही कि न केवल शूद्रों तथा अंत्यजों के बीच से हमें संतों की एक शानदार परम्परा मिली, जिन शूद्र तथा अंत्यज वर्गों से ये संत आए थे, उन वर्गों से जुड़े लोगों के मन में अपनी हीन सामाजिक स्थिति से उबरने की एक महती आशा का भी संचार हुआ, उनमें आत्म-विश्वास तथा आत्मगौरव का भाव भी जागा। भक्ति की निर्गुण धारा में समाज के इन साधारण जनों की जो व्यापक भागीदारी दिखाई पड़ती है, तथा निर्गुण संतों की जो बानियाँ हैं, वे हमारे उक्त कथन को पुष्ट करती हैं।

निर्गुण भक्ति के उपरांत सगुण भक्ति की जो धारा सामने आई, कतिपय बुनियादी बातों में समान होते हुए भी, उसके वर्गीय आधार, तथा कम से कम हिन्दी भाषी प्रदेश में उसके जनाधार में जो फर्क है, और जिसकी ओर मुक्तिबोध ने इशारा भी किया है, उसे नजरंदाज नहीं किया जा सकता। अवतारवाद तथा पौराणिक देवी-देवताओं के सगुण भक्ति के अंतर्गत प्रवेश ने उसकी अंतर्वस्तु पर अपने गहरे निशान छोड़े हैं और इसी का परिणाम है कि वर्ग, वर्ण, जाति, धर्म और सम्प्रदाय का तिरस्कार करने वाली भक्ति की पूर्ववर्ती धारा न केवल पृष्ठभूमि में चली गई, परवर्ती सगुण धारा में वे तमाम बातें मुख्य और महत्त्वपूर्ण बनकर सामने आईं, पूर्ववर्ती संतों ने जिनके खिलाफ अपनी आवाज बुलंद की थी।

ऐसी स्थिति में सवाल उठता है कि गोस्वामी तुलसीदास को, हिन्दी-भाषी प्रदेश के साधारण जनों के बीच भी जिनकी अत्यंत गहरी और व्यापक पैठ तथा प्रतिष्ठा है, उत्तर भारत के जन-समाज के बीच जिनके द्वारा रचित 'रामचरितमानस' एक काव्य-ग्रंथ के रूप में नहीं, एक धर्म-ग्रंथ के रूप में मान्य और समादृत है, मध्यकालीन संतों और भक्तों की बिरादरी में कहाँ और किस रूप में प्रतिष्ठित किया जाय। सवाल मात्र यही नहीं है, सवाल और भी हैं। मसलन, सवाल गोस्वामी जी को अपने सामाजिक धार्मिक आदर्शों के साथ जो व्यापक जन-समर्थन प्राप्त है, साधारण जन के हृदय और मस्तिष्क में उनका जो गहरा प्रभाव और पहुँच है, उसके कारणों की तलाश का भी है, उनकी शक्ति के स्रोतों को पहचानने का भी है। इस बात का भी है कि आखिर जनता की वह कौन-सी दुखती रग है, जिसे अन्य संतों के बजाय तुलसीदास अधिक संवेदना के साथ पहचान और छू सके, जनता की वे कौन-सी आशाएँ-आकांक्षाएँ और सपने थे, तुलसीदास ने जिन्हें उसके मनोवांछित रूप में अपनी रचनाओं में प्रतिबिम्बित किया, परिणामतः साधारण जनता और व्यापक जन-समाज के बीच उन्हें उस स्तर की प्रतिष्ठा मिली, जिसका जिक्र हमने ऊपर किया है। इन तथा इन जैसे दूसरे सवालों के संतोषजनक हल हमें तभी मिल सकेंगे जब हम तुलसीदास तथा सगुण भक्ति सम्बन्धी पूर्वाग्रहों से मुक्त होकर उनके भीतर उतरेंगे।

मुक्तिबोध का यह कहना सही है कि उत्तर में भक्ति-आंदोलन का चरित्र निर्गुण भक्ति से सगुण भक्ति तक आते-आते वही नहीं रह गया था, जैसा कि अपने प्रादुर्भाव काल में और निर्गुण भक्ति की मुख्यता के समय वह था। उनका यह कहना भी सही है कि उत्तर में निर्गुण भक्ति के अन्तर्गत जिस प्रकार शूद्रों, अंत्यजों, हिन्दू-मुसलमानों की व्यापक भागीदारी रही, कालांतर में सगुण कृष्ण-भक्ति में वह सीमित हुई और सगुण राम-भक्ति तक आते-आते स्थिति यह हुई कि उसके अंतर्गत शूद्र अंत्यजों से या मुसलमानों से, एक भी महत्त्वपूर्ण रचनाकार सामने नहीं आ सका। किंतु इसके चलते निर्गुण भक्ति को स्वभावतः निर्दोष और प्रगतिशील मान लेना तथा सगुण भक्ति को सदोष तथा प्रतिक्रियावादी समझना सही नहीं होगा। जरूरत उत्तर में निर्गुण तथा सगुण भक्ति के साथ जुड़ी इस स्थिति के कारणों को तलाशने की है, न कि एकदम सरलीकरण करते हुए एक के चरित्र को प्रगतिशील तथा दूसरे के चरित्र को प्रतिक्रियावादी घोषित करने की। जिसे उत्तर में निर्गुण तथा सगुण भक्ति के रूप में प्रचारित किया गया, उनमें अनेक बुनियादी बातों की समानता है, सगुण भक्तिधारा में आगे चलकर सामाजिक तथा आर्थिक स्तर पर जिस वैचारिक

संकीर्णता का समावेश हुआ तथा अर्थशून्य विधि-विधानों तथा कर्मकाण्डों को जो प्रमुखता मिली उसका कारण अवतारवाद, धर्मशास्त्रों एवं पौराणिक आख्यानों के प्रति सगुण भक्तों की निष्ठा तो थी ही, निर्गुण भक्ति, के दौर में कमजोर हुई सामंती शक्तियों तथा अनेक राजनीतिक, सामाजिक, आर्थिक कारणों के चलते समाज में उच्च वर्गों के वर्चस्व का पुनरुत्थान भी था। उत्तर में सगुण भक्तिधारा के आविर्भाव तक निर्गुण भक्तिधारा अपनी ऐतिहासिक भूमिका पूरी कर स्वयं अनेक प्रकार की असंगतियों से ग्रस्त हो चुकी थी। निर्गुण भक्ति की ये असंगतियाँ एक ऐसे सामाजिक माहौल के निर्माण में सहायक बनीं जिसमें सगुण भक्ति को पनपने का पूरा अवकाश मिला; सगुण भक्तों ने इस नाजुक दौर में जनता के हृदय में विद्यमान शून्य को, और उसकी आशाओं-आकांक्षाओं को पहचानते हुए भक्ति की जो धारा बहाई, वह निर्गुण भक्ति के दौर के मनुष्य सत्य तथा सामाजिक क्रांतदर्शिता को झुठलाने के बावजूद तथा वेद-शास्त्रविहित समाज-व्यवस्था की हिमायत करने के बावजूद अनेक स्तरों पर साधारण जन की आशा-आकांक्षाओं से जुड़ी होने के नाते साधारण जन द्वारा न केवल स्वीकार्य हुई, उसके बीच लोकप्रिय भी हुई। समाज के प्रभु वर्ग के जो आचार-विचार, मान्यताएँ और विश्वास निर्गुण भक्ति के दौर में भक्ति-आंदोलन के ज्वार के समक्ष तिनकों की तरह ऊब-डूब करते हुए इधर-उधर बिखर गये थे, उस ज्वार के उतरते ही अनुकूल अवसर पाकर पुनः समाज की सतह पर आ गए और कालांतर में पुनः सामाजिक गतिविधियों तथा क्रियाशीलता के नियामक बन गए। सगुण कृष्णभक्ति में उसके मूलवर्ती विषय कृष्ण की लीलाओं के गायन के नाते, शास्त्रानुमोदित परम्परागत सामाजिक तथा धार्मिक विचारणा बहुत उदग्र होते हुए सामने नहीं आ पाई, किन्तु सगुण रामभक्ति में उसे फलने-फूलने का अवकाश मिला। अपने समय के सामाजिक माहौल की अव्यवस्था तथा दिशाहीनता को भांपकर गोस्वामी तुलसीदास ने रामानंद के राममंत्र को साधते हुए, रामभक्ति की जो स्रोतास्विनी बहाई, राम का और रामकथा का जो रूप जन समाज के सामने रखा, अनेक विद्वानों के अनुसार, उसके फलस्वरूप न केवल समाज बिखरने और बरबाद होने से बचा, उसे वह दिशा भी प्राप्त हुई, जिसकी उस समय उसे सख्त जरूरत थी।

आचार्य रामचंद्र शुक्ल इन विद्वानों में एक और सबसे महत्त्वपूर्ण हैं जिन्होंने मध्यकालीन समाज विशेषतः हिन्दू समाज को व्यवस्था देने, बिखर जाने से रोकने एवं सही दिशा बोध कराने का श्रेय गोस्वामी जी को दिया है, अपने पुष्ट और ठोस तर्कों के आधार पर जिनकी हम चर्चा करेंगे। शुक्ल जी

के अनुसार—"गोस्वामी तुलसीदास जी की आत्मा ने उस समय भारतीय जन-समाज के बीच अपनी ज्योति जगाई जिस समय नाना सम्प्रदायों की खींचतान के कारण आर्य धर्म का व्यापक स्वरूप आँखों से ओझल हो रहा था। एकांगदर्शिता बढ़ रही थी। जो एक कोना देख-पाता था वह दूसरे कोने पर दृष्टि रखने वालों को बुरा-भला कहता था। शैवों, वैष्णवों, शाक्तों और कर्मठों की तू-तू मैं-मैं तो थी ही बीच में मुसलमानों से अविरोध प्रदर्शन करने के लिए भी अपढ़ जनता को साथ लगाने वाले कई नाना पंथ निकल चुके थे, जिनमें एकेश्वरवाद का कट्टर स्वरूप, उपासना का नाटकीय रंग-ढंग, ज्ञान-विज्ञान की निंदा, विद्वानों का उपहास, वेदांत के दो-चार प्रसिद्ध शब्दों का अनधिकार प्रयोग आदि सब कुछ था, पर लोक की व्यवस्थित करने वाली वह मर्यादा न थी जो भारतीय आर्य धर्म का प्रधान लक्षण है। जिस उपासना-प्रधान धर्म का जोर बुद्ध के पीछे बढ़ने लगा, वह उस मुसलमानी राजत्वकाल में आकर, जिसमें जनता की बुद्धि भी पुरुषार्थ के ह्रास के साथ-साथ शिथिल पड़ गई थी, कर्म और ज्ञान दोनों की उपेक्षा करने लगा था। ऐसे समय में इन पंथों का निकलना कुछ आश्चर्य की बात नहीं। उधर शास्त्रों का पठन-पाठन कम लोगों में रह गया था। इधर ज्ञानी कहलाने की इच्छा वाले मूर्ख बढ़ रहे थे जो किसी 'सतगुरु के प्रसाद' मात्र से ही अपने को सर्वज्ञ मानने के लिए तैयार बैठे थे। अतः सतगुरु भी उन्हीं में से निकल पड़ते थे, जो धर्म का कोई एक अंग नोचकर एक ओर खड़े होते थे और कुछ लोग झाँझ-खँजड़ी लेकर उनके पीछे हो लेते थे। दंभ बढ़ रहा था। 'ब्रह्म ज्ञान बिनु नारि-नर कहहिं न दूसरि बात।' ऐसे लोगों ने भक्ति को बदनाम कर रखा था। भक्ति के नाम पर ही वे वेदशास्त्रों की निंदा करते थे, पंडितों को गालियाँ देते थे और आर्य धर्म के सामाजिक तत्त्व को न समझकर लोगों में वर्णाश्रम के प्रति अश्रद्धा उत्पन्न कर रहे थे। यह उपेक्षा लोक के लिए कल्याणकर नहीं। जिस समाज से बड़ों का आदर, विद्वानों का सम्मान, अत्याचार का दलन करने वाले शूर वीरों के प्रति श्रद्धा आदि भाव उठ जायँ, वह कदापि फल-फूल नहीं सकता। उसमें अशांति सदा बनी रहेगी।

भक्ति का यह विकृत रूप जिस समय उत्तर भारत में अपना स्थान जमा रहा था, उसी समय उत्तर भारत में भक्तवर गोस्वामी जी का अवतार हुआ जिन्होंने वर्ण-धर्म, आश्रम, धर्म, कुलाचार, वेद-विहित कर्म, शास्त्र-प्रतिपादित ज्ञान इत्यादि सब के साथ भक्ति का पुनः सामंजस्य स्थापित करके आर्यधर्म को छिन्न-भिन्न होने से बचाया। ऐसे सर्वांगदर्शी, लोक व्यवस्थापक महात्मा के लिए मर्यादा पुरुषोत्तम भगवान रामचंद्र के चरित्र से बढ़कर अवलम्ब और क्या

मिल सकता था।''

आचार्य शुक्ल का तत्कालीन समाज की दशा के बारे में यह अभिमत गोस्वामी जी द्वारा वर्णित कलियुग के आधार पर बना है जो गोस्वामी जी की सोच के साथ-साथ आचार्य शुक्ल की भी सोच को ज्ञापित करता है। हम कह चुके हैं कि आचार्य शुक्ल के संस्कारी मन पर हिन्दू आचार-व्यवस्था, आर्य धर्म की गहरी छाप है। विवेक पुष्ट मानस के तहत वे भिन्न सोच को अभिव्यक्ति देते हैं किन्तु संस्कार उन्हें अपनी जमीन पर ले आते हैं। बहरहाल, यह शुक्ल जी का अपना अभिमत है। आचार्य हजारी प्रसाद द्विवेदी का गोस्वामी जी और उनके समय के समाज से सम्बन्धित अभिमत भी उक्त अभिमत से बहुत भिन्न नहीं है, इतना जरूर है कि आचार्य द्विवेदी ने ये बातें एक तो विशेषतः गोस्वामी जी के साक्ष्य पर कहीं हैं दूसरे वे अपनी बात के प्रति उस गहरी संसक्ति को सूचित नहीं करते जो शुक्ल जी में हमें दिखाई पड़ती है। आचार्य द्विवेदी जी ने लगभग शुक्ल जी के तर्कों के आधार पर गोस्वामी जी को लोकनायक माना है। आचार्य द्विवेदी के अभिमत का ही कुछ ज़ायज़ा लें-

''तुलसीदास की जो पुस्तकें प्रमाणित मानी जाती हैं उनके देखने से स्पष्ट होता है कि जिस काल में उनका जन्म हुआ था उस समय उन्होंने जिस समाज को देखा था, वह बहुत ऊँचे आदर्शों पर नहीं चल रहा था।'' इसके उपरांत लगभग शुक्ल जी की कही बात को गोस्वामी जी के साक्ष्य पर अपने ढंग से प्रस्तुत करते हुए आचार्य जी का कहना है—''इस प्रकार तुलसीदास के युग में हिन्दुओं के समाज का फौलादी ढाँचा जहाँ एक तरफ अतिरिक्त सावधानी के कारण अधिकाधिक कसा जा रहा था, वहाँ उसी कसाव के परिणामस्वरूप धार्मिक और साहित्यिक क्षेत्र में यथास्थिति मर्यादा पर कस के चोटें भी की जा रही थीं।'' कुछ आगे चलकर आचार्य द्विवेदी का कहना है—''तुलसीदास को जो अभूतपूर्व सफलता मिली उसका कारण यह था कि वे समन्वय की विशाल बुद्धि को लेकर उत्पन्न हुए थे। भारतवर्ष का लोकनायक वही हो सकता है जो समन्वय करने का अपार धैर्य लेकर सामने आया हो।..........उन्हें लोक और शास्त्र दोनों का बहुत व्यापक ज्ञान प्राप्त था।...........लोक और शास्त्र के इस व्यापक ज्ञान ने उन्हें अभूतपूर्व सफलता दी। उसमें केवल लोक और शास्त्र का ही समन्वय नहीं है, वैराग्य और गार्हस्थ का, भक्ति और ज्ञान का, भाषा और संस्कृत का, निर्गुण और सगुण का, पुराण और काव्य का, भावावेग और अनासक्त चिंतन का, ब्राह्मण और चांडाल का, पंडित और अपंडित का समन्वय, रामचरितमानस के आदि और अन्त दो छोरों पर जाने वाली

पराकोटियों को मिलाने का प्रयास है। इस महान समन्वय का आधार उन्होंने रामचरित को चुना है। इससे अच्छा चुनाव हो भी नहीं सकता था।''

बातें वही है किंतु आचार्य द्विवेदी ने उन्हें कबीर तथा निर्गुण मत पर अपने लिखे हुए को ध्यान में रखते हुए सावधानीपूर्वक कहा है।

इन दो ख्यात विद्वानों के अलावा डॉ० रामविलास शर्मा हैं, जो मार्क्सवादी समीक्षा-जगत में अपनी खास हैसियत रखते हैं और गोस्वामीजी के विषय में अपने समान विचारों वाले दूसरे विद्वानों से भिन्न मत देने के नाते अलग से चर्चा के योग्य हैं। गोस्वामी तुलसीदास ही क्या, वस्तुतः परम्परा के मूल्यांकन को लेकर हिन्दी के मार्क्सवादी विद्वान शुरू से ही बहुत साफ दृष्टि साफ नहीं रखते रहे हैं, जिसके परिणाम भी अच्छे नहीं रहे। यह तो बहुत आगे चलकर परम्परा के मूल्यांकन को वैज्ञानिक और सचमुच मार्क्सीय आधार पर प्रतिष्ठा देने के प्रयास हुए, किन्तु दृष्टि अब भी पूरी तरह से निर्भ्रांत नहीं है। रामविलास शर्मा कदाचित अकेले मार्क्सवादी समीक्षक हैं—(अपनी पीढ़ी में) जिन्होंने गोस्वामी तुलसीदास पर एकांगिता तथा एकायामी होने का खतरा उठाते हुए भी प्रायः सकारात्मक ही लिखा है। एकांगी या एकायामी होना डॉ० शर्मा की समीक्षा दृष्टि की, विशेष रूप से व्यावहारिक समीक्षा में एक बड़ी सीमा है। यह मार्क्सवाद भी नहीं है, कारण मार्क्सवादी समीक्षा की बुनियादी प्रतिज्ञा अन्तर्विरोधों के बीच से वस्तु की पहचान है, अन्तर्विरोधों को ढककर वस्तु को देखना उसे अधूरा देखना या गलत देखना है। फिर भी डॉ० शर्मा मार्क्सवादी समीक्षा में अकेले हैं जिन्होंने एक पूरी की पूरी पीढ़ी को तैयार किया है, हिन्दी ही नहीं, भारतीय साहित्य के इतिहास का मंथन करते हुए साहित्य के स्थायी मूल्यों को परखा तथा पहचाना है। उस साहित्य की, हिन्दी साहित्य की उस विरासत को उद्‌घाटित किया है जिसके पीछे महान रचनाकारों की साधना रही है तथा जिसके संरक्षण की जरूरत है। यही नहीं, हमारे साहित्य की ह्रासशील परम्परा भी उनकी निगाह से ओझल नहीं हुई है और उसे रेखांकित करते हुए उन्होंने उसके प्रति हमें तथा आगामी पीढ़ियों को सावधान किया है। गोस्वामी तुलसीदास पर उनका लिखा भी हमारे लिये अतिशय मूल्यवान है। उनके जिन सकारात्मक पक्षों को उभारा है वे तुलसीदास के कृतित्व के वास्तव में जीवंत अंश हैं। उन्होंने तुलसी-साहित्य में सामंत-विरोधी मूल्यों को उजागर किया, गोस्वामी जी की किसान-संवेदना से हमें परिचित कराया, साधारण जन के साथ गोस्वामी जी के संवेदनात्मक एकात्म को उनकी सबसे बड़ी शक्ति के रूप में विज्ञापित किया, मनुष्य के नाना रूपों को उद्‌घाटित करने वाली गोस्वामी जी की बारीक निरीक्षण क्षमता तथा उनके

सक्षम तथा शक्तिशाली काव्यत्व के प्रति हमारा ध्यान आकर्षित किया। गोस्वामी जी के साहित्य को परखने की नई दृष्टि उन्होंने हमें दी, जिसके लिए हमें उनके प्रति कृतज्ञ होना चाहिए। डॉ० शर्मा की सीमा वहाँ है जहाँ वे गोस्वामी जी के विचारों तथा उनकी रचनाशीलता के नकारात्मक पक्षों के प्रति या तो मौन दिखायी पड़ते हैं अथवा उनका कमजोर 'डिफेंस' प्रस्तुत करते हैं। उनकी यह सीमा उनकी व्यावहारिक समीक्षा में प्रायः हमें दिखायी पड़ती है। दिलचस्प तथ्य यह कि परम्परा के मूल्यांकन में अनेक स्थलों पर एकांगी हो जाते हुए भी डॉ० शर्मा ही एक मात्र समीक्षक हैं जिन्होंने हमें परम्परा के मूल्यांकन की सही दृष्टि भी दी है, सिद्धांत के स्तर पर। जहाँ तक अन्य मार्क्सवादी समीक्षकों—विशेषतः रामविलास जी की पीढ़ी के मार्क्सवादी समीक्षकों का सवाल है, हमने संकेत किया है कि परम्परा के मूल्यांकन को लेकर उनका नजरिया बहुत साफ नहीं रहा है जिसके दुष्परिणाम भी सामने आए हैं। मसलन रांगेय राघव हों, शिवदान सिंह चौहान हों, यशपाल हों या अन्य गोस्वामी तुलसीदास उनके मूल्यांकन में एक प्रतिक्रियावादी रचनाकार के रूप में ही हमारे समक्ष उजागर हुए हैं—धर्म की अफीम से जनता को, भोली-भाली अशिक्षित जनता को भरमाने वाले प्रतिक्रियावादी विचारों का प्रचार करने वाले, वर्ण, धर्म-आश्रमों की व्यवस्था के हिमायती, वेद-शास्त्रविहित परम्परागत आचार-विचारों के आग्रही, ब्राह्मणवादी दकियानूस तथा महंत। किसी ने भी तुलसीदास के सामाजिक विचारों, उनकी सोच की सीमाओं को उजागर करने के साथ-साथ इस सवाल से टकराना जरूरी नहीं समझा कि आखिर जनता के मन-मस्तिष्क पर गोस्वामी तुलसीदास की जो गहरी पकड़ तथा पहुँच है, उसका राज क्या है, गोस्वामी जी की रचना के कालजयी होने का रहस्य क्या है, सीमाओं के होते हुए उनकी शक्ति के भी कोई आयाम हैं और यदि हैं तो वे क्यों और कहाँ हैं? जरूरत मध्यकालीन समाज के संदर्भ में उनकी रचनाशीलता के वैज्ञानिक मूल्यांकन की थी, न कि उन्हें तथा उनकी रचनाशीलता को उनके युग से काटकर अपने युग में ले आने तथा अपनी मानसिकता के बरक्स उन पर टिप्पणी करने की। जरूरत गोस्वामी जी की सोच की सीमाओं को उजागर करते हुए उनकी रचनाशीलता के उस समर्थ पहलू को भी उजागर करने की थी जहाँ उनकी सोच का सकारात्मक प्रतिफलन भी हुआ है। प्रसन्नता की बात है कि मार्क्सवादी समीक्षकों के बाद की पीढ़ी ने यह कार्य किया-परम्परा के मूल्यांकन को अपनी सबसे बड़ी जिम्मेदारी समझते हुए अपेक्षित संजीदगी, वस्तुनिष्ठता और खुलेपन के साथ 'तुलसी : आधुनिक वातायन से' नामक अपनी किताब में डॉ० रमेश कुन्तल मेघ ने और

'लोकवादी तुलसीदास' में विश्वनाथ त्रिपाठी ने। मध्ययुग के समूचे संदर्भ में गोस्वामी जी को रखकर देखते हुए डॉ० मेघ ने उनके विषय में यह साहसपूर्ण किन्तु नितान्त वस्तुनिष्ठ टिप्पणी की कि "जब वे समाज के पूरे रंगमंच को देखते-देखते तथा भोगते-भोगते यथार्थवादी एवं व्यावहारिक भी हो जाते हैं (दोहावली, कवितावली हनुमानबाहुकादि) तब वे कलि-काल की गर्दन मरोड़ देते हैं। अपने जीवन के परवर्ती चरण में तुलसी आध्यात्मिक और स्वप्नद्रष्टा के बजाय धार्मिक और यथार्थ द्रष्टा हुए हैं। उन्होंने अन्ततः घोषित ही किया कि सारे समाज तंत्र का आधार 'पेट' अर्थात् आर्थिक शक्ति है (कवितावली)। यह उनके समाज-दर्शन की महत्तम सिद्धि है जो उन्हें कबीर तक से बहुत आगे ले जा सकती है। आर्थिक दरिद्रता को इतना भोगने-समझने वाला मनुष्य, दरिद्रता के सामाजिक परिणामों को इतना सटीक विश्लेषित करने वाला समाज-पुरुष और दरिद्रता से इतनी प्रगाढ़ नफरत करने वाला लोककवि, तुलसी के अलावा सारे मुस्लिम मध्यकाल में दूजा नहीं है।" ऐसा नहीं है कि डॉ० मेघ ने तुलसीदास की वर्णाश्रयी, वेदशास्त्र विहित मर्यादा-प्रधान सामाजिक सोच को उजागर न किया हो। उन्होंने गोस्वामी जी की सामाजिक सोच के इन पहलुओं पर जमकर खुलासा किया है और उनके युग-संदर्भों को उन्होंने विश्लेषित भी किया है। किन्तु मूल्यांकन की मार्क्सवादी दृष्टि को सही रूप में पेश करते हुए उन्होंने गोस्वामी जी के मन तथा उनकी रचना के उन पहलुओं को भी उभारा है जहाँ वे लोक से, उसके सुख-दुख से, साधारणजन की आशा-आकांक्षाओं से, एक प्राण तथा एक मन होते हैं, अन्याय की धज्जियाँ उड़ाते हैं, पाखंडियों का पर्दाफाश करते हैं, धर्म की ध्वजा उठाकर चलने वाले धूर्त्तों को बेनकाब करते हैं और सीधे लोकचित्त में उतरकर उसे प्रतिबिम्बित करते हैं। उनके मन, उससे प्रेरित उनकी रचना के सकारात्मक तथा नकारात्मक दोनों पहलुओं का जायजा लेते हुए, उन्हें उनके युग के बीच रखकर उनकी शक्ति तथा सीमाओं की पहचान करते हुए तब डॉ० मेघ उन पर कोई निर्णायक रायजनी करते हैं। महज इस आधार पर गोस्वामी जी को खारिज कर देना कि वे अपने युग की विचारधारा का समाज के प्रभुत्वशाली वर्ग की विचारधारा का अतिक्रमण नहीं कर पाते, कि वे धर्म तथा धर्म-आधारित परंपरागत विचार-व्यवस्था हे हामी हैं, कि वे राम के ईश्वरत्व का जादू साधारण जनता के भोले-भाले अज्ञानी मन पर थोपते हैं, और इस तथ्य को नजरंदाज करना कि उनमें अंतर्विरोध भी हैं, वे संवदेनशील, करुणार्द्र, साधारण जन से संवेदनात्मक एकात्म रखने वाले,द्रष्टा तथा यथार्थनिष्ठ रचनाकार एवं भक्त भी हैं, मूल्यांकन का सही नजरिया नहीं माना जा सकता।

डॉ० विश्वनाथ त्रिपाठी ने अपनी किताब में गोस्वामी जी के सकारात्मक पहलुओं को उनकी परम्परागत सोच तथा पुरातनपंथी मानसिकता के बीच तलाश किया है। जरूरत गोस्वामी जी हों, अथवा मध्यकाल के अन्य संत तथा भक्त, उनके इसी वस्तुनिष्ठ मूल्यांकन की है। खेद का विषय है कि हिन्दी में अभी भी गोस्वामी जी या उनके रामचरितमानस के नाम मात्र से विह्वल होकर उनकी चर्चा करने वाले तथाकथित समीक्षकों का ही बाहुल्य है, उनके युग के तथा स्वतः उनके वैचारिक अंतर्विरोधों के बीच से उनकी सीमाओं तथा उनकी शक्ति की पड़ताल करने के प्रयास कम हुए हैं। यह कार्य, परम्परा के सही मूल्यांकन का कार्य मार्क्सवादी समीक्षकों के कार्यभार का हिस्सा है, कारण वही इसे अंजाम दे सकते हैं और वस्तुतः मध्यकाल के संत और भक्त कवियों पर वस्तुनिष्ठ मूल्यांकन उन्हीं के द्वारा हुआ भी है, परंपरा की संरक्षा वही कर सके हैं। वैज्ञानिक दृष्टिकोण के अभाव में भाववादी दृष्टि से किए गए संत-भक्त कवियों तथा तुलसीदास के मूल्यांकन का ही परिणाम है कि गोस्वामी जी आज अपनी शक्ति के सही संदर्भों से वंचित पंडा-पुरोहिती मानसिकता द्वारा इस्तेमाल किए जा रहे हैं, धर्म के अधिष्ठाता उनका व्यवसाय कर रहे हैं।

गोस्वामी जी के मूल्यांकन में सरलीकरण से बचने की भी जरूरत है। इस सरलीकरण के शिकार अपने को प्रगतिशील मानने वाले लोग भी हुए हैं। यह तो डॉ० मेघ हैं जो साहस के साथ किसी बिन्दु पर गोस्वामी जी को कबीर से आगे बढ़ा हुआ घोषित कर सके अन्यथा प्रगतिशीलों की आमधारणा के तहत गोस्वामी जी कबीर से आगे तो क्या, उनके समकक्ष भी नहीं माने गए।

कबीर जिस समाज के अंग थे, जिस परिवेश में उनका लालन-पालन हुआ, उनके मन-मस्तिष्क पर उस समाज और उस परिवेश के गहरे निशान हैं; सामाजिक भेद-भाव, सामाजिक अपमान और चली आ रही समाज-व्यवस्था के तहत जो नरक कबीर के वर्ग, वर्ण, जाति तथा सम्प्रदाय को मिला था, उसके दंश को उन्होंने साक्षात् भोगा और सहा था। उनका संस्कारी होना तो दूर चालू मान्यता के अनुसार वे संस्कार-च्युत थे। वे पढ़े-लिखे भी नहीं थे, ज्ञानी और पंडित होना तो दूर की बात। फिर भी कबीर को पं० हजारी प्रसाद द्विवेदी ने, हमने तथा हमारे जमाने ने जिस रूप में पहचाना वे परम्परागत पंडिताई और ज्ञान का बोझ ढोने वालों से कई गुना वास्तविक पंडित और ज्ञानी निकले, पोथी पढ़ने वालों की तुलना में आँखों देखे यथार्थ के गहन द्रष्टा निकले, समूचे मध्यकाल में अपनी बिरादरी के संतों के साथ, उन तमाम लोगों का विरोध करते हुए जो मनुष्य के वर्ग, वर्ण, धर्म, जाति और सम्प्रदाय में बाँटकर देखते थे, एकमात्र मनुष्य-सत्य के, इंसानियत और

इंसानी संस्कृति के, एक मात्र प्रवक्ता होकर सामने आए, समन्वय की सारी समझौतापरस्ती को ठुकराते हुए एक मानव-धर्म की दुहाई देने वाले बने, जिन्होंने परंपरागत समाज-व्यवस्था की बुनियाद पर वर्णाश्रमी मानसिकता पर प्रहार पर प्रहार करते हुए अपने वजूद का परिचय दिया, प्रचलित धर्मों के साथ जुड़े सारे कर्मकाण्डों, रीतियों-नीतियों, आचार-विश्वासों को लानत मानी। यह सब कबीर का उनके चिंतन और उनकी रचनाशीलता का सबसे उज्ज्वल पहलू है, हमारी और हम जैसों की स्थायी विरासत है। गोस्वामी तुलसीदास से, विचारों की इस जमीन पर, सामाजिक आदर्शों के इस स्तर पर कबीर बहुत आगे हैं। किंतु जिस तरह अपनी तमाम परंपरागत सोच के बावजूद गोस्वामी जी के चिंतन और उनकी रचनाशीलता के शक्तिशाली भास्वर पहलू भी हैं, उसी प्रकार अपनी तमाम सामाजिक अग्रगामिता के बावजूद कबीर के चिंतन की, उनकी रचनाशीलता की अपनी सीमाएँ तथा अन्तर्विरोध भी हैं हमें उन्हें भी नजरंदाज नहीं करना चाहिए। विचारों के अनेक बिन्दुओं पर गोस्वामी जी और कबीर समान भी हैं—एक जैसी सोच वाले गोस्वामी जी की नारी के प्रति अनुदार दृष्टि की जितनी चर्चा है कबीर के नारी-सम्बन्धी विचारों पर लगभग कोई भी टिप्पणी नहीं की गई है। जबकि कबीर के आध्यात्मिक चिंतन में नारी का न केवल कोई वजूद नहीं है, वह हेय मानी गई है। पतिव्रता तथा सती नारी पर कबीर तथा गोस्वामी जी समान रूप से मुग्ध हैं। गोस्वामी जी में यदि नारी की निंदा है तो नारी चरित्रों का उज्ज्वल आख्यान भी, उनके यहाँ नारी अपने सभी रूपों में—माँ, भगिनी, बेटी, पत्नी, प्रेमिका—हमसे मुखातिब होती है और हमें संवेदनात्मक स्तर पर अपने से जोड़ती भी है। कबीर के यहाँ ऐसा नहीं है। उनके यहाँ रहस्यवाद भी है, संसार को माया और मिथ्या मानने वाला तत्त्व-चिन्तन भी है, दर्शन तथा अध्यात्म के स्तर पर परंपरागत सोच का वही स्वीकार है जैसा गोस्वामी जी में है। फिर, जहाँ तक कविता का सवाल है, मनुष्य के इंद्रिय बोध की बारीकियों और विविधिता का, मनुष्य के भाव-जगत की गहराई, व्यापकता और उसमें होने वाले उद्वेलनों का सवाल है, गोस्वामी की कविता कबीर से बहुत आगे की चीज है। वह जीवन की समग्रता की कविता है, संसार-सागर की रूप-तरंगों में हिलोरें लेने वाली कविता है, वहाँ सब कुछ दृश्य बनकर सामने आया है, वह हमारे जीवन-साक्षात्कार की कविता हैं, हमारे राग-द्वेष, हमारे अपने सुख-दुःख, हमारे अपने अनुभवों में रची-पगी कविता है। कबीर के यहाँ कविता का संसार सीमित है। कबीर की कविता उनके भक्ति-सम्बन्धी पदों में उनके भक्ति-भाव को पारदर्शी रूप में प्रस्तुत करती है, उसके अलावा उसमें मात्र विचारों का ही बाहुल्य है, वे

कितने भी उदात्त क्यों न हों और यह हम सब जानते हैं कि कविता मात्र विचार नहीं हुआ करती। यह कबीर के काव्यत्व की सीमा है। अपनी सामाजिक सोच में वे तुलसी से आगे हैं—पर कविता जहाँ मानव-जीवन की समग्रता अथवा जीवन के व्यापक भावबोध और इंद्रियबोध से जुड़कर ही कविता बनती है, वहाँ कुछ तो सगुण कविता की अपनी प्रकृत शक्ति के नाते और कुछ गोस्वामी जी की अपनी भाव-प्रतिभा के नाते कबीर तुलसी से आगे क्या, उनकी समकक्षता भी नहीं पाते।

कबीर और तुलसी की तुलना यहाँ हमारा इष्ट नहीं है, जो कुछ ऊपर कहा गया है, वह प्रसंगवश ही कहा गया है।

तुलसी ने सगुण रामभक्ति की कविता रची है। उनके समय के जिस समाज का हवाला उनकी कविता के साक्ष्य पर आचार्य शुक्ल और आचार्य द्विवेदी ने दिया है उसकी बारीक छानबीन में न जाकर हम इतना अवश्य कहना चाहेंगे कि सगुण भक्ति-धारा को जनता में जो व्यापक समर्थन मिला, उसका एक महत्त्वपूर्ण कारण उस समय की सामाजिक स्थिति जरूर थी—निर्गुण भक्ति के परवर्ती दौर में, उसके कारण उत्पन्न सामाजिक विसंगतियाँ भी उसके मूल में थीं। अलख और अरूप की तुलना में जो लक्षित है, रूप तथा गुण सम्यक है उस पर ध्यान केन्द्रित करना सरल होता है। निर्गुण अनुभव और अनुमान का विषय है। सगुण अपने रूप गुण के साथ साक्षात् सामने है। फिर कबीर पहुँचे हुए संत तथा साधक हो सकते हैं, किन्तु उनके समय में तथा उनके बाद सचमुच समाज में छद्म साधकों तथा साधनाओं की ऐसी बाढ़ आई, इलहामी लोगों का इतना बड़ा जमाव हो गया कि साधारण और अज्ञ जनता उनके प्रभाव में दिग्भ्रमित होने लगी। आज के हमारे युग में जब इलहामी बाबाओं की एक पूरी की पूरी जमात, तंत्र-मंत्र, टोना-टोटका करने वालों की एक पूरी की पूरी बिरादरी पढ़ी-लिखी जनता को बेवकूफ बना रही है, ठग रही है, तो मध्यकाल में इनके चलते कैसी सामाजिक अव्यवस्था उत्पन्न हो गई होगी, इसका सरलता से अनुमान किया जा सकता है। धर्म तथा भक्ति के नाम पर होने वाले अतिचारों के इस माहौल में, त्रस्त जनता के मन-प्राणों को शीतल करने, उनकी धार्मिक-आध्यात्मिक भूख को शांत करने हेतु सगुण भक्त कवियों ने जब ईश्वर के सगुण-साकार रूप को उनके लोकरंजक तथा लोकरक्षक के रूप को उनके क्रिया-कलापों के साथ, सामने रखा, तो साधारण जनता का सगुण भक्तिधारा की ओर उन्मुख हो जाना स्वाभाविक ही माना जाएगा। यह सच्चाई है जिसे हमें स्वीकार करना होगा। सगुण भक्ति के जनता के बीच अपना स्थान बना लेने के उपरांत, उसके साथ कुछ पक्षों के

नाते समाज में परंपरागत धार्मिक-सामाजिक रूढ़िवाद को ताकत मिली, अर्थ-शून्य और आडंबर-प्रधान, जर्जर कर्मकाण्ड तथा रीति-नीति, आचार-विश्वास प्रचलित और दृढ़ हुए, साधारण जनता के भोले-भाले मन को भरमाया गया, उच्च वर्गों द्वारा सगुण भक्ति का इस्तेमाल समाज में पुनः अपना और अपनी सोच का वर्चस्व कायम रखने के लिए किया गया, यह और बात है, परंतु वास्तविकता यह है कि सगुण भक्ति के आविर्भाव की परिस्थितियाँ तत्कालीन परिवेश के बीच ही विद्यमान थीं, और उसे आना ही था।

जहाँ तक गोस्वामी तुलसीदास का सवाल है, इसे उनके मूल्यांकन की विडंबना या एकांगिता ही कहा जाएगा कि उन पर जो रायजनी होती है, आम तौर से मात्र उनके 'रामचरित मानस' को केन्द्र में रखते हुए, जबकि हम सब जानते हैं कि 'रामचरित मानस' उनकी अकेली रचना नहीं है, छोटे-बड़े महत्त्वपूर्ण और कम महत्त्वपूर्ण एक दर्जन के लगभग उनकी प्रामाणिक रचनाएँ हैं। इन रचनाओं की समग्रता में तुलसीदास को देखना ही उन्हें समूचेपन में देखना है। यदि कालक्रमानुसार उनकी कृतियों तथा उनमें प्रतिबिम्बित उनके कवि-रूप पर विचार करें तो हम पायेंगे कि अपनी पूर्ववर्ती कृतियों में वे आध्यात्मिक और स्वप्नद्रष्टा ज्यादा हैं, जबकि परवर्ती कृतियों में डॉ० मेघ के अनुसार धार्मिक और यथार्थ द्रष्टा। कवितावली, दोहावली जैसी कृतियों के अलावा 'हनुमानबाहुक' जैसी अपनी परवर्ती रचना तक आते-आते तो ऐसा प्रतीत होता है मानो 'मानस' के रामराज्य का स्वप्नद्रष्टा यथार्थ की कटुता का सीधे साक्षात्कार कर रहा हो, स्वप्न से उसका मोहभंग हो चुका हो। यह सही है कि गोस्वामी जी बाहुक में भी राम पर अपनी आस्था नहीं छोड़ते किन्तु व्यक्तिगत शारीरिक यातना से मुक्ति दिलाने में असमर्थ उनके राम और उनके हनुमान, उनके द्वारा चित्रित अपनी सारी सामर्थ्य के बावजूद उन्हीं की नजरों में उन्हें सामर्थ्यहीन लगने लगते हैं। वात कष्ट हो अथवा बलतोड़, उसकी पीड़ा तथा यातना को भोगते हुए गोस्वामी जी की आर्त्त पुकार को उनके पदों में सुनकर ऐसी अनुभूति होती है मानो अपने घर में ही हमारा अपना ही कोई बुजुर्ग पीड़ा से कराह और चिल्ला रहा हो। इन पदों में गोस्वामी जी जीवन यथार्थ के भोक्ता और द्रष्टा बनकर सामने आते हैं—रामराज्य का स्वप्न देखने वाले के रूप में नहीं। गोस्वामी जी के ये पद हमें उनके और दिखाने उन पदों से अधिक जीवंत लगते हैं, जहाँ वे अपने सामाजिक मिशन के तहत एक मिशनरी के रूप में हमसे मुखातिब होते हैं।

"आपने ही पाप तैं, त्रिताप तें कि साप ते बढ़ी है बाहु-वेदन कही न सहि जात है।
औषध अनेक जंत्र-मंत्र टोटकादि किए, बादि भए देवता मनाए अधिकाति हैं।

करतार, भरतार, हरतार, कर्म, काल को है जग-जाल जो न मानत इताति है,

चेरो तेरो तुलसी, तू मेरो, कह्यो रामदूत, ढील तेरी वीर मोहिं पीर तैं पिराति है।''

वस्तुतः गोस्वामी जी की सफलता का बहुत महत्त्वपूर्ण कारण उनकी लोकचित्त सम्बन्धी अभिज्ञता है, साधारण जनता के मनोविज्ञान तथा सामाजिक आचरण की उनकी समझ है, उनके अपने व्यक्तिगत जीवन के गहरे अनुभव हैं, और इन सबको भक्ति तथा कविता से सम्यक रूप में जोड़ पाने की उनकी रचना-सामर्थ्य है। ऊपर से देखने में बातें आसान लग सकती हैं जबकि ये आसान हैं नहीं। समूचे जीवन की साधना से ही इन्हें उपलब्ध किया जा सकता है, और गोस्वामी जी की साधना ऐसी ही साधना थी। कवितावली तथा अन्यत्र अपने प्रारम्भिक जीवन के जो चित्र उन्होंने प्रस्तुत किए हैं वे सूचित करते हैं कि कितनी कठोर दरिद्रता, अपमान, सामाजिक लांछना, और तिरस्कार झेलते हुए उन्हें जिन्दगी का एक-एक कदम नापना पड़ा था। यही कारण है कि उनकी रचनाओं में लोक-जीवन के चित्र जो साधारण जन के अपने अनुभवों के दायरे के भीतर हैं, तथा लोक मन की जो अभिव्यक्ति हुई है, उसमें भी उनकी उतनी ही अंतरंगता है। शुक्लजी ने गोस्वामी जी के काव्यतत्त्व की गहरी और सार्थक छानबीन की है तथा यह बिल्कुल सही कहा है कि लोक हृदय की अपनी पहचान में गोस्वामी जी अद्वितीय हैं। राम वन-गमन के समय ग्राम-वधुओं का सीता से राम की ओर इंगित करते हुए यह पूछना कि ये तुम्हारे कौन हैं और सीता का मात्र देह-भाषा के स्तर पर उन्हें सब कुछ बता देना, साधारण जन के मनोविज्ञान तथा सामाजिक व्यवहार के प्रति गोस्वामी जी की अंतरंग जानकारी का प्रमाण है। स्मरण रहे कि सीता का देह-भाषा के स्तर पर ग्राम-बंधुओं से सब कुछ कह देना राजसी व्यवहार का निदर्शन न होकर लोक-व्यवहार, ग्रामीणजनों की मर्यादा तथा सामाजिक आचरण का ही सूचक है। गोस्वामी जी पंडित थे, कला-विदग्ध थे किन्तु भीतर कहीं एक नितांत गँवई मन के भी स्वामी थे। उनके गँवई संस्कार, उनकी भाषा का गँवई लहजा, उसमें रची-पगी लोक रस की मिठास, उनकी लोकप्रियता का राज है। सुख अथवा दुख के अवसरों पर जैसी उक्तियाँ साधारण जनों के मुँह से सहज ही फूटती हैं, गोस्वामी जी उनकी अंतरंगता से वाकिफ थे। उनके रामचरित मानस तथा दूसरी कृतियों में ढेरों उक्तियाँ ऐसी हैं जिन्हें अपढ़ से अपढ़ जन सुख-दुख के क्षणों में बरबस दुहरा देते हैं। उनके मन-मस्तिष्क में वे जैसे सदा-सदा के लिए नक्श हो गई हैं—

'खेती न किसान को, भिखारी को न भीख,
बलि, बनिक को बनिज न, चाकर को चाकरी
जीविका विहीन लोग सीद्यमान, सोच बस
कहैं एक-एकन सों, कहाँ जाईं, का करीं?'

विपत्ति तथा दुख के क्षणों में साधारण ग्रामीण जनों के मुख से 'कहाँ जाईं, का करीं' की यह विवशता तथा निराशा गर्भित उक्ति आसानी से सुनी जा सकती है।

अन्यथा क्या कारण है कि रामकथा लिखकर गोस्वामी जी करोड़ों लोगों के कंठहार हो गए, जबकि रामकथा ही लिखने वाले आचार्य कवि केशव को पुस्तकालयों में ही स्थान मिल सका। यदि रामचरित ही काव्य है और जैसा कि मैथिलीशरण जी की उक्ति है कि उसे कहकर कोई भी सहज ही कवि बन सकता है तो फिर करने को रह ही क्या जाता है। राम के चरित पर ऐसी सहज कविताई करके कवि कहलाने वाले लोग होंगे, किन्तु गोस्वामी जैसी लोकप्रियता शायद इतनी सहज लब्ध नहीं है। होती तो अधिक पंडिताई से उसे लिखने वाले केशव जरूर गोस्वामी जी को पछाड़ देते। वे, उन्हें पछाड़ना तो दूर उनकी लोकप्रियता को छू भी नहीं सके, इसका कारण यह है कि उन्होंने रामकथा अपने पांडित्य के प्रदर्शन के लिए पंडित-वर्ग और कला-रसिकों के लिए, राज दरबार में रहकर लिखी, साधारणजन की जहाँ पहुँच भी संभव न थी, और केशव से बड़े पंडित होते हुए भी गोस्वामी जी ने उसे जनता के बीच बैठकर जनता की भाषा, उसके लहजे और उसके मन से जोड़कर साधारण के लिए लिखा, राजदरबार को लानत मानते हुए लिखा, यह और बात है कि पंडितजन और कला-रसिक भी उसके जादू से बच नहीं पाए :

'हम चाकर रघुबीर के पटौ लिखौ दरबार,
तुलसी अब क्या होहिंगे नर के मनसबदार।'

नर की मनसबदारी को, छोटे-मोटे राजा-नवाब की नहीं, शाहंशाह अकबर की मनसबदारी को लानत मानने वाले ये गोस्वामी जी ही हो सकते हैं भक्ति-आंदोलन की चेतना से जुड़े संत और भक्त ही हो सकते हैं। प्राकृत जनों पर एक भी पंक्ति न लिखने का हठ, शाहंशाहों की मनसबदारी को लानत मानने का भाव उसी में आ सकता है जिसकी जड़ें जनता के बीच गहरी से गहरी गई हों। धरती पर गहरी जड़ें रोपने वाला वृक्ष ही सिर ऊँचा करके खड़ा हो सकता है, बड़े-बड़े झंझावातों का सामना कर सकता है। गोस्वामी जी ऐसे ही ऊँचे

छतनार वृक्ष थे। उनकी शक्ति का स्रोत जनता थी, उनकी आस्था का आलंबन राम थे। राम के अलावा कोई नहीं। उनका मस्तक राम के सिवा किसी के समक्ष नत नहीं हुआ, कोई भी प्रलोभन उन्हें नहीं भरमा पाया। जनता के प्रेम और राम की निश्छल-निःस्वार्थ भक्ति के बूते पर वे सुख से पाँव-पसार कर सोए, निश्चित मन, निश्चित प्राण। गोस्वामी जी की सामाजिक सोच के तमाम पहलुओं से हमारा मतभेद हो सकता है, उन्हें हम निःसंकोच उनकी सोच और उनके युग की सीमा के रूप में रेखांकित करते हैं, किन्तु उनके इस जादू को जो जनता के सर पर चढ़कर बोला है हम नहीं नकार सकते। हमें उनकी रचनाशीलता के भीतर से उनके इस गुर को पहचानना है, उनकी इस ताकत का अंदाजा लेना है, जन-साधारण के प्रति उनके संवेदनात्मक लगाव से सीखना है। जनता से जुड़ने की बातें सब करते हैं किन्तु जनता से जुड़ना कहते किसे हैं, इसे हमें गोस्वामी जी बताते हैं, वे संत तथा भक्त बताते हैं जो जनता के लिए और जनता के उज्ज्वल भविष्य की सदिच्छा लिए मरे। और सदा-सदा के लिए जनता के दिलों में अमर हो गए। निश्चय ही जनता के बीच तुलसीदास की लोकप्रियता का आधार महज साधारण जनता का पिछड़ापन और उसकी मध्यकालीन मानसिकता ही नहीं है। ऐसा मानना आत्म-प्रवचंना के अलावा और कुछ नहीं होगा। हमें मानना होगा कि तुलसीदास कहीं न कहीं किसी न किसी स्तर पर इस जनता के मन-प्राणों को गहराई में जाकर छूते हैं, उसे ऐसी परितृप्ति प्रदान करते हैं जो न तो उनके अपने समय का कोई रचनाकार उसे दे सका न बाद के समयों का। हमें इस तथ्य को स्वीकार करना होगा।

हमने कहा है कि गोस्वामी को समूचेपन में समझने के लिए हमें उनके समूचे कृतित्व के बीच से उन्हें समझना होगा। 'मानस' उनकी सबसे लोकप्रिय रचना भले हो, वह उनकी एक मात्र रचना नहीं है। परवर्ती रचनाओं में वे, जैसा कहा गया, स्वप्नद्रष्टा के बजाय यथार्थनिष्ठ अधिक हैं। मानस कथा-काव्य है, उसमें विविध प्रकार के चरित्र हैं, भावों और मनोदशाओं का वैविध्य है, कथाएँ और कथाओं की अंतर्धाराएँ हैं, नाना पुराण निगम और आगमों का सार है तथा 'कुछ और' भी है अर्थात् राम के रूप की वह कल्पना है जो न वाल्मीकि दे सके हैं न भवभूति तथा उनके अन्य पूर्ववर्ती। वह तुलसी की अपनी मौलिक देन है, जहाँ राम ईश्वर भी हैं, ब्रह्म भी, मर्यादा पुरुषोत्तम भी और अयोध्या के राजकुमार, रावण जैसी शक्ति के हंता, किसी के पति, किसी के मित्र, किसी के भाई, किसी के सेवक, किसी के स्वामी और किसी के पुत्र। ईश्वरीय रूप के साथ मानवीय रूप और मानवीय नाते-रिश्तों में वैधी

राम की इस संश्लिष्ट छवि को तुलसी ने अपनी कल्पना, अपनी आस्था और साधारण जनता की राम के प्रति मनोभावना से एकमेक करके अद्भुत रूप से गढ़ा है। राम के साथ यहाँ एक पूरा का पूरा समाज है अयोध्या में भी, चित्रकूट में भी और वन में भी। मित्र-समाज भी और शत्रु-समाज भी। गोस्वामी जी ने इन सबको लेकर बुनी गयी अपनी कथा में अपनी सामाजिक दार्शनिक सोच को इस तरह घुला-मिला दिया है कि उससे पृथक उनकी कथा का अपना कोई वजूद ही नहीं रह जाता। उनकी रामकथा को उनकी सामाजिक, दार्शनिक, धार्मिक, राजनीतिक सोच और आस्था के साथ समग्रतः ही आस्वाद का विषय बनाया जा सकता है। यही उनकी कीमियागरी है जो जनता के मस्तिष्क में जादू की तरह उतरी है, वे बड़े विश्वास के साथ जनता को अपने साथ शुरू से अंत तक लेते चले हैं। सही है कि उनका प्रतिपाद्य उनकी यह कीमियागरी ऐसे प्रभावों के साथ जनता के मन-मस्तिष्क में उतरी है जो चली आ रही व्यवस्था के प्रति उसे भावुक बनाते हैं, उसे अपने रंग में रंग लेते हैं, व्यवस्था की तमाम असंगतियों, अमानवीयताओं को ढक लेते हैं और बहुत से लोगों को छूट देते हैं कि वे उनके अपने आशयों के खिलाफ भी अपने आशयों में उसका इस्तेमाल करें। किन्तु मात्र इस कारण हमें तुलसीदास को खारिज करने की जरूरत नहीं है। गोस्वामी तुलसीदास में ही हमें उस तुलसीदास को तलाशना और उभारना है—भक्ति-आंदोलन की प्रशस्त चेतना के साथ जो इसी रामकथा में विद्यमान है, और उस दूसरे तुलसीदास को भी पहचानना और रेखांकित करना है जहाँ वह परंपरागत आर्यशास्त्रानुमोदित व्यवस्था और विधि-विधानों को सनातन मानते हुए उसके तहत सर्जनशील है और प्रभावी भी है। तुलसीदास के अपने कृतित्व में ही उनके अपने व्यक्तित्व का यह जो द्वित्व है, एक जो अपने युग और समय की सीमा को लाँघकर मनुष्य मात्र तक अपनी संवेदना को समान स्तर पर बाँटता है, दूसरा जो अपने युग तथा पुरातन युग की सोच का अतिक्रमण न कर पाते हुए स्वतः सीमाबद्ध हो जाता है और मनुष्यता के उपरले वर्गों के हित में ऐसी उक्तियाँ करता है जो उसके पहले रूप के विरुद्ध जाती हैं। कहने का तात्पर्य यह है कि गोस्वामी जी के कृतित्व के भीतर से हमें अपनी पहचान के तुलसीदास को पाना है। तुलसीदास और उनकी रचनाशीलता हमारी विरासत है परंतु हमें अपने आलोचनात्मक विवेक को जागृत रखते हुए उस विरासत के उसी अंश को अपने साथ आगे ले चलना है जो सामाजिक प्रगति की हमारी प्रशस्त आकांक्षाओं के साथ जुड़ा है, और जाहिर है कि प्रभूत मात्रा में गोस्वामी जी की समूची रचनाशीलता में ऐसे तत्त्व हैं। उनकी रचनाशीलता का जो अंश

उनके अपने समय तथा उनकी अपनी सोच की सीमाओं में बद्ध है—उसे जो ले जाना चाहें ले जाएँ किन्तु जो हमारा है, उसे अपनी पूरी निष्ठा के साथ हमें स्वीकारना है। परंपरा का न तो शत-प्रतिशत स्वीकार्य होता है और न अस्वीकार्य। हम परंपरा से उस सार्थक और सप्राण को चुनते हैं जो आगे के समयों में सप्राण अंतर्भुक्त हो सकता है—जो सीमाबद्ध हो जाता है, वह हम छोड़ देते हैं। हमारी परंपरा महती पंरपरा है—उसमें बहुत कुछ त्यागने, ग्रहण करने योग्य है। हमें जागृत विवेक के साथ त्याग और ग्रहण की इस मानसिकता के तहत उससे लेना और त्यागना पड़ता है। गोस्वामी जी महान हैं। उनकी रचना-शीलता महान है किन्तु यहाँ भी हमें अपने विवेक का इस्तेमाल करते हुए त्याग और ग्रहण की इसी मानसिकता को लेकर लेना और त्यागना है। यह हमारी अपनी रुचि और का तकाजा है कि हम क्या लेते हैं और क्या छोड़ते हैं। गोस्वामीजी में ऐसा बहुत कुछ है जो हमें स्वीकार ही नहीं करना!, उसे आगे के समयों में ले जाना है।

हम चर्चा कर रहे थे कि अपनी परवर्ती रचनाओं में गोस्वामी जी अपेक्षाकृत अधिक यथार्थनिष्ठ हैं।

यह बात कवितावली, दोहावली, बाहुक तथा विनयपत्रिका तक के लिए सही है। यह उनकी अन्य कृतियों के लिए भी कुछ अंशों में सही है जिनमें मानस भी है। गोस्वामीजी मध्यकालीन संतों और भक्तों की उस परम्परा के वारिस हैं, सामाजिक यथार्थ की, भक्ति के भावुक क्षणों में भी जिसने अनदेखी नहीं की। संसार को उन्होंने माया या मिथ्या नहीं माना। जीवन से पराङ्मुख होकर मूड़ मुड़ाकर संन्यासी बनने वालों की उन्होंने तीव्र भर्त्सना की है। उनके राम ठेठ जीवन संघर्षों के बीच से, उनसे निपटते हुए अपना रास्ता तय करते हैं, वैसी ही सीख गोस्वामी जी की जनता को भी है। यदि वे जीवन से उदासीन, संसार को असार मानने वाले कवि होते तो जनता के दुखों का, समाज में व्याप्त अनाचार और विकृति का, इतना यथार्थ और हृदय-द्रावक वर्णन न करते। गोस्वामी जी ने जनता की दरिद्रता पर क्षुब्ध होकर लिखा है, अकाल पर द्रवित होते हुए लिखा है, लोगों की भूख और अन्य व्यवस्थाओं पर करुणार्द्र होकर लिखा है। डॉ० राम विलास शर्मा की यह टिप्पणी कि अकाल पर जितना कुछ गोस्वामी जी ने लिखा है, आधुनिक कवियों ने कुल मिलाकर भी नहीं लिखा, सही है। अकाल और दरिद्रता पर लिखते हुए क्षण भर के लिए गोस्वामी जी उस लोक सामान्य भावभूमि पर पहुँच जाते हैं, जहाँ उन्हें रावण दरिद्रता के प्रतीक के रूप में दिखाई पड़ता है और उससे जनता की मुक्ति के लिए वे अपने दीनबंधु राम का आह्वान करते हैं—

"किसबी, किसान कुल, बनिक भिखारी, भांट,
चाकर, चपल नट, चोर चार चेटकी,
पेट को पढ़त, गुन गढ़त, चढ़त गिरि
अटल गहन वन, आहन अखेट की
ऊंचे-नीचे करम, धरम-अधरम करि,
पेट को ही पचत, बेचत बेटा-बेटकी,
तुलसी बुझाइ एक राम घनश्याम ही तैं,
आग-बड़वागि तें, बड़ी है आग पेट की।।
खेती न किसान को, भिखारी को न भीख,
बलि, बनिक को वाणिज न, चाकर को चाकरी,
जीविका-विहीन लोग, सीद्यमान-सोच बस
कहैं एक-एकन सों, कहाँ जाइ, का करी,
वेदहू पुरान कही, लोकहू विलोकियत,
सांकरे सबै पै राम रावरे कृपा करी,
दारिद-दसानन, दबाइ दुनी दीनबंधु,
दुरित-दसन देखि, तुलसी हहा करी।"

अपने समय के शासक-समाज पर उनकी कठोर टिप्पणी है—

राज करत बिनु काज ही करैं कुचालि कुसाज।
तुलसी ते दसकंध ज्यौं जइहैं सहित समाज।।
राज करत बिनु काज ही ठटहिं जुकूर कुठाठ।
तुलसी ते कुरु राज ज्यौं होइहैं बारह बाट।।

हम कह चुके हैं कि जनता के दुख-दर्द, भूख और गरीबी का वे इतना यथार्थ और हृदयद्रावक वर्णन इसीलिए कर पाये हैं कि वे स्वयं उसके भीतर से गुजरे थे। वस्तुतः तुलसी ने अपने समय में काफी कुछ भोगा तथा सहा था। सही है कि वे वर्ण-धर्म की चहारदीवारी नहीं लाँघ पाए परंतु इस वर्ण-धर्म के ठेकेदारों से उन्होंने कम दुख और अपमान नहीं पाया था। बड़े क्षोभ के साथ बड़ी निडरता से उन्होंने धर्म तथा समाज के प्रभुओं को भी ललकारा है और उनसे कहा है कि आज तुलसीदास को राम ने अपना लिया तो वह बड़ा बन गया, किंतु कल तक तुम लोग कहाँ थे?

तहैं न फूटी कौड़िहू, को चाहे केहि काज।
सो तुलसी महँगो कियो, राम गरीब नेवाज़।।

क्षोभ में आकर गोस्वामी जी ने वर्ण-धर्म के तथाकथित रखवालों को खरी-खरी सुनाई हैं—

धूत कहौ अवधूत कहौ, रजपूत कहौ, जुलहा कहौ कोऊ,
काहू की बेटी, सों बेटा न व्याहब, काहू की जाति बिगारि न सोऊ।
तुलसी सरनाम गुलाम है राम को, जाको रुचै सो कहौ कछु कोऊ।।
मांगि कै खइबौ, मसीत को सोइबो, लेबे को एक न देबे को दोऊ।।
'मेरी जाति-पाँति न, चहौं काहू की जांति-पांति
मेरो कोऊ काम को न, न हौं काहू के काम को।
लोक परलोक रघुनाथ ही के हाथ सब
भारी है भरोसो तुलसी के एक नाम को।

'रामचरितमानस' में कलियुग के वर्णन के अंतर्गत उन्होंने धर्म की ध्वजा उठाने वाले छद्म साधु-संतों के चेहरे को भी बेनकाब किया है। कलियुगी संत-तुलसी के कौन हैं, वर्तमान समय में संतों की जो बिरादरी हमारी आँखों के सामने है, उसमें उनका मिलान करें तो हम पाएँगे कि कलियुगी संतों के बारे में गोस्वामी जी ने जो कुछ कहा है, वह सोलहों आने सच हमारी आँखों के सामने है-

द्विज स्रुति-बेचक, भूप प्रजासन। कोउ-नहिं मान निगम-अनुसासन।।
मारग सोइ जाकहँ जोइ भावा। पंडित सोइ जो गाल बजावा।।
मिथ्यारम्भ, दंभ-रत जोई। ता-कहं संत कहै सब कोई ।।
सोइ सयान जो परधन हारी। जोकर दंभ सो बड़ आचारी।।
जो कह झूठ-मसखरी जाना। कलियुग सोइ गुनवंत बखानाा।।
निराचार जो श्रुति-पथ त्यागी। कलियुग, सोइ ज्ञानी सो विरागी।।
जाके नखअरु जटा विसाला। सोइ प्रसिद्ध तापस कलिकाला।।
असुभ वेष भूषन धरे, भच्छाभच्छ जे खाहिं।
तेइ जोगी, तेइ सिद्ध नर, पूज्य ते कलिजुग माहिं।।

ऐसा नहीं कि गोस्वामी जी सदैव गुरु-गम्भीर, धर्म और नीति के उपदेशक भक्ति तथा अध्यात्म की चिंता में डूबे ही हमारे सामने आए हों, वे अत्यंत कोमल और मृदुल संवेदनाओं के साथ भी हमसे अपनी लगभग प्रत्येक कृति

में मुखातिब हुए हैं। ये तुलसी ही हैं जो विवाह-पूर्व सीता और राम की परस्पर अनुरक्ति का वर्णन करते हैं, विवाह के मंडप में बैठी कंकण के नग में राम का प्रतिबिम्ब निहारने वाली जानकी से हमें परिचित कराते हैं, राम-जानकी विवाह-प्रसंग में, परिवार-जनों के बीच होने वाले हास-परिहास में रस लेते हैं, मांगलिक अवसरों पर उभर उठने वाले उल्लास को मुग्ध होकर वाणी प्रदान करते हैं, राम-वन गमन के प्रसंग में ग्राम-वधुओं की मनोरम कानाफूसी तथा सीता और उनके बीच होने वाली इशारे बाजी का भावुक सहृदयता के साथ चित्रण करते हैं। 'राम लला नहछू' में गोस्वामी जी की रसिकता को देखें-

अहिरिनि हाथ दहेड़ि सगुन लेइ आवहिं हो।
उतरत जोबन नृपति मन भावहिं हो।।
रूप सलोनि तें बोलिनि बीरन हाथहिं हो।
जाकी ओर बिलोकहि मन तेहि साथहिं हो।।
काहे राम जिउ साँवर लछिमन गोर हो।
की दहुँ रानि कौसिलहि परिगा भोर हो।।
राम अहहिं दसरथ के लछिमन आनक हो।
भरत शत्रुघ्न भाई तौ श्री रघुनायक हो ।।

और 'बरवै रामायण' में सखियों का हास-परिहास—गोस्वामी जी ही जिसके चितेरे हैं-

का घूँघट मुँह मूँदहु नवला नारि।
चाँद सरग पर सोहत यह अनुहारि।।
गरब करहु रघुनंदन जनि मन माहिं,
देखहु आपनि मूरत सिय के छाहिं।।
उठी सखी हँसि मिस करि कहि मृदुबैन।
सिय-रघुबर के भए उनींदे नैन।।

समग्रतः तुलसी लोक-जीवन की मधुर-तिक्त अनुभूतियों के मुग्ध और सजग गायक हैं। लोक-जीवन की नाना छवियों को उनकी रचनाओं में उनकी जीवंतता में देखा जा सकता है। वे अन्याय का सक्रिय प्रतिरोध करने की सलाह देने वाले और राम के रूप में उसका उदाहरण पेश करने वाले समाज-द्रष्टा हैं। वे आत्मसम्मान से दीप्त एक निर्भीक जन नायक हैं। अकबर के शासन काल में उसके राज्य से बढ़कर रामराज्य का आदर्श वही पेश कर

सकते थे। वे जीवन की बहुरंगी छवियों के, उसकी समग्रता के कवि हैं। लोकचित में उनकी पैठ की मिसाल नहीं है। लोकप्रियता में वे अनन्य हैं। उनकी सोच की सीमाएँ हैं, किन्तु भारतीय जनता विशेषतः हिन्दी प्रदेश की जनता से उन्हें जो आत्मीयता मिली है वह उनकी शक्ति का प्रमाण है। इस आत्मीयता के बड़े जीवित और जाग्रत संदर्भ हैं जिनकी उपेक्षा करके तुलसी की सही छवि को नहीं आँका जा सकता।

13

उत्तर-तुलसीदास की मनोभूमि

(संदर्भ-'विनय-पत्रिका' और 'हनुमान बाहुक')

हिन्दी-क्षेत्र में गोस्वामी तुलसीदास कवि से ज्यादा एक समर्पित रामभक्त और धर्म तथा लोक व्यवस्थापक के रूप में, और उनकी ख्यात रचना 'रामचरित मानस' एक काव्य ग्रंथ से ज्यादा धर्म-ग्रन्थ के रूप में पूज्य और मान्य है। यद्यपि गोस्वामी जी की रचना का फलक बहुत व्यापक है, जिसमें उनकी अनेक ख्यात रचनाएँ भी शामिल है, फिर भी गोस्वामी जी का मूल्यांकन, उनकी प्रशंसा अथवा निन्दा का केन्द्र उनकी सबसे ख्यात रचना 'रामचरित मानस' ही रही है। इसे वस्तुतः एक विडंबना ही माना जाना चाहिए कि साधारण जन और कविता-प्रेमी ही नहीं, बड़े-बड़े विद्वान तक गोस्वामी जी के बारे में अपने अंतिम निर्णय में 'रामचरितमानस' से ही अभिभूत रहे है। तुलसीदास की लोकप्रियता का मुख्य आधार भी उनकी यही रचना है जो हिन्दी क्षेत्र का भद्रलोक हो या मध्यवर्गीय गृहस्थ, साधारणजन हों, या किसान-कारीगर-उनके बीच बेहद लोकप्रिय है। उसका अखण्ड पाठ होता है, उसे लेकर तरह-तरह के आयोजन-समारोह होते हैं, जिनमें भक्तों की भारी संख्या जुटती है। ध्यान देने की बात है कि भद्रजन हों या साधारण जन, तुलसी-भक्तों का यह पूरा समाज ज्यादातर सवर्ण समाज ही है। जो नीची जातियों से संबंधित माने जाते हैं या जिन्हें हमारी सामाजिक संरचना में अस्पृश्य माना गया है, उनके बीच जितनी व्यापक और गहरी पैठ कबीर की है वैसी तुलसीदास की नहीं। बावजूद इसके कहना होगा कि हिन्दी क्षेत्र में, मध्यकालीन भक्तों-संतों में लोकप्रियता का कीर्तिमान तुलसीदास का ही है। इसके वस्तुगत कारण हैं, जिनके विस्तार में जाना संप्रति हमारा अभीष्ट नहीं है।

गोस्वामी जी की इस व्यापक और बहु-आयामी रचनाशीलता का जो काल-क्रम है, वह निर्विवाद नहीं है। उसे लेकर मतभेद हैं। फिर भी, तुलसी-

साहित्य पर ढंग से विचार करने वाले, उसके गंभीर अध्येता, डॉ० रमेश कुंतलमेघ ने मोटे तौर पर उसके दो चरण माने हैं। उनके अनुसार पहला चरण हैं, "जब वे केवल आदर्शवादी हैं, महाकाव्यात्मक भव्यता तथा आध्यात्मक उन्मेष में गहन-ललित रचना करते हैं । रामचरितमानस', 'जानकी मंगल', 'पार्वती मंगल', 'वैराग्य-संदीपनी', 'रामाज्ञा प्रश्न' आदि इस चरण की देन हैं। दूसरे चरण में वे आदर्श से यथार्थ की ओर मुड़ने लगते हैं, उल्लास से गांभीर्य की ओर बढ़ते हैं और 'मानस' के 'परब्रह्म राम', 'परमपददायक' की गाथा के स्थान पर 'कवितावली' के लोकमंगल के नायक श्री रघुनाथ का जीवन गाने लगते हैं। इस चरण में उनकी महाकाव्यात्मक भव्यता का स्थान वेणु गीतात्मक (लिरिकल) वैयक्तिकता ले लेती है, आध्यात्मिक उन्मेष वाली आस्था, श्रद्धा-विश्वास के साथ-साथ नैतिक प्रायश्चित, पश्चाताप तथा सामाजिक संदेह, तर्क आदि का भी समावेश हो चलता है। इसी वेणुगीतात्मक चरण में वे अपनी आत्मकथा कहने और समाज की निर्भ्रांत आलोचना करने की नई जीवन-दृष्टि और सामर्थ्य पाते हैं, इसके साथ वे यथार्थ की ठोस भूमि पर उतरते चले जाते हैं। 'गीतावली', 'श्रीकृष्ण गीतावली', 'विनयपत्रिका', 'बरवै', दोहावली', 'सतसई', 'हनुमान बाहुक' आदि मुक्तक कृतियाँ इस चरण की देन है।"

डॉ० मेघा के उक्त कथन को इस रूप में भी समझा जा सकता है कि पहले चरण के गोस्वामी जी की मनोभूमि एक स्वप्नदृष्टा की, विह्वल भक्त की, आध्यात्मिक उन्मेष की मनोभूमि है जिसके तहत वे लोक तथा समाज को उसकी मूल्य व्यवस्था तथा आचार-संहिता देते हैं, ऊर्जा तथा उत्साह से ओत प्रोत हैं। दूसरे चरण में आते-आते, खासतौर से 'विनयपत्रिका' तथा 'हनुमान बाहुक' के रचना-काल में वे बहुत कुछ यथार्थ की, आत्म साक्षात्कार की मनोभूमि में आ जाते हैं। ध्यान देने की बात है कि अयोध्या, चित्रकूट, काशी में रमने-विचरने वाले तुलसीदास प्रौढ़ वय में काशी में ही रुक और रम जाते हैं। विनय-पत्रिका' प्रौढ़ वय में पहुँचे तुलसीदास की रचना है और 'हनुमान बाहुक' वृद्ध तुलसीदास की, जब वे वृद्ध ही नहीं, रोग-जर्जर हैं, नाना प्रकार की शारीरिक व्याधियों से यातनाग्रस्त हैं। यह भी ध्यान देने की बात है कि इन दो रचनाओं में राम भले ही उनके मन में हों, और वे हैं भी। राम-कथा का कोई ताना-बाना इनमें नहीं है। ये विशुद्धरूप से आत्मनिवेदन प्रधान कृतियाँ हैं, जिनमें वे आत्म-साक्षात्कार के दौर से भी गुजरे हैं। ये कृतियाँ हमें ठेठ गोस्वामी तुलसीदास से रूबरू कराती हैं बिना किसी व्यवधान के। अपनी दूसरी कृतियों में भी वे हमें मिलते हैं, परन्तु अंशतः राम-कथा और उससे

जुड़ी दीगर कथाओं के ताने-बाने में उलझे या चरित्रों और पात्रों की भीड़ में जब तक झलकते और कौंधते। उनसे निरभ्र, सीधा और अंतरंग साक्षात्कार 'विनयपत्रिका' तथा 'हनुमान बाहुक' में ही हो पाता है। गोस्वामी जी पर किसी भी समग्र निर्णय के लिए इन दो रचनाओं में उनकी जो मनोभूमि है, उसे ध्यान में रखना बहुत जरूरी है। इसके अभाव में उनके बारे में दिया गया कोई भी निर्णय अधूरा, एकांगी और एकायामी होगा।

प्रस्तुत आलेख में हमारा इरादा 'विनयपत्रिका' तथा 'हनुमान बाहुक' का विशद-विवेचन नहीं है। हम जिस बिन्दु पर केन्द्रित होकर अपनी बात कहना चाहते हैं, वह बिन्दु है दीगर रचनाओं में प्रतिबिम्बित मनोभूमि के बरक्स, जिसके तहत गोस्वामी जी का आदर्शवाद-रामराज्य की यूटोपिया रचता है, समाज और लोक को आचार-संहिता देता है, सारे संसार को सियाराममय मानते हुए सुख से पाँव पसार कर सोने की बात कहता है, आदि-आदि, विनयपत्रिका तथा 'हनुमान-बाहुक' में प्रतिबिम्बित मनोभूमि का अध्ययन, जो पूर्ववर्ती मनोभूमि से काफी-कुछ भिन्न और विशिष्ट है। इतनी भिन्न और विशिष्ट, कि उसे अपनी तमाम पूर्ववर्ती आस्थाओं-विश्वासों से तुलसीदास के संपूर्ण मोहभंग के रूप में भले न लिया जाये, परंतु मोहभंग वह जरूर है। यहाँ यह भी कह दें कि अपनी दीगर रचनाओं की तुलना में इन रचनाओं में जिस तुलसीदास से हमारा साक्षात्कार होता है वे हमें अपने ज्यादा निकट लगते हैं—लगभग आत्मीय और अंतरंग रूप में हमसे नाता जोड़ते हैं।

गोस्वामी जी के जीवन पर, अंतःसाक्ष्य के आधार पर दृष्टि डालें तो स्पष्ट होगा कि शैशवावस्था में ही अपने माता-पिता से बिछुड़े, आगे के लंबे दौर तक भूख, दरिद्रता तथा अपमान के शिकार वे दरवाजे-दरवाजे भीख माँगते हैं। न जाने कितनी यातनाओं के चक्र से वे गुजरते हैं। अंततः 'राम की कृपा' उन्हें उबारती है और जीवन के मध्यकाल में उनकी कृपा के प्रति आश्वस्त उनकी दंशित मनोभूमि में परिवर्तन होता है। उनकी रचनाओं में, खासतौर से रामचरित मानस में उनकी इस परिवर्तित मनोभूमि के ढेरों साक्ष्य हैं। राम की भक्ति से दीप्त तुलसीदास इसी मनोभूमि में वह सब रचते हैं जो उनकी प्रशंसा तथा निन्दा, दोनों का आधार बना है। प्रौढ़ावस्था में, जैसा कहा, वे काशी में ही बस जाते हैं। यहीं वे वृद्धावस्था में पहुँचते हैं—तरह-तरह की शारीरिक व्याधियां उन्हें घेरती हैं—वातरोग और बाहु-पीड़ा, उन्हें सबसे अधिक यातना देती है। बलतोड़ भी उन्हें बेहद परेशान करता है। प्लेग की गिल्टी भी निकलती है। वृद्ध-रोग-जर्जर, यातनाग्रस्त तुलसीदास काशी में ही अपना शरीर छोड़ते हैं—लगभग हताश, टूटे हुए।

डॉ० मेघ का यह कहना सही है कि गोस्वामी जी के मनोलोक में यह जो बदलाव आता है, उसमें काशी की भूमिका बहुत महत्त्वपूर्ण है। काशी में रहते हुए वस्तुतः पहली बार गोस्वामी जी जीवन के उस यथार्थ को नजदीक से देखते हैं जो अब तक उनके स्वप्नद्रष्टा के मनोलोक का हिस्सा नहीं बन पाया था। बाहर की दुनिया को ही नहीं, यहाँ वे अपने अंतस को भी थाहते-टटोलते हैं—अपने भीतर भी झाँकते हैं। यूँ वे, जो काशी में देखते-अनुभव करते हैं, उसे वे पहले भी देख और अनुभव कर चुके थे, परंतु तब उनके आदर्शवादी-आस्थावादी स्वप्नद्रष्टा ने उस सबको हाशिए पर डाल दिया था। उनके मनोलोक के केन्द्र में था उस स्वप्नद्रष्टा का अपना मनोवांक्षित-जिस पर उनके आस्था और विश्वास की पर्तें चढ़ी हुई थीं, युवावस्था की ऊर्जा, उत्साह तथा रामभक्ति की प्रगाढ़ता ने उस सबको ठेलकर केन्द्र से बाहर कर दिया था जो उनका आंकाक्षित नहीं था। काशी में, प्रौढ़ावस्था के परिपक्व अनुभव वाले तुलसीदास देखते हैं—जीवन के तमाम सारे छद्म, छल-फरेब, पाखंडों का एक जमघट, धूर्त्तता-कुटिलता के कार्य-व्यापार, एक ऐसा समाज जिसमें ठग हैं, व्यभिचारी हैं, झूठे और बेईमान हैं, लम्पटता है। काशी में धर्म के पाखंड तथा कदाचार, उचक्के, चोर, बटमार सब उन्हें मिलते हैं। धर्म के ध्वजावाहकों का असली चेहरा उनकी आंखों के सामने आता है। पाप, दुष्कर्म, अकाल, महामारी, दारिद्र्य का एक पूरा संसार उनके समक्ष उद्‌घाटित होता है। चापलूसी, स्वार्थ, मानवीय, सामाजिक, परिवारक नाते-रिश्तों का क्षय, उन्हें भीतर से हिला देता है। वे काँप उठते हैं, घबरा उठते हैं। अब तक तमाम उनका सोचा-प्रचारा उन्हें अर्थहीन मालूम देने लगता है। उन्हें लगभग विश्वास हो जाता है कि यह तो कलि-काल का चरम है। कलियुग अपनी हजार मुद्राओं और क्रियाकलापों के साथ इस कदर उनकी मनोभूमि को जकड़ लेता है कि उन्हें लगता है, जैसे वह उनके राम से अधिक शक्तिशाली है। वे भयग्रस्त हो उठते हैं। उन्हें समझ में नहीं आता कि इस कलि-काल से निपटने के लिए, जीवन तथा समाज में उसकी इस रोमांचक और अनिष्टकारी उपस्थिति के प्रतिकार के लिए वे क्या करें, क्या न करें। अपने 'साहब', अपने 'गरीब-नेवाज़' अपने राम के पास जाने और उनसे अरदास-फरियाद करने के अलावा उन्हें कोई और रास्ता नहीं सूझता। वे यही करते भी हैं। विनय की एक पत्रिका, अर्जी, अपने राम के सामने पेश करते हैं कि उसमें व्यक्त उनकी अरदास को वे समझें, उसका एक-एक हर्फ ध्यान से पढ़ें, उन्हें तथा पूरे समाज को कलि-काल की इस मजबूत पकड़ से उबारें, मुक्त करें। 'विनयपत्रिका' का बुनियादी सारतत्त्व यही है। वह राम के सानमे पेश की जाने

वाली पत्रिका या अर्जी है जिसमें तुलसीदास की अपनी पीड़ा, उनकी व्यथा, उनके परिवर्तित मनोलोक की एक-एक पर्त के साथ, पूरी भास्वरता से प्रतिबिम्बित है। उनका आत्म निवेदन, उनका आत्म-साक्षात्कार सब कुछ बहुत पारदर्शी बनकर इस पत्रिका में मूर्त हुआ है। 'डासत ही गइ बीति निशा सब, कबहुं न नाथ नींद भर सोयो।'—गोस्वामी जी की विकलता को इस पंक्ति में लक्ष्य किया जा सकता है। सारी रात बिस्तर ठीक करने में ही बीत गयी, नींद भर सो नहीं सका हूँ'—तुलसी का यह आत्मस्वीकार उनकी वेदना की साखी देता है।

राम के प्रति गोस्वामी जी का भक्ति-भाव यहाँ अपने चरम पर है। उनकी भक्ति को यदि उसके पूरे उत्कर्ष में, अपनी उदात्ततम छवि में कहीं देखा जा सकता है, राम के प्रति उनकी आस्था और विश्वास को उसके तरल से तरल और दृढ़ से दृढ़तर रूप में कहीं पाया जा सकता है, तो इस 'विनय की पत्रिका' में, उनकी अपनी प्रपत्ति, दीनता, लघुता, असमर्थता, कातरता की वेधक अभिव्यक्ति के पूरे प्रभाव में। अपने लिए वे अपने राम से कुछ भी नहीं चाहते। उनकी भक्ति नितांत अहेतुक और निःस्वार्थ है—वे बस यही चाहते हैं कि उनके राम जीवन और समाज को कलि-काल के इस पंजे से छुड़ाए, कारण वही यह कर सकते हैं। अपने तईं तो उनका भक्त यही कह पाता है कि 'राम सों बड़ो कौन मोसों—कौन छोटो/राम सो खरो कौन/ मोसों कौन खोटो।' भक्ति का, तुलसी को रामभक्ति का अत्यंत प्रामाणिक दस्तावेज है उनकी 'विनयपत्रिका'।

तुलसीदास की फरियाद, पत्रिका के जरिए, राम के सामने। परंतु 'विनयपत्रिका' के राम-तुलसीदास के अपने जाने-पहचाने उनकी आस्था के भक्त-वत्सल, दीनबंधु राम नहीं, वे मध्यकालीन सामंती-तंत्र के मुगल बादशाहों सरीखे 'बादशाह' राम हैं। इनका वैसा ही, बादशाहों जैसा भव्य-दरबार है, दरबान है देहरी पर, भीतर मुसाहिबों से घिरे सिंहासनासीन राम। तुलसीदास दरबानों से, प्रवेश के लिए घिघियाते-गिड़गिड़ाते हैं, दाँत निपोरते हैं, परन्तु दरबार में प्रवेश नहीं प्राप्त कर पाते। विनयपत्रिका में देवी-देवताओं की स्तुतियाँ हैं, उनकी महिमा का आख्यान है कि कोई तो उनकी मदद करे, परंतु उन्हें निराशा ही हाथ लगती है। अंततः वे माता-सीता की शरण में जाते हैं। उनसे प्रार्थना करते हैं कि वे प्रभु से उनकी सिफारिश करें। कहें कि उनका एक भक्त द्वार पर खड़ा उनसे मिलने की प्रतीक्षा में है। कहते हैं कि प्रभु जब पूछें, तब माता, मेरा नाम, पता-ठिकाना, परिचय बता देना—'कबहुंक, अंब, अवसर पाइ'—पूरा पद गोस्वामी जी की बेचारगी, उनकी विह्वलता, दीनता का

साक्ष्य है। बहरहाल, गोस्वामीजी की पत्रिका जरूर भीतर पहुंच जाती है। वे स्वयं दरबाँर में नहीं जा पाते। उन्हें सन्देह है कि पत्रिका उनके प्रभु के पास पहुंचेगी या नहीं, वे उसे स्वयं पढ़ेंगे या उनका कोई दरबारी, विश्वासपात्र उसे पढ़कर प्रभु को सुनायेगा। संदेह है कि वह पत्रिका की सारी बातें, उनकी पूरी प्रार्थना उन तक पहुँचायेगा कि नहीं। वे विनती करते हैं प्रभु से, अपने प्रभु-पिता से—"विनय-पत्रिका दीन की, बापु, आप ही बाँचो।" हे प्रभु इस दीन की पत्रिका आप स्वयं पढ़ें। सारा इतिवृत्त इतना मार्मिक और यथार्थ है कि मन पर बेधक प्रभाव छोड़ता है।

'विनयपत्रिका' में यह जो तुलसीदास का दैन्य, उनका अघ-निरूपण, अपने दुर्गुणों का कथन है, आचार्य शुक्ल के अनुसार—अपने अवगुणों को छिपाने की नहीं उन्हें उठा-उठाकर दिखाने की प्रवृत्ति है, आत्म भर्त्सना है—इसे तुलसी के भक्ति-भाव की पराकाष्ठा मानना चाहिए। यहाँ वे संसार के कर्मों-कुकर्मों को अपने मत्थे लेते हुए, सबका किया हुआ, अपना किया मानते हुए, समाज के प्रतिनिधि की तरह राम से फरियाद करते हैं। उनका लक्ष्य उनकी अपनी मुक्ति नहीं, समाज की मुक्ति है। जाहिर है कि यहां तुलसी स्वप्नद्रष्टा नहीं हैं। वे मोहभंग की व्यथा से व्यथित हैं। जो कुछ अब तक उनकी मनोभूमि में था—उसका विपर्यय, उसका 'कंट्रास्ट' विनयपत्रिका में है। आदर्श नहीं-जीवन का यथार्थ इस रचना की रीढ़ है। यथार्थ की बड़ी खरोचें, उसके बड़े गहरे निशान यहाँ तुलसी के मानस में हैं। तुलसी यहाँ बहुत अकेले, असहाय और भयाक्रांत भी हैं। तुलसीदास के परिवर्तित मनोलोक का यह साक्षात्कार क्या हमें तुलसीदास को समग्रता में समझने और प्रस्तुत करने को नहीं कहता? उनकी यह नई जमीन-उनकी पुरानी जमीन की तुलना में क्या हाशिए पर डाल देने वाली चीज है, जबकि वह उनकी सही और वास्तविक जमीन है।

आइए, अब तुलसीदास की अंतिम रचना 'हनुमान बाहुक' से होकर गुजरें, जो तुलसीदास के उस परिवर्तित मनोलोक को और गाढ़ा करके प्रस्तुत करती है, उनके मोहभंग को उसके पूरे उत्कर्ष में हमारे सामने रखती है। 42-43 छन्दों की बड़ी संक्षिप्त रचना है। यह जितनी संक्षिप्त है, उतनी ही मार्मिक और बेधक।

जैसा हमने कहा है, यह रोग-जर्जर, वृद्ध तुलसीदास की रचना है। तरह-तरह के रोग, तरह-तरह की शारीरिक व्याधियाँ। यातना की पराकाष्ठा भोग रहे हैं तुलसीदास। चीख रहे हैं—गुहार लगा रहे हैं कि कोई तो उन्हें उस यातना से मुक्त करे। उनकी गुहार उनका रुदन, उनकी चीत्कार इतनी मार्मिक और

हृदयबेधक है कि भीतर तक हिला देती है। लगता है कि हमारे घर-परिवार का ही कोई हमारा आत्मीय वृद्धावस्था के कष्ट और तरह-तरह की व्याधियों से आक्रान्त हमें गुहार-पुकार रहा हो। कहा है, गठिया, वात-पीड़ा, बाहु-पीड़ा, बालतोड़, प्लेग की गिल्टी, क्या-क्या इस अवस्था में उन्हें कष्ट दे रहे थे। राम-भक्ति की केन्द्रीयता वाली गोस्वामी जी की सर्जना में यह पहली रचना है जिसमें केन्द्रीयता राम की नहीं रामभक्त हनुमान की है। उन हनुमान की, जो गोस्वामी जी के जरिए ही एकादश रुद्र के अवतार के रूप में हिन्दी क्षेत्र में पूज्य बने, मंदिरों में जिनकी पूजा-अर्चना की परंपरा शुरू हुई। हनुमान को देवत्व प्रदान किया है तुलसीदास ने। हनुमान उनके पूज्य तो बने ही, राम की तरह पूरे हिन्दी क्षेत्र के भी पूज्य हुए। यातना की चरम-स्थितियों में तुलसीदास ने इस कृति में यातना से मुक्ति के लिए राम से नहीं, हनुमान से गुहार लगाई है, खास तौर से, बाहु पीड़ा से मुक्ति के लिए, जो उनके प्राण निकाल रही थी। इसी नाते इस रचना का नाम है—'हनुमान-बाहुक'।

महावीर, संकटमोचक हनुभान को इतने विशेषणों के साथ इस रचना में तुलसीदास ने याद किया है, जिनकी कोई सीमा नहीं। सारे विशेषण उनके तेज, उनके तेजस्वी रूप, उनके बल और उनकी वीरता के हैं। वे इस कृति में—सिंधु-तरन, सिय-सोच-हरन, रवि-बाल-बरन, विशाल भुजाओं वाले, कराल काल के भी काल, निःशंक, राक्षसों के बल को विदीर्ण करने वाले, पवन-सुत, सुमेरु पर्वत-जैसे विशाल और स्वर्ण-शरीर वाले, करोड़ों सूर्यों के समान तेजस्वी, बरजोर, रणरोर आदि आदि हैं। ऐसे हनुमान के सामने किसी की क्या मजाल जो ठहर सके। अपने इसी विश्वास के तहत ही अपनी यातना के दुर्दम क्षणों में गोस्वामी जी ने उन्हें स्मरण किया है।

शुरुआत के 15-20 छंदों में हनुमान की विरुदावली ही है। उनकी वीरता का, उनके तेज का निर्दशन करने वाली। परंतु हनुमान कदाचित गोस्वामी जी के आशा के अनुरूप उनके संकट का मोचन करने के लिए प्रस्तुत नहीं होते। तुलसीदास की यातना उग्र से उग्रतर होती जाती है। गोस्वामी जी निराश से हो उठते हैं। उन्हें समझ में नहीं आता कि उनकी यातना के प्रति संकट-मोचन हनुमान की यह उदासीनता क्यों? वे सोचते हैं—शायद अब वे बूढ़े हो गये हैं, प्रमाद ने उनको घेर लिया है—"बूढ़ भये बलि, मेरिहि बार, कि हारि परे बहुतै नत पाले।' वे हनुमान से उनकी उदासीनता का, उनकी चुप्पी का कारण जानने की कोशिश करते हैं—अपनी यातना का विवरण देते हुए—

"राम के गुलामनि को काम तरु रामदूत,
मोसे दीन दूबरे को तकिया तिहारिए।।"

बड़े दीन होकर कहते हैं तुलसीदास, कि तुम्हारे सिवा मेरा कोई दूसरा आसरा या ठिकाना नहीं। कहते हैं—मेरी विशाल भुजा-रूपी पोखरी में पीड़ा-रूपी मकरी (मगरी) उछत-उछत कर मुझे बेहद कष्ट दे रही है, अतः पीड़ा रूपी इस मगरी का मुँह फाड़कर इसे मार डालिए। इसके उपरांत के छन्दों में बाहु-पीड़ा का आख्यान है। निराशा के क्रम में वे इस बिन्दु पर भी सोचने लगते हैं कि उन्हें जो यातना मिल रही है वह उनके किए का ही भोग मात्र है। उनके अपने पापों का ही परिणाम है।

"भाल की, कि काल की, कि रोष की, त्रिदोष की है,
वेदन-विषम, पाप-ताप, छल-छाँह की।
करमन-कूट की, कि जंत्र-मंत्र बूट की
पराहि जाहि पापिनी मलीन मन माँह की।
पैहहि सजाय, नतु कहत बजाय तोहिं,
बावरी न होहि, बानि-जानि, कपि-नाह की।
आन हुनमान की दोहाई बलवान की,
सपथ महावीर की, जो रहै पीर बाँह की।।"

पुनः वही प्रश्न कि क्या कारण है कि आप उदासीन हो उठे हैं—

'कौन के संकोच तुलसी के सोच भारी है'।

वे समझते हैं या तो वे मुझसे रुष्ट हैं या आलस्य से घिर गये हैं या फिर वे अपना प्रभाव खो बैठे हैं? हनुमान से तुलसी के मोहभंग की यह शुरुआत है—

"थोड़ी बाहु-पीर की, बड़ी गलानि तुलसी को,
कौन पाप-कोप, लोप, प्रकट प्रभाव को।

वे अपने बचपन के दुख-दारिद्र्य को याद करते हैं। अंततः हनुमान से निराश होकर अपने राम को गुहारते हैं—"श्री रघुवीर निवारिए पीर, रहौं दरबार परौ लटि लूलो।'

अपनी यातना अब उन्हें अपने पूर्वजन्मों का फल मालूम देती है। पीड़ा की पराकाष्ठा है—

"पांव पीर, पेट-पीर, मुख-पीर, जर-जर सकल शरीर पीरमई है,
देव-भूत-पितर करम, खिल काल, ग्रह मोहिं पर दबक दमानक सी दई है।
हौं तौ बिन मोल ही बिकानो, बलि बारै ही ते, ओट राम नाम की ललाट लिखि लई है,

कुंभज के किंकर विकल बूड़े, गोखुरनि, हाय रामराय, ऐसी हाल कहूं भई है।।"

बालतोड़ भी असह्य कष्ट दे रहा है। उससे मवाद बह रहा है, जो टीभता है। तुलसी कहते हैं कि यह मवाद नहीं, राम का नमक है जो मवाद के रूप में फूट-फूट कर बह रहा है—

"ताते तन पैखियत घोर बरतोर मिस,
फूटि-फूटि निकसत है लोन राम राय को।"

हताश तुलसी, सब ओर से निराश हो उठते हैं। मोहभंग की प्रक्रिया पूरी होने के बिन्दु तक पहुँच जाती है। मैंने जो बोया था वही काट रहा हूँ—यह मानकर वे मौन हो जाते हैं। उनके इस मौन पर ही 'हनुमान बाहुक' समाप्त होता है। वे हनुमान, राम, शंकर, सबको एक साथ संबोधित करते हुए अपना आखिरी बयान दर्ज कराते हैं—

"कहौं हनुमान सों, सुजान रामराय सों, कृपानिधान संकर सों, सावधान सुनिए,
हरस-विषाद राग-रोष, गुन-दोष भई, बिरची बिरंचि सब देखियत दुनिए,
माया जीव काल के, करम के, सुभाय के, करैया राम वेद कहै साँची मन गुनिए
तुमते कहा न होय, हाहा सो बुझौयो मोहिं, हौंहू रहौ मौन ही बयो सो जान लुनिए।"

"तुम हमें यह बताओ कि तुमसे क्या नहीं हो सकता। तब मैं यह समझकर कि मैंने जो बोया था, उसे ही काट रहा हूँ, मैं चुप हो जाऊंगा और तुलसीदास वस्तुतः चुप हो जाते हैं। यह रचना तुलसीदास की अंतिम रचना है, और इस सवैया की अंतिम पंक्ति उनके द्वारा लिखी गयी, आखिरी पंक्ति। इसके बाद वे कुछ नहीं लिखते या लिख पाते। घोर यंत्रणा के बीच उनकी मृत्यु होती है।

सारे जग को 'सियाराममय' देखने वाले तुलसी, उनकी भक्त-वत्सलता, दीन-बंधुत्व से अभिभूत तुलसी का उपर्युक्त मौन कितना व्यंजक और कितना बेधक है, कहने की जरूरत नहीं। राम की, ब्रह्म की सर्वशक्तिमानता पर तुलसीदास का संदेह, उस सर्वशक्तिमानता पर तुलसी का प्रश्नचिह्न, ब्रह्म-स्वरूप राम से जो जगत का कर्त्ता-भर्त्ता, संहारक है, तुलसीदास का यह प्रश्न कि तुम बताओ, तुम क्या नहीं कर सकते, क्या उस मोहभंग को उसकी पूर्णता तक नहीं पहुँचाता, 'विनयपत्रिका' के रचनाकाल से जिसकी शुरुआत हुई थी? कितना त्रासद है तुलसी की मनोभूमि का यह यथार्थ? तुलसी का मौन क्या कम व्यंजक है? अपने इस 'मौन' में भी क्या तुलसीदास ऐसा तमाम-कुछ नहीं कह देते, जो अब तक अनकहा था?

तुलसीदास पर कोई भी अंतिम रायजनी, उनकी दो रचनाओं—'विनयपत्रिका' तथा 'हनुमान बाहुक' के उनके मनोलोक को छोड़कर अधूरी, एकांगी या एकायामी होगी। ये रचनाएँ एक निहायत मानवीय तुलसीदास से हमारा साक्षात्कार कराती हैं, उसके मनोलोक के उस अंतरंग में हमें ले जाती हैं, जो उनकी पूर्ववर्ती कृतियों में उनके आदर्शों, उनकी मनोकांक्षाओं, उनकी सामाजिक-नैतिक मान्यताओं की तमाम पर्तों के नीचे दबा हुआ था। जीवन का यथार्थ, उसे बाहर लाता है और गोस्वामी जी की वह छवि हमारे सामने आती है, जिसे विचार के दायरे में लिए बिना हम समग्रता में, विचार और अनुभवों की अंतर्विरोधी जटिलताओं में, पूरी प्रामाणिकता में, गोस्वामी तुलसीदास को नहीं समझ सकते।

14

अपने रचना-संसार में गोस्वामी तुलसीदास : एक समग्र विवेचन

'सियाराममय सब जग जानी'—गोस्वामी तुलसीदास की यह प्रसिद्ध उक्ति है। संपूर्ण विश्व को 'सियाराममय' मानते हुए उसके कण-कण में उन्होंने अपने आराध्य के विद्यमान होने की बात इस उक्ति में कही है। हर धर्म-मजहब में यह बात दुहराई गई है कि सृष्टि का कर्त्ता अपनी रची सृष्टि के कण-कण में विद्यमान रहता है।

भारतीय परंपरा में रचनाकार को भी अपने रचना-विश्व का विधाता या प्रजापति कहा गया है। प्लेटो ने भले ही कहा हो कि रचनाकार का रचना-विश्व विधाता के रचे विश्व का अनुकरण है, परंतु उसके शिष्य अरस्तू ने अपने गुरू के कथन को निरस्त करते हुए बड़े स्पष्ट शब्दों में अपनी स्थापना दी है कि रचनाकार विद्यमान विश्व का अनुकरण नहीं करता, उसकी पुनर्रचना करता है। वह विद्यमान विश्व के समानान्तर अपने विश्व को रचता है। जिस तरह सृष्टि का कर्त्ता अपने रचे विश्व के कण-कण में विद्यमान रहता है, उसी तरह रचनाकार भी अपने रचना-विश्व में अपनी उपस्थिति का अहसास कराता है। उसकी उपस्थिति, उसके रचना-विश्व में कहीं भास्वर होती है, और कहीं, उसकी बुनावट में इस तरह घुली-मिली, उसमें इस तरह अंतर्भुक्त और अंतर्ग्रथित, कि उसे शिद्दत से खोजना पड़ता है।

इस कथन की पृष्ठभूमि में, आइए, गोस्वामी जी के रचना-संसार में अवगाहन करते हुए उसमें गोस्वामी जी की विद्यमानता को तलाशें, उनके उन रूपों का साक्षात्कार करें जिन रूपों में वे कहीं भास्वर, मुखर, तो कहीं नितांत

अप्रत्यक्ष, उसकी बुनावट में इस तरह घुले मिले हैं कि बड़ी मुश्किल से पहचान के दायरे में आते हैं।

गोस्वामी जी का रचना-संसार बहुत व्यापक और विशद है। कविता के दोनों रूपों -प्रबंध और मुक्तक का समावेश उसमें है। जीवन के अँतरे-कोनों से लेकर उसके समग्र प्रसार तक उनकी दृष्टि गई है। इसी नाते आचार्य रामचन्द्र शुक्ल ने उनकी कविता को 'पूर्ण कविता' और उन्हें 'पूर्ण कवि' कहा है। आदमी के बाहरी क्रिया-कलापों से लेकर उसके मनोभावों की सूक्ष्म से सूक्ष्म तह तक वे गए हैं और आदमी को उसके संपूर्ण अंतर्वाह्य में उन्होंने जाँचा और परखा है। नर जगत के अलावा नरेतर वाह्य-जगत भी अपने समूचे प्रसार में उनकी दृष्टि की परिधि में आया है। वनस्पतियाँ, पेड़-पौधे, पशु-पक्षी-समूचे प्राणि-जगत को उन्होंने अपनी रचनाओं में मूर्त्त किया है। जड़ और चेतन सब उनके जगत के दायरे में आए हैं।

तुलसी का रचना संसार बहुत विशद है, यह हम कह चुके हैं। प्रामाणिक रचनाओं की बात करें तो आरंभ से—'रामलला नहछू', बरवै-रामायण', 'सतसई', से 'पार्वती-मंगल', 'जानकी मंगल', 'वैराग्य-संदीपनी', 'दोहावली', 'कवितावली', 'गीतावली', 'श्रीकृष्ण-गीतावली', 'रामचरित मानस', 'विनय-पत्रिका' और 'हनुमान-बाहुक', जिसका समावेश 'कवितावली' में है—ये बारह रचनाएँ गोस्वामी जी की प्रामाणिक रचनाएँ कही गई है। 'हनुमान बाहुक', जैसा हमने कहा—'कवितावली' के साथ संलग्न है। इन रचनाओं के अलावा जो कुछ गोस्वामी जी के नाम पर मिलता है, प्रामाणिक नहीं है।

गोस्वामी जी की रचनाओं के कालक्रम को लेकर भी मतभेद है। परन्तु इतना निश्चित है कि 'विनय-पत्रिका' और हनुमान बाहुक' गोस्वामी जी द्वारा रचित सबसे बाद की रचनाएँ हैं—

'विनय-पत्रिका'—प्रौढ़ावस्था में पहुँचे तुलसीदास की, और 'हनुमान बाहुक' वृद्ध तुलसीदास की रचनाएँ हैं।' 'हनुमान बाहुक' के उपरांत कदाचित वे कुछ भी नहीं रच सके। यह भी दृष्टव्य है कि बराबर स्थान बदलते रहने वाले तुलसीदास प्रौढ़ावस्था में स्थायी रूप से काशी में बस गए थे। 'विनय-पत्रिका' और 'हनुमान बाहुक'—दोनों ही कृतियाँ काशी में रचित कृतियाँ हैं। स्पष्टतः गोस्वामी की रचित उपर्युक्त कृतियों में- रामचरित मानस' ही—प्रबंधात्मक रचना है, शेष रचनाएँ रामकथा या दूसरे आख्यानों को लिये हुए भी वस्तुतः छोटे आकार की मुक्तक रचनाएँ ही हैं। कदाचित विनय-पत्रिका तथा हनुमान बाहुक गोस्वामी जी की ये दो रचनाएँ ही हैं जिनमें किसी भी तरह की कथा या आख्यान नहीं है। ये रचनाएँ मूलतः आत्म-निवेदन-परक

रचनाएँ हैं—जिनमें एक ओर गोस्वामी तुलसीदास है, दूसरी ओर उनके आराध्य या पूज्य-जिनको उनका यह आत्मा-निवेदन संबोधित है। 'विनय-पत्रिका' का आत्म-निवेदन राम को सम्बोधित है, जबकि 'हनुमान-बाहुक' में **पहली बार** हनुमान को केन्द्र में लाकर उन्होंने अपनी आत्म-व्यथा निवेदित की है—प्रसंगतः राम और शंकर के प्रति भी उनका कुछ निवेदन इस कृति में है।

बहरहाल, रचना मुक्तक हो अथवा प्रबन्ध, छोटे आकार की हो, अथवा बड़े आकार की, अपनी हर रचना में गोस्वामी जी कहीं न कहीं, किसी न किसी रूप में विद्यमान हैं। उन रचनाओं में, जो छोटे आकार के बावजूद राम-कथा के किसी न किसी पहलू को, अथवा जो आख्यान उसमें हैं, उसके किसी न किसी पहलू को समेटे हुए हैं, गोस्वामी जी की उपस्थिति को भाँपने में या गोस्वामी जी को खोजने में कुछ कठिनाई होती है। उन्हें रचना में वर्णित स्थितियों, घटनाओं, आख्यान की पर्तों, चरित्रों आदि के बीच से खोजना पड़ता है। परन्तु जिन रचनाओं में उनका आत्मनिवेदन-मात्र है, उनमें गोस्वामी जी को खोजने में परेशानी नहीं होती। 'विनय-पत्रिका' तथा 'हनुमान-बाहुक' ऐसी ही आत्म-निवेदन परक रचनाएँ हैं। इन रचनाओं में गोस्वामी जी से हमारा सीधा साक्षात्कार होता है। ऐसे कुछ स्थल 'कवितावली' और दोहावली' में भी हैं।

अधिक बारीकी में न जाएँ तो अपने रचना संसार में गोस्वामी जी मुख्यतः चार रूपों में हमें मिलते हैं—व्यक्ति के रूप में, भक्त के रूप में, कवि के रूप में और लोक के व्यवस्थापक-लोकनायक के रूप में—लोक धर्म के प्रस्तोता के रूप में। अपनी चर्चा में हम गोस्वामी जी के इन चारों रूपों को क्रमशः अपने विचार का विषय बनाएँगे।

वस्तुतः किसी भी रचनाकार पर, और यदि वह बड़ा रचनाकार है, तो खासतौर पर, कोई भी निर्णायक अभिमत तब तक नहीं दिया जाना चाहिए जब तक उस रचनाकार को उसकी समग्रता में, उसके संपूर्ण विकास क्रम के साथ देखा और परखा न जाय। कोई भी रचनाकार, अपने समूचे विकास क्रम मं निरंतर विकसित होता रहता है—उसका यह विकास उर्ध्वमुखी हो या अधोमुखी। अपने संपूर्ण रचनाकाल में वह अनुभव और विचारों के स्तर पर एक सा नहीं रहता, परिवर्तन की स्थितियों से गुजरता है। न जाने कितने उत्कर्ष और अपकर्ष के पड़ावों से गुजरता हुआ वह अपनी आखिरी मंजिल तक पहुँचता है। इन्ही उत्कर्षों ओर अपकर्षों के जरिए उसके आत्म-संघर्ष का साक्ष्य भी हमें मिलता है। विकास के दौर में प्रायः रचनाकाार खुद भी नहीं

जान पाता कि वह अपनी अंतिम मंजिल तक अपनी किन फलश्रुतियों के साथ पहुँचेगा-इच्छित गंतव्य को पाएगा भी या नहीं। इसी नाते रचनाकार पर निर्णायक अभिमत उसे उसकी संपूर्णता में, संपूर्ण विकास क्रम में, जानकर ही दिया जाना चाहिए। उसकी रचना यात्रा के किसी खास पहलू पर, या उसकी किसी एक ही रचना पर आधारित निर्णय प्रायः उसे आधा-अधूरा, अप्रामाणिक रूप से ही जानना होगा, अतः ऐसा निर्णय भी संदिग्ध ही रहेगा।

गोस्वामी जी पर दिए गए निर्णयों की सबसे बड़ी विडंबना वस्तुतः यही है। उनकी प्रशंसा हो या आलोचना-निन्दा, प्रायः उसका आधार, उनकी एक रचना 'रामचरित मानस' ही रही है। उसे साहित्यिक ग्रंथ के रूप में भी देखा गया है और एक धर्मग्रंथ के रूप में भी। गोस्वामी जी के उपर्युक्त चारों रूप भी, उसमें किसी न किसी स्तर पर हैं। 'रामचरित मानस' वस्तुतः गोस्वामी जी की बड़ी महत्त्वपूर्ण रचना है परंतु फिर भी, वह उनकी एक रचना ही है। जो कुछ उससे इतर हैं वह भी गोस्वामी जी द्वारा ही रचाता हुआ है। ऐसी स्थिति में मात्र 'रामचरित मानस' के आधार पर गोस्वामी जी के बारे में दिए गए अभिमत, वे कैसे भी हों, पूर्ण और प्रामाणिक नहीं कहे जा सकते।

ऐसी स्थिति में आइए-सबसे पहले अपने रचना संसार में विद्यमान गोस्वामी जी के व्यक्ति-रूप को देखें—जो कहीं प्रत्यक्ष, कहीं अप्रत्यक्ष स्थितियों, राम-कथा, उसकी घटनाओं तथा पात्रों में अंतर्ग्रथित—अपने ढंग से विद्यमान हैं।

गोस्वामी जी की रचनाओं में उनके व्यक्ति-रूप के कुछ बड़े महत्त्वपूर्ण अंतःसाक्ष्य हैं—स्पष्ट और नितांत पारदर्शी ये अंतःसाक्ष्य बताते हैं कि गोस्वामी जी का बचपन घोर दरिद्रता में बीता था। अनाथ, द्वार-द्वार भीख माँगते हुए, अभाव और दैन्य की विषम स्थितियों से जूझते-टकराते। कहते हैं कि अशुभ नक्षत्र में जन्म लेने के नाते, नवजात शिशु में कुछ असामान्य लक्षण देखकर माता-पिता ने उन्हें जन्मते ही त्याग दिया था— "मातु-पिता जग जाइ तज्यो जनमि, करम बिनु विधिहुँ सृज्यो अवडेंरे'। कवितावली' के कुछ छन्दों में भी गोस्वामी जी के घोर दारिद्र्य के अंतःसाक्ष्य हैं—

"जायो कुल मंगल बधावनो बजायो सुनि भयो परिताप पाप जननी जनक को।

बारें तें ललात बिललात द्वार-द्वार दीन, जानत हौं चारि फल चारि ही चनक को। यह तो शैशवावस्था का मार्मिक आख्यान है, आगे भी—

काशी में गोस्वामी जी को बहुत दुख उठाने पड़े। 'धूत कहौ, अवधूत कहौ, रजपूत कहौ, जुलहा कहौ कोऊ" की उनकी उक्ति काशी के कट्टरपंथी

पंडित वर्ग द्वारा निरंतर उन्हें आपमानित किए जाने के फलस्वरूप ही सामने आई थी। 'कवितावली', 'दोहावली', 'विनयपत्रिका' में अनेक स्थलों पर गोस्वामी जी के आरंभिक जीवन-संदर्भ अपने मार्मिक यथार्थ में सामने आए हैं। जीवन-पर्यंत अपने कठोर जीवन-संघर्ष को अपनी मनोभूमि में वे सँभाले रहे हैं। वे उन्हें विस्मृत नहीं कर सके हैं। इस प्रसंग को अधिक विस्तार न देकर अब हम व्यक्ति-गोस्वामी जी के एक अन्य निजी जीवन-प्रसंग की चर्चा करेंगे।

लोकमान्यता है कि तुलसीदास का विवाह श्री दीनबंधु पाठक की कन्या रत्नावली से हुआ था, जो स्वयं विदुषी थी। तुलसीदास भी तब तक राम कथा के उद्गाता के रूप में ख्यात हो चुके थे। पत्नी के प्रति उन्हें बेहद लगाव था। उसी के वशीभूत होकर बिना बुलाए वे अपनी ससुराल पहुँच गये, ससुराल में उन्हें यों, अनाहूत देखकर रत्नावली लाज से गड़ गई। लोक मान्यता है कि उसने तुलसीदास की इस कामांधता पर उन्हें फटकारा, रत्नावली की कही गई, इस संदर्भ की यह उक्ति लोक प्रसिद्ध है—

अस्थि चरममय देह मम, तामें जैसी प्रीति।
होती जो श्रीराम मँह होति न क्यों भवभीति।।

रत्नावली की फटकार ने गोस्वामी जी को भीतर तक मथा और उसी के परिणामस्वरूप 'काम' के पथ से हटकर पूरे मन से वे 'राम' के पथ पर आ गए। कहते हैं—बाद को रत्नावली ने उन्हें रोकना चाहा परंतु तुलसीदास रुके नहीं। पूरे जीवन उन्होंने पत्नी का विछोह सहा और पूरे जीवन रत्नावली पति-वियुक्ता रही। राम के प्रति गोस्वामी जी की जो यह अविचल आस्था है उसके मूल में संभवतः श्रीराम और स्वयं उनके, कुछ मिलते-जुलते जीवन-संदर्भ हैं। गोस्वामी जी बचपन में ही माता-पिता से अलग हो गए थे। श्रीराम भी बचपन में माता-पिता से अलग विश्वामित्र के संरक्षण में रहे। युवावस्था में जिस तरह तुलसीदास को पत्नी के लंबे विछोह को झेलना पड़ा, श्रीराम को भी सीता के हरण के चलते पत्नी-विछोह की व्यथा लंबे समय तक झेलनी पड़ी। यद्यपि गोस्वामी जी और रत्नावली के प्रसंग को कितना प्रामाणिक माना जाय, कहा नहीं जा सकता, किंतु लोक प्रसिद्ध तो वह है ही। गोस्वामी जी ने भी अपनी रचनाओं में जहाँ अपने निजी जीवन-संदर्भों का अनेक स्थलों पर हवाला दिया है, रत्नावली-प्रसंग पर सीधे उन्होंने कहीं भी कुछ कहा या लिखा नहीं है। किंतु गहराई से देखा जाय तो 'रामचरित मानस' में बड़े सांकेतिक रूप में उन्होंने अपने इस निजी जीवन-प्रसंग का उल्लेख किया है। संकेत इतना सूक्ष्म है कि उसे मर्मी ही परख और भाँप सकते हैं।

प्रसंग 'अयोध्या काण्ड' में उस समय का है, जब राम, सीता और लक्ष्मण को वनवास के लिए सरयू के तट पर छोड़कर सुमंत्र वापस लौटते हैं। गोस्वामी जी ने इस अवसर पर सुमंत्र की जिस मनोदशा को अनेक उपमाओं तथा दृष्टान्तों से सजीव किया है, उसी के क्रम में उनकी ये पंक्तियाँ सामने आती हैं—

'विप्र विवेकी वेदविद् संमत साधु सुजाति।
जिमि धोखें मदपान करि सचिव सोच तेहि भांति।।'

स्पष्टतः गोस्वामी जी यहाँ अपनी उस भूल की ओर संकेत कर रहे हैं जो काम के वशीभूत होकर बिना-बुलाए ससुराल जाकर वे कर बैठे। कामांधता ने वेद-शास्त्र तथा उनके सारे पढ़े-लिखे को, कुल-वंश की मर्यादा, उनके विवेक, सबको हाशिए पर डाल दिया। इस दोहे के ठीक आगे जो चौपाई है, उसे देखें तो साफ लगता है कि उसके केन्द्र में और कोई नहीं रत्नावली, अपनी जीवन-स्थिति के साथ हमारे सामने है—

'जिमि कुलीन तिय, साधु, सयानी। पति देवता करम, मन, बानी।
रहै करम बस परिहरि नाहू। सचिव ह्रदय तिमि दारून दाहू।।

मन, वचन और कर्म से पति को देवता मानने वाली, कुलीन वंश की किसी सुशील, संस्कारी, विवाहिता को दुर्भाग्य वश आजीवन पति से अलग रहना पड़े, सुमंत्र के हृदय में कुछ वैसा ही दारूण दाह हो रहा था।

रत्नावली का विछोह आजीवन, तुलसी के मन में कहीं गहरे, कसकता रहा है। वे उसे भुला नहीं पाए हैं। उनके कहे-लिखे में, कहीं बड़ी महीन बुनावट में, उनके लाख प्रयासों के बावजूद कि वह दबा रहे, वह झलक ही जाता है। आगे हम इसे स्पष्ट करेंगे।

'रामचरित मानस' या दूसरी कृतियों में जहाँ भी गोस्वामी जी ने सीता के वियोग में राम की आकुल मनोदशा का चित्रण किया है, उसमें भी राम की वियोग-व्यथा में तुलसीदास का अपना क्लेश भी बराबर छन कर सामने आता रहा है। 'घन घमंड नभ गरजत घोरा। प्रियाहीन डरपत मन मोरा', यह सिर्फ राम की मनोदशा नहीं है, गोस्वामी जी की अपनी व्यथा भी उसमें घुली-मिली है। अपनी एक कविता-'' कालिदास, सच-सच बतलाना' में नागार्जुन ने कालिदास को संबोधित कर उनसे जो कुछ पूछा है, गोस्वामी जी को, कालिदास के स्थान में रखकर उन पंक्तियों की व्यंजना का अनुभव करें—

''उन पुष्करावर्त मेघों के साथी बनकर उड़ने वाले,
कालिदास, सच सच बतलाना,

पर-पीड़ा से चूर-चूर हो,
थक-थक कर औ चूर-चूर हो,
अमल धवल गिरि के शिखरों पर, कविवर तुम कब तक सोए थे,
रोया यक्ष कि तुम रोए थे,
कालिदास, सच-सच बतलाना।।''

कुछ दीगर, स्फुट, निजी जीवन-संदर्भ, यत्र-तत्र, गोस्वामी जी की अन्य रचनाओं में भी उभरे हैं—'विनय-पत्रिका' में, और बड़े स्पष्ट तथा पारदर्शी रूप में उनकी अंतिम रचना 'हनुमान बाहुक' में। बुढ़ापे की चरम अवस्था में गोस्वामी जी को भयानक शारीरिक यातनाओं से गुजरना पड़ा—प्लेग की गिल्टी, बालतोड़, बाहु-पीड़ा आदि की। अपनी इस यातना को 'हनुमान बाहुक' में उन्होंने बड़े सजीव और यथार्थ रूप में चित्रित किया है। बाहु-पीड़ा की यातना से परेशान, पहली बार उन्होंने 'हनुमान को केन्द्र में रखकर 'बाहुक' की रचना की और उनसें करबद्ध होकर प्रार्थना की कि वे उन्हें इस घोर-यातना से मुक्ति दिलाएँ। उनकी सारी प्रार्थना एक तरफ, यातना अपनी जगह। हनुमान कहीं उनके उद्धारक बनकर सामने नहीं आते। निराश होकर वे राम को गुहारते हैं और उसका भी कोई फल न देखकर शंकर की शरण में जाते हैं। यहाँ भी निराश ही उन्हें हाथ लगती है। उनकी यातना-कथा उन्हीं के शब्दों में—

'पाँव-पीर, पेट-पीर, मुख-पीर, जर्जर सकल शरीर पीरमई है।
देव-भूत, पितर-करम, खल, काल, ग्रह मोहिं पर दबक दवानक-सी दई है।
हौं तौ बिन मोल ही बिकानो बलि बारें ही तें, ओट राम नाम की ललाट लिखि लई है,
कुंभज के किंकर, विकल, बूढ़े गोखरनि, हाय, रामराय, ऐसी हाल कहूँ भई है।।''

सब ओर से निराश 'बाहुक' के अंतिम सवैया में वे हनुमान, राम और शंकर तीनों को एक साथ संबोधित करते हैं—

''कहौं हनुमान सों, सुजान रामराय सों, कृपा निधान संकर सों, सावधान सुनिए।
हरष-विषाद, राग-रोष, गुन-दोष मई, बिरची बिरंचि सब देखियत दुनिए।
माया-दीन काल के, करम के, सुमाय के, करैया राम, वेद कहें साँची मन गुनिए।
तुम तें कहा न होय, हा-हा सो वुझैयों मोहिं हौ हूँ रहौं मौन, बयो सो जानि लुनिए।।''

राम, जो तुलसी के आराध्य है, ब्रहम-स्वरूप हैं, सब-कुछ के करैया हैं, उनकी सर्वशक्तिमानता पर तुलसी का प्रश्नचिन्ह, उनसे तुलसी का पूछना कि

तुम बताओं, तुम क्या-क्या नहीं कर सकतें', अंततः उनका मौन, और उनका यह मानना कि उन्हें जो यातना मिल रही है, उनके बोए हुए का प्रतिफल है—यह सब कुछ, खास तौर से उनका मौन, क्या वह सब नहीं कह देता जो पूरे जीवन तुलसीदास लिखकर भी नहीं कह सके।

'बहुत संक्षेप में, यह व्यक्ति तुलसी से हमारा साक्षात्कार है—उनकी रचनाओं के माध्यम से। अब संक्षेप में उनके भक्त-रूप का जायजा लें।

भक्ति तो गोस्वामी जी की शब्द साधना का साध्य है। वे बुनियादी तौर से भक्त ही हैं। कविताई उनके लिए गौण है। आराध्य के प्रति भक्ति भाव के उनके—उद्‌गार कविता बन गए, यह और बात है। गोस्वामी जी ने बार-बार कहा है, विनम्रता वश या भक्ति के वशीभूत कि वे कवि हैं ही नहीं। 'कवित विवेक एक नहि' मोरें, ''कवि न होहुँ नहिं चतुर प्रवीना', भक्ति उनका सर्वस्व है। भक्त, वे निःसंदेह अपनी जमीन पर, बड़ी ऊँची कोटि के हैं। आचार्य शुक्ल ने उनकी भक्ति को दास्य भाव की भक्ति माना है—भक्ति की भावना जिसके तहत अपनी समूची ऊँचाई में—और गहराई में सामने आती है। दास्य भाव के अंतर्गत बस आराध्य के समक्ष प्रणति ही है, संपूर्णतः शरणागति, प्रपत्ति। इस भक्ति में अंहकार, स्वार्थ आदि का लेशमात्र नहीं। नितांत अहेतुक, निस्वार्थ यह भक्ति है। यों तो 'विनयपत्रिका' में तुलसीदास का भक्त रूप पूरी पारदर्शिता में समाने आया है, किंतु, उनकी अन्य रचनाओं में भी उसी का प्राधान्य है। 'दोहावली' में भक्ति के आदर्श के रूप में उन्होंने चातक का साक्ष्य दिया है— अनन्यता और प्रिय के प्रति अपनी निष्ठा में जो अविचल, अडिग, निष्कंप है। स्वाति-नक्षत्र में बरसे जल की एक बूँद मात्र उसे चाहिए और उसी के हेतु मेघों की ओर उसका एकटक निहारना और 'पी-कहाँ' की उसकी आकुल पुकार। उसे गंगा जल भी ग्राह्य नहीं है।—बस स्वाति नक्षत्र में बरसे जल की एक बूँद मात्र—

'एक भरोसो, एक बल, एक आस-बिस्वास।
एक राम घनस्याम हित चातक तुलसीदास।।
उपल बरषि गरजत तरजि, डारत कुलिस कठोर।
चितव कि चातक मेघ तजि कबहुँ दूसरी ओर।।
बध्यो बधिक पर्‌यो पुन्य जल, उलटि उठाई चोंच।।
तुलसी चातक प्रेम-पट मरतहु लगी न खोंच।।

उनकी भक्ति अहेतुक है, यह हम कह चुके हैं, पूर्ण प्रपत्ति वाली-अहंकार से सर्वथा रहित—

राम सो बड़ो कौन, मोसों कोन छोटो।
राम सों खरौ कौन मोसों कौन खोटो।

तुलसीदास इसी भक्ति के वशीभूत होकर राम से कहते हैं—

तुम अपनायो तब जानिहौं जब मन फिरि परि हैं।
सुत की प्रीत प्रतीति मीत की नृप ज्यों डरि डरि है।
हरषिहे न अति आदरे, निदरे न जरि मरिहै।

हानि-लाभ, दुख-सुख सबै समचित हित-अनहित, कलि-कुचाल परिहरिहै।।

'सुन सीतापति सील सुभाऊ' पद में राम के शील को जिस तरह उन्होंने विशद किया है, उसी के साक्ष्य पर वे कह सके हैं कि ऐसे शील-स्वभाव पर यदि किसी का मन मुदित न हो, शरीर में पुलक न हो और नेत्रों से प्रेमाश्रु न बहने लगें तो ऐसे मुंह में धूल ही होनी चाहिए। भक्ति के इसी वेग में वे संकल्प करते हैं कि 'कबहुँक हौं यहि रहनि रहौंगो।

तुलसी के भक्ति-भाव में उनके आराध्य के शील-शक्ति और सौन्दर्य तीनों गुणों का योग है। भक्ति की मनोभूमि में वे इतने संवेदनाशील, प्रशांत और समदृष्टि वाले है कि स्पृश्य-अस्पृश्य, ऊँच-नीच, वर्ण गत, वर्ग गत कोई फाँक उनमें नहीं है। स्त्री-पुरुष सबका उसमें समावेश है। ऐसी मनोभूमि में राम से अधिक रामभक्त उन्हें प्रिय हैं। यह भी कि उनकी भक्ति वैराग्य मूलक नहीं है। उसके लिए घर छोड़ने की जरूरत नहीं। उसमें बस इतने की ही दरकार है—

"कै तोहिं लागहिं राम प्रिय, कै तू प्रभु-प्रिय होहि।
दुइ महँ रुचै जो सुगम सो कीबै तुलसी तोहि।।"

आइए, अब तुलसीदास के कवि-रूप को देखें—उनके जिस कवि-रूप को उत्कृष्टता और लोकप्रियता, दोनों मानकों पर प्रायः खुले मन से स्वीकार किया गया है। उत्कृष्टता तथा लोकप्रियता के मानक प्रायः सामंजस्य नहीं बिठा पाते, परंतु गोस्वामी तुलसीदास में इनका विरल संयोग मिलता है। उनकी कविता जितना काव्य मर्मज्ञों, कविता के पंडितों तथा प्रबुद्ध काव्य-प्रेमियों की काव्याभिरुचि और काव्य-विवेक के दायरे में उत्कृष्ट कविता के रूप में पहचानी गई है, अपनी प्रशस्त, और गहरी जन-संवेदनाओं के नाते साधारण पाठक वर्ग और साधारण जन द्वारा भी सराही और स्वीकार की गई है। शास्त्र और लोक दोनों उसके अंतर्गत अपना उत्कर्ष पा सके हैं। काव्य शास्त्र की अपनी कसौटियों पर भी उसे उच्च कविता के रूप में मान्यता मिली है और लोक की प्रकृत जमीन पर भी वह उतनी ही स्वीकार्य हुई है। पंडित और

साधारण जन दोनों उसमें डूबे-उतराए हैं। तुलसी वस्तुतः जितने शास्त्र विदग्ध, पंडित-कवि हैं, अपनी संवेदनाओं में वे उतने ही गँवई-गाँव के, किसानी मनोभूमि के है। साधारण जन के जीवन-संदर्भों से वे इतने एकात्म हैं कि अपने सुख-दुख के क्षणों में साधारण जन के मुख से बरबस उनकी पंक्तियाँ फूट निकलती हैं। साधारण जन उनकी कविता में जैसे अपने को पूरी आत्मीयता में शामिल मानता है।

वस्तुतः तुलसी ने पंडित होते हुए भी साधारण जन की बोली-बानी को वरीयता दी। अवधी तथा ब्रज को अपनाया और उनके सहज मुहावरों में अपनी अनुभूति को जन के लिए संप्रेष्य बनाया। लोक की भाषा और लोक की बोली-बानी लहजे और मुहावरे में ही नहीं, उन्होंने उन छन्दों को अभिव्यक्ति का माध्यम बनाया जो लोक के अपने जाने-पहचाने छन्द थे-दोहा, चौपाई, सोरठा, छप्पय, कवित्त, सवैया, गीत और पद। कविता के दोनों रूपों प्रबंध और मुक्तक में साधिकार लिखा। उनका रामचरितमानस तो लोक में इतना स्वीकार्य हुआ कि हिन्दी-क्षेत्र में उसे पुण्यग्रंथ की मान्यता मिली। वस्तुतः जनता के बीच 'रामचरित मानस' की लोकप्रियता का एक बुनियादी कारण उसमें लोक-चित्त में रमें राम की कथा के मार्मिक स्थलों की पहचान और उनकी बेहद महत्त्वपूर्ण प्रस्तुति है। राम कथा के ताने-बाने में तुलसीदास ने आदमी के मन और उसके जीवन की समग्रता को बुना और बाँधा है। उनके राम जन-संवेदनाओं से जुड़कर सामने आये हैं। साधारण जनता के सुख-दुख, हर्ष उल्लास ही उनकी राम-कथा में केन्द्रीय हैं और वे सब उसके खलनायक—जो साधारण जन के जीवन को संत्रास मय बनाते हैं, उसे कष्ट और क्लेश देते हैं। रावण उनके यहाँ लंका का अधिपति, अहंकारी, स्त्री का अपहरण कर्ता ही नहीं साधारण जनता के दुख दारिद्र्य का प्रतीक भी है— "दारिद दसानन दबाई दुनी दीनबंधु। अपने राम को वे इस दरिद्रता रूपी दशानन के वध के लिए भी गुहारते हैं। भूख, अकाल, महामारी, राजाओं के कुशासन की यातना झेलती जनता के पक्षधर बनकर तुलसी अपनी रचनाओं में जनता के पक्ष से न्याय की गुहार लगाते हैं—और उन राजाओं को धिक्कारते और लानत देते हैं वो प्रजा के सुख-दुख से बेपरवाह अपने शासन मद में जीते और स्वैराचार करते हैं उनकी रामकथा जो 'रामचरित मानस' के अलावा उनकी अन्य रचनाओं में भी अपने मर्मस्पर्शी स्थलों के साथ अपना परिचय देती हैं, राम-कथा होने के साथ-साथ समानान्तर साधारणजन की व्यथा-कथा के रूप में भी उतनी ही केन्द्रीय हो उठती है। आचार्य शुक्ल ने इन्हीं तमाम कारणों से गोस्वामी तुलसीदास को 'पूर्ण कवि' माना है—पूर्ण कवि अर्थात

जीवन की समग्रता को चित्रित करने वाला कवि। कविता के निर्माण में आदमी के जिस इंद्रिय-बोध की सबसे बड़ी हिस्सेदारी है, जिसके जरिए इस अनंत रूपात्मक जगत के शब्द, स्पर्श, रूप, रस और गंध के संवेदनों को पाकर आदमी उससे परिचित होता, उसे अधिकाधिक प्रसार और गहराई में जीता, अपने सीमित आयुध्य को सार्थक करता है। आदमी के उस इंद्रियबोध और शब्द, स्पर्श, रूप, रस और गंध के संवेदनों का वह संसार-अपने अनुकूल और प्रतिकूल प्रभावों के साथ तुलसीदास की कविता में अपने पूरे उत्कर्ष में विद्यमान हैं। आदमी का भावजगत जो कविता की बुनियाद है उस भावजगत में तुलसी दास इतने गहरे उतरे हैं कि उसके सुखात्मक संवेदन हों अथवा दुखात्मक, उनकी कविता की बुनावट में वे अपनी सूक्ष्म से सूक्ष्म भंगिमाओं में उनकी कविता में मूर्त्त हुए हैं। मनुष्य के भावजगत का एक-एक कोना उनकी कविता में उद्घाटित हुआ है। शास्त्रीय शब्दावली में कहें तो कविता के नौ रसों का पूरा परिपाक गोस्वामी जी कविता में हुआ है—स्थायी संचारी भावों के पूरें उन्मेष के साथ। आदमी के अंतःकरण की सूक्ष्म से सूक्ष्म वृत्तियों, उसकी मनोभावनाओं की बारीक से बारीक छवियों तक तुलसीदास की निगाह गई हैं। उनकी राम-कथा के प्रसंग पर प्रसंग हमारे इस कथन के साक्ष्य हैं—वे शबरी-केवट प्रसंग हों, लक्ष्मण को शक्ति लगने का प्रसंग हो, चित्रकूट समा हो, आदमी के अंतःकरण और उसके मनोभावों की एक-एक पर्त्त को उद्घाटित करने वाली तुलसी की कवि-प्रतिभा को देखा जा सकता हैं। इसी नाते चित्रकूट सभा को आचार्य शुक्ल ने महज एक कथा प्रसंग न मानकर आध्यात्मिक घटना माना है। समग्रतः भाव जगत की जिस केन्द्रीयता के नाते कविता को 'भावयोग' कहा गया है, गोस्वामी जी उस भावजगत के अद्भुत चितेरे और पारखी हैं। काव्य-पंडित उनकी कविताई में, इसके बावजूद दूषण पाएँ, वह अलग बात है, तुलसीदास निर्विवाद रूप से न केवल मध्ययुगीन भक्ति काव्य के, वे समूची हिन्दी कविता में बड़ी हैसियत के कवि हैं—महत् कविता के सृष्टा, उसके मानक।

जहाँ तक लोक व्यवस्थापक के रूप में गोस्वामी जी के कर्तृत्व का प्रश्न है—व्यक्ति के रूप में वे जितने पारदर्शी और स्वीकार्य हैं, कवि के रूप में जितने विदग्ध, बड़ी हैसियत के कवि और एक विशाल पाठक-समाज तक संप्रेष्य और मान्य है, उनका लोक व्यवस्थापक का रूप उतना ही विवादास्पद हैं—आपत्तियों और आरोपों के दायरे में आता है। उनके राजनीतिक-दार्शनिक विचार नहीं, लोक व्यवस्थापक के रूप में उनका लोकधर्म, उनकी सामाजिक सोच के कुछ पहलू, उनके समाज-दर्शन का एक हिस्सा इन विवादों-आरोपों

और आपत्तियों के मूल में है। जाहिर है कि लोक-व्यवस्थापक रूप में गोस्वामी जी के लोक धर्म और सामाजिक सोच से उपजी उनकी विवादास्पद धारणाओं ने उनके व्यक्ति, भक्त और कवि-रूप की पारदर्शी, प्रशस्त और महनीय छवि को भी आहत और क्षतिग्रस्त किया है, उनके समग्र अवदान पर, उनके मूल्य और महत्त्व पर अपने निशान छोड़े है। अपने लोक-व्यवस्थापक रूप में उनपर पुरानपंथी, यथास्थितिवादी, पुनरुत्थानवादी होने जैसे आरोप लगे हैं। ऐसी स्थिति में जरूरी है कि उनके लोक व्यवस्थापक रूप से जुड़ी उनकी विवादास्पद सामाजिक सोच के उन पहलुओं को उनकी प्रामाणिकता में जानें। आचार्य शुक्ल ने 'गोस्वामी तुलसीदास' शीर्षक अपनी किताब में उनके लोकधर्म, मर्यादावाद आदि को विस्तार से प्रस्तुत किया है। यही नहीं, उसके जिन पक्षों पर आपत्तियाँ उठी हैं, गोस्वामी जी की ओर से उनकी सफाई भी दी है। गोस्वामी जी के लोक-धर्म, उनके समाज-चिंतन के ऐसे पक्षों पर, जो विवादास्पद हैं, हम आचार्य शुक्ल के लिखे हुए के साक्ष्य पर ही अपनी बात कहेंगे।

शुक्ल जी के लिखे हुए को ही आधार और प्रमाण मानें, तो गोस्वमी जी को आर्यशास्त्रानुमोदित, वेद-विहित वर्ण तथा आश्रम व्यवस्था पूरी तरह मान्य है। वर्ण तथा आश्रम व्यवस्था पर, जो वेद-शास्त्र विहित हैं, किसी भी तरह की आपत्ति को वे लोक-विरोधी मानते हैं। वर्ण व्यवस्था के तहत विविध वर्णों का जो विधान है, उनके अधिकार तथा कर्त्तव्यों का उसमें जो उल्लेख है, उच्चवर्ण और निम्नवर्ण की जो व्यवस्था या विभाजन है—गोस्वामी जी उन सबके अक्षरशः पालन के हिमायती हैं। लोकधर्म का आदर्श उनके अनुसार तभी स्थापित होगा जब विविध वर्णों के लोग अपने अपने निर्दिष्ट कर्त्तव्यों का पूरी तरह निर्वाह करेंगे-उन्हें अपने आचरण में उतारेंगे। ऐसा न करने वाले, वे किसी भी वर्ण के हों, उनकी कठोर आलोचना के पात्र बने हैं। 'विनयपत्रिका' तथा 'रामचरित मानस' में जिस कलि-काल का व्रर्णन उन्होंने किया है, वह और कुछ नहीं, विविध वर्णों का उच्च और निम्न, दोनों का निर्दिष्ट कर्त्तव्यों से च्युत होना, उनका पालन न करना ही है। ब्राह्मण अहंकारी हो जाय, क्षत्रिय राज-लोलुप और शूद्र, ब्राह्मणों को आँख दिखाने लगे, यज्ञोपवीत धारण करने लगे तो समाज नहीं चलेगा, ऐसा गोस्वामी जी का विचार है। वे चाहते है कि वेद-शास्त्र-विहित वर्ण-व्यवस्था अपने चरम आदर्शीकृत रूप में लोगों के आचरण में उतरे।

गोस्वामी जी की उपर्युक्त मान्यताओं पर टिप्पणी करें तो इस विन्दु तक तो बात समझ में आती है कि गोस्वामी जी वेद-शास्त्र-विहित वर्ण-व्यवस्था से

जुड़ी मर्यादाओं, विधि निषेधों, कर्त्तव्यों के विधान आदि को अक्षरशः मानते हैं और उनके अनुरूप आचरण के आकांक्षी हैं। परन्तु लोक व्यवस्थापक के अपने इस रूप में कभी-कभी वे इतने अनुदार और कट्टर हो गए हैं कि अपनी मान्यताओं से भी अलग ऐसे विचारों के उद्‌घोषक बन गए हैं, जिन्हें 'डिफेण्ड' करने में, जिनके बारे में सफाई देने में शुक्ल जी जैसे उनके पक्षधर आचार्य को भी असुविधा ही हुई है। मसलन, गोस्वामी जी की यह उक्ति उनके अपने लिखे हुए के विरोध में ही जाती है कि— "पूजिय विप्र सील-गुन हीना। सूद्र न गुन-गन-ज्ञान प्रवीना।" अर्थात ब्राह्मण शील और गुण से रहित हो तब भी पूज्य है, और शूद्र ज्ञानी और गुणी होने पर भी हेय है। आचार्य शुक्ल ने लिखा है— "लोक मर्यादा की दृष्टि से निम्नवर्ग के लोगों का धर्म यही है कि उस पर (उच्च वर्णों पर) श्रद्धा का भाव रखें, न रख सकें तो कम से कम प्रकट करते रहें। इसे गोस्वामी जी का' सोशल डिसिपिलिन समझिए । इसी भाव से उन्होंने प्रसिद्ध नीतिज्ञ और लोक-व्यवस्थापक कौटिल्य का....वचन—अनुवाद करके रख दिया— "पंतितोऽपि द्विजः श्रेष्ठो न च शूद्रो जितेन्द्रियः"।

वस्तुतः गोस्वामी जी का लोक व्यवस्थापक रूप, समाज या लोक व्यवस्था के अनेक बिन्दुओं पर उनके प्रशंसकों-पक्षधरों तक को असुविधा में डालता है। प्रसंगतः कही गई बातों पर ध्यान न भी दें तो भी गोस्वामी जी अपने समाज-चिन्तन में वेद और शास्त्र की चौहद्दियों के दायरे में ही हैं। केवट-शबरी प्रसंग आदि की चर्चा कर कुछ लोगो ने शूद्रों के प्रति गोस्वामी जी की उदार, भेदभाव-रहित मनोभूमि की ओर ध्यान खींचा है। इस बारे में हमारा कहना है कि केवट-शबरी आदि भी तभी तक गोस्वामी जी की संवेदना के दायरे में हैं जब तक वे रामभक्त हैं, अपने वर्ण-धर्म के अनुकूल आचरण करते हैं। रामभक्ति के दायरे के बाहर या वर्ण-धर्म के दायरे से बाहर होने पर गोस्वामी जी की संवेदना के पात्र वे नहीं रहते। यह भी कि रानभक्ति के दायरे के भीतर रहते हुए भी उन्हें अपने निम्नवर्ण होने का पूरा अहसास है। वे इसे अपना अहोभाग्य मानते हैं कि नीचे वर्ण के होने पर भी वे राम की कृपा पा सके। गोस्वामी जी की मनोभूमि का बुनियादी सत्य वही है जिसे हमने ऊपर रेखांकित किया है।

एक अन्य मुद्दा जिसके संदर्भ में गोस्वामी जी विवाद और आपत्तियों के दायरे में हैं—स्त्री-जाति संबंधी उनके विचारों से संबंधित है। गोस्वामी जी की कुछेक उक्तियों के आधार पर उन्हें स्त्री-निन्दक मानना कहाँ तक समीचीन है—इस प्रश्न पर विचार करना भी जरूरी है। आचार्य शुक्ल ने शूद्रों-विषयक

उनके विचारों के साथ, स्त्री-विषयक उनके विचारों पर भी विस्तार से लिखा है। उन्हीं के लिखे हुए को प्रमाण मानते हुए—इस मुद्दे पर भी हम अपनी बात आगे विशद करेंगे।—पहले आचार्य शुक्ल का अभिमत देखें। शुक्ल जी लिखते हैं—"तुलसीदास जी कट्टर मर्यादावादी थे।—पुरुषों की अधीनता में रहकर गृहस्थी का कार्य संभालना ही वे स्त्रियों के लिए बहुत समझते थे। उन्हें घर से बाहर निकालने वाली स्वतंत्रता को वे बुरा समझते थे। पर यह भी समझ रखना चाहिए कि 'जिमि स्वतंत्र होइ बिगरहि नारी' कहते समय उनका ध्यान ऐसी ही स्त्रियों पर था जैसी कि साधारणतः पाई जाती हैं, गार्गी और मैत्रेयी की ओर नहीं। उन्हें गार्गी और मैत्रेयी बनाने की चिन्ता उन्होंने कहीं प्रकट नहीं की है। हाँ, भक्ति का अधिकार जैसे सबको है, वैसे ही उनको भी ......पर उन्हीं को, जिन्हें भक्ति-मार्ग में पक्का समझेंगे। सब स्त्रियाँ घरों से निकलकर वैरागियों की सेवा में लग जायँ, यह अभिप्राय उनका कदापि नहीं। ......उन पर स्त्रियों की निन्दा का महापातक लगाया जाता है, पर यह अपराध उन्होंने अपनी विरति की पुष्टि के लिए किया है। उसे उनका वैरागीपन समझना चाहिए। सब रूपों में स्त्रियों की निन्दा उन्होंने नहीं की है। केवल प्रमदा या कामिनी रूप में—दाम्पत्य-रति के आलंबन के रूप में की है, माता, पुत्री, भगिनी आदि के रूप में नहीं। इससे सिद्ध होता है कि स्त्री जाति के प्रति उन्हें कोई द्वेष नहीं था। अतः उक्त रूप में स्त्रियों की जो निन्दा उन्होंने की है वह अधिकतर तो अपने-ऐसे और विरक्तों के वैराग्य को दृढ़ करने के विचार से।" गोस्वामी जी की जो उक्ति "ढोल-गँवार, शूद्र, पशु, नारी। ये सब ताड़न के अधिकारी"—उनके स्त्री-निन्दक होने के पक्ष में विशेष रूप से उद्धृत की जाती है, उसके बारे में शुक्ल जी की सफाई है कि इस उक्ति से लोगों के "चिढ़ने का कारण है 'ताड़न' शब्द, जो ढोल शब्द के योग में आलंकारिक चमत्कार उत्पन्न करने के लिए लाया गया है। स्त्री का समावेश भी 'सुरुचि-विरुद्ध' लगता है, पर वैरागी समझकर उनकी बात का बुरा न मानना चाहिए।"

हमने स्त्री विषयक मुद्दे पर गोस्वामी जी की सोच को आचार्य शुक्ल के लिखे हुए को प्रमाण मानकर विस्तार से इस नाते उद्धृत किया है कि गोस्वामी जी की स्त्री-विषयक सोच का मूलवर्ती पहलू सामने आ जाय। गोस्वामी जी के स्त्री विषयक विचारों पर उनके पक्ष से जितना भी कहा जा सकता था, शुक्ल जी ने कह दिया है। अन्य लोगों ने भी गोस्वामी जी के पक्ष में अपने अपने ढंग से बहुत सी दलीलें दी हैं—मसलन-गोस्वामी जी की तमाम उक्तियाँ प्रसंग-विशेष के तहत औरों के द्वारा कही गई हैं, उन्हें गोस्वामी जी का विचार

न समझना चाहिए, कि गोस्वामी जी ने स्त्री के बारे में—"कत विधि सृजी नारि जग माहीं। पराधीन सपनेहुं सुख नाहीं" जैसी पंक्तियाँ भी लिखी हैं, कि माता, पुत्री पत्नी, भगिनी आदि के ढेरों आदर्श चरित्र भी उन्होंने रचे हैं-आदि-आदि।

इन सारी बातों को ध्यान में रखते हुए-वस्तुतः स्त्री विषयक गोस्वामी जी की सोच का जो बुनियादी यथार्थ है, वह यही है कि वेद-शास्त्र विहित समाज व्यवस्था में, जो गोस्वामी जी के मत से आदर्श समाज व्यवस्था है, स्त्री के लिए उसके आचरण से संबंधित जो भी विधि-विधान तथा निर्देश हैं, उसके कर्त्तव्यों का जो प्रावधान है, स्त्री के लिए निर्दिष्ट जो मर्यादाएँ हैं, स्त्री उनके दायरे में रहे, उनके अनुकूल आचरण करे। ऐसी स्त्री ही गोस्वामी जी की मनोभूमि की आदर्श स्त्री है। निर्दिष्ट मर्यादाओं से, निर्दिष्ट आचरण संहिता से वह तनिक भी हटी नहीं कि वह उनकी कठोर आलोचना का पात्र बनी है। ऐसी स्त्री-माता, पत्नी-पुत्री, भगिनी—सब रूपों में उनकी भर्त्सना और लांछना का ही पात्र बनी है। वस्तुतः मनुस्मृति के इस विचार से कि 'स्त्री स्वातंत्र्यं ना अर्हति' गोस्वामी जी पूरी तरह सहमत हैं। जैसा हमने ऊपर शुक्ल जी के साक्ष्य पर बताया है—भक्ति के दायरे में भी वह उन्हें तभी स्वीकार्य है जब भक्ति मार्ग में चल सकने में वह पक्की हो। लोक व्यवस्थापक रूप में गोस्वामी जी के स्त्री विषयक विचारों का यही सार और यही सच हैं। स्त्री-संबंधी गोस्वामी जी के ये विचार-कितना उनके विरक्त-रूप के तहत आए हैं, कितना लोक व्यवस्थापक रूप में, कितना अपने और अपने जैसे विरक्तों की विरक्ति को पुष्ट करने के संदर्भ में, इस बारे में अपने-अपने विचार हो सकते हैं। मूलवर्ती सच वही है, जो आचार्य शुक्ल के साक्ष्य पर हमने ऊपर प्रस्तुत किया हैं।

गोस्वामी जी के उक्त चारों रूपों के साक्ष्य पर उनके प्रदेय की समग्र मूल्यवत्ता की बात करें तो का कहना होगा कि अपने व्यक्ति रूप में वे जितने पारदर्शी और मानवीय, भक्त-रूप में जितने प्रशस्त हृदय और कवि-रूप में जितने महनीय और सहज-स्वीकार्य हैं, अपने समय के आगे, हमारे अपने समय तक अनेक बिन्दुओं पर हमारे प्रेरक-मार्ग दर्शक हैं, लोक व्यवस्थापक रूप में उनकी सामाजिक सोच के अनेक पहलू न केवल उन्हें अपने युग में सीमित करते है—अपने समय के ही निर्गुण संतों के बरक्स उनकी सामाजिक-सोच पर गंभीर प्रश्न उठाते हैं। निर्गुण संत अपढ़ होते हुए भी जहाँ अपने जिए भोगे के अनुभवों के चलते अपने समाज-दर्शन में अपने समय का अतिक्रमण कर हमारे समकालीन बनते हैं, गोस्वामी तुलसीदास का समाज-चिंतन रूढ़ और हमारे समय के संदर्भ में अप्रासंगिक हो उठता है। स्त्री-मुक्ति-

दलित-मुक्ति-दबी-कुचली अस्मिताओं के हमारे समय के मुक्ति-अभियानों और उनसे जुड़े विमर्श में गोस्वामी तुलसी दास का समाज-दर्शन किस तरह अप्रासंगिक है, यह कहने की बात नहीं है। उनके प्रदेय की समग्र मूल्यवत्ता की बात करें तो वाल्मीकि, व्यास, कालिदास आदि जिस तरह विचार और विचारधारा के तमाम पहलुओं पर हमारे समय के लिए अप्रासंगिक और चली आ रही विचार-परंपरा से बँधे होते हुए भी अपने कर्तृत्त्व के दूसरे पहलुओं पर अपने समय से आगे, हमारे अपने समय में भी हमारी प्रेरणाओं के स्रोत बने हुए है, महनीय है, गोस्वामी तुलसीदास भी समाज-चिन्तन की अपनी सीमाओं के बावजूद अपने कर्तृत्त्व और व्यक्तित्व के दीगर आयामों पर काल के सहयात्री बनते हुए आज भी हमारे बीच महत्त्वपूर्ण बने हुए है और बने रहेंगे। गोस्वामी तुलसीदास का कर्तृत्त्व जिन बिन्दुओं पर आज भी हमारे लिए प्रेरक और महत्त्वपूर्ण है, उसे विरासत के रूप में सहेजते और संवर्द्धित करते हुए-उनकी विचारगत वे सीमाएँ भी बराबर हमारे ध्यान में रहेंगी—जिनसे वे बँधे रहे, जिनका अतिक्रमण वे नहीं कर सके। ग्रहण और त्याग के इसी संदर्भ में वाल्मीकि, व्यास, कालिदास की तरह गोस्वामी जी भी हमारे समय में हमारे साथ हैं और आगे भी रहेंगे।

हमारी मूलवर्त्ती चर्चा इसी विन्दु पर समाप्त होती है। किन्तु उसी के भीतर से उपजी मन की एक उधेड़बुन है जो चर्चा की परिसमाप्ति के बाद भी पूरी तरह शांत नहीं हुई है, अभिव्यक्ति के हेतु कसमसा रही है। सहृदय पाठक इस उधेड़बुन से होकर गुजरें और उसकी सार्थकता निरर्थकता पर खुद निर्णय लें, इस नाते उसे सामने लाना जरूरी है।

स्त्री-विषयक गोस्वामी जी के विचारों का हवाला हम दे चुके हैं। हमारा अपना अभिमत भी इस संदर्भ में स्पष्ट हो चुका है। स्त्री उनकी संवेदना के दायरे मे तभी तक मान्य है जब तक वह शास्त्र और वेद निर्दिष्ट आचरण-संहिता का, उसकी मर्यादाओं-विधि निषेधों का पालन करने वाली हो। उससे हटी नहीं कि उनकी भर्त्सना और लांछना का पात्र बनी है। स्त्री-निन्दक उक्तियाँ गोस्वामी जी ने अपनी विरक्ति को पुष्ट करने के लिए कही हैं, अपने जैसे विरागियों की विरक्ति का बनाए रखने के लिए कही है—यह शुक्ल जी की सफाई है, हमारा सरोकार जिससे नहीं है। गोस्वामी जी वस्तुतः स्त्री-निन्दक हैं या उनके लोक व्यवस्थापक रूप ने उन पर दबाव डालकर उन्हें स्त्री-निन्दक वचन कहने को प्रेरित किया-तुलसीदास के लिखे हुए और शुक्ल जी तथा अन्य विद्वानों के लिखे-कहे के आधार पर सुधी पाठक अपने निर्णय पर पहुँचें।

हमने अपना मत व्यक्त कर दिया है कि स्त्री उनकी संवेदना में कहाँ तक स्वीकार्य या अस्वीकार्य है।

जहाँ तक बात मन की उधेड़बुन की है, सब कुछ के बावजूद मन में यह जिज्ञासा कुलबुलाती रहती है कि पंडित-ज्ञानी होते हुए भी, कामभावना के वशीभूत जो व्यक्ति अनामंत्रित, मर्यादा और शिष्टाचार को तोड़ते हुए ससुराल पहुँच गया हो, क्या व्यक्ति रूप में वह स्त्री विरोधी हो सकता है? उसे स्त्री से प्रताड़ना मिली, वह विरक्त हुआ, आजीवन विरक्त रहा, अपने 'काम' का उसने 'राम ' में बदल डाला- उसकी कामासक्ति रामासक्ति बन गई, यह सब तो ठीक है, परन्तु तुलसीदास के व्यक्ति-रूप की चर्चा करते समय जैसा मैंने लिखा है, रत्नावली (स्त्री) उनके जीवन से बाहर भले ही हो गई हो, उनके मन से बाहर नहीं हो सकी। चाहकर भी तुलसी उसे भुला नहीं सके हैं। उनकी समूची रामासक्ति के बावजूद, उनके समूचे वैराग्य के बीच, उनके अवचेतन में कहीं गहरे बैठी, वह जब तब उनकी मनोभूमि में कौंधती रही है। काम को वेगवान अनुभव भी, जो उन्हें बिना बुलाए ससुराल तक ले गया, उनके वैराग्य के तले कितना ही गहरे क्यों न दबा दिया गया हो, वह भी उनकी चेतना से पूरी तरह निःशेष नहीं हो सका, उसे तुलसी मार नहीं सके हैं। आश्चर्य होता है तुलसीदास के गहरे आत्मसंघर्ष पर। काम और राम के बीच के महासमर को आजीवन कितना झेला होगा उन्होंने। सहानुभूमि होती है तुलसीदास से इस विन्दु पर। साक्ष्य की जरूरत हो तो साक्ष्य भी है। काम को रौंदकर जिस राम को तुलसी ने पाया, जीवन भर जिससे गहरे आसक्ति भाव से जुड़ रहे, उनकी राम-साधना की जो फलश्रुति उनका 'रामचरित मानस' है, उसकी परिसमाप्ति करते हुए, एकदम अंतिम जो दोहा उन्होंने कहा है—उनकी मनोभूमि में कहीं गहरे दबाया हुआ कामासक्ति का उनका अपना अनुभव-बरबस-जादू वहीं जो सिर पर चढ़कर बोले' की तर्ज पर जैसे अपने समूचे प्रभाव के साथ उस दोहे में बोल उठा है। 'रामचरित माानस' का अंतिम दोहा है—

"कामिहिं नारि पियारि जिमि, लोभिहिं कहँ जिमि दाम।
तिमि रघुनाथ निरंतर, प्रिय लागहु मोहि राम।।"

अर्थात जिस प्रकार कामी व्यक्ति को स्त्री प्रिय होती है, लोभी को धन, हे राम, उसी तरह तुम निरंतर मुझे प्रिय लगते रहो।

प्रश्न है कि जिस तुलसी जैसे पंडित-विदग्ध कवि के इशारे पर उपमाएँ और उत्प्रेक्षाएँ नाचती हों, अपने और अपने आराध्य के बीच की प्रियता को

व्यक्त करने के लिए उसे और कोई उपमा नहीं मिली, वही उसका भोगा हुआ अनुभव ही उसकी लेखनी में सजीव हुआ, मन की भीतरी सात पर्तें चीरते हुए जो गोस्वामी जी की मनोभूमि पर छा गया।

यहीं उधेड़बुन समाप्त होती है—विज्ञ-सहृदय पाठक सोचें और तय करें कि क्या सचमुच ऐसा व्यक्ति बुनियादी तौर पर स्त्री-विरोधी हो सकता है? विरक्ति-वैराग्य की बातें अलग, उसके मन की भीतरी तहों में बसी स्त्री-छवि क्या संपूर्णतः मिट सकती है?

15

दरद-दिवानी मीरा

मध्यकालीन भक्ति-आन्दोलन अपने समय का एक महान सांस्कृतिक आन्दोलन था। अपने युग संदर्भों में वह एक क्रांतिकारी सामाजिक आन्दोलन तथा जन-आन्दोलन भी था। डॉ० रामविलास शर्मा ने इस आन्दोलन का सम्बन्ध लोकजागरण से जोड़ा है जो बिल्कुल सही है। यद्यपि इस आन्दोलन और इससे प्रेरित भक्तिकाल की क्रांतिकारी विषयवस्तु धर्म के आवरण में, धर्म के आचार्यों, संतों और भक्तों की रचनाओं के माध्यम से सामने आई है, परन्तु इससे मध्यकालीन भक्ति-आन्दोलन और भक्तिकाव्य का क्रान्तिकारी सामाजिक महत्त्व कम नहीं होता। वस्तुतः उस युग में ऐसा ही हो सकता था। भक्ति-आन्दोलन की इस क्रांतिकारी लोकोन्मुखता ने जिस तरह वर्ण-व्यवस्था और दूसरे सामाजिक विधि-विधानों के तहत सदियों से यातनाग्रस्त शूद्रों और अंत्यजों की व्यथा को उन्हीं की पंक्ति से आए संतों की वाणी के माध्यम से मुखर किया, उसी तरह भक्ति-आन्दोलन के इस ज्वार ने शूद्रों और अंत्यजों की ही भाँति सामाजिक भेदभाव की यातना से ग्रस्त, सादियों से पीड़ा झेलती हुई नारी के अंतर्मन को भी अपनी आशाओं-आकांक्षाओं तथा स्वप्नों के साथ समाज की सतह पर ला दिया। स्मरण रहे कि इस अभिव्यक्ति का माध्यम भी भक्तों की श्रेणी में परिगणित नारियाँ ही बनीं जिनकी भगवत् भक्ति में शूद्रों और अंत्यजों की ही तरह आत्मनिवेदन के मार्मिक स्वर सहज ही सुने जा सकते हैं। भक्ति-आन्दोलन के अलावा भारत के साहित्यिक-सांस्कृतिक जगत में शूद्र, अंत्यज और नारी-रचनाकारों का इतना बड़ा जमाव हमें किसी युग या काल में नहीं दिखाई पड़ता। भक्ति-आन्दोलन और भक्तिकाव्य की

क्रांतिकारी सामाजिक देन की इससे बड़ी मिसाल और क्या होगी? यह सही है कि भक्ति-आन्दोलन और उससे सम्बन्धित आचार्य और रचनाकार, शूद्र हों, अंत्यज हों या कि नारी हो, आर्थिक-सामाजिक संदर्भों में उनके साथ होने वालो भेदभाव तथा इन संदर्भों से सीधी जुड़ी उनकी अस्मिता और उनके अधिकारों के लिए कोई पहल नहीं कर सके, इनके प्रति उनकी सहानुभूति, संवेदना तथा पक्षधरता भक्ति तथा अध्यात्म के क्षेत्रों में दूसरों के साथ इनकी समान भागीदारी को लेकर ही रही, परन्तु भक्ति तथा अध्यात्म के क्षेत्रों में इनके साधिकार प्रवेश ने इनकी सामाजिक स्थिति के प्रति दूसरों को तथा स्वतः इन्हें सजग किया, इसमें कोई संदेह नहीं। कबीर पर लिखते हुए इस तथ्य को तो आचार्य शुक्ल ने भी स्वीकार किया है कि निर्गुण मत ने समाज के निम्नतर वर्गों के मन में आत्मविश्वास तथा आत्मगौरव का भाव जगाया।

मीरा इसी भक्ति-आन्दोलन की अनूठी देन हैं। उनकी कविता नारी के अंतर्मन की उस घुटन और तड़प का प्रतिनिधित्व करती है, हमारी परंपरा, और वेद तथा धर्मशास्त्र-विहित हमारे विधि-विधानों के चलते, जो सदियों से नारी के अन्तर्मन में उमड़ती-घुमड़ती रही है, और जिसे ढोना नारी की नियति बन गया है, या मान लिया गया है। मीरा के यहाँ भी, सूर की गोपियों की भाँति, यह तड़प और यह घुटन समाज तथा लोक के उन आदर्शों, रीति-रिवाजों, मान्यताओं और मर्यादाओं की पोल खोलते हुए भक्ति के आवरण में ही मूर्त हुई है, जिनके तहत नारी सदियों से गीली लकड़ी की तरह धुंधुवाते हुए जलती रही है और लोक तथा समाज जिसके इस तरह धुंधुवाने और जलने को ही जिसके नारीत्व की सार्थकता मानता रहा है। इस प्रकार देखा जाय तो मीरा ने एक तरह से संपूर्ण नारी जाति के अब तक के अनभिव्यक्त और अनकहे को कहा है, प्रत्यक्ष भी और परोक्षतः भी। भक्त होने के नाते और भक्ति के आवरण में अभिव्यक्त होने के नाते मीरा के पद स्वभावतः भक्ति के रस में सराबोर हैं, अपने गिरिधर-नागर, सांवलिया, प्रभु, जोगी आदि को निवेदित हैं, किन्तु उनके भीतर से मीरा के आत्मनिवेदन को, उनके मन की कचोट को, उनके मन-मस्तिष्क में पल और पक रही समाज तथा सत्ता के महाप्रभुओं के प्रति उनकी गहरी वितृष्णा को तथा राजवधू होने के बावजूद, नारी होने के नाते अपने तथा नारी-मात्र की हीन तथा असहाय स्थिति को पढ़ना मुश्किल नहीं है। बहरहाल, मीरा साहस करके सामने आई, उन्होंने एक बार घर या महल की चारदीवारी जो लांघी तो फिर दुबारा वहाँ वापस लौटकर नहीं गयीं...........'संतन कहा सीकरी सो काम' कुंभनदास की यह उक्ति मीरा

के आचरण में भी चरितार्थ हुई। जिस समाज तथा लोक की चर्चा हमने ऊपर की है उसके प्रभुओं और महाप्रभुओं ने उन्हें भ्रष्ट करार दिया, और मीरा जो उनकी दृष्टि में 'बिगड़ीं' तो फिर उन्होंने लोक के लिए अपने को 'बनाना' मंजूर नहीं किया। जिस लोकलाज और कुल की कानि को छोड़ने के लिए उन्हें धिक्कारा गया, उन्होंने उस प्रताड़ना तथा लांछना को सिर-माथे, प्रभु के प्रसाद की तरह स्वीकार किया। जिस गिरिधर के हाथों बिकना उन्होंने सरेआम घोषित किया था, जो उनके रोग के लिए सबसे सही और सबसे अच्छा वैद था, जिसने उन्हें बचपन से ही लुभाया और भरमाया था, उसके लिए दरद को छाती में छिपाए और सहेजे, वे वन-वन, पर्वत-पर्वत, एक प्रदेश की धरती से दूसरे प्रदेश की धरती तक विचरती-डोलती रहीं, राजस्थान से चलकर वृन्दावन, और न जाने कहाँ-कहाँ से होती हुई द्वारका पहुँचीं, और अतंतः अपने उसी गिरिधर, सांवलिया और जोगी के साथ एक प्राण होते हुए गत हो गईं। मीरा ने लंबा आयुष्य नहीं पाया, किन्तु जितने समय तक वे जीवित रहीं, एक शीतल ज्वाला की तरह जलती-धधकती रहीं बहुत से लोग उनके तेज और ताप को न सह सकने और न झेल सकने के कारण भयभीत और आतंकित हुए, परेशान हुए, किन्तु अधिसंख्य भावुक जनों को उनके तेज और ताप ने सुख और संतोष ही प्रदान किया। हृदय की अतल गहराइयों से फूटे उनके स्वरों ने यातनाग्रस्त उनके दग्ध हृदयों में शीतल लेप का काम किया। मीरा उनके मन-प्राणों में जो बसीं सो शताब्दियाँ बीत जाने के बाद भी वैसे ही उनके हृदयों में विराजमान हैं। मीरा के दिल का दरद आज भी करोड़ों कंठों से फूट रहा है।

कौन थीं ये मीरा? कैसा था उनका जीवन, और क्योंकर राजघराने को छोड़कर महलों की इस बहू को बाहर साधु-संतों के बीच आना पड़ा, कैसे-कैसे संघर्ष उन्हें झेलने पड़े, अपने मन-प्राणों में पलने और पकने वाले अपने प्रेम को, अपने अंतर्मन की, या नारी-मात्र के अंतर्मन की, व्यथ तथा प्रेम-पिपासा को किस तरह, कितनी बाधाओं से जूझते-टकराते मीरा अभिव्यक्त कर सकीं, लोकापवाद सहते हुए भी अपने पथ से विचलित नहीं हुईं, अपनी छाती में अपने सांवलिया के दरद को सहेजे-सँभाले कैसे वे दर-दर भटकती रहीं? उनके इस प्रणय-निवेदन और उससे उपजे उनके इस दरद का सार तत्त्व क्या है, उनके भीतर समाज और उसके प्रभुओं, लोक और उसके रखवालों के प्रति जो गहरी वितृष्णा है, उनके प्रति उनकी जो शिकायतें हैं, तथा उनमें इस सारे लोक को अपने प्रेम पर निछावर करने तथा सामाजिक मर्यादा के पहरुओं को लानत देने की जो ताकत है, उसके स्रोत क्या हैं, उनकी वाणी का इतना

सघन और व्यापक प्रभाव साधारण जनता और नारी-मन पर क्यों है, उनकी वाणी हमारी भक्ति कविता, और कविता-मात्र की निधि क्यों है, ये कुछ सवाल हैं जिनसे हम आगामी पृष्ठों में मुखातिब होना चाहेंगे।

मीरा के जीवन के विषय में जो जानकारी विविध स्रोतों से उपलब्ध है, वह विवादास्पद है। विवादों के बीच में जो तथ्य प्रायः मान्य बनकर सामने आए हैं उनके अनुसार मीरा का सम्बन्ध मेड़ता के राज़-परिवार से था। इस बात पर प्रायः अधिकांश लोग सहमत हैं कि वे राणा सांगा के पुत्र भोजराज के साथ ब्याही गई थीं। विवाहोपरान्त वे ससुराल आईं और मेड़तणी कहलाने लगीं। अधिकतर विद्वानों की राय हैं कि मीरा कम उम्र में ही विधवा हो गई थीं और वैधव्योपरान्त ससुराल वालों ने उन्हें बहुत कष्ट दिये, उन पर काफी अत्याचार किए। समाज और लोक के अपवादों की बात छोड़ भी दें तो मीरा पर घर में सबसे अधिक अत्याचार उनके देवर विक्रमाजीत सिंह ने किए। मीरा के पदों में जो उनके विष देने तथा फूलों की पिटारी में सांप भेजे जाने का उल्लेख आता है, इन अत्याचारों का कर्ता और कोई नहीं, विक्रमाजीत सिंह ही था। मीरा ने राणा के नाम से उनकी ओर ही संकेत किया है। मीरा पर शोध करने वाली डॉ० पद्मावती शबनम का मत अपवादस्वरूप है, जिनके अनुसार मीरा विधवा नहीं सुहागिन थीं, और उन पर अत्याचार करने वाले उनके पति भोजराज ही थे। किन्तु अधिकांश विद्वान, जैसा कि हम अभी कह चुके हैं, मीरा के वैधव्य पर एकमत हैं, और इस बात पर भी एकमत हैं कि उन पर अत्याचार उनके देवर ने ही किए। मीरा के पदों में कुछ इस बात के संकेत मिलते हैं कि उनका वैवाहिक जीवन सुखी था, उन्हें कष्ट वैधव्योपरान्त ही झेलने पड़े। पं० परशुराम चतुर्वेदी इसी मत के हैं, तथा अन्य विद्वान थी।

सवाल है कि मीरा को विधवा होने के उपरान्त ससुराल में जो कष्ट दिए गए उनका कारण क्या था? अंतःसाक्ष्य तथा बहिर्साक्ष्य, जो इस विषय में उपलब्ध हैं, उनके अनुसार इनका कारण था मीरा की कृष्ण के प्रति अनन्य भक्ति और इस भक्ति से जुड़ा उनका आचरण, जो राजकुल की मर्यादा के हिसाब से तो अनुचित था ही, नारी के भी लोकमान्य आचरण के विरुद्ध था। कहते हैं कि मीरा बचपन से ही कृष्ण के प्रति अनुरक्त थीं, और उन्होंने मन ही मन उन्हें अपना पति भी मान लिया था। विवाहोपरान्त भी कृष्ण के प्रति उनका यही भाव रहा। वे कृष्ण की मूर्ति को बेसुध होकर निहारतीं तथा उसके समक्ष विह्वल होकर नृत्य करतीं। वे घोषित रूप से कृष्ण को अपना पति कहतीं। साधु-संगति में भी उनकी रुचि बचपन से ही थी। मीरा का यह आचरण परंपरागत लोक-मर्यादा के विरुद्ध तो माना ही गया, राज-परिवार से

जुड़े होने के नाते वे सीधे राज-परिवार के कोप का भाजन बनीं। उनके आचरण को राज-परिवार तथा राजकुल की मर्यादा तथा प्रतिष्ठा के खिलाफ करार दिया गया। पहले उन्हें समझाया-बुझाया तथा धमकाया गया, बाद को उन्हें सीधे अत्याचारों का निशाना बनाया गया। एक विधवा स्त्री का, और वह भी राज-परिवार की स्त्री का, साधु-संगति करना, सबके समक्ष पेर में घुँघरू बाँध कर, विह्वल होकर नाचना, सुहागिनी की तरह वस्त्र धारण करना, शृंगार करना, अपने को सुहागिन कहना, ये सब बातें लोकापवाद का विषय भी बनीं और उन्हें भ्रष्ट करार दिया गया, कुल-नाशी माना गया। परन्तु जिसके लिए भौतिक प्रपंच अर्थहीन हों, राजपाट, कुल-कानि, सांसारिक नाते-रिश्ते नगण्य हों, जो प्रेम के ऐसे निराले लोक में, अपने निराले प्रेमी के साथ रम-विचर रहा हो, सांसारिक विषय वासना से परे, एक ऐसी अनोखी प्रेमानुभूति में मन-प्राणों को लीन किए हो, जहाँ उसके और उसके प्रेमी के अलावा किसी की गिनती ही न हो, उस पर लोक और समाज के ये दबाव और प्रहार कहाँ तक कारगर होते। मीरा ने सबको ठुकरा दिया, सबको उनकी औकात बता दी, वे निर्भय होकर घर से बाहर आ गईं। जिसके लिए कृष्ण के अलावा और किसी पुरुष का अस्तित्व ही न हो, उसके लिए किसी से भय और लज्जा का सवाल ही क्या? उन्होंने साहस के साथ कहा-

राजा रूठ्याँ णगरी त्यागाँ, हरि रूठियाँ कठ जाणा,
राणा भेजा बिख राँ प्याडा, चरणामृत पी जाणा।।

राजा रूठेगा तो अपनी नगरी ही तो लेगा, वहीं से निकालेगा, परन्तु यदि हरि रूठ गया तो फिर मैं कहाँ, किसके पास जाऊँगी? मीरा पति के मरने के बाद राजस्थान की परंपरा के अनुसार सती भी नहीं हुई थीं। इसलिए कि राणा के साथ तो उनका विवाह सांसारिक था; शरीर का शरीर के साथ था, परन्तु मीरा अपने अंतर्मन से जिसे पति मानती थीं, जिसके साथ वे आत्मा के स्तर पर सदा-सदा के लिए बँधी थीं, वह तो अविनाशी और अक्षय था, वहाँ कैसा वैधव्य और कैसा बिछोह-

म्हारो साँवरो ब्रजवाशी।
जग सुहाग मिथ्या री सजणी होवाँ हाँ मिट ज्याशी,
बरन कर्‌यां अविनाशी म्हारो काड़ ब्याड़ णा खाशी।।

यह सब होते हुए भी कहीं मीरा में अपने नारी होने के नाते अबला होने का अहसास था। उनके अनेक पद उनकी इस असहायता का बोध हमें कराते हैं। फिर भी, मीरा तो वह साहस बटोर सकीं, जिसका हमने उल्लेख किया,

परन्तु मध्यकाल के सामंती चौखटे में बंधी आम नारी की कल्पना करें, तो स्पष्ट होगा कि उस सामंती चौखटे से बाहर आना इस आम नारी के लिए कितना कठिन होगा? मीरा के पदों में अपने प्रियतम के प्रति जो प्रणति, प्रपत्ति या शरणागति है, बार-बार उसे 'अधम उधारन', 'गिरिधारी' या दूसरे उसके लोकरक्षक नामों से जो याद किया गया है, उससे पता चलता है कि अन्य भक्तों और संतों की तरह सामाजिक यातना की शिकार पददलित मनुष्यता के लिए, नारी भी जिसका एक हिस्सा थी, मीरा का भी संदेश और आह्वान यही था कि वे अपने को ईश्वर के समक्ष सौंप दें, जो दीनबंधु है लोकरक्षक है और दुष्टों का दलनकर्ता है। तत्कालीन संदर्भों में मीरा से इससे अधिक की अपेक्षा भी नहीं करनी चाहिए। यह क्या कम है कि मीरा अपने माध्यम से मध्यकालीन समाज में घुटती-कराहती, नाना प्रकार के सामाजिक अत्याचारों और पारिवारिक प्रताड़नाओं को सहती आम नारी का भी अहसास कराती हैं, उसके दुःख और उसकी कसक का भी अपने माध्यम से वाणी देती हैं, उस सामाज को नंगा करती हैं जहाँ नारी इतनी परवश और इतनी असहाय है कि उसका, समाज के बनाए नियमों के खिलाफ, उठा एक पग भी, उसे भ्रष्ट, पतिता और 'बिगड़ी' करार देने के लिए पर्याप्त है, भले ही उसके इस प्रयास के पीछे उसके अंतर्मन की कितनी ही गहरी, कितनी ही उदात्त और कितनी ही पवित्र प्रेरणा क्यों न हो?

मीरा की कविता प्रेमा-भक्ति की कविता है, ऐसी कविता है जो 'जग की कविताई' से परे है। ब्रजनाथ ने जो बात घनानन्द की कविता के लिए कही थी वह मीरा की कविता पर भी हूबहू लागू होती है, और शुक्ल जी ने जैसे घनानन्द का स्मरण 'प्रेम मार्ग के धीर-गंभीर पथिक' के रूप में किया था, मीरा भी बहुत कुछ प्रेम मार्ग की वैसी ही मुसाफिर थीं। ब्रजनाथ ने घनानन्द की कविता के बारे में लिखा था—

जग की कविताई के धोखे रहें ह्याँ प्रवीननि की मति जात जकी,
समुझै कविता धन आनन्द की, हिय आँखिन नेह की पीर तकी।।

मीरा की कविता भी प्रेम की पीर की कविता है, दरद की कविता है, उसमें वही उत्कटता और गति है, वही दीवानगी और जोश है, जैसा घनानन्द की कविता में, और उनके अंतर्मन में, अपने प्रिय के प्रति है। बरबस मीरा के संदर्भ में घनानन्द याद आ जाते हैं, अपने अंतर की सारी उथल-पुथल और उसकी सारी ऊर्जा के साथ-

अंतर हौ किधौं अंत रहौ, दृग फारि फिरौं कि अभागनि भीरौं,
आगि जरौं अकि पानि परौं अब कैसी करौं हिय का विधि धीरौं,

जो घन आनन्द ऐसी रुची तो कहा बस है इन प्राननि पीरौं,
पाऊं कहाँ हरि हाय तुम्हें धरनी में धंसौं कि अकासहि चीरौं।।

प्रियतम के लिए धरनी और अकास में समा जाने की यही ललक और यही दीवानगी मीरा में भी है, गोकि उनकी कविता, यदि उसे कविता कहा जाय तो, का पाट बहुत चौड़ा नहीं है। दरद की कविता का पाट बहुत चौड़ा हो भी नहीं सकता। वह सीमित है, पहाड़ी नदी की तरह, जो बहुत चौड़ी नहीं होती किन्तु मैदान की चौड़े पाट वाली नदियों के विपरीत तमाम तरह के अवरोधों से टकराते हुए, दुर्गम और अलंघ्य, नाना प्रकार के आरोहों और अवरोहों से गुजरते हुए, भयानक वेग और ऊर्जा के साथ हरहराते हुए, अपने में समाए जल को ऊपर से नीचे तक मथते हुए, एकनिष्ठ भाव से अपने लक्ष्य की ओर बढ़ती है। किसी में भी साहस नहीं होता उसे रोकने और टोकने का। उन्मादिनी की तरह वह बस अपने सर्वस्व को लिए अपने गंतव्य तक पहुँचना और अपने लक्ष्य को पाना चाहती है। मैदानों में पहुँचने पर उसकी त्वरा में धीमापन आता है, वह प्रशस्त और गहरी हो जाती है, ऊपर से शांत और गंभीर दिखाई देने लगती है गोकि उसके भीतर न जाने कितने घातक, चक्रवाती भँवर उठते रहते हैं। उन्हें लिए-दिए वह अंततः उस सागर में शांत भाव से विलीन हो जाती है, जो उसकी मंजिल थी। मीरा की कविता कहिए, या उनका जीवन, बहुत कुछ ऐसा ही था। हम कह चुके हैं कि मीरा के दुनियाबी सरोकार बहुत व्यापक और बहुआयामी नहीं थे। इसी नाते उनकी कविता भी बहुत व्यापक सरोकारों वाली कविता नहीं है। वह सीमित है दरद के कुछ ऐसे मजमूनों में, जिन्हें हमने उनसे पहले भी पढ़ा और सुना है, परन्तु शायद इतनी तन्मयता और इतने बेधक प्रभाव के साथ नहीं, और इतने पारदर्शी रूप में भी नहीं, जैसा कि वे मीरा की कविता में हैं। तभी तो मीरा की कविता का यह दरद सदियों बाद भी करोड़ों-करोड़ों कंठों में जीवित है उसी गहराई के साथ, जैसा कि मीरा के अपने कंठ से वह फूटा था—

हेरी म्हाँ तो दरद दिवाणी म्हाराँ दरद णा जाण्याँ कोय।
घायड़ री गति घायड़ जाण्यां हिबड़ो अगण संजोय,
जौहर कीमत जौहर जाण्यां क्या जाण्यां जिण खोय,
दरद री मारयां दर-दर डोड्याँ वेद मिड्याँ णा कोय
मीरा री प्रभु पीर मिटांगा जब वैद सांवरो होय।

या फिर—

घडी चेण णा आवडां ये दरसण विण।
धाम न भावां नींद न आवां विरह सतावाँ
घायड़ री घुमाँ-फिराँ म्हारो दरद न जाण्यां कोय।
प्राण गुमायां झूरतां रे, णेण गुमायां रोय
पंथ निहारां डगर मंझारा ऊभी मारग जोय।
मीरा रे प्रभु कबरे मिलोगां ये मिड्या शुख होय।।

मीरा की ये दरद पगी पंक्तियाँ, जिसे हमने 'जग की कविताई' कहा है, उसकी कसौटी पर निरी सामान्य साबित होती हैं। न कोई वाग्वैदग्ध्य, न कोई अलंकार-सज्जा और न ही कोई दूरवर्ती शास्त्रीय व्यंजना। यहाँ कविता सीधे हृदय की आर्त्त पुकार बनकर सामने आई है। आचार्य नन्ददुलारे वाजपेयी के अनुसार—"कविता जिस स्तर पर पहुँचकर अलंकार-विहीन हो जाती है, वहाँ वह वेगवती नदी की भाँति हाहाकार करती हुई हृदय को स्तंभित कर देती है। उस समय उसके प्रवाह में अलंकार, ध्वनि, वक्रोक्ति, आदि-आदि न जाने कहाँ बह जाते हैं, और सारे संप्रदाय न जाने कैसे मटियामेट हो जाते हैं।......संसार के बड़े कवियों की महान रचनाएँ इसी प्रकार की हैं।"

मीरा की कविता भी ऐसी ही कविता है, अपनी अनुभूति में अत्यंत गहरी, प्रामाणिक, पारदर्शी और इसीलिए बड़ी।

प्रणय-निवेदन और उससे उपजा दरद, यही मीरा की कविता का प्रधान विषय है। हम कह चुके हैं कि यह प्रेम सामान्य नहीं, कुछ अर्थों में असामान्य है, और असामान्य के प्रति है। मनोविश्लेषक इसकी अपने ढंग से व्याख्या कर सकते हैं, परन्तु यह इतनी आसानी से व्याख्येय और निपटा दिए जाने वाला नहीं है। मीरा के प्रेम को अलौकिक और दिव्य भी कहा गया है। अलौकिक वह इस अर्थ में हो सकता है कि उसकी तरह की दीवानगी सामान्यतः हमें लोक से कम ही दिखाई पड़ती है। निराकार के प्रति तो वह नहीं ही है, उसका आलंबन कृष्ण हैं। आचार्य नन्ददुलारे वाजपेयी का भी यही मत है—महादेवी वर्मा की कविता के विवेचन के क्रम में उन्होंने कहा है—"जिन्होंने सूरदास जी के गोपी-विलास और भ्रमर-गीत का अध्ययन किया है, उन्हें मीरा को किसी निराकार कृष्ण की उपासिका बना देने की आवश्यकता नहीं प्रतीत होगी। अवश्य, मीरा एक नारी थीं और गिरधर के

प्रति उनका प्रियतम-भाव था। किन्तु ऐसा ही भाव गोपियों का भी था, जो निराकार की उपासिका नहीं थीं।'' मीरा ने अपने प्रेम को जिस रूप में अपनी अनुभूति का विषय बनाकर प्रस्तुत किया है, उसे जिस प्रियतम-भाव से रंगा है, उसके चलते वह बहुतों के लिए एक पहेली जरूर बन गया है। परन्तु गहराई में जाकर विचार करने पर ऐसा लगता है कि उस प्रेम का मूलवर्ती सूत्र कहीं न कहीं लोक से ही सम्बन्धित है, अभिव्यक्ति में वह इतना उदात्त, इतना अशरीरी, इतना निष्कलुष और इतना निरछल है कि एकदम सांसारिक और लौकिक संदर्भों में वह किसी को भी अपनी व्याख्या से बरज देता है। इस प्रेम में दरद की जो तीव्रता है, उससे उसकी प्रगाढ़ता का अनुमान किया जा सकता है। इस प्रेम से जुड़ी एक पहेली और भी है कि आखिर मीरा के पदों में बार-बार जिस 'जोगी' का जिक्र आता है, वह जोगी कौन है, या कौन हो सकता है? इस जोगी वाली पहेली के सध जाने पर मीरा के प्रेम की पहेली का भी कुछ समाधान हो सकता है। डॉ० पद्मावती[1] के मत को उद्धृत करते हुए डॉ० विश्वनाथ त्रिपाठी का इस विषय पर कहना है कि—

''मीरा द्वारा स्मृति, चित्रित और सम्बोधित जोगी परम प्रियतम कृष्ण हैं, यही मान्य लगता है। जोगी, उनकी साधना पर नाथपंथी प्रभाव प्रकट करता है। लेकिन इस जोगी को लेकर मीरा ने जो कुछ कहा है, वह कुछ और भी संकेत कर सकता है। जिसके विरह में मीरा दुःखी हैं, और जिसे लेकर मीरा ने ऐसी अचूक अभिव्यक्ति की है, उसका लौकिक आधार नहीं होगा, यह मानना संभव नहीं लगता। जिसके विषय में मीरा ने यह सीधी पंक्ति लिखी, 'या देख्याँ बिण कल णा पड़तां जाणे म्हारी छाती' वह मीरा के अज्ञात प्रियतम का ज्ञात आधार न होगा। मीरा ने जोगी के वियोग में जो कुछ कहा है वह विरह-वर्णन की परंपरा में होते हुए भी किंचित असामान्य है। जोगी की राह देखते बहुत दिन बीत गए, वह आज तक आया नहीं। या तो जोगी जग में नहीं है (मर गया है) या उसने मुझे भुला दिया।.....अगर यह जोगी कृष्ण हैं तो यह आशंका कि वे जीवित न हों असंगत है।'' अंततः त्रिपाठी जी का कहना है कि ''इन पदों को देखकर अनुमान लगाया जा सकता है कि मीरा ने

1. संभव है....प्राप्त सामग्री की मनोवैज्ञानिक विवेचना तथाकथित मीरा के पदों में प्रायः सर्वत्र प्राप्त किसी जोगी, जोगी-विशेष के प्रति गहरे व्यक्तिगत दाम्पत्य सम्बन्ध को व्यक्त करने वाले अंतः स्रोत का स्पष्टीकरण कर सके।''

अपने गेय पदों में अज्ञात प्रियतम कृष्ण का जो रूप उभार. है, उसमें कहीं न कहीं उनके मृत पति का रूप भी घुल-मिल गया है।.....मृत पति की स्मृति का कृष्ण के रूप में शामिल न होना अस्वाभाविक होगा।''

पं० विद्यानिवास मिश्र, जिन्होंने त्रिपाठी जी की किताब की भूमिका लिखी है, का कहना है कि ''मीरा के जोगी पदों में किसी आकार के लिए नहीं, बल्कि किसी ऐसी उपस्थिति के लिए बेचैनी है जो साथ रहकर चली गई है, आश्वासन देकर कि फिर साथ हो लूँगी, और तब ऐसी प्रतीति होती है कि वह उपस्थिति इस लोक के अनुभव के परे है।......कभी-कभी लोग मीरा के इन पदों में किसी लौकिक संदर्भ की छाया देखते हैं या नाथ पंथ की छाप देखते हैं। हो सकता है कि लौकिक पति और अलौकिक पति श्रीकृष्ण अनुभव में एक हो गए हों, पर मीरा के पदों की शब्द-योजना में भौतिक संसार और उसका सौन्दर्य तो छलकता मिलता है, कहीं भी इस संसार और उसके सौन्दर्य के प्रति विषयासक्ति की अभिव्यक्ति नहीं होती।''

एक सर्वथा विपरीत मत डॉ० भगवानदास तिवारी का है जिन्होंने मीरा पर बहुत काम किया है। उनके अनुसार मीरा के जोगी सम्बन्धी पद भ्रष्ट हैं। उन्हें किसी या किन्हीं जोगी नामधारियों ने भ्रष्ट किया है। पद्मावती 'शबनम' की मान्यता पर तिवारी जी की टिप्पणी है कि ''जोगी सम्बन्धी उक्त भ्रष्ट पदों के आधार पर श्रीमती पद्मावती 'शबनम' ने मीरा के जोगी-विशेष के प्रति गहरे व्यक्तिगत दाम्पत्य-सम्बन्ध को व्यक्त करने वाले अंतःस्रोत की जो कल्पना की है, वह अनुचित और भ्रान्त ही नहीं, मीरा की पुनीत नैतिकता पर आरोपित झूठा कलंक भी है।

सवाल मीरा की नैतिकता या उनकी छवि को भ्रष्ट करने या उसे कलंकित करने का नहीं, मीरा को समझने और बुद्धिग्राह्य तर्कों और तथ्यों के साथ उन्हें प्रामाणिक रूप से व्याख्यायित करने का है। संभव है कि जोगी नामधारी यह व्यक्ति और कोई न हो, स्वयं श्रीकृष्ण हों, जैसा कि त्रिपाठी जी का भी मानना है, तब मीरा की छबि के विरुप होने का सवाल ही कहाँ उठता है? जरूरी नहीं कि जोगी का सम्बन्ध नाथपंथ से जोड़ा जाय। उसका सामान्य अर्थ भी हो सकता है जैसा कि कुछ लोगों ने किया भी है। अब इस जोगी या कृष्ण के प्रति मीरा के प्रेम की जो उत्कटता है, उसके विछोह का जो गहरा दरद मीरा में है, उसके दुबारा आने की जो प्रतीक्षा है या उसके धोखा देकर चले जाने के प्रति जो शिकायत है, इन सारी बातों को जितने गहरे अहसास के साथ मीरा ने कहा है, उसके प्रति उनकी जो अनन्यता और एकनिष्ठता है, उसी में

समा जाने की जो उत्कट लालसा है, उसकी स्मृति में जिस मिठास तथा उसके काल्पनिक संयोग में जिस कंपन तथा सिहरन की अनुभूति उनमें है, उसके रूप के प्रति जो गहरा आकर्षण तथा जन्म-जन्मान्तर तक उससे जुड़ी रहने की जो आकांक्षा उनमें है,उसमें यदि यह माना जाता है कि कहीं न कहीं, किसी न किसी रूप में उनके मृत पति की स्मृति भी इसमें घुली-मिली है, जो इस सारे मीरा-भाव को एक स्थायित्व देती है, उसे एकदम अरूप होने से बचा लेती है, तो इसमें हर्ज ही क्या है? यह तो मीरा की नैतिकता को ही उभारना है। लौकिक तथा अलौकिक पतियों का एकात्म ही मीरा के प्रणय-निवेदन तथा उससे उपजे दरद की बुद्धिसंगत व्याख्या का आधार बन सकता है।

इस निबंध में शुरू से ही हमारा लक्ष्य मीरा के काव्य की या उनकी भक्ति की शास्त्रीय व्याख्या न होकर उसके ऐसे पक्षों को उजागर करना रहा है जहाँ अपनी कविता के साथ मीरा मध्यकालीन भक्त कवियों के बीच अपनी खास पहचान को लेकर हमसे मुखातिब होती हैं। इस पहचान का एक महत्त्वपूर्ण पहलू नारी होते हुए भी, और राजकुल की वधू होते हुए भी, मध्यकाल के सामंती समाज में नारी जाति पर लागू विधिनिषेधों के बावजूद 'मैं' शैली में अपनी वैयक्तिक प्रणय भावना को, अपने प्रेम को उनका मुखर होकर व्यक्त करना है। यह सही है कि उनके इस प्रेम का आलंबन श्रीकृष्ण हैं परन्तु इससे हमारे उक्त कथन का महत्त्व कम नहीं होता, कारण हम बता चुके हैं और मीरा के जीवन से सम्बन्धित तथ्य इसके गवाह हैं कि मीरा की इस कृष्ण-भक्ति को राज-परिवार के भीतर से ही नहीं, लोक तथा समाज के बीच भी, विरोध का, लांछनाओं और प्रताड़नाओं का लक्ष्य बनना पड़ा, और अंततः मात्र इसके नाते ही मीरा को राज-परिवार छोड़कर बाहर आना पड़ा। मीरा के आचरण को, भले ही उसका सम्बन्ध कृष्ण-भक्ति से हो, घर-परिवार तथा समाज में स्वीकृति नहीं मिली। उन्हें दर-दर भटकना पड़ा। नारी की प्रणय-भावना, उसके मन-प्राणों में निहित प्रेम की पिपासा को सूर ने भी गोपियों के माध्यम से अभिव्यक्ति दी है, उनकी गोपियाँ भी सामाजिक लोक मर्यादा के दायरे को लांघ कर कृष्ण के साथ रात-रात भर रास रचाती हैं, परन्तु सूर के यहाँ यह सब आह्लादक होते हुए भी मीरा जैसा नहीं है। मीरा समूचे भक्तिकाल में अकेली नारी भक्त हैं जिन्होंने अपनी आत्म-निवेदनपूर्ण कविता में अपनी भक्ति और अपने प्रेम के माध्यम से, एक पूरी की पूरी समाज-व्यवस्था की असहिष्णु और अमानवीय मानसिकता को, उसकी भेदभावपूर्ण रीति-नीति को, और उसके दोमुँहे चेहरे को बेनकाब किया है।

मीरा की कविता का दायरा सीमित है, यह हम कह चुके हैं परन्तु अपने सीमित दायरे में भी अनुभूति की गहराई और उसकी प्रभाव सघनता में वह समूचे भक्तिकाव्य में अद्वितीय है। अन्य भक्त कवियों में हमें संप्रदायगत निष्ठा के, अनूठी कथन-भंगिमाओं के, पांडित्य के, परंपरागत काव्य-रूढ़ियों के, शिल्पचातुरी के उदाहरण भी मिल जाएंगे, जिस समाज-व्यवस्था की शिकार मीरा बनीं, उस व्यवस्था के पक्ष के तर्क भी उनमें हम पा सकते हैं, परन्तु जहाँ तक मीरा की कविता का सवाल है, वह विशुद्ध रूप से अनुभूति की बुनियाद पर रची गई कविता है। वह प्रेम की, समर्पण की, आत्मदान की कविता है। घनता के जिस बिन्दु पर पहुँचकर दर्द भी दवा बन जाया करता है, वह उस दर्द की कविता है, समूचे भक्तिकाव्य में जिसकी मिसाल नहीं है।

16

स्त्री-विमर्श में मीरा

(कुछ प्रश्न : कुछ जिज्ञासाएँ)

मीरा प्रेम और भक्ति की तन्मय गायिका के रूप में ख्यात और मान्य हैं। वे श्रीकृष्ण की प्रेमिका भी हैं, और उनकी भक्त भी। ऐसी प्रसिद्धि है कि उन्होंने बचपन में ही श्रीकृष्ण को अपने पति के रूप में वर लिया था। राणा भोजराज के साथ जब वे सांसारिक विवाह-बंधन में बँधी या बाँधी गईं, पति-गृह में वे श्रीकृष्ण की प्रतिमा के साथ आईं और भोजराज की विवाहिता होत हुए भी वे मन में श्री कृष्ण को ही पति मानती रहीं, उन्हीं के प्रति समर्पित रहीं। मीरा के जीवन को लेकर कुछ विवाद भी हैं। एक मत है कि मीरा का भोजराज के साथ वैवाहिक जीवन बड़ी अल्प अवधि का रहा। भोजराज की असमय में मृत्यु हुई और मीरा कम उम्र में ही विधवा हो गईं। अन्य मत है कि मीरा विधवा नहीं हुई क्योंकि कहीं भी उन्होंने अपने विधवा होने का साक्ष्य अपने रचे-गये पदों में नहीं दिया है। इसी तरह मीरा के जीवन को लेकर कुछ अन्य बातों में भी मतभेद और विवाद है। जो पक्ष मीरा के वैधव्य को नहीं मानता उसके अनुसार अपने आक्रांता के रूप में मीरा ने अपने पदों में जिस राणा का उल्लेख बार-बार किया है, वे और कोई नहीं, उनके पति भोजराज थे, जो मीरा की श्रीकृष्ण-भक्ति, मीरा द्वारा पति-रूप में उनकी स्वीकृति, साज-सिंगार करके श्रीकृष्ण को रिझाने और उनकी प्रतिमा के समक्ष पग में घुंघरू बाँधकर उनके नाचने-गाने, साधु-संगति करने आदि-आदि बातों से बेहद असंतुष्ट और क्षुब्ध थे। सामाजिक विधि-निषेधों, राजकुल की मर्यादाओं की मीरा द्वारा की

गई अवमानना तथा मीरा के अपने मनोवांछित जीवन जीने के हठ के चलते, यही भोजराज थे जिन्होंने मीरा को यातनाएँ दीं, उन्हें प्रताड़ित किया और अंततः मीरा को राजमहल का त्याग करना पड़ा।

जो पक्ष मीरा के अकाल-वैधव्य को मानता है, उसके अनुसार भोजराज जब तक जीवित रहे, मीरा को उन्होंने समझाया-बुझाया जरूर, परन्तु जब वे नहीं मानी, वे उदासीन हो गए और मीरा के क्रिया-कलाप-चलते रहे। उनकी मृत्यु के बाद, मीरा को जो यातनाएँ मिली-वे यातनाएँ उन्हें, देवर राणा-विक्रमादित्य ने दीं और मीरा अपने पदों में जिस राणा का उल्लेख करती हैं, वे भोजराज नहीं, उनके छोटे भाई अर्थात मीरा के देवर राणा विक्रमादित्य हैं।

राणा विक्रमादित्य इस कारण भी क्षुब्ध थे कि पति की मृत्यु के उपरान्त वंश-कुल की परंपरा के अनुसार मीरा पति के साथ सती नहीं हुईं। विधवा के वेश के बजाय सधवा के रूप में साज-सिंगार करती रहीं, नाचती-गाती रहीं—यह कहते हुए कि उनके पति श्रीकृष्ण तो अविनाशी हैं, मर ही नहीं सकते। अपने को उन्होंने विधवा माना ही नहीं। देवर की यातनाओं से परेशान होकर अंततः मीरा ने राज महल का परित्याग कर दिया।

संप्रति, हमारी रूचि, मीरा के जीवन को लेकर, उनके वैधव्य को लेकर जो विवाद हैं, उसकी तफसील में, जाने की नहीं है। हमारा सवाल, या कहें, हमारी जिज्ञासा दूसरी हैं।

राणा भोजराज हों अथवा राणा विक्रमादित्य, यदि श्रीकृष्ण के प्रति मीरा के प्रेम या भक्ति-भाव को, या श्रीकृष्ण को पति मानने की मीरा की बात को, मीरा के चाहे-अनुसार, राजपरिवार की, लोक की, सगे संबंधियों की स्वीकृति मिल गई होती या वे सब मीरा के क्रिया-कलापों के प्रति तटस्थ या उदासीन हो गए होते और मीरा बाधा-रहित श्रीकृष्ण के प्रति अपनी मनोभावनाओं को अभिव्यक्त कर पातीं, तब क्या जिस रूप में आज हम मीरा का स्मरण कर रहे हैं, उसी रूप में मीरा को याद करते? या कि जिस तरह आज, मीरा के समय से पाँच सौ सालों बाद, मीरा को—नई सदी के मुख्य विमर्शों में एक-स्त्री-विमर्श से जोड़कर देख रहे हैं, उन्हें अपना समकालीन मान रहे हैं, वैसा समकालीन उन्हें मानते ? शायद नहीं। अधिक से अधिक ऐसी स्थिति में हम मीरा का स्मरण, उनके महत्त्व का आकलन उसी तरह करते, मीरा हमें उसी तरह स्मरणीय होतीं, जैसे विद्यापति, सूरदास, जयदेव आदि आज हमारे लिए हैं।

जाहिर है कि मीरा श्रीकृष्ण से अपने संबंधों, उनके प्रति अपने प्रेम या भक्ति के नाते हमारी समकालीन नहीं हैं, उनके समकालीन होने का संदर्भ

दूसरा है। स्त्री-विमर्श में भी मीरा की भागीदारी का सबब उनकी भक्ति या प्रेम नहीं, उनसे जुड़ी कुछ दूसरी बातें हैं।

वस्तुतः मीरा हमारी समकालीन और चल रहे स्त्री-विमर्श की भागीदार हैं—अपने उस प्रतिरोध तथा विद्रोह के नाते, जो उन्होंने अपने ऊपर लगाई गई पाबंदियों के खिलाफ किया। वे स्त्री-विमर्श में इस लिए हमारे साथ हैं कि सामंती जकड़बंदी के बीच अपनी प्रेम-पिपासा की उन्होंने निष्कुंठ अभिव्यक्ति दी। उनके विद्रोह का संबंध है, लोक, राज परिवार तथा संबंधियों द्वारा उन्हें दी गई यातना से, उन पर थोपी गई पाबंदियों से जिन्हें मीरा ने अमान्य किया। यहाँ तक कि राजभवन को लातमार कर वे उससे बाहर आ गईं।

लोक, समाज, राज परिवार आदि ने मीरा के प्रति जो क्रूरता बरती, उसका संबंध हमारी उस सामाजिक संरचना से है, जिसके तहत जीवन-व्यवहार, मर्यादाओं तथा कर्त्तव्यों के नाम पर स्त्री के लिए एक नरक रचा गया हैः थोडे-से सुभाषितों की आड़ में आजन्म, पराधीनता की एक नियति उसे दी गई है। स्त्री के वजूद को पूरी तरह नकारा गया है। उसे तरह-तरह की जंजीरों से बाँधा गया है।

मीरा ने साहस के साथ इस नरक का प्रतिकार किया, पाबंदियों के खिलाफ बगावत की और व्यवस्था के प्रभुओं के इरादों का पर्दाफाश किया। अपने आक्रांताओं को उन्होंने पूरे मन से धिक्कारा। उनका नाम ले-लेकर उसे सबके सामने उजागर किया। उस समाज को भी मीरा ने लानत दी जिसने उन्हें बदनाम करने में कोई कसर नहीं छोड़ी। मीरा के पद साक्ष्य हैं कि कितनी कठोर यातनाओं से होकर उन्हें गुजरना पड़ा है।

हेली म्हासूं हरि बिन रह्यो न जाइ।
सास लड़े मेरी, ननद खिजावै, राणा रह्या रिसाइ।
पहरो भी राख्यो, चौकी बिठाइयो ताला दियो जड़ाय।
पूर्वजन्म की प्रीत पुराणी, सो क्यूं छोड़ी जाय।।

ढेरों पद इसी तरह के हैं जिनमें विष का प्याला भेजने, पिटारी में सांप भेजने तथा यातना के दूसरे तरीकों का जिक्र मीरा ने किया है। समझा जा सकता है कि अपने आक्रान्ताओं के प्रति मीरा में कितनी घृणा, कड़वाहट तथा रोष है।

संत या भक्त के मन को निर्मल कहा गया है— व्यक्तिगत राग-द्वेष से परे, उदार और क्षमाशील। मीरा की मनोभूमि ऐसी नहीं है। वे न तो अपने आक्रान्ताओं को जिन्दगी की आखिरी सांस तक भूल पाई हैं और ना ही क्षमा

कर पाई हैं। उनके प्रति उनकी घृणा रह-रहकर भभकी और भभकती रही है। फिर भी मीरा संत और भक्त के रूप में मान्य हैं। निश्चय ही, संत और भक्त तो वे हैं, परंतु इनके साथ-साथ एक औरत होने का अहसास भी उनमें बराबर रहा है। उनके पदों में संत और भक्त होने के साथ उनके औरत होने—लाचार और निरीह औरत होने की पहचान भी जुड़ी हुई है। वस्तुतः औरत होने का यह अहसास ही मीरा को हमारे समय के स्त्री-विमर्श से जोड़ता है। यह सताई हुई और मीरा में बराबर जिन्दा रही है। मीरा ने उसे विचार के स्तर पर और संस्कार के स्तर पर अपने में, शिद्दत से जिलाए रखा है। जितना सच मीरा का संत या भक्त होना है,उनका औरत होना भी उतना ही बड़ा सच है।

इस विन्दु पर सहज ही एक जिज्ञासा होती है।

हम कह चुके हैं कि अपने समय में मीरा की, अपने ऊपर थोपी गई पाबंदियों के खिलाफ बगावत, वंश, कुल की मर्यादा को अमान्य कर पति की मृत्यु पर उनका सती न होना, सधवा की तरह सज-सँवर कर अपने प्रियतम श्रीकृष्ण के समक्ष नाचना-गाना-साहस का, जोखिम का काम था, जिसे मीरा ने जोखिम उठाकर किया—परंतु पदों का साक्ष्य देखें तो मीरा का यह विद्रोह उनका निजी -व्यक्तिगत विद्रोह ही अधिक लगता है। वह व्यंजक है, परंतु, है वह व्यक्तिगत विद्रोह ही। हमें मीरा के ऐसे पद नहीं मिलते जिनमें उनका यह विद्रोह उनके 'स्व' से आगे जाकर स्त्री-जाति की यातना और मीरा-जैसी उसकी मनोकांक्षा से जुड़ा हो। बंधनों से अपनी 'मुक्ति' का आग्रह मीरा में है—उस मुक्ति की आकांक्षा के तार-स्त्री जाति की वैसी ही मुक्ति से सीधे नहीं जुड़ते। हम उन्हें स्त्री-जाति की मुक्ति, पराधीनता से मुक्ति-से जरूर जोड़ते है।—परंतु मीरा की मनोभूमि में भी, उनकी अपनी 'मुक्ति' के साथ स्त्री-जाति की मुक्ति की भी चिंता या उससे उनकी संलग्नता थी या नहीं थी—इस विषय में जिज्ञासा बनी रहती है। मीरा की पदावली, जितनी ओर जो भी हैं, पूरी तरह प्रामाणिक नहीं हैं। जिज्ञासा होती है कि अपनी यातना, अपनी बेबसी, अपनी मुक्ति के साथ मीरा को क्या कभी-स्त्री-जाति की यातना, पराधीनता या मुक्ति की आकांक्षा की बात याद आई?

मीरा के संदर्भ में इस तरह की जिज्ञासा स्वाभाविक है। मीरा का खुद औरत होना, उनका स्वतः यातना भोगना-हमारी जिज्ञासा को एक आधार देता है।

हमारा वाङ्मय गवाह है कि स्त्री के बारे में मीरा के पहले जो कुछ लिखा गया, उसे लिखने वाले पुरुष थे—वे वाल्मीकि, वेदव्यास, कालिदास, भवभूति, कोई भी हों। उनकी रचनाओं में स्त्री के-ख्यात स्त्रियों के-सीता, द्रौपदी, शकुंतला आदि के जो भी बिम्ब उभरे हैं, उन पुरुष-रचनाकारों द्वारा

निर्मित बिम्ब हैं। स्त्री उनकी रचनाओं में उनकी संवेदना, सहानुभूति, सब कुछ पा सकी है, परंतु अंततः वह आर्यशास्त्रानुमोदित नियमों-मर्यादाओं के दायरे में ही बांधी गई है। उस सामाजिक संरचना का उन पुरुषों द्वारा समर्थन ही है, जिसमें स्त्री के लिये-मुक्ति की बात को अमान्य किया गया है। वाल्मीकि की 'रामायण' देखें या व्यास की महाभारत-यातना के कठिन दौरों से गुजरकर भी सीता-द्रौपदी तथा दूसरी नारियाँ जन्म-जन्म से उन्हीं पतियों को पाने की आकांक्षा रखती हैं—उन्हें ही परमेश्वर मानती हैं, जिनके द्वारा वे यातनाग्रस्त हुई है। कहा जा सकता है कि चूँकि ये पुरुषों द्वारा रचित कृतियाँ है— उनके पुरुष-मानस से स्त्री के ऐसे ही बिम्ब सामने आ सकते थे, जो उनके मन के अनुरूप हों, जैसा कि वे आए भी हैं।

परंतु-मीरा के यहाँ, मीरा के नाम पर जो कुछ संकलित है, वह मीरा का अपना रचा और गाया हुआ है। वह पुरुष की रचना न होकर एक स्त्री की रचना है, पहली बार एक स्त्री की रचना। और उस स्त्री की रचना-जो महज रचनाकार नहीं, भोक्ता भी है। उसने जो कुछ रचा-गाया है, अपने भोगे हुए को, सहन किए हुए को। ऐसी स्थिति में ही हमारी जिज्ञासा को आधार मिलता है कि क्या अपने जिए-भोगे को गाते- अभिव्यक्त करते हुए-मीरा को, रचनाकार मीरा को, अपने साथ-साथ स्त्री-जाति का दुख, उसकी पराधीनता, उसके द्वारा भोगा और सहा जाना तथा जिन बंधनों में स्त्री जकड़ी है, उनसे स्त्री-जाति की मुक्ति की आकांक्षा भी कभी याद आई? अपनी यातना में, मुक्ति की अपनी आकांक्षा में, क्या वे स्त्री-जाति की यातना, मुक्ति की उसकी आकांक्षा को भी देख सकीं? अपनी यातना को क्या स्त्री-जाति की बृहत्तर यातना से वे जोड़ सकीं? जिज्ञासा इसलिए ताकि मीरा को हम समग्रता में जान सकें।

इसी से जुड़ी हुई एक जिज्ञासा और भी। मीरा के पद-उनकी दो तरह की जीवन-स्थितियों में रचे-गाये गए पद हैं। एक, जब वे राजमहल की चहारदीवारी के भीतर-बंधन की स्थितियों में रच और गा रही थीं, दूसरे-राजमहल छोड़ देने के बाद से द्वारका तक मृत्युपर्यंत उनके द्वारा रचे और गाए गये पद—जब वे अपेक्षाकृत मुक्त, बंधनों की जद से बाहर आ गई थीं। कहते हैं राजमहल छोड़ देने के बाद भी राजपरिवार ने मीरा पर सदैव दबाव बनाये रखा। उन्हें चैन से नहीं रहने दिया। कहा तो यहाँ तक गया है, और जो संभावित भी है कि द्वारका में कृष्ण की मूर्ति के आगे मीरा के अंतर्धान हो जाने की कथा, सिर्फ कथा ही है। वस्तुतः मीरा की वह हत्या थी। वास्तविकता जो भी हो, राजमहल के बाहर आकर मीरा अपेक्षाकृत अपनी मनोवांक्षित

जमीन पर आ गई थीं। जिज्ञासा है कि क्या दो जीवन स्थितियों में लिखे रचे गए इन पदों की अलग से शिनाख्त की गई है—ताकि दोनों को समानांतर रखकर जाना जा सके कि भिन्न जीवन-स्थितियों में रचे-गाये गए इन पदों में क्या मीरा की मनोभूमि में कुछ अंतर दिखाई पड़ता है? राजमहल से बाहर आकर क्या वे श्रीकृष्ण के प्रेम भाव में ही डूब कर रह गई-अथवा अपनी मनोवाछिंत जमीन पा जाने के बाद उन्हें स्त्री-जाति की यातना भी याद आई? क्या उन्होंने पुरुष वर्चस्व वाले समाज के समक्ष वैसे ही कुछ सवाल खड़े किए जैसे तब खड़े किए थे जब वे बंधन में थीं?

इन जिज्ञासाओं के मूल में हमारा आशय महज इतना जानना ही है कि क्या मीरा की यातना, उनका विद्रोह, पराधीनता की नियति से मुक्त होने की उनकी इच्छा, उनकी तड़प, स्त्री जाति की वैसी ही यातना, पराधीनता या मुक्ति की आकांक्षा से जुड़ती है, खासतौर से मीरा की अपनी पहल पर?

हम जानते हैं कि मीरा राजपरिवार से जुड़ी हुई स्त्री थीं, विवाह के पहले भी और विवाह के बाद भी। श्रीकृष्ण के प्रति उनके एकल प्रेम भाव और भक्ति से भी हम परिचित हैं। हम उस समय को भी पहचानते-जानते हैं जिसे मीरा जी रही थीं। उस समय की स्थितियों से भी हम अनभिज्ञ नहीं हैं। हमें ज्ञात है कि मीरा या उस समय के कोई भी संत या भक्त, हमारे अपने समय की तरह के कोई सामाजिक कार्यकर्त्ता नहीं थे, ना ही मीरा स्त्री-मुक्ति की कोई (activist) थीं जो स्त्री जाति की मुक्ति का कोई आन्दोलन छेड़ती और उसका नेतृत्व करतीं। अपने समय की स्थितियों में खींचकर हम मीरा को अपनी मनोभूमि के अनुरूप ढालने का प्रयास भी नहीं कर रहे। मीरा के अपने समय में जो नामुमकिन था, उसकी कसौटी पर हम मीरा को नहीं परखना चाहते।

हम बस इतना जानना चाहते हैं कि एक स्त्री होने के नाते, अपने कहे लिखे गाये गये में क्या मीरा ने ऐसा भी कुछ लिखा जो उनकी अपनी निजी यातना या आकांक्षा से आगे-स्त्रीजाति की यातना और आकांक्षा से भी जुड़ संका हो, एक वृहत्तर इयत्ता पा सका हो। यदि मीरा के ऐसे पद हमें मिलें तो मीरा के महत्त्व का संदर्भ भी बड़ा हो जाता है। मीरा की समकालीनता तो गाढ़ी होती ही है—मीरा अपने समय-संदर्भ से हमारे समय संदर्भ तक अंधकार में एक प्रखर ज्योति रेखा की तरह भास्वर हो उठती हैं।

एक अंतिम और जरूरी बात और।

जिस भेदभावपूर्ण सामाजिक संरचना के तहत अपने समय में मीरा ने बहुत कुछ सहा और भोगा-तमाम प्रतिरोधों के बावजूद, वह सामाजिक संरचना

न केवल बरकरार है, पहले से भी अधिक पीड़क हुई है। व्यवस्था के पंजे और मजबूत हुए हैं और उसके नाखून और दाँत और भी पैने। वह पहले से अधिक शातिर भी हुई हैं।

कबीर हों, मीरा हों, प्रतिरोध सबने किया परंतु कुछ भी, इसलिए नहीं बदला कि मात्र सदिच्छाओं से या पीड़ा की वैयक्तिक अभिव्यक्तियों से, समाज नहीं बदला करता। सामाजिक परिवर्तन जिन स्थितियों और जिन शक्तियों के तहत होता है, न तो वैसी स्थितियां उस समय थीं, ना ही वैसी शक्तियाँ। दूसरे, कबीर हों, अन्य संत हों या मीरा, उनके अपने सोच-विचारगत और व्यवहारगत अंतर्विरोध भी थे, जिनके चलते भी यथास्थिति को बल मिला। चली आ रही व्यवस्था के कुछ पहलुओं को विचार और आचरण के स्तर पर जरूर इन लोगों ने चुनौती दी—परंतु व्यवस्था के कुछ दीगर पहलू संस्कार बनकर उनके विचारों में घुले-मिले भी रहे—जिन्होंने उनकी सोच को भी प्रभावित किया और आचरण को भी। व्यवस्था की शातिर निगाहों ने उन्हें उनके समय में भी भाँपा और आज भी उन्हें भाँप रही है। व्यवस्था के प्रभुओं ने उनके अंतर्विरोध को उनके समय में भी अपने हक में भुनाया और आज भी भुनाने पर आमादा है।

इन संतों का, मीरा का, कहा हुआ, आचरित, जो भी व्यवस्था के हित में जाता है, व्यवस्था ने तब भी उसे highlight किया और आज भी highlight कर रही है। इन संतों का और मीरा का, जो कुछ भी कहा रचा गया, व्यवस्था के हित में नहीं रहा, व्यवस्था के प्रभुओं ने तब भी उसे दबाने की, हाशिए पर डालने की, विरूप करने की, अपने ढंग से व्याख्यायित करते हुए appropriate करने की कोशिश की, आज भी कर रहे हैं। कबीर के साथ यह हुआ, और हो रहा है। मीरा के साथ भी ऐसा ही हुआ और हो रहा है। सच कहा जाय तो व्यवस्था द्वारा मीरा का 'अप्रोपिएशन' (अनुकूलीकरण) आसान भी है।

मीरा की पदावली को देखें, पढ़ें, और विचार करें, तो स्पष्ट होगा कि एक औरत होने के अहसास से ही नहीं, औरत होने के नाते अपने कमजोर, निरीह, असमर्थ और लाचार होने के अहसास से भी मीरा की मनोभूमि काफी-कुछ आच्छादित और आक्रांत है। अबला होने का अहसास उन पर इस कदर हाबी है कि वे बार-बार अपने प्रभु या प्रियतम से अपनी रक्षा की गुहार लगाती हैं। श्रीकृष्ण पर उनकी निर्भरता तथा रक्षा का भरोसा इस नाते भी है कि जिन परिस्थितियों में वे थीं, उन स्थितियों से उन्हें उबारने वाला उन्हें श्रीकृष्ण के अलावा कोई दूसरा नहीं दिखाई देता। श्रीकृष्ण से उनका संबंध भक्त का,

प्रियतमा का और पत्नी का भी है, और श्रीकृष्ण प्रभु, हों, प्रेमी हों, पति हों, अंततः पुरुष ही हैं—हर स्थिति में मीरा के संरक्षक, और उद्धारक। पंरपरा भी ऐसा ही मानती है।

मीरा प्रपत्ति की, शरणागति की, इस हद तक पहुँची हुई हैं कि अपने समूचे वजूद को अपने, प्रभु प्रेमी या पति पर निछावर किए हुए हैं। सारी तन्मयता, सरा समर्पण, सारा राग उन्हीं की ओर से है। भक्ति के स्तर पर तो भक्त के प्रभु के समक्ष इस तरह के एकांत समर्पण की बात समझी जा सकती है, परंतु प्रेमिका या पत्नी के रूप में, प्रियतम या पति के प्रति ऐसा समर्पण-भाव, ऐसी निर्भरता कुछ हैरान और परेशान करती है। इस नाते कि व्यवस्था को ऐसे समर्पण में अपने अनुकूल बहुत कुछ मिल जाने और अपने हित में उसका इस्तेमाल करने की बेहद संभावना है।

मीरा का ऐसा समर्पण भाव व्यवस्था को मौका देता है कि वह उसे सामाजिक जीवन-व्यवहार के तहत स्त्री के पुरुष के प्रति, पत्नी के पति के प्रति समर्पण-भाव के रूप में, एक आदर्श के रूप में प्रचारित और व्याख्यायित करें। स्त्री जाति को यह संदेश दे कि पुरुष के बिना स्त्री की, तथा पति के बिना पत्नी की और कोई गति नहीं है। स्त्री के अस्तित्व की शर्त पुरुष के प्रति उसकी निर्भरता है। व्यवस्था को मौका मिलता है कि मीरा के साक्ष्य पर स्त्री पुरुष या पति पत्नी के ऐसे संबंध को वह वैध साबित करें।

हमारी यह सोच किसी को अतिरंजित लग सकती है, परंतु व्यवस्था का इतिहास साक्षी है कि उसने स्त्री की कमजोरी को हमेशा अपने हित में भुनाया और इस्तेमाल किया है।

मीरा अपने प्रियतम से, अपने मन-चाहे पति से कभी बराबरी के स्तर पर नहीं बतियातीं। वे उनके प्रति अपने एकांत समर्पण में ही सुख मानती हैं। 'गुलामी के इस सुख' को वे अपना सौभाग्य मानती हैं। वे अपने प्रभु या प्रियतम या पति-परमेश्वर की चाकरी के लिए सहज प्रस्तुत है—'प्रभु जी, म्हाने चाकर राखो जी।' प्रभु की, प्रियतम की चाकर बनने में अपने वजूद को वे यहाँ तक भुला देती है कि उनका प्रभु उनका प्रियतम, उन्हें जिस तरह रखें, जो भी खिलाए-पहिनाए, जहाँ भी रखे, वे उस तरह रहने, खाने-पहनने और वहाँ रहने को तैयार है। वह उन्हें बेचे, तो वे बिकने के लिए भी प्रस्तुत है। हमारे धर्मशास्त्रों में स्त्री को जिन मर्यादाओं में बाँधा गया है—वे यही-मर्यादाएँ हैं। संस्कार बनकर स्त्री-मानस में वे इस तरह घुल-पच गई हैं कि उनसे उबर पाना, जितना स्त्री-मानस के लिए कठिन है, मीरा के लिए भी। अपने एक पद में (काश, यह पद प्रक्षिप्त हो) मीरा यहाँ तक कह गई हैं कि अपना पति, अपना ही है, वह कोढ़ी-कुष्टी ही क्यों न हो—

"छैल विराणों लाख को हे, अपणे काज न होइ।
ताके संग सीधारती है, भला न कहसीं कोइ।।
वर हीणों अपनो भले है, कोढ़ी-कुष्ठी कोइ।
जाके संग सीधारती है, भला कहैं राब लोइ।।

स्त्री के संदर्भ में समर्पण की यह नियति, गुलामी का यह सुख, इस सुख से स्त्री की यह रजामंदी ही' हमारी हैरानी और परेशानी का कारण है। कहने की जरूरत नहीं कि स्त्री मुक्ति की वही सबसे बड़ी बाधा भी है।

मुक्ति कैसी भी हो, किसी की भी हो, एक साथ और एक बार में होती है। किश्तों में मुक्ति नहीं हुआ करती। चल रहे स्त्री विमर्श में सक्रिय और उसके साथ चलने वाले सोचें-'गुलाम होने के सुख' पर। मीरा को-मुक्ति की इस आकांक्षा और अभियान में-प्रतिरोध की मिसाल के रूप में प्रस्तुत करने वाले (प्रतिरोध की मिसाल मीरा है) सोचें और समझें कि मुक्त मीरा को ही नहीं होना है, स्त्री-जाति की मुक्ति होनी है। मीरा तो प्रतिरोध में हैं" मुक्त होंगी, जैसा कि वे हुईं', पर मीरा की मुक्ति से ज्यादा अहम सवाल हमारे लिए, मुक्ति के अभियान में लगे हुए लोगों के लिए, यह होना चाहिए कि मीरा की उस सास और ननद की मुक्ति भी-स्त्री-मुक्ति के अभियान से जुड़ी हुई है। मुक्त उन्हें भी होना है, जिनके लिए सचमुच गुलाम होने का सुख बहुत बड़ी न्यामत है। बिना उनके मुक्त हुएं, मीरा की, या किसी अन्य की, किसी समुदाय की, मुक्ति का कोई मतलब नहीं। मुक्ति का यह अभियान कितना जटिल है, आसानी से समझा जा सकता है।

व्यवस्था बहुत शातिर है। मीरा के अपने 'परमेश्वर-पति' के प्रति समर्पण को स्त्री-जाति के सामने 'पति-परमेश्वर' के प्रति समर्पण के रूप में व्याख्यायित कर ले जाना उसके लिए बहुत सहज है। धर्म शास्त्र स्त्री को, पति को परमेश्वर मानने की ही सीख तो देते है।

समकालीन स्त्री-विमर्श में मीरा की भागीदारी जरूरी है। मीरा ने अपने समय में, अपनी सीमाओं में जो किया, बड़ा काम था। संतों ने प्रतिरोध की जो बानी-बोली उसका भी हमारे लिए महत्त्व है। व्यवस्था न कबीर बदल सके न मीरा। उनके लिए यह संभव भी न था। उनका महत्त्व इस बात में है कि मुक्ति के सपने को उन्होंने पराधीनों की ऑखों में जीवित रखा। नई सदी में भी वह उनकी आंखों में जीवित है।

17

मध्यकालीन संत और भक्त : स्त्री और स्त्री-अस्मिता से जुड़े सवाल

मध्ययुग सामंती समाज-व्यवस्था का युग है—सामंती मूल्यों, मर्यादाओं, आदर्शों और विचारों के कठोर से कठोरतर होते जाने का काल है। यह चली आ रही सामाजिक संरचना के भी अधिक से अधिक अनुदार होने, उसकी अतिरिक्त कठोरता का भी समय है। आचार्य हजारी प्रसाद द्विवेदी ने चले आ रहे सनातन धर्म (जिसे हिन्दू धर्ममत का नाम इसी काल के प्रारंभ में दिया गया) में आने वाली इस अतिरिक्त कठोरता का संबंध भारत में इस्लामी मजहब के प्रवेश को माना है। उनके अनुसार इस्लाम का भारत में प्रवेश इतना आकस्मिक और अकल्पनीय था कि भारतीय मनीषा को एक जबर्दस्त धक्का लगा। इसी के परिणाम स्वरूप हिन्दू धर्ममत को इस्लामी मज़हब के प्रदूषण से अपने को बचाने के हेतु कठोर होना पड़ा। कठोरता या कट्टरता, किसी भी धर्म या मजहब की हो, उसका सबसे पहला शिकार स्त्री होती है। मध्ययुग में सनातन धर्म या हिन्दू धर्ममत की अपनी अस्तित्व-रक्षा के लिए जिस कठोर ढाँचे की जरूरत पड़ी, उसके परिणाम या दुष्परिणाम सबसे अधिक स्त्री-जाति को ही भोगने पड़े।

बहरहाल इस चर्चा में प्रसंगांतर न लाते हुए इस बात को देखें कि मध्ययुग, जिसका एक बड़ा हिस्सा भारत में, और हिन्दी-क्षेत्र में भक्ति की रचनाओं से संबद्ध है, भक्ति की रचनाओं के इस काल में, जिसे भक्ति-काल की संज्ञा दी गई है, इन रचनाओं से जुड़े संतों और भक्तों का—चली आ रही धर्मशास्त्र-अनुमोदित सामाजिक संरचना में स्त्री को जो नियति दी गई है—उसके बारे में, नजरिया क्या और कैसा है?

मध्ययुग में भक्ति की एक व्यापक लहर जो समूचे उत्तर में फैली, और भक्ति की एक स्रोतस्विनी का रूप धारण कर तीन सौ सालों से भी ऊपर जीवित रही, भक्ति के इस ज्वार को भक्ति -आन्दोलन का नाम भी दिया गया है। इतिहासकारों, समाज तथा संस्कृतिविदों ने भक्ति के इस आन्दोलन को मध्ययुग की एक क्रांतिकारी घटना माना है। हिन्दी क्षेत्र में भक्ति की यह स्रोतस्विनी दो धाराओं में क्रमशः बही-प्रारंभ में निर्गुण -भक्ति के रूप में, और उसके उपरांत सगुण भक्ति के रूप में। भारत के अन्य प्रदेशों में भक्ति का ऐसा विभाजन नहीं हुआ। यह विभाजन, खासतौर से हिन्दी क्षेत्र की विशेषता है। निर्गुण और सगुण भक्ति में बुनियादी अंतर यह है कि जहाँ निर्गुण भक्ति में एकेश्वरवादी विचार को मान्यता मिली-अवतारवाद को नकारा गया, वहाँ सगुण भक्ति में विष्णु के कृष्ण और राम जैसे अवतारों की केन्द्रीयता में वैष्णव-भक्ति का विकास हुआ। यही नहीं, निर्गुण पंथ के तहत जहाँ चली आ रही चिन्तन परंपरा के अनेक पहलुओं—खासतौर से उसके समाज-दर्शन से जुड़ी वर्ण व्यवस्था, धार्मिक पाखण्डों आदि को पूर्णतया अमान्य किया गया, वहाँ सगुण भक्ति के अंतर्गत अपने-अपने ढंग से उनका स्वीकार है। सगुण भक्ति के आचार्यों ने उपासना तथा भक्ति के क्षेत्र में अवश्य सवर्ण-असवर्ण के, स्त्री-पुरुष के भेद को अमान्य करने की बात की, परंतु समाज के स्तर पर, जैसा हमने अभी कहा है, सामाजिक संरचना की हिमायत ही की गई।

बहरहाल, दीगर सवालों को छोड़ते हुए अब हम स्त्री और स्त्री-अस्मिता से जुड़े सवालों पर भक्ति काल के निर्गुण-सगुण संत-भक्तों के नजरिए की-परीक्षा करना चाहेंगे। उनके अलावा इस्लामी मजहब के भीतर से उदार मानसिकता के जिस सूफी मत का उदय हुआ, उसके प्रतिनिधि रूप में, मध्ययुग के सूफी संत मलिक मुहम्मद जायसी की रचना को भी अपने विचार के दायरे में लाना चाहेंगे, संत या साधक के रूप में जिनकी हैसियत सूरदास या तुलसीदास से कमतर नहीं है। हमारी चिन्ता के दायरे में मध्ययुग की अतिशय ख्यात श्रीकृष्ण के प्रेम में दीवानी मीरा भी आएंगी-स्वयं स्त्री होने के नाते, भक्ति-कालीन स्त्री-विमर्श में जिनकी उपस्थिति का अपना महत्त्व है।

हिन्दी क्षेत्र में जिस निर्गुण-पंथ के धूमधाम से चल निकलने की बात आचार्य शुक्ल ने की है, उसे विचार के कुछ विन्दुओं पर 'असहमति' और 'विरोध की—सिद्ध-नाथों की परंपरा से प्रभावित आन्दोलन के रूप में भी देखा गया है। सिद्धों और नाथों की साधना-पद्धति और धार्मिक-दार्शनिक विचारों पर आचार्य शुक्ल और कुछ दूसरे विद्वानों ने विपरीत टिप्पणियाँ की हैं। हम इस बिन्दु पर चर्चा करके प्रसंगांतर नहीं करना चाहेंगे, किंतु जो बात निर्विवाद

है, वह यह कि सिद्धों और नाथों, दोनों ने-चली आ रही वैदिक-सनातनी चिन्तन परंपरा की तमाम बातों के प्रति अपनी तीव्र-असहमति व्यक्त की है। खासतौर से वर्ण-व्यवस्था के प्रति एवं तमाम धार्मिक बाह्याचारों के प्रति उनका विरोध उग्र होकर सामने आया है। इतना तो आचार्य शुक्ल ने भी माना है कि उनका लक्ष्य उपासना के एक ऐसे मार्ग की खोज था, जिस पर आदमी, वर्ग, वर्ण धर्म, जाति और सम्प्रदायगत भेदों से परे, साथ-साथ चल सके-अनावश्यक कर्मकाण्डीय पाखंडों से मुक्त होकर।

कबीर के निर्गुण पंथ को सिद्धों और नाथों की-असहमति की इसी परंपरा से जोड़कर देखा गया है। हम जानते हैं कि कबीर और उनके निगुर्ण पंथ का जो महत्त्व हमारे लिए आज है, उसका कारण निर्गुण-पंथ के दार्शनिक विचार, संतों की साधना-पद्धति, उनकी भक्ति अथवा उनका अध्यात्म-चिन्तन नहीं, उनका वह समाज-दर्शन है जिसमें समाज में वर्ण-जाति, धर्म-संप्रदाय के आधार पर आदमी और आदमी में भेद करने वाली मानसिकता को नकारा गया है, थोथे धार्मिक बाह्याचारों की भर्त्सना की गई है तथा मनुष्य-सत्य को सारे सत्यों से बड़ा माना गया है। अपने समाज-दर्शन के इन्हीं बिन्दुओं के नाते कबीर हमारे समकालीन भी बनते हैं। कबीर का चले आ रहे सामाजिक-विधान में से तमाम कुछ का यह 'अस्वीकार' ही हमारे अपने समय से उन्हें जोड़ता है।

परंतु कबीर को समग्रता में देखें तो 'अस्वीकार' के इस पहलू के साथ, चले आ रहे में से तमाम कुछ का जाने-अनजाने एक 'स्वीकार' भी उनमें है, जो उन्हें मध्ययुग में सीमित करता है। इस 'स्वीकार' में कबीर का अध्यात्म-र्शन, ब्रह्म-जीव-माया का प्रपंच, उनका हठयोग, अनहद, उनकी भक्ति तथा नियतिवाद, पूर्वजन्म-पुनर्जन्म, कर्मफल, जीवन की नश्वरता-जैसी तमाम बातें हैं जो संस्कार बनकर उनकी सोच में घुली-मिली हैं। यही कबीर का अंतर्विरोध है, जिसे प्रायः नजरंदाज किया जाता है। 'स्वीकार' के इस-पहलू का ही अभिन्न अंग है—स्त्री के बारे में कबीर का दृष्टिकोण-जिसके तहत कबीर स्त्री के बारे में-धर्मशास्त्र विहित दृष्टिकोण का समर्थन करते दिखाई देते हैं।

हम अपने मुख्य विषय पर आएं और देखें कि मध्यकाल की हमारी साहित्यिक सांस्कृतिक परंपरा में—सिद्धों-नाथों से लेकर मीरा तक, स्त्री के बारे में संतों-भक्तों और साधकों का दृष्टिकोण क्या है?

कबीर के निर्गुण-पंथ में, कबीर के अपने कहे हुए के जो साक्ष्य हैं, स्त्री को साधना के पथ में, बाधा माना गया है। उसे माया, 'ठगिनी'-न जाने कितने नामों से पुकारा गया है। उसे परमात्मा के मार्ग से जीवात्मा को भरमाने-

भटकाने वाली कहा गया है, और साधक को उसकी छाया तक से दूर रहने की सलाह दी गई है। 'नारी की झाईं' परत अंधा होत भुजंग', 'नारी महाविकार है। वह अपने मोहजाल में जीव को बाँध लेती है और सांसारिक चक्करों में उसे उलझाए रखती है। जाहिर है कि कबीर पर नारी-संबंधी परंपरागत दृष्टिकोण हाबी है और वे उससे मुक्त नहीं हो पाए हैं। उनके विवेक ने उन्हें सवर्ण-असवर्ण के भेद को जहाँ अमान्य करने का साहस दिया वहाँ स्त्री पुरूष के बीच के भेद को वे अमान्य नहीं कर सके। उनके विवेक पर उनके संस्कार विजयी हुए। यही कबीर के चिंतन का द्वित्त्व है।

कबीर के पक्ष में दलील दी जाती है कि स्त्री के संबंध की जो निन्दा कबीर में है, उसका लक्ष्य स्त्री-जाति नहीं, 'स्वैरिणी', 'कुलटा', 'चरित्र-हीन' नारी या 'कामिनी' है।सती तथा पतिव्रता नारी को कबीर ने मान दिया है, आदर्श माना है। परंतु यह सब कहने की बात है। 'स्वैरिणी' 'कुलटा', 'अधम' नारी की कबीर की पहचान वही है, जिसका हवाला धर्मशास्त्र देते हैं। 'सती' तथा 'पतिव्रता' नारी का उनका आदर्श भी शास्त्र का ही अनुगमन करता है। बुनियादी तथ्य यही है कि कबीर के स्त्री-संबंधी विचार परंपरागत और रूढ़ हैं। इस बिन्दु पर वे परंपरा से अलग नहीं हो पाए हैं। समकालीन स्त्री-विमर्श में उनकी हैसियत स्त्री के पक्ष में नहीं, प्रतिपक्ष में है। जहाँ तक ज्ञात है, निर्गुण-पंथ में नानक अकेले संत हैं जिनके यहाँ नारी के वजूद को मान मिला है, उसे पूरी सम्मान-भावना के साथ याद किया गया है। नानक के अनुसार "स्त्री के द्वारा ही हम गर्भ में धारण किए जाते हैं, और उसी से जन्म लेते हैं। उसी से मँगनी होती है, उसी से विवाह होता है। स्त्री से हमारी (जीवन-पर्यंत की) मैत्री होती है। उसी का क्रम चलता रहता है। एक स्त्री के मर जाने पर दूसरी स्त्री खोजनी पड़ती है। स्त्री हमें बंधन में रखती है। फिर हम उस स्त्री को मंद क्यों कहें? जिससे महान पुरुष जन्म लेते हैं।"

भंडि जन्मीसे भंडि निम्मीऐ भंडि मंगणु बीयाहु।
भंढहु होवै दोसती, भंढहु चले राहु।
भंडु मुआ भंडु भालीए भंडि होने बंधातु।
सो किन्न मंदा आखीए जितु जंमहि राजानु।।

(आसा-दी-वार-महला-9)

निगुर्ण-भक्ति के तहत ही सूफी संत मलिक मुहम्मद जायसी हमारी चर्चा के दायरे में आते हैं। कबीर के संबंध में आचार्य शुक्ल-अपने आग्रहों-पूर्वाग्रहों के चलते जितने अनुदार हैं, जायसी के संबंध में वे उतने ही उदार हैं—विशेष रूप से उनकी सहृदयता के नाते-जिस स्तर पर धार्मिक आग्रहों से हटकर

उन्होंने अपनी मानवीय सदाशयता को ही वरीयता दी है। आचार्य शुक्ल ने जायसी को सूफी संत तथा साधक मानते हुए उनके द्वारा कही गई रतनसेन-पद्मावती की कथा को समासोक्ति माना है, लौकिक अर्थ से आगे उसके आध्यात्मिक आशयों को ही मुख्य कहा है। विजयदेव नारायण साही ने भी जायसी पर लिखा है और प्रचलित मत से हटते हुए संत या साधक के बजाय उनके कवि-रूप को ही मुख्य कहा है। रतनसेन-पद्मावती की उनके द्वारा कही गई कथा की आध्यात्मिक व्यंजना को तरजीह न देते हुए उन्होंने लिख है कि जायसी मध्यकाल के एकमात्र कवि हैं जो अपने समय के, मध्यकाल के इतिहास या कहें, उस इतिहास की त्रासदी से मुठभेड़ करते हैं, उसे हमारे समक्ष मूर्त्त करते हैं।

जायसी के काव्य 'पद्मावत' में—चित्तौड़ के राजा रतन सेन की दो रानियां है—एक उसकी पंरपरागत व्याहता नागमती, दूसरी सिंहलद्वीप के राजा गंधर्व सेन की बेटी पद्मावती, जिसके रूप की ख्याति सुनकर वह सिंहलद्वीप जाता है और पद्मावती को अपने प्रेम के बल पर जीत कर चित्तौड़ लाता है। इसी पद्मावती के रूप को ख्याति सुनकर उसे पाने की हबस में दिल्ली का सुल्तान अलाउद्दीन ख़िलजी, चित्तौड़ जाकर पहले रतनसेन को भरमाकर पद्मावती को देखता है, फिर छल से रतनसेन को बन्दी बनाकर पद्मावती के एवज में उसे मुक्त करने की बात करता है। पद्मावती-चित्तौड़ में अपने सरदारों से मंत्रणा करती है और छल का उत्तर छल से देती हुई अपने पति को बन्दीगृह से मुक्त करती है। खीझकर अलाउद्दीन ख़िलजी चित्तौड़ पर आक्रमण करता है और चित्तौड़ को जीत लेता है। रतनसेन पहले ही देवपाल से युद्ध करते हुए मारा जाता है। फलतः राजपूती प्रथा के अनुसार उसकी दोनों पत्नियाँ-नागमती और पद्मावती उसकी चिता में उसके साथ सती हो जाती हैं। अलाद्दीन ख़िलजी चित्तौड़ विजय के उपरांत जब किले पर पहुँचता है, उसे पद्मावती तो नहीं उसकी राख मिलती है। वह राख को उठाकर फिर उसे वहीं धरती पर फेंक देता है— "छार उठाइ लीन्ह इक मूठी, दीन्ही डारि पिरिथमी झूठी'। यही 'पद्मावत' प्रबंध-काव्य की परिसमाप्ति है। 'पद्मावत' काव्य की चर्चा न करके हम अपने विवेच्य विषय-स्त्री के बारे में जायसी की मनोभूमि में झांकना चाहेंगे।

स्त्री-विमर्श का संबंध हमारी सामाजिक संरचना में स्त्री को दी गई वह पराधीनता की नियति है, जो उसकी स्वतंत्र अस्मिता को नकारती है और उसकी पर-निर्भरता पर आधारित है। जाहिर है कि जायसी के सामने स्त्री-नियति कोई मुद्दा नहीं है। उनका काव्य प्रेम के एक आख्यान से जुड़ा है जो

काफी कुछ लोक-प्रसिद्ध है। परंतु प्रकारांतर से स्त्री के बारे में जायसी की अपनी मनोभूमि उसमें अवश्य प्रतिबिम्बित होती है। जायसी गँवई-गाँव के संस्कारों से जुड़े कवि-फकीर थे। स्त्री-जीवन के जो बिम्ब उनकी कथा के भीतर से उभरे हैं, गँवई-गाँव के जीवन से जुड़े स्त्री-बिम्ब हैं, परंपरानुमोदित हैं। नागमती के जिस वियोग-वर्णन पर आचार्य शुक्ल बहुत रीझे हैं, उनकी दृष्टि में परंपरित होते हुए वह इस नाते महत्त्वपूर्ण हैं कि नागम्ती को उन्होंने चित्तौड़ की वियोगिनी रानी के रूप में नहीं-एक साधारण ग्राम-नारी के रूप में ही उसके कष्ट-क्लेश के साथ प्रस्तुत किया है। रतन सेन जब पद्मावती को लेकर चित्तौड़ लोटता है, तो राजमहल के कुछ ऐसे प्रसंग भी हैं—जिनमें नागमती-पद्मावती का सौतिया डाह तथा एकाध अवसर पर दोनों की नोकझोंक भी, उसी तरह की चित्रित है, गाँये के साधारण ग्रहस्थ जीवन में जो एक आम अनुभव के रूप में जाना-पहचानी है। रतनसेन की बूढ़ी माँ तथा राजपूत किशोरवय सरदार बादल की माँ के जो बिम्ब कथा में आए हैं, परंपरागत वत्सला माताओं के बिम्ब हैं—अपनी मनोभूमि में गँवई -गाँव के विचारों—संस्कारों से दीपित। कहीं कुछ ऐसा विशेष नहीं है जो जायसी को स्त्री-विमर्श जैसे मुद्दे से जोड़ सके।

किंतु पद्मावती जो बड़े अंशों में जायसी द्वारा रची और गढ़ी गई है, जरूर स्त्री के बारे में जायसी की मनोभूमि को अधिक पारदर्शी तरीके से उद्घाटित करती है। पद्मावती या इतिहास-प्रसिद्ध पद्मिनी का जो भी जीवन-वृत्त हो, जायसी उससे अधिक मतलब रखते नहीं दिखाई देते। उनकी पद्मावती (पद्मिनी) कम से कम उनके काव्य के पूर्वार्द्ध तक उनकी अपनी रची और गढ़ी हुई है। (विजयदेव नारायण साही जरूर जोर देकर, तथ्यों के साथ कहते हैं कि 'पद्मावत' का उत्तरार्द्ध भी जायसी का ही कल्पित उन्हीं का रचा-गढ़ा है। इतिहास में अलाउद्दीन खिलजी, रतन सिंह-पद्मिनी का जो वृत्तान्त है, वह 'पद्मावत' के रचे जाने के बाद का है, अर्थात जायसी ने कथा का उत्तरार्द्ध इतिहास से नहीं लिया, इतिहासकारों ने उसे जायसी के पद्मावत से लिया है। बहरहाल, संप्रति हम इस विवाद के विस्तार में नहीं जाएगे)। सिंहलद्वीप, राजा गंधर्व सेन, राजा गंधर्व सेन के यहाँ पुत्री का जन्म, उसका पद्मावती नाम, उसका रूप, रूप की ख्याति सुनकर चित्तौड़ के राजा रतनसेन का सिंहल द्वीप प्रस्थान, पद्मावती को अपने प्रेम के बल पर पाना, उसे चित्तौड़ लाना—ये सारी बातें जायसी की कल्पित हैं। बहुत दूर तक, बहुत अंशों में 'पद्मावत की पद्मावती जायसी की ही रचना और उन्हीं की कृति है, और कहने की जरूरत नहीं कि पद्मावती के निर्माण में जायसी ने अपनी

समूची रचनात्मक प्रतिमा को खपा दिया है। 'पद्मावत' मैं आदि से अंत तक जो पद्मावती है, वह जायसी का ही निर्माण है—जायसी ने अपना सब कुछ पद्मावती को रचने-सिरजने में झोंक दिया है। प्रसिद्धि के अनुसार जायसी बेहद कुरूप थे—परन्तु जायस के इस कुरूप फकीर ने 'पद्मावत' में पद्मावती के रूप में सौंदर्य का एक मानक रचा है— ऐसे सौंदर्य का, संसार में जिसका सानी और कोई न हो। सुंदरता, जहाँ भी जितनी है, जायसी ने खोज-खोज कर सब पद्मावती में भर दी है—अनिंद्य सुंदरी। यही नहीं—भारतीय धर्म शास्त्रों के विधि-निषेधों की चिंता न करते हुए उन्होंने पद्मावती को वेद-पुराण सब पढ़ा दिए हैं। सुंदरता और वैदुष्य में अभूतपूर्व—पद्मावती जायसी का विलक्षण-निर्माण है। जिस सहृदयता से जायसी ने पद्मावती को रचा है, और जिस सहृदयता से उन्होंने नागमती के वियोग को चित्रित किया है, स्त्री के प्रति जायसी की मनोभूमि निर्मल है, सहज ही अनुमान किया जा सकता है। पद्मावती-नागमती को राजपूती परंपरा के अनुसार पति के साथ चिता पर बिठातें हुए वे कितने भावुक हो उठे हैं, कितना पसीज़ उठे हैं, तथा अलाउद्दीन की हबस को जिस तरह उन्होंने लानत दी है, पद्मावती की सुरमि को जिस तरह अमृत बताया है, जायसी की स्त्री-संबंधी दृष्टि के निर्मल-निश्छल होने का साक्ष्य हैं, ये सारी बातें।

अब हम मध्ययुग की सगुण भक्ति पर आएँ और सगुण भक्तों की स्त्री-संबंधी दृष्टि और दृष्टिकोण का जायजा लें।

सगुण भक्ति, कहते हैं, दक्षिण से उत्तर की ओर आई भक्ति के एक विराट आन्दोलन के तहत आई जिसका स्वरूप आखिल भारतीय है। दक्षिण के सबसे पुराने वैष्णव-आलवार हैं—जिनकी संख्या ग्यारह है। सवर्ण, पिछड़ी जातियों, शूद्रों के साथ इन आलवारों में आंदाल नामक एक स्त्री भी है। आलवार भक्तों को दक्षिण में ऋषियों के तुल्य माना गया है, और उनकी रचनाएँ जो 'दिव्य प्रबंधम' शीर्षक ग्रंथ में संकलित हैं, वेदों की तरह पूज्य है। इन आलवारों में शूद्रों तथा एक स्त्री की उपस्थिति आगे चलकर उत्तर भारत में निर्गुण -भक्ति के अन्तर्गत नीची मानी जाने वाली जातियों से संतों की एक शानदार परंपरा का सामने आना भक्ति आन्दोलन को मध्यकाल की एक महत्त्वपूर्ण घटना बनाता है। दक्षिण के रामानुज पहले वैष्णव आचार्य हैं जिन्होंने उर्ध्वबाहु होकर घोषणा की थी कि भक्ति तथा उपासना के क्षेत्र में, भगवान के दरबार में सवर्ण-असवर्ण, स्त्री-पुरुष में कोई भेद नहीं है। सबको ईश्वर की उपासना का बराबर का अधिकार है। रामानुज ने अपनी शिष्य परंपरा में भी शूद्रों को स्वीकार किया और उनके एक गुरु भी शूद्र थे। चली

आ रही सामाजिक संरचना का, उसकी वर्णवादी, स्त्री -पुरुष में भेद करने वाली मानसिकता का भक्ति के आन्दोलन में इस तरह का लचीलापन, भक्ति के आन्दोलन को महत्त्वपूर्ण तो बनाता ही है, अपने ढंग से उसके क्रांतिकारी चरित्र का भी साक्ष्य देता है। इतिहासकारों, साहित्य तथा संस्कृतिविदों ने उसे क्रांतिकारी महत्त्व की घटना कहा भी है।

परंतु इस भक्ति आन्दोलन के अपने अंतर्विरोध भी हैं, जिन पर दृष्टि डालना भी जरूरी है। समाजेतिहास के कुछ विद्वानों का मत है कि भक्ति के क्षेत्र में शूद्रों तथा स्त्रियों की बराबर की भागीदारी वाली बात के पीछे वैष्णव भक्ति के ब्राह्मणवादी आचार्यों की उदार मानसिकता का योग उतना नहीं, जितना इस बात का योग है कि भक्ति के आन्दोलन के पीछे शूद्रों तथा नीची जातियों के लोगों की विराट शक्ति थी—उपासना तथा भक्ति के क्षेत्र में कुछ रियायतें देकर यदि उसे नियंत्रित नहीं किया गया तो संभव है कि न केवल भक्ति-आन्दोलन की बागडोर उन शक्तियों के हाथ में चली जाय, यह भी मुमकिन है कि चली आ रही वर्ण भेद-मूलक, स्त्री-पुरुष में भेद करने वाली सामाजिक संरचना, व्यवस्था का पूरा ठाठ ही क्षतिग्रस्त हो जाय। इसी आशंका के चलते भक्ति के द्वार बिना किसी भेद-भाव के सबके लिए खोल दिए गए। स्मरण रहे कि भक्ति और उपासना के क्षेत्र में ही मनुष्य-मात्र की बराबरी को माना गया, समाज में-जाति और वर्ण के आधार पर, लिंग के आधार पर आदमी और आदमी, स्त्री-और पुरुष के बीच भेद बरकरार रखा गया। रामानुज की व्यवस्था थी कि भजन सारे भक्त एक साथ बैठकर करेंगे, भोजन, अलग-अलग पंक्तियों में। और रामानुज वर्ष में एक बार ही शूद्रों के साथ मंदिर में प्रवेश करते थे।

टिप्पणीकारों ने टिप्पणी की है कि इस प्रकार दलितों और स्त्रियों का उत्पीड़न समाज में बरकरार रहा, भेदभाव का शिकार वे होते रहे, अपमान का दंश वे सहते रहे, उन्हें इतनी सुविधा और रियायत जरूर दी गई कि अपमान से आहत, उत्पीड़न से विक्षुब्ध, भेदभाव के शिकार-दलित और स्त्री, ईश्वर के सामने गुहार लगा सकें अरदास कर सकें। जरूरी था कि भक्ति आन्दोलन के इस अंतर्विरोध को सामने लाया जाता, ताकि भक्ति-आन्दोलन को उसकी समग्रता और पूरे यथार्थ में जाना जा सके।

इस पृष्ठभूमि में सगुण भक्तों की स्त्री-विषयक दृष्टि और दृष्टिकोण, सही परिप्रेक्ष्य में सामने आ सकेगा।

सगुण भक्ति के तहत पहले सगुण कृष्ण-भक्ति सामने आई। पुष्टि मार्ग के वल्लभाचार्य ने श्रीमद्‌भागवत के दशम स्कंध को ही वरीयता दी और उसमें भी

ईश्वर या श्रीकृष्ण के लोकरक्षक रूप के बजाय लोकरंजक रूप को प्रधानता दी। श्रीकृष्ण की बाल तथा किशोरवय तक की लीलाओं की केन्द्रीयता उनके संप्रदाय में रही-फलतः वात्सल्य और शृंगार को ही इस लीला में विशद किया गया। कालांतर में पुष्टिमार्ग में—चार शिष्यों को आचार्य वल्लभ ने और चार को उनके पुत्र गोसाईं विट्ठलदास ने दीक्षित किया, जो अष्टछाप के भक्तों के रूप में प्रसिद्ध हुए। अष्टछाप में परिगणित कृष्ण भक्तों में सर्वोपरि सूरदास रहे, जिन्हें विनय और प्रपत्ति की मनोभूमि से खींचकर वल्लभाचार्य ने श्रीकृष्ण के लीला गायन में लगाया। सूरदास श्री नाथ के मंदिर में 'कीर्त्तनिया' के रूप में नियुक्त हुए और प्रातः से संध्या तक-श्रीकृष्ण के सोकर उठने से लेकर संध्या के उपरान्त उनके पुनः सोने तक सूरदास ने जो कुछ गाया, वही उनकी अमर कीर्ति बनकर 'सूरसागर' में संग्रहीत हैं

स्मरण रहे कि वल्लभाचार्य ने श्रीकृष्ण के शिशुरूप को विशेष महत्त्व दिया और श्रीनाथ के मंदिर में उनके शिशुरूप को ही प्रतिष्ठित किया। सूरदास ने जो कुछ लीला गायन किया, उसका एक बड़ा अंश श्रीकृष्ण की बाल लीलाओं से संबंधित है। इसके अलावा सूर ने लीलागायन के अंतर्गत श्रीकृष्ण और राधा, श्रीकृष्ण ओर गोपियों के प्रेम-संबंधों को भी गाया-तथा श्रीकृष्ण के मथुरा चले जाने के उपरांत उनके वियोग में दुखित राधा तथा गोपियों के विरह को भी मूर्त्त किया। संयोग की तुलना में सूर ने श्रीकृष्ण -राधा और श्रीकृष्ण -गोपियों के विप्रलंभ-गीत अधिक गाए—'सूरसागर' एक प्रकार से विप्रलंभ का काव्य ही है। कृष्ण एक बार गोकुल से मथुरा क्या गए, वे फिर गोकुल वापस नहीं लौटे। सूर सागर में श्रीकृष्ण के विरह में दुखित गोपियों के उद्गार ही सबसे अधिक हैं।

प्रश्न है—स्त्री-विमर्श में सूरदास के रचे-गाए के महत्त्व का। क्या है, सूर के इस लीला गायन में, जो उन्हें स्त्री-विमर्श से जोड़ता है? जरूरी है कि इस बात पर हम गंभीरता से विचार करें।

वस्तुतः सगुण कृष्ण-भक्ति के काव्य में ही, हिन्दी कविता में पहली बार स्त्री अपने वजूद के साथ, कम से कम अपनी दो प्रधान भूमिकाओं में बहुत प्रकट होकर सामने आई है—एक अपने सबसे उदात्त-जननी या मां के रूप में और दूसरे प्रेमिका के रूप में-भले ही उसके प्रेम के आलंबन श्रीकृष्ण हों। इसके पहले जायसी के पद्मावत को छोड़ दें तो हिन्दी कविता में स्त्री के अपने वजूद, उसकी अस्मिता के दर्शन ही नहीं होते। आदिकाव्य में वीरगाथाओं में वह सुन्दरी मात्र हैं जिसे लेकर युद्ध होते हैं, लौकिक काव्यों में उसका प्रेमिका-रूप है, परंतु बहुत उल्लेखनीय नहीं। सिद्धों-नाथों तथा निर्गुण

संतों की बात हम कर चुके हैं। सूर के काव्य में पहली बार नारी का माता-रूप भास्वर हुआ है, अपनी सारी गरिमा के साथ-यशोदा में-देवकी में भी, परंतु यशोदा में अपने समूचे उत्कर्ष के साथ। हम तो यहाँ तक कहेंगे कि ईश्वर की शिशु -रूप में वल्लभाचार्य की आराधना के मूल में भी, कहीं न कहीं यह तथ्य है कि प्रभु जब शिशु रूप में उपास्य बनेंगे तो उनके साथ माता की संलग्नता जरूर होगी। वल्लभ की सोच में ऐसा न भी हो तो सूरदास ने जिस रूप में श्रीकृष्ण की बाल-लीलाओं को प्रस्तुत किया है, यशोदा उनमें बराबर की भागीदार है। 'मैया' संबोधन के ढेरों पद है जिनमें श्रीकृष्ण माँ को पुकारते हैं। कहा जा सकता है कि ईश्वर को शिशु रूप में प्रस्तुत कर वल्लभाचार्य ने प्रकारांतर से स्त्री के सबसे उदात्त रूप-उसके मातृत्त्व को सम्मानित किया है, और सूर ने अपने पदों में स्त्री के इस मातृत्त्व को उसकी समूची गरिमा के साथ मूर्त्त किया है।

अब आइए स्त्री के दूसरे रूप पर, उसके प्रेमिका-रूप पर, जिसका 'सूरसागर' में भरपूर आख्यान है।

गोपियों के श्रीकृष्ण के प्रति उत्कट प्रेम के-संयोग और विप्रलंभ के जो चित्र सूर ने उकेरे हैं—उनमें स्त्री के हृदय की उस प्रेम-पिपासा को लक्ष्य किया जा सकता है, मध्यकालीन सामंती समाज की सारी घुटन के बीच जिसे सूर ने अभिव्यक्त दी है। जनम-जनम की यह प्यास है—जो स्त्री-हृदय में उमड़ती-घुमड़ती रही है और पुरुष-वर्चस्व के समाज में उसके द्वारा थोपी गई नैतिकता के चलते जिसे स्त्री अभिव्यक्त करने में असमर्थ रही है। सूर ने उसे अभिव्यक्ति दी और वह कुण्ठाओं तथा वर्जनाओं से परे, बड़े निष्कलुष-निर्मल रूप में सामने आई है। संयोग और विप्रलंभ दोनों में उसकी उत्कटता एक जैसी है। संयोग के समय—रासलीला के प्रसंग में उसकी उद्दामता को देखें—श्रीकृष्ण की बांसुरी के बजते ही घरद्वार, लोक-लाज के सारे बंधनां को झटकते हुए गोपियाँ यमुना की ओर दौड़ पड़ती हैं, और रात-रात भर रास चलता है—मुक्त-स्वच्छन्द, फिर भी निर्मल और पारदर्शी। आचार्य शुक्ल ने इस रास को 'जीवन-महोत्सव' कहा है जिसमें गोप-गोपियाँ पक्षियों की तरह स्वच्छन्द हैं। उन्होंने लिखा है कि सूर द्वारा चित्रित यह वह स्वच्छन्द समाज है जिसका स्वप्न अंग्रेज कवि शेली देखा करते थे। सूर की इस रास-लीला को देखें और मध्यकालीन सामंती समाज के -नारी पर थोपे गए विधि-निषेधों पर ध्यान दें, स्पष्ट होगा कि अपनी सीमाओं में सूर किस तरह सामंती जकड़बंदी के खिलाफ प्रेम के इस महारास को संभव बनाते हैं।

विप्रलंभ के परिदृश्य में गोपियों का श्रीकृष्ण के प्रति यह प्रेम प्रशांत रूप में सामने आता है। उद्वेलन है परन्तु प्रगाढ़ता के नाते वह अपनी सीमाओं में भी बँधा है। यह 'लरिकाई' का प्रेम है जो समय के साथ गाढ़ा और प्रशांत हुआ है। श्रीकृष्ण यद्यपि मथुरा में हैं—जो गोकुल से बहुत दूर दूर नहीं है परन्तु कोई भी गोपी श्रीकृष्ण के पास मथुरा नहीं जाती स्त्री का यह वह स्वामिमान है जिसे सूर ने परखा है। श्रीकृष्ण ने शीघ्र लौटने का वायदा किया था, नहीं लौटे गोपियाँ सन्देश भेजती हैं, परन्तु अपने स्वाभिमान को बरकरार रखते हुए कृष्ण के पास भागती नहीं। उद्धव गोपी प्रसंग में सूर ने नारी-मन की न जाने कितनी परतों को खोला है, अज्ञ-अपढ़ गोपिकाओं को ऐसी जबान, समझदारी और विदग्धता दी है कि वे ज्ञानी उद्धव के ज्ञान के दर्प को चूर-चूर कर देती हैं पूरा 'सूरसागर' स्त्री-विमर्श में सूर की भागीदारी का साक्ष्य है। अपने समय की सीमाओं में सूरदास यह कर सके नारी मन की तमाम गांठे खोलते हुए उसे पारदर्शी रूप में हमारे समक्ष न ला सके, स्त्री अस्मिता की पूरी गरिमा के साथ, यह बड़ी बात है।

सगुण रामभक्ति के प्रतिनिधि तुलसीदास स्त्री संदर्भ में बहुत लांछित हुए हैं। गोकि उक्ति सेतु बाँधने के प्रसंग में समुद्र की है, परन्तु उससे जुड़े सारे प्रहार गोस्वामी जी को झेलने पड़े हैं और उन्हें वे अद्यावधि झेल रहे हैं। शूद्र, गँवार-ढोल-पशु-नारी ये सब ताड़न के अधिकारी-उक्ति यह है। गोस्वामी तुलसीदास के भक्त-तुलसी के बचाव में तरह-तरह की दलीलें देते हैं कि उक्ति तुलसी की नहीं-समुद्र की है या फिर उनमें नारी के लिए नहीं, पशु-नारी-कुलटा-स्वैरिणी के लिए ताड़न की बात कही गई है, परन्तु तुलसीदास का कितना भी बचाव क्यों न किया जाय वस्तुतः समुद्र की उक्ति तुलसी के अपने मानस की ही उपज है—उस मानस की, परंपरागत आर्यशास्त्रनुमोदित विधि विधानों से जो पूरी तरह अनुकूलित है। कहाँ तक बचाव किया जायगा-तुलसीदास का। ऐसी उक्तियाँ उनकी रचनाओं में भरी पड़ी हैं, जिनमें स्त्री-बजूद का भयानक अवमूल्यन है। 'अवगुण आठ सदा उर रहहीं' मतलब स्त्री तो अवगुणों का पिटारा है। चित्रण वर्षा का है उपमा स्त्री की दी जा रही है। 'जिमि स्वतंत्र होइ बिगरहिं नारी।' स्त्री स्वतंत्रता का संपूर्ण निषेध है तुलसी के यहाँ। उस आचार-संहिता का कठोर अनुपालन ही स्त्री के लिए उचित है जो धर्मशास्त्रों ने उसके लिए निर्धारित की है। स्त्री उससे हटी नहीं कि गोस्वामी जी उसे अधम, कुलटा न जाने किन-किन नामों से पुकारते हैं। दिलचस्प है कि सदियों-सहस्त्रब्दियों से पराधीनता की नियति भोगते स्त्री का एक बड़ा अंश इस नियति को इस तरह स्वीकार कर चुका है कि वह पराधीनता को ही सुख

मानने लगा है। गुलाम होने का यह सुख उसका संस्कार बन चुका है तभी गोस्वामी तुलसीदास की अभ्यर्थना में पुरुष से कई गुना अधिक बढ़चढ़कर स्त्रियों की शिरकत है। कभी-कभी गोस्वामी जी स्त्री की पराधीन नियति को लेकर करुणार्द्र और दुखी हो उठते है 'कत विधि सृजी नारि जग माहीं', पराधीन सपनेहुँ सुख नाहीं, पर करुणा से आपूरित ऐसी उक्तियां मन की एक तरंग भर है—स्वतंत्रता शब्द, स्त्री के संदर्भ में, गोस्वामी जी के यहाँ लगभग बेमानी है।

दलील दी जाती है कि तुलसी ने सीता का चरित्र भी तो रचा है, कौशल्या का चरित्र भी उन्हीं की कलम से उकेरा गया है। माता-भगिनी, बेटी आदि के रूप में आदर्श चरित्र भी तो तुलसी ने चित्रित किए हैं। यह सब सही है। परन्तु ये सारे चरित्र, आदर्श चरित्र, आदर्शों, मर्यादाओं के उसी दायरे में आदर्श है—जो दायरा स्त्री की आदर्श छवि का धर्मशास्त्रियों ने खींचा है। उस दायरे के बाहर स्त्री गई कि गोस्वामी जी की मर्त्सता का शिकार बनी।

वस्तुतः गोस्वामी जी का मानस उनकी रचनाओं में कबीर की तरह ही विभक्त मानस है। जिस तरह कबीर में हमें दो कबीर-'स्वीकार' और 'अस्वीकार' के कबीर एक साथ दिखाई पड़ते हैं और अंतर्विरोध की सृष्टि करते हैं, तुलसीदास में भी हमें दो तुलसी स्पष्ट नज़र आते हैं। एक भक्त तुलसी है'' भक्ति की उदार और उदात्त चेतना वाले, दूसरे लोक नायक तुलसी हैं समाज को व्यवस्था देने वाले भक्त। तुलसीदास के यहाँ निषाद, शबरी सबकी गति है राम से भी अधिक राम के दास उन्हें प्रिय हैं, परन्तु लोकनायक तुलसी उतने उदार नहीं है। इस रूप में उनका मानस आर्यशास्त्रानुमोदित व्यवस्थाओं-मर्यादाओं को पत्थर की लकीर मानने वाला मानस है। मर्यादाओं के भीतर उन्हें स्त्री-शूद्र सब स्वीकार्य है, वे मर्यादाओं से बाहर गए नहीं कि गोस्वामी तुलसीदास का अभिशाप उन पर बज्र की तरह टूटता है, उनके लिए वे असहनीय हो उठते हैं। गोस्वामी तुलसीदास का बुनियादी सच यही है। स्त्री-विमर्श में गोस्वामी जी अपनी इसी मनोभूमि में ही विवेच्य हैं। इसे उनके समय की सीमा मानें, उनकी सोच की सीमा कहें, तुलसीदास उससे मुक्त नहीं हैं।

मीरा स्त्री विमर्श के पायदान पर सबसे ऊँची, हमारी समकालीन बनकर, हमारे समय में हमसे अपने सारे दर्द के साथ मुखातिब होती हैं जो एक स्तर पर मीरा-एक तन्मय कृष्ण-भक्त, कृष्ण के प्रति समर्पित प्रेमिका का दर्द हैं, दूसरे स्तर पर मीरा नामक एक समकालीन सामंती राजपरिवार की औरत का भी दर्द है। मीरा-स्त्री-विमर्श में हमारी समकालीन अपने विद्रोह के नाते हैं जो उन्होंने अपना मनोवांक्षित जीवन जीने के लिए राजपरिवार के अंतर्गत किया

और जिसके ताने-बाने परंपरागत सामाजिक संरचना की उस भेदभाव पूर्ण बुनियाद से भी जुड़ते हैं जिसमें वर्ण-जाति के आधार पर सवर्ण-असवर्ण और लैंगिक आधार पर स्त्री-पुरुष के अधिकार और कर्त्तव्यों में उनकी सामाजिक हैसियत में भेद किया गया है। मीरा धर्मशास्त्र विहित, कुल-परंपरा-विहित मर्यादाओं और नैतिकता के खिलाफ खड़ी हुईं पीड़ित प्रताड़ित हुईं अंततः सारी आरोपित मर्यादाओं, विधि निषेधों को लात मारते हुए राजमहल से बाहर आ गईं। मीरा के अपने युग-संदर्भों में यह बहुत बड़ी बात है। वही मीरा को समकालीन बनाती है और मौजूदा स्त्री विमर्श से जोड़ती है।

किन्तु मीरा कुछ जिज्ञासाएँ भी खड़ी करती हैं। कुछ सवालों को भी जन्म देती है। मीरा को संपूर्णता में जानने के लिए जिनसे मुखातिब होना जरूरी है।

मीरा का विद्रोह बहुत दूर तक उनका निजी विद्रोह है, अपने ऊपर लगाई गई पाबंदियों से बाहर आने के हेतु किया गया विद्रोह, मनोवांछित जीवन जीने की इच्छापूर्ति के लिए किया गया विद्रोह, जिसके तार, जैसा हमने कहा, अवश्य नारी-पराधीनता तथा उसकी मुक्ति की आकांक्षा से जुड़ते है परंतु जिज्ञासा है औरत होने के नाते मीरा ने क्या खुद कभी अपनी यातना के साथ औरत जाति की यातना पर भी ध्यान दिया? क्या उनके कोई पद ऐसे हैं जिनमें उन्होंने अपने नरक को औरत जाति के नरक से जोड़ा हो? शायद ऐसे पद मीरा में नहीं हैं। दूसरी जिज्ञासा विद्रोह करके बाहर मनोवांछित जमीन पर आने के बाद उन्होंने क्या औरत जाति की यातना पर कुछ कहा या कृष्ण के प्रेम में, निज की मुक्ति में ही तन्मय हो कर रह गयीं? एक और सवाल, मीरा के यहाँ अपने प्रभु प्रियतम पति श्रीकृष्ण के प्रति जिस तरह का समर्पण है अपने वजूद के कतई प्रियतम के वजूद में मिला देने का भाव है क्या समाज में ऐसा संदेश उनकी यह मनोभूमि नहीं देती कि यदि प्रियतम या पति मनोवांछित है तो स्त्री का कर्तव्य है कि उस पर अपने को वैसे ही पूरी तरह समर्पित कर दे जैसा मीरा के यहाँ है—प्रभु जी म्हाने चाकर राखो जी। व्यवस्था क्या मीरा की इस मनोभूमि को अपने हित में व्याख्यायित नहीं कर सकती? ये कुछ जिज्ञासाएं तथा प्रश्न हैं जो मीरा के मौजूदा स्त्री विमर्श से जोड़ते हुए मन में उठते है? ये महज जिज्ञासाएँ हैं, जैसा भी है मीरा का विद्रोह बड़ा है, उसके वृहत्तर संदर्भ हैं। मीरा ने अपने समय में चली आ रही सामाजिक संरचना पर सवाल उठाए, वे मनचाहा समाज न रच सकी हों नारी पराधीनता और पराधीनता से नारी की मुक्ति की आकांक्षा को उन्होंने उजागर किया, मुक्ति के सपने को नारी मन में जीवित रखा, उनका इस बिन्दु पर महत्त्व निर्विवाद है।

18

भक्ति-काव्य और लोक धर्म

'लोक' शब्द अनेकार्थी शब्द है। अंग्रेजी में जिसे फोक (Folk) कहते हैं साहित्य एवं कलाओं एवं सामान्य व्यवहार में हिन्दी में उसे 'लोक' के रूप में समझा जाता है—उदाहरण के लिए लोकगीत, लोककलाएँ आदि। यहाँ लोक परिष्कृत, परिनिष्ठित या शिष्ट का विलोम है। लोक शब्द हिन्दी में साधारण जन के लिए भी प्रयुक्त होता है जिसका विलोम अभिजन या अभिजात वर्गों के लोग हैं। जब शुक्लजी लोक जीवन की बात करते हैं, उनका मतलब प्रायः साधारण जनता के इसी विशाल भाग से होता है। लोक शब्द वस्तुजगत, बाह्य जगत या जिसे हम संसार कहते हैं, उसके लिए भी प्रयुक्त होता है—तब इसके विलोम के रूप में परलोक शब्द का व्यवहार होता है। साधारणतः लोक का अर्थ हम इसी संसार से लेते हैं, उस समाज से लेते हैं जिसमें मनुष्य रहता है और अपने क्रिया-कलाप करता है। यह संसार या समाज जिसमें हम रहते हैं—एक-सा नहीं है। इसमें अमीर भी हैं, गरीब भी, उच्च वर्गों के लोग भी हैं निम्न वर्गों के लोग भी, शिक्षित, अशिक्षित सभी इसमें हैं। इन सबके अपने-अपने हित हैं जो आपस से टकराते भी हैं। हमारा यह समाज वर्गों में बँटा हुआ समाज है जिसमें अधिकांश जनता श्रम करने वाली जनता है और एक छोटा अंश वह है जो संपत्तिशाली है, बिना श्रम किए दूसरों के श्रम से लाभ कमाता है, उत्पादन के साधनों का स्वामी है, समाज की गतिविधियों, आचार-व्यवहारों, कानून, कायदों आदि का निर्माता और नियंता है। वर्गबद्ध समाजों में प्रभुत्वशाली वर्ग की विचारधारा ही समाज की प्रधान विचारधारा होती है। समाज में उसी का पालन-अनुपालन होता है। अपने देश की बात करें तो परंपरा से चले आते हुए सारे धर्म शास्त्र, इसी प्रभुत्त्वशाली वर्ग के रचे हुए हैं

जिन्हें उसने सम्पूर्ण समाज के लिए रचा है और संपूर्ण समाज उसका पालन करे, ऐसी व्यवस्था भी उसने दी है। जिस लोक और परलोक की बात हमने ऊपर की है, वे अवधारणाएँ भी इसी वर्ग की बनाई हुई हैं, लोक से आगे परलोक की कल्पना और व्याख्या उसकी अपनी विशिष्ट देन है। परलोक की चिंता में जो आज सारा भारतीय समाज मशगूल है, वह इसी प्रभुत्वशाली वर्ग की सोच का 'सुफल' है। जो शास्त्र उसने रचे हैं उनमें इस परलोक के बारे में बहुविध चिंतन है, जो परंपरा से देश की जनता के मन-मस्तिष्क में विद्यमान चला आ रहा है।

किंतु चूँकि हमारा देश विशाल देश है और इसकी बहुसंख्यक जनता श्रम करने वाली, किसानी, कारीगरी, मजदूरी या जीविकोपार्जन के अन्य साधनों को स्वीकार करने वाली जनता है, अधिकतर शिक्षित और गाँवों में रहने वाली जनता है— और इस जनता में साधारण जन के अलावा साधारण जन में भी साधारण, बहुत-सी जन-जातियाँ हैं, अस्पृश्य और अंत्यज हैं, अतएव शास्त्रोक्त विधि-विधानों से भिन्न, उनका संबंध सामाजिक आचार-व्यवहार से हो या धार्मिक आचार-व्यवहारों से, साधारण जनता की एक अपनी वैविध्यपूर्ण सामाजिक -धार्मिक आचार-संहिता, मान्यताएँ, रीति-रिवाज, कानून, कायदे, आस्था-विश्वास आदि भी यहाँ शास्त्रोक्त विधि-विधानों के समानांतर विद्यमान भी रहे हैं और आचरित भी होते रहे हैं। ऐसा इस नाते भी हुआ है, कि जिन्हें हम आर्य कहते हैं, उनकी प्रभुता के पहले उनसे भिन्न दूसरी जातियों और कबीलों की भी सुसम्पन्न सभ्यताएँ यहाँ विद्यमान रही हैं, उनकी अपनी संस्कृति भी यहाँ फलती -फूलती रही है। इनके अलावा समय-समय पर अनेक जातियाँ और कबीले बाहर से यहाँ आते रहे हैं, बसते रहे हैं और बहुत कुछ यहाँ की विद्यमान सम्यता और संस्कृति से लेते हुए, साथ ही अपना बहुत कुछ उन्हें देते हुए, यहाँ घुल-मिल जाते रहे हैं। कालांतर में जब वेद, उपनिषद, पुराण, स्मृतियाँ तथा अन्य नाना शास्त्र आर्य जाति द्वारा रचे गए तो स्वभावतः उनसे साधारण जनता में प्रचलित सामाजिक-धार्मिक आचारों-विश्वासों, मान्यताओं का कहीं मेल बैठा और कहीं नहीं बैठा। स्थिति यह हुई कि शास्त्र और लोक समानान्तर कभी मिलते, कभी टकराते चलते रहे। जहाँ अलगाव अधिक हुआ तो प्रभुत्वशाली वर्गों ने शास्त्रों का सहारा लेकर जनता के उन लोगों को बाहरी घोषित कर दिया, वर्ण तथा चली आ रही जाति-व्यवस्था से बहिष्कृत कर दिया। ऐसे लोगों तथा समुदायों के बीच धार्मिक-सामाजिक रीति-रिवाज और कानून-कायदे शास्त्र से एकदम अलग हो गए और लोक-प्रचलित दूसरे आचार-व्यवहारों के साथ अपने ढंग से चलने लगे।

लोक और शास्त्र में टकराव की स्थितियाँ यों तो प्रत्येक युगों में विद्यमान रहीं, बौद्ध धर्म, जैन धर्म, लोकायतों के अलावा आगे चलकर सिद्धों और नाथों ने भी चली आ रही वेद-शास्त्र विहित मान्यताओं, विचारों, आचार-व्यवहारों को चुनौती दी और अपना अलग रास्ता बनाया। जिसे हम भक्ति का युग कहते हैं, लोक और शास्त्र का द्वन्द्व उसमें भी उभरा और उस दृष्टि से यदि पंडित हजारी प्रसाद द्विवेदी भक्ति युग का मुख्य अंतर्विरोध लोक और शास्त्र का द्वन्द्व मानते हैं तो यह गलत नहीं है। अपने ढंग से आचार्य शुक्ल भी यही कहते हैं जब वे विद्यमान तमाम सारी सामाजिक-धार्मिक 'अव्यवस्था' के बीच तुलसी के अविर्भाव को, उनके 'समन्वयवाद' को, उनके द्वारा लोक को सही पटरी पर लाने और उसे आर्यशास्त्रानुमोदित पथ पर आगे बढ़ाने का श्रेय उन्हें देते हैं। द्वन्द्व की ये स्थितियाँ न होतीं तो शुक्ल जी द्वारा तुलसीदास के इस युगान्तरकारी महत्त्व का मतलब क्या ? बहरहाल यह शुक्ल जी का मत है जो यह सिद्ध करता है कि गोस्वामी जी के समय में भी लोक और शास्त्र के बीच, शुक्ल जी की सोच के अनुसार जैसा तालमेल अपेक्षित है, वैसा नहीं था। यह भी स्पष्ट है कि भक्ति—आंदोलन के समय लोक, शास्त्र के ऊपर प्रबल हो उठा था, अन्यथा डॉ० राम विलास शर्मा भक्ति-आंदोलन को 'लोक जागरण' कहकर विज्ञापित न करते। उन्होंने लिखा है कि "किसी समय रहस्यवाद ने साहित्य और समाज में बड़ी क्रांतिकारी भूमिका पूरी की थी। मनुष्य में ब्रह्म दर्शन करके कवियों ने मनुष्य-मात्र की समानता की घोषणा की थी। धर्म, संप्रदाय, वर्ण, मत-मतांतर आदि के भेदों का विरोध करके मानवता की प्रतिष्ठा की थी। पुरोहित और देववाणी के दर्प से आतंकित न होकर उसने लोक भाषाओं की साहित्य में प्रतिष्ठा की थी। जाहिरा तौर पर डॉ० रामविलास शर्मा का इशारा सगुण भक्ति कविता की ओर न होकर निर्गुण-भक्ति कविता और संतों की ओर है, कारण रहस्यवाद की बात प्रायः उन्हीं के संदर्भ में की जाती है, तथा धर्म, संप्रदाय, वर्ण और मत-मतांतर के भेदों का विरोध करते हुए मानवता की—एक मानवता की बात उन्हीं के माध्यम से सामने आयी थी। अनेक बातों में समान होते हुए भी विचारों-विशेषतः सामाजिक-धार्मिक विचारों और उनके आचरण को लेकर निर्गुण और सगुण संतों और भक्तों का स्वर एक नहीं है। निर्गुण संत जहाँ परम्परागत वेद, शास्त्र आदि को चुनौती देते हुए उनकी बुनियाद का ही विरोध करते हैं, वहाँ सगुण भक्त, विशेषतः तुलसीदास, तमाम सारे लचीलेपन के बावजूद बुनियादी तौर पर आर्यशास्त्रानुमोदित धर्म तथा समाज-व्यवस्था का समर्थन करते हैं और इसी नाते शुक्ल जी को प्रिय हैं। तभी शुक्ल जी द्वारा दी गई लोकधर्म की परिभाषा

के भीतर तुलसी के विचार और उनके अर्थ तो अंट जाते हैं, निर्गुण संतों के विचार तथा अर्थ नहीं अंटते और शुक्ल जी सीधे उनका विरोध करते हैं और उनके विचारों तथा अर्थों को सामाजिक दृष्टि से, 'लोक' की दृष्टि से (अपनी अवधारणा के लोक की दृष्टि से) अहेतुक बताते हैं। लोक धर्म की शुक्ल जी की परिभाषा है—

> "संसार, जैसा है, वैसा मानकर उसके बीच से एक-एक कोने को स्पर्श करता हुआ जो धर्म निकलेगा, वही लोक धर्म होगा। जीवन के किसी एक अंग मात्र को स्पर्श करने वाला धर्म लोक धर्म नहीं।.......जनता की प्रवृत्तियों का औसत निकालने पर धर्म का जो मान निर्धारित होता है, वही लोक धर्म होता है।..... जिस धर्म की रक्षा से लोक की रक्षा होती है—जिससे समाज चलता है—वह यही व्यापक धर्म है। सत् और असत्, भले और बुरे के मेल का नाम संसार है। पापी और पुण्यात्मा, परोपकारी और अत्याचारी, सज्जन और दुर्जन, सदा से संसार में रहते आए हैं और सदा रहेंगे।" शुक्ल जी आगे कहते हैं और अब अधिक स्पष्ट होकर कहते हैं—"ईसाई, बौद्ध, जैन, इत्यादि वैराग्य-प्रधान मतों में साधना के जो धर्मोपदेश दिए गए उनका पालन अलग-अलग व्यक्तियों ने चाहे कुछ किया हो, पर सारे समाज ने नहीं किया। अतः व्यक्तिगत साधना के कोरे उपदेशों की तड़क-भड़क दिखाकर लोक-धर्म के प्रति उपेक्षा प्रकट करना पाखंड ही नहीं हैं, उस समाज के प्रति घोर कृतध्नता भी है जिसके बीच काया पली है। लोक-मर्यादा का उल्लंघन, समाज की व्यवस्था का तिरस्कार, अनधिकार चर्चा, भक्ति और साधुता का मिथ्या दंभ, मूर्खता छिपाने के लिए वेद और शास्त्र की निंदा, ये सब बातें ऐसी थीं, जिनसे गोस्वामी जी की अंतरात्मा बहुत व्यथित हुई"

जाहिर है कि शुक्ल जी यहाँ वेद और शास्त्रविहित उन्हीं मर्यादाओं और विचारों का समर्थन कर रहे हैं जिन्हें ऊपर हम समाज के प्रभुत्वशाली वर्गों की देन कह चुके हैं और जिनके खिलाफ ही बुद्ध, महावीर, लोकायत, सिद्ध-नाथ, कबीर तथा दूसरे संत उठ खड़े हुए थे। अतएव,इस विषय पर शुक्ल जी के पूर्वाग्रह बिलकुल साफ हैं जो स्पष्टतः इस बात का साक्ष्य भी देते हैं कि न केवल भक्ति-आंदोलन के समय लोक और शास्त्र का द्वन्द्व प्रबल था, जहाँ तक लोकधर्म का सवाल है, निर्गुण संत तथा सगुण भक्तों में भी उसे लेकर मतभेद ही नहीं था, अनेक स्तरों पर वे एक-दूसरे के विरोध में भी खड़े थे।

ऐसी स्थिति में स्पष्ट हो जाता है कि जिसे लोकधर्म कहते हैं उसकी अवधारणा तथा उसका पालन-अनुपालन समूचे भक्तिकाव्य में एक जैसा नहीं है। अलग-अलग संतों और भक्तों में उसका रूप अलग-अलग है—संतों तथा भक्तों में तो वह अलग है ही।

मसलन, कबीर की बात लें। शुक्ल जी के मत से, जैसा कि उनके ऊपर के कथन से स्पष्ट है, कबीर उनकी परिकल्पना के लोक धर्म के विरोधी हैं। वे पढ़े-लिखे न होकर भी ज्ञान की बात करते हैं, वेद और शास्त्रों की आलोचना करते हैं, पंडितों को चुनौती देते हैं, उनकी मखौल उड़ाते हैं, समाज की व्यवस्था का तिरस्कार करते हैं आदि-आदि। आचार्य हजारी प्रसाद द्विवेदी को कबीर का यह आचरण बुरा नहीं लगता। वे इसमें कबीर के 'अस्वीकार का साहस' देखते हैं, उनके व्यक्तित्व का तेज पाते हैं और उनकी साधना की गहराई और निष्ठा का प्रमाण पाते हैं। किन्तु आचार्य हजारी प्रसाद द्विवेदी जहाँ कबीर के इस आचरण में शास्त्र और लोक का द्वन्द्व तो पहचान लेते हैं, उसे उभारते भी हैं, किन्तु उस द्वन्द्व को नहीं पहचान पाते जो कबीर के यहाँ लोक और लोक के बीच है। कबीर यदि अनपढ़ होते हुए वास्तविक अर्थों में ज्ञानी हैं तो इसलिए कि वे परंपरागत वेद और शास्त्रजन्य मिथ्या आचारों-विचारों एवं भेद बुद्धि की भर्त्सना तो करते ही हैं, उन लोकाचारों की धज्जियाँ भी उड़ाते हैं, मसलन तमाम प्रकार के सामाजिक-धार्मिक अंधविश्वास, तंत्र, मंत्र, जादू, टोना, टोटका आदि जो साधारण जन या लोक के बीच प्रचलित थे। आचार्य द्विवेदी उन्हें न केवल लोकधर्म के भीतर स्वीकार करते हैं कहीं-कहीं उन्हें डिफेन्ड (Defend) भी करते हैं, उन्हें सही और उचित भी बताते हैं। कबीर यहीं कबीर हैं और इन आचार्यों की पकड़ से भी बाहर हो जाते हैं। वेद-शास्त्र, कुरान और सुन्नत ही नहीं, पंडित और मुल्ला, पांडे और काजी ही नहीं, वे लोक को भी समान आक्रोश के साथ फटकारते हैं। इन लोकपरक विश्वासों को कबीर लोकाचार कहते हैं और ऐसे मिथ्या लोकाचारों की भी धज्जियाँ उड़ाकर रख देते हैं। कबीर-सम्बन्धी अपने पिछले निबंध में हमने कहा है कि कबीर मृत्यु के समय काशी छोड़कर मगहर चले गए थे, इस लोक-विश्वास को तोड़ते हुए कि काशी में मरने से मुक्ति निलती है और मगहर में मरने वाले को निकृष्ट पशु योनि। काशी छोड़ते समय लोक को संबोधित करते हुए उन्होंने कहा था—''लोका तुम हो मति के भोरा'। निरर्थक कर्मकाण्ड-माला फेरना, गंगा नहाना, तीर्थ, व्रत करना जिसके लिए उपहास की वस्तु हो-जादू, टोना, तंत्र और मंत्र उसके लिए क्या होंगे, सहज ही अनुमान किया जा सकता है। कबीर ने किसी भी प्रकार के धार्मिक

समन्वयवाद का विरोध किया, यह हम कह चुके हैं—वे वस्तुतः एक नए धर्म की बुनियाद रखना चाहते थे, वह था मानव धर्म। वे हिन्दू, मुसलमान, जाति पांति, स्पृश्य-अस्पृश्य से परे एक ऐसी मनुष्यता के विश्वासी थे—जहाँ मनुष्य और मनुष्य में भेद न हो। कबीर के इस प्रयत्न को, उनकी इस सोच को, परंपरागत समाज-व्यवस्था तथा धर्म-शास्त्र विरोध को उनका लोक धर्म-विरोधी आचरण कहा जाय या एक नए लोक धर्म की प्रतिष्ठा—शुक्ल जी के लिए वह लोक-धर्म विरोध हो, सामाजिक आराजकता का प्रश्रय हो, हमारे लेखे कबीर का यही लोकधर्म उन्हें अपने समय से आगे, हमारे अपने समय की सोच से बाँधता है। यही कबीर का युगांतरकारी क्रांत दृष्टा व्यक्तित्व है जिसे शुक्ल जी पहचानते हुए भी अपने पूर्वाग्रहों के चलते रेखांकित नहीं कर सके और न ही द्विवेदी जी रेखांकित करते हुए भी उसे मिथ्या लोकाचार से अलगा सके। जो कबीर का लोक धर्म है, वही नानक का तथा दूसरे संतों का है। इस लोक धर्म में अन्याय, अनीति, भेदभाव, निष्प्राण रूढ़िवाद, धार्मिक वितंडावाद, सबका विरोध है, उसका सम्बन्ध शास्त्र से हो अथवा लोक से। कबीर के इस लोक धर्म को पहचानना ही कबीर को सही रूप में पहचानना है। हम यह भी कह चुके हैं कि कबीर थोथे योग को भी अस्वीकार करते हैं, भस्म-भभूत, समाधि और साधनाजन्य चमत्कारों से उनका कोई वास्ता नहीं। लोक को बराबर इस पाखंड के प्रति वे सावधान करते हैं। ऐसे कबीर की संगति किसी से नहीं बैठती, पोथी ज्ञान की हंसी उड़ाने वाले तथा 'पंड़ित-वाद वदंते झूठा' कहकर उनकी आलोचना करने वाले तथा काजी-मुल्लाओं से हैरानी में डाल देने वाले और उन्हें विचलित कर देने वाले सवालों को पूछने वाले कबीर की यदि प्रभुत्वशाली वर्गों ने, धर्म के ठेकेदारों ने उनके अपने समय में खिलाफत की तो यह स्वाभाविक था। 'अरे ओ ब्राह्मण, यदि तुम ब्राह्मणी के जाए हो तो बताओ कि तुम और किसी रास्ते से दुनिया में क्यों नहीं आए' और मुल्ला, तुम बताओ कि खतना माँ के पेट से कराके क्यों नहीं आए या तुम दोनों बताओ कि यदि भगवान मंदिर में रहता है, खुदा मसजिद में, तो जहाँ मंदिर और मसजिद नहीं है—वहाँ किसकी ठकुराई है?

कबीर के यही सवाल उनके समय में भी अनुत्तरित रहे और आज भी हैं, उनका 'मनुष्य सत्य' उनके समय में भी एक आकांक्षा बना रहा, आज भी है। उनका लोक धर्म उनके अपने समय में काम्य रहा, आज भी है, किन्तु जैसा हमने पिछले निबंध में कहा है—आने वाली शताब्दी कबीर की शताब्दी होगी।

मलिक मुहम्मद जायसी सूफी संत के रूप में ख्यात हैं। सूफी संत वे हों या न हों, जैसा कि विजय देवनारायण साही का कहना है, वे कवि हों—प्रेम

के कवि, किन्तु उनकी सहृदयता और मनुष्यता को शुक्ल जी ने भी रेखांकित किया है। 'मुसलमान होते हुए भी उन्होंने अपने मनुष्य होने का परिचय दिया', शुक्ल जी का यह कथन व्यक्ति की धार्मिक पहचान से परे उनकी इंसानी पहचान को महत्त्व देता है। कबीर या सगुण भक्तों की तरह जायसी किसी सामाजिक मिशन को लेकर नहीं चले थे—उनके द्वारा रचित 'पद्मावत' में ऐसा कोई साक्ष्य नहीं मिलता कि 'रामचरित मानस' की भांति उनकी रचना सामाजिक स्थितियों की जरूरत या माँग के चलते हुई हैं। उनका समय भी गोस्वामी जी के आस-पास का ही समय था।

जायसी सम्बन्धी अपने निबंध में हम 'पद्मावत' में लोक-संस्कृति, विशेष रूप से अवध प्रदेश की लोक संस्कृति, की चर्चा कर चुके हैं। हम यह भी कह चुके हैं कि 'पद्मावत' की पूर्वार्द्ध की सारी कथा भी लोक के बीच प्रचलित कथा है। जायसी ने इस लोक कथा के उत्तरार्द्ध में इतिहास-प्रसिद्ध कथा को गूंथा है और इस प्रकार उनका पद्मावत काव्य की तथा इतिहास की ऐसी मिली-जुली प्रस्तुति है जिसमें लोक का कथा-रस, कथानक रूढ़ियाँ हिन्दुओं के प्रचलित धार्मिक विश्वास, तिथि-त्योहार सब कुछ एक-रस हो गए हैं। अवध-प्रदेश के साधारण लोगों की जिंदगी की छवियाँ भी नागमती-वियोग में हैं। किन्तु जायसी में जो यह सब कुछ है वह लोक तत्त्व (Folk elements) है, जिसे लोक धर्म कहकर हमने ऊपर व्याख्यायित किया है, यह वह नहीं है। पद्मावत में जहाँ रतनसेन और नागमती-पद्मावती हैं, वहाँ अलाउद्दीन भी है, उनकी चित्तौड़ विजय भी है। रूप लोभ के तहत खिलजी चित्तौड़ पर हमला करके उसे जीतता है—किन्तु जिसे हिन्दू-मुस्लिम संस्कृति का टकराव कहेंगे, ऐसा कोई टकराव भी यहाँ नहीं है—कम से कम उसका चित्रण जायसी को साध्य नहीं है। वे अलाउद्दीन को 'माया' कहते हैं—तथा बहुत कुछ असम्पृक्त और तटस्थ भाव से उसकी चित्तौड़ विजय को चित्रित करते हैं। हमने उनकी सेक्यूलर मानसिकता को भी अपने निबंध में सराहा है।

वस्तुतः जायसी में यदि लोकधर्म का स्वरूप हमें ढूँढ़ना और पाना ही हो तो उसे हम उनकी उस संत-सूफी मानसिकता में पा सकते हैं जहाँ वे धर्म से परे प्रेम के दृढ़ सूत्र में मनुष्यता को पिरोने की बात करते हैं और इस प्रेम तत्त्व की सबसे बड़ी पूँजी मनुष्य के सबसे बड़े पुरुषार्थ के रूप में रेखांकित करते हैं। जायसी पर अपने निबंध में हमने उनकी इस प्रेम सम्बन्धी विचारणा की चर्चा की है। उनके विचार से यह प्रेम ही मनुष्य को ईश्वर तक ले जा सकता है—उन्हें आपस में बाँधता है। 'मानुष प्रेम भयेउ बैकुण्ठी' उनकी प्रसिद्ध उक्ति है। प्रेम तत्त्व की विराटता, उसकी पवित्रता तथा जीवन में उसकी आवश्यकता

पर बराबर उनका बल रहा है। इंसानियत उनका भी साध्य है। सत्कर्म और सात्विक अंतःकरण तथा मन पर उनकी भी आस्था है, शैतानियत की वे भी बहुत भर्त्सना करते हैं, माया को प्रपंच मानते हैं। चित्तौड़-विजय के उपरांत अलाउद्दीन खिलजी को वे उसकी औकात बता देते हैं जब पद्मावती के बजाय उसे उसकी राख मिलती है। शांत रस में उनके काव्य का पर्यावसान होता है। तमाम सारे प्रचलित लोक-विश्वासों और कथा रूढ़ियों को चित्रित करते हुए भी उनका सारा बल प्रेम और इंसानी रिश्ते की इसी प्रेम पर टिकी छवि पर रहा है। उनके लोक धर्म का यह रूप उन्हें कबीर जैसे संतों से जोड़ता है और उन्हें एक सूफी संत की गरिमा प्रदान करता है।

कुछ चर्चा अब सगुण भक्त कवियों की करें—विशेषतः सूर-तुलसी और मीरा की।

वल्लाभाचार्य ने भले सूर को अपने संप्रदाय में दीक्षित किया हो, वल्लभाचार्य भले म्लेच्छाक्रान्त धरती में कृष्ण के आश्रय में ही भक्ति की कल्पना कर रहे हों, जब सूर से उन्होंने लीला-गायन करने को कहा, तो जैसा कि हम सूर से सम्बन्धित अपनी पिछली चर्चा में कह चुके हैं, सूर ने जो लीला गाई उसमें संप्रदाय और विचार कहीं गहरे हों तो हों, उन्होंने मनुष्य-मात्र को उस गायन की लपेट में ले लिया है। सूर में भी कोई सामाजिक मिशन हमें नहीं दिखाई पड़ता जैसा कि तुलसी के सामने वह था। उनकी लीला-गायकी ने संतृप्त समाज का रंजन किया हो यह और बात है—और रंजन तो उसने किया ही, किन्तु सूर ऐसे किसी लक्ष्य को सतह पर सूचित नहीं करते। वे कृष्ण के अनन्य भक्त हैं—उन्होंने कृष्ण के लीला रस में डूब कर गायकी की है। जाति से वे भी ब्राह्मण थे—संस्कार भी उन्हें वंश-परंपरा से मिले थे, किंतु उनके लीला गायन का जो स्वरूप है, उसकी जो सीमा है, उसमें जो प्रसंग उन्होंने उठाया है, वे उन्हें इतना अवकाश या (space) नहीं देते कि उनके अंतर्गत ब्राह्मण वंश में उत्पन्न होने के नाते प्राप्त संस्कार तथा सोच की अभिव्यक्ति हो सके। इन लीला प्रसंगों में वे इन्हें लाना भी चाहते तो वे आरोपित लगते या तब सूर सही अर्थों में सूर नहीं होते। अतएव अपनी विषय-वस्तु के नाते वे तमाम सारे सामाजिक-धार्मिक, आचार-व्यवहारों, मान्यताओं और विचारों की परंपरागत आर्य शास्त्रानुमोदित व्यवस्था के चित्रण से बच गए हैं।

वल्लभाचार्य की अपनी विचारणा ही प्रेम को सबसे बड़ा पुरुषार्थ मानने की रही है, सो यह प्रेम तत्त्व अपनी पूरी शक्ति और ऊर्जा के साथ सूर के यहाँ विद्यमान है। इस प्रेम तत्त्व और इस लीला गायन में चूंकि दूसरी तमाम

चीजें नहीं आ पाई हैं—और उसका स्वरूप ऐसा है कि हिंदू-मुसलमान सब उसमें डूबे-उतराए हैं। मुसलमान कृष्ण-भक्तों की अच्छी-खासी परंपरा हिन्दी में है। वात्सल्य और शृंगार के क्षेत्रों में हर कोई विचरण कर सकता है। सूर ने उन्हें इस प्रकार सँजोया है कि वर्ग-वर्ण, धर्म, जाति, नस्ल, संप्रदाय, सबसे परे उनमें सबके लिए रमने का अवकाश है। अतएव सूर के यहाँ भी सबसे बड़ा लोक धर्म यदि कुछ है तो वह प्रेम है। कृष्ण के लोकरक्षक रूप की झांकियाँ बीच-बीच में उन्होंने दी हैं परंतु उनकी वृत्ति लीलागायन में ही रमी है। ब्रज की लोक-संस्कृति पूरी ऊर्जा और उठान में उनके यहाँ है किंतु हम फिर कहेंगे कि यह लोक तत्त्व की चीज है। लोक धर्म सूर के लिए प्रेम ही है—और जब वे इस प्रेम का चित्रण करते है, लीलाओं में डूबते हैं तो जिसे शुक्ल जी ने लोक धर्म कहा है, सामाजिक मर्यादा कहा है, वे सब इस प्रेम और इन प्रेम लीलाओं के प्रवाह में तिनके के समान ऊब-डूब करते दिखाई पड़ते हैं। जब ईश्वर की परिकल्पना ही शिशु के रूप में हो तो शिशु के मन में भेद-बुद्धि कहाँ—स्पृश्य-अस्पृश्य सब कुछ उसके लिए समान हैं और उसकी लीलाओं में सबके रमने के लिए भरा-पूरा अवकाश है।

प्रेम के इसी सात्विक माहौल में गोपियों और कृष्ण की लीलाएँ हैं, महारस है, गोचारण है, चीर-हरण—सब कुछ तो है। परंपरागत तमाम सारी सामाजिक—धार्मिक मर्यादा यहाँ नगण्य होकर रह गई है। शुक्ल जी कबीर पर परोक्ष व्यंग्य करते हैं कि अनधिकारी होकर भी वे वेद-शास्त्र की निंदा करते हैं, पंडितों-ज्ञानियों की आलोचना करते हैं। सूर तो ब्राह्मण कुल के थे, कबीर जैसे पोथी ज्ञान से वंचित भी नहीं थे किंतु उनके द्वारा रची-सिरजी उनकी गोपियाँ अपढ़ ग्रामीणाएँ कैसे उद्धव जैसे ब्रह्मज्ञानी का मखौल उड़ाती हैं, उन्हें हैरान करती हैं और निर्गुण ब्रह्म के समक्ष प्रश्न चिह्न लगाती हैं। यही नहीं महारास के अवसर पर, वंशी की ध्वनि सुनते ही पारिवारिक मर्यादा, लोक-लाज, घूँघट-पट सबका तिरस्कार करते हुए रात-रात भर कृष्ण के साथ यमुना किनारे नृत्य करती हैं—और यही शुक्ल जी भावातिरेक में,पूर्वाग्रहों से मुक्त इस प्रेम को, नारी-पुरुष के बीच के इस स्वच्छ प्रेम को जीवन-महोत्सव कहते हैं। कहने का तात्पर्य यह कि लोक धर्म का रूप वहीं नहीं है जो तुलसीदास के यहाँ है, या जिसे शुक्ल जी ने लोक धर्म कहकर विज्ञापित किया है। लोक की हित-चिंता, लोक का मंगल वही नहीं है जो शुक्ल जी द्वारा परिकल्पित है, वह वैसा भी हो सकता है जिसकी परिकल्पना कबीर ने की थी। आर्य शास्त्रानुमोदित धर्म और समाज व्यवस्था से ही लोक का मंगल है—यह किसी की मान्यता हो सकती है सबकी नहीं। उनसे मुक्ति में ही लोक

का कल्याण होगा......यह विचारणा भी बराबर रही है—बुद्ध, महावीर आदि ऐसा ही कहते थे। अतएव लोक धर्म का कोई बना-बनाया सनातन साँचा नहीं हो सकता। समय और स्थितियों के संदर्भ में उसका रूप अलग-अलग भी हो सकता है और उनसे सम्बन्धित सोच भी भिन्न-भिन्न हो सकती है। नारियाँ गृहिणी बनकर पुरुष के अनुशासन में घर की चारदीवारी के भीतर रहें—शास्त्र इसकी व्यवस्था देते हैं। किसी के लिए लोक धर्म यह है तो किसी का लोक धर्म नारी-पुरुष के समतुल्य प्रेम सम्बन्धों में, उनकी समकक्षता में, नारी के स्वतंत्र व्यक्तित्व में, नारी मुक्ति में ही चरितार्थ हो सकता है। हमने सूर पर लिखे अपने निबंध में गोपियों की इस प्रेम-लीला को नारी-मुक्ति से, सामंती चौखटों से नारी-मुक्ति से जोड़ा है और सूर को इसका श्रेय दिया है कि वे नारी मुक्ति की, उस युग में ऐसी परिकल्पना कर सके। यही सूर का बड़प्पन है। प्रेम तत्त्व यहाँ भी लोकधर्म की खरी पहचान के रूप में कबीर और जायसी की तरह विद्यमान है। जो लोकधर्म सूर के यहाँ है वही अधिक उदग्र रूप में मीरा के यहाँ है। ''मीरा हरि के हाथ बिकानी, लोग कहैं बिगरी'' यर 'संतन ढिग बैठि-बैठि लोक लाज खोई'—मीरा की ये तथा इन जैसी तमाम उक्तियाँ—लोक धर्म के उन रखवालों के लिए, जिनके लिए परम्परागत धर्म और शास्त्र ही प्रमाण हैं—मीरा को लोक विरोधी घोषित करने के लिए पर्याप्त हैं। आखिर कबीर भी तो इसी नाते लोक विरोधी माने गए हैं। अब कोई मीरा से पूछे या मीरा का जो आत्म निवेदन है, उसके साक्ष्य पर बताए कि लोक धर्म क्या होता है, या लोक धर्म किसे कहते हैं।

भक्ति -आन्दोलन ने भक्ति के धरातल पर ही सही, नारी और शूद्रों को भी अन्यों की भाँति भक्ति के क्षेत्र में बराबरी के हक के साथ आने का आमंत्रण दिया, उन्हें उकसाया और प्रेरित किया। इसका प्रभाव शूद्रों तथा नारियों की सामाजिक स्थिति पर भी पड़ा। सामंती चौखटों में घुटती-तड़पती नारी उन चौखटों को तोड़ने के लिए कसमसा उठी। भक्ति में उसे यह आधार मिला या भक्ति ने उसे यह आधार प्रदान किया और इसकी उदाहरण हैं—मीरा, राजवंश की, प्रसिद्ध राजवंश की वधू मीरा, राजमहलों को ठुकरा कर जो बाहर आ गई— और फिर कभी महलों में नहीं लौटीं।

प्रेम तत्त्व मीरा के काव्य का भी प्राण तत्त्व है। यह प्रेम कृष्ण के प्रति है या किसी के भी प्रति—जिसके विषय में बात उठाई गई है, यह नारी का सच्चा प्रेम है जिसमें अनन्यता है, त्याग है, समर्पण है, अप्रतिहत निष्ठा है। यह प्रेम सबसे बड़ी शक्ति है उस नारी की जो धर्म, वेद, शास्त्र, कुल-कानि, लोक-समाज सबसे हटकर उनके द्वारा लगाए गए बंधनों को छिन्न-भिन्न कर

अपने प्रणय को अंजाम देना चाहती है। मीरा ने यही किया। मीरा पर अपने संक्षिप्त निबंध में हम कह चुके हैं कि जिसे समाज या शुक्ल जी की भाषा में लोक कहते हैं उसने, परिवार-जनों ने, मीरा पर कौन-कौन से कहर नहीं ढाये, क्या क्या उन्हें नहीं भोगना पड़ा। अंततः वे महलों से निकलकर बाहर आयीं, साधु-संतों की संगति में उन्हें संतोष मिला। जिस कृष्ण के लिए, जिस प्रियतम के लिए घर से निकली थीं, जिसके नाते तमाम कुछ भोगा और सहा था, उसी के लिए दर-दर भटकते हुए अंततः उसी में समा गईं

मीरा का साहित्य लें तो लोक धर्म के कौन से प्रतिमान बनेंगे? जिसे लोकधर्म कहकर विज्ञापित किया जाता है, उसके चौखटे में मीरा नहीं आतीं। हम कह चुके हैं कि उनका आचरण लोक-विरोधी आचरण माना जायगा। पर क्या वह सचमुच लोक विरोधी आचरण है? अतएव लोक धर्म को किसी सनातन साँचे में अथवा एक ही सांचे में नहीं बाँधा जा सकता, इस बात को हम पुनः रेखांकित करना चाहते हैं।

लोक धर्म का एक रूप तुलसीदास में भी है, जिनकी रचना का दायरा समूचे मानव जीवन तक, समूचे समाज तक व्याप्त है और जिनका आविर्भाव सामाजिक संक्रांति के एक खास दौर में हुआ था। गोस्वामी जी पंडित थे, ज्ञानी थे और सच्चे भक्त थे। उन्हें अपनी परंपरा से बहुत कुछ मिला था—या कहें परंपरा से उन्होंने बहुत कुछ अर्जित किया था। वे दृष्टा भी थे, चिंतक और विचारक भी थे। अपने समय के समाज से उनकी असहमति ही उनकी रामराज्य की परिकल्पना के रूप में सामने आई है। जो कुछ परंपरा से उन्हें मिला था, जो कुछ उनकी सामाजिक और धार्मिक सोच थी, भक्ति की उनकी जो परिकल्पना थी, उनके संदर्भ में वे अपने समय के समाज को देख रहे थे—उसकी गतिविधि से विक्षुब्ध थे और उसे अपनी परिकल्पना की सामाजिक, धार्मिक, आध्यात्मिक व्यवस्था देने के आकांक्षी थे। शील-शक्ति और सौंदर्य, ईश्वरीय विभूति के तीनों पक्षों पर ध्यान केन्द्रित करते हुए उन्हें राम का चरित्र ही ऐसा मिला जिनमें इनका संपुंजन था। राम के चरित्र को केन्द्र में रखकर उन्होंने अपनी उपर्युक्त सोच को व्यावहारिक रूप देने के हेतु 'मानस' तथा अन्य ग्रंथों की रचना की और अपनी रचना सामर्थ्य तथा बड़े लक्ष्य के तहत युगांतरकारी व्यक्तित्व, भक्त तथा कवि के रूप में सराहे पहचाने गए।

गोस्वामी तुलसीदास से सम्बन्धित अपनी पिछली चर्चाओं में हम बता चुके हैं कि उनके यहाँ अंतर्विरोध है तो उस भूमि पर जहाँ वे समाज द्रष्टा, परम्परागत वेद शास्त्रों के प्रति निष्ठावान, वेद शास्त्र विहित सामाजिक एवं धार्मिक आचार-संहिता के, मर्यादा के प्रवक्ता, अपने अर्जित तथा वंश-परंपरा

से प्राप्त संस्कारों के तहत एक मिशनरी समाज-द्रष्टा के रूप में सामने आते हैं और जहाँ वे महज एक आर्त्त भक्त हैं, भक्ति-आंदोलन की उदात्त चेतना के संवाहक, एक संवेदनशील कवि एवं सहृदय मनुष्य हैं। तुलसी के इन दोनों व्यक्तित्वों का अंतर्विरोध उनके काव्य में बराबर दिखाई पड़ता है। शुक्ल जी तुलसी के माध्यम से जिस लोक धर्म की प्रतिष्ठा देखते हैं और जिसे वे वास्तविक तथा आदर्श लोक धर्म कहते हैं, उसका सम्बन्ध तुलसीदास के पहले रूप से अधिक है। दूसरे धरातल पर वे उसके विपरीत भी जाते हैं और जैसा हम कह चुके हैं—भक्ति को ही सबसे बड़ा मानते हैं, वह किसी के द्वारा की गई हो—

मोरे मन अति दृढ़ विश्वासा।
राम से अधिक राम कर दासा।।

भक्त को भगवान से भी श्रेष्ठ मानना गोस्वामी जी के इसी दूसरे व्यक्तित्व की पहल है। पहले वाले रूप में तो वे शुक्ल जी के द्वारा जैसे विवेचित-विज्ञापित हैं—लोक संग्रही समन्वयकर्ता, समाज संस्कारक, वेद-शास्त्र विहित सामाजिक धार्मिक मान्यताओं के प्रतिष्ठाता, दुष्टों के दलनकर्ता तथा धर्म की संस्थापना करने वाले अवतारी रूप के उपासक आदि हैं। अपने इस रूप में भी गोस्वामी जी एकदम वही नहीं हैं जैसा परम्परागत आस्थाओं के तहत उसके जड़ प्रतिपादक उनसे चाहते थे। इसी नाते अपने समय में गोस्वामी जी को भी कट्टर पंडितों का विरोध सहना पड़ा था— 'धूत कहौ, अवधूत कहौं'—जैसी झुंझलाहट भरी उक्ति कहनी पड़ी थी। गोस्वामी जी अपने तईं परंपरागत व्यवस्था को, अपनी भक्ति के दबाव में कुछ उदार भी बनाते हैं, उसे अधिकाधिक मानवीय बनाना चाहते हैं किंतु एक सीमा के भीतर। उनके रामराज्य में चारों वर्ण सुखी हैं कोई भी विषमता नहीं है, किंतु हैं चारों वर्ण। वे वर्ण-व्यवस्था को अपने ढंग से नई मर्यादा, नया स्वरूप देना चाहते हैं। यही काम शुक्ल जी भी करते हैं, किन्तु वर्ण-व्यवस्था की समाप्ति, चली आ रही सामाजिक संरचना की बुनियाद को मिटा देने के पक्ष में वे कतई नहीं हैं। वे सुधारक हैं, सुधार चाहते हैं—इससे आगे और कुछ नहीं। अतएव स्वाभाविक है कि अपने सामाजिक सरोकारों के चलते और अपने महत लक्ष्य के चलते लोक धर्म का जो रूप उन्होंने उभारा है उसका मेल संतों से या औरों से न बैठे। यही हुआ भी है। गोस्वामी जी अपने ढंग से बड़े हैं—उनके कवित्व में बड़प्पन है, उनकी समाज-चिंता, उनकी लोक-चिंता का दायरा बड़ा है,उनकी सूझबूझ बड़ी है। लोक के साथ शास्त्र का समन्वय कर, दोनों की शक्ति को पहचानते हुए उन्होंने जो कुछ रचा और कहा, समाज के एक बड़े

भाग पर, साधारणजन तक पर भी उसका गहरा और स्थायी प्रभाव है। लोक चित्त की उनकी पहचान अनूठी थी—इसी नाते लोक में उन्हें मान्यता मिली। उनके महत्त्व का अवमूल्यन नहीं हो सकता।

हम जो कहना चाहते हैं, वह यह कि गोस्वामी जी के बड़प्पन को, उनके महत्त्व को हमें उनके अपने अंतर्विरोधों के बीच से, उन्हें नजरंदाज न करते हुए ही पहचानने और प्रतिपादित करने की जरूरत है। एकायामी रूप में उन्हें बड़ा साबित करना या विचार के धरातल पर संतों या दूसरों से कमजोर और प्रतिगामी बताना सही नहीं है। उनकी सोच और संवेदना को, उनके समूचे कृतित्व को, उनकी विविध भूमिकाओं को समग्रता में लेकर उन पर रायजनी करना ज्यादा सही होगा। गोस्वामी जी एक भक्त भी हैं—बचपन में दरिद्रता को, गहरी दरिद्रता को भोगने वाले, अभावों की यातना से गुजरने वाले, साधारण जन के कष्टों से द्रवित होने वाले, उनका यह रूप उनके अन्य रूपों से किसी प्रकार भी कमतर नहीं है। विनयपत्रिका, कवितावली, हनुमानबाहुक जैसी रचनाओं में वे हमें भीतर तक प्रभावित करते हैं। वे अकाल पर लिखते हैं—द्ररिद्रता रूपी रावण से मुक्ति की याचना अपने राम से करते हैं, मनुष्य के भावजगत में गहरे उतरते हैं, उसे कर्मठता का संदेश देते हैं। गोस्वामी जी यहाँ भी हैं। उनके लोक धर्म में वह सब भी शामिल है जो उन्हें अपने समान धर्माओं से जोड़ता है। उनके लोक धर्म में ऐसा भी बहुत कुछ है जो उन्हें उनसे अलग करता है। हमें इन दोनों स्थितियों के बीच से उनके लोक धर्म का सही आकलन करना चाहिए।

समग्रतः भक्तिकाव्य में लोक धर्म की यही वैविध्यपूर्ण छवि है। जैसा हमने कहा कि भक्तिकाव्य में लोक धर्म किसी एक साँचे में ढला लोक धर्म नहीं है। संतों तथा भक्तों ने उसे अपने-अपने अनुभवों, सोच तथा नीतियों के तहत उभारा है। एक बात जो विश्वास के साथ कही जा सकती है, वह यह कि अपनी संवेदना तथा सोच के सबसे उदात्त क्षणों में वे एक स्वर से प्रेम की, मानव-प्रेम की, सच्चे प्रेम की बात करते हैं, लोक के कष्टों से द्रवित होते हैं और उनसे लोक की मुक्ति के लिए ही अपने-अपने आराध्यों के समक्ष नत होते हैं। भक्ति के धरातल पर, संसार के सारे कर्तव्यों को संपादित करते हुए, संसार से प्रेम करते हुए सच्चे अंतःकरण से वे आराध्य के प्रति अहेतुक, निस्वार्थ भक्ति के हामी हैं। उनका मानना है कि जिस समाज में मानव प्रेम तथा भक्ति का यह रूप विद्यमान होगा वह समाज उन्नत होगा। इसी उन्नत समाज की परिकल्पना उन्होंने की है और इसे अपने-अपने ढंग से प्रतिपादित किया है।

19
सामाजिक-सांस्कृतिक प्रदेय

भक्ति-आन्दोलन और भक्तिकाव्य की अपनी अब तक की चर्चा में हम जिस बात को बराबर रेखांकित करते आए हैं, और जो वस्तुतः हमारी चर्चा का केन्द्रीय स्वर बनी है, वह यह कि भक्तिकाव्य, धर्म और भक्ति की केन्द्रीयता के बावजूद महज पूजा-पाठ, ध्यान-उपासना और उनके माध्यम से इस लोक के दुःखों से मोक्ष पाते हुए परलोक में सुख भोगने का संदेश और प्रेरणा देने वाला काव्य नहीं है, धर्म और भक्ति के आवरण में वह सामाजिक अन्याय के विरोध में और मानवीय न्याय के पक्ष में, एक उन्नत मानवीय समाज और एक उन्नत मूल्य-व्यवस्था के पक्ष में खड़ा होने वाला और उसके लिए संघर्ष करने वाला काव्य है। ऐसा नहीं है,जैसा कि प्रायः ऊपरी तौर पर समझ लिया जाता है कि सामाजिक अन्याय के विरोध में, और मानवीय न्याय के पक्ष में, निर्गुण संतों के स्वर ज्यादा मुखर हैं और उनमें अधिक ऊष्मा है, जब कि सगुण भक्ति की कविता में परंपरागत सामाजिक संरचना का प्रायः समर्थन हुआ है, और उसमें चली आ रही सामाजिक सोच को भी थोड़े-बहुत संशोधनों के साथ प्रायः स्वीकार किया गया है। वस्तुतः भक्ति और अध्यात्म की जमीन पर निर्गुण और सगुण कविता में आलंबन के निर्गुण और सगुण होने के बावजूद लगभग समानता ही है। अंतर दिखाई पड़ता है जब ये भक्त-कवि अपने समय और समाज पर दृष्टि डालते हैं, उनका चित्रण करते हैं और उन पर अपनी राय देते हैं। यहाँ जरूर ऐसा लगता है कि सगुण भक्तों की तुलना में निर्गुण संतों की सामाजिक सोच अधिक प्रगतिशील है, और सामाजिक अन्याय या चली जा रही सामाजिक संरचना की अमानवीयता के विरोध में वे ज्यादा मुखर और चिन्तनशील हैं, परन्तु इस निर्णय पर पहुँचने के पहले हमें निर्गुण संतों और सगुण भक्तों की रचनाशीलता से समग्रता में साक्षात्कार करने की, उसे ऊपर-ऊपर ही नहीं, भीतर तक पढ़ने और गुनने की जरूरत है। लोक और

शास्त्र से अपने-अपने लगाव के चलते क्रमशः निर्गुण और सगुण कविता अपने-अपने ढंग से समृद्ध और सीमाबद्ध जरूर हुई है, बदलते हुए समय ने भी उन पर अपने निशान लगाए हैं। निर्गुण और सगुण भक्तों का समाज दर्शन एक जैसा जरूर नहीं है, परन्तु जैसा हमने कहा, बावजूद इसके, सामाजिक चिन्ता में, अपने मानवीय सरोकारों में सगुण भक्त निर्गुण संतों से एकदम अलग-थलग नहीं हैं। कविता महज विचार ही नहीं होती, मनुष्य का इंद्रिय बोध और उसका भावजगत भी उसका अभिन्न अंग होते हैं, वरन् इन्हीं भूमियों पर कविता सही मायने में कविता बनती है, और संवेदना के धरातल पर अपनी स्थायी पहचान बनाती है। जैसा कि हम आगे देखेंगे, विचार के स्तर पर सगुण भक्तों ने जो भी कहा और प्रतिपादित किया हो, भावबोध के धरातल पर, संवेदना के धरातल पर, चित्रण के धरातल पर वे, विचार के स्तर पर अपने कहे हुए से भिन्न, मानव-प्रेम, सामाजिक न्याय तथा उन मूल्यों को ही सामने लाते हैं जो निर्गुण भक्तों का प्रतिपाद्य हैं। जरूरत इसीलिए सगुण और निर्गुण कविता को उसकी समग्रता में, भीतर तक थाहने और पहचानने की है। इसी क्रम में इन भक्तों और संतों के अंतर्विरोध भी हमारे सामने आते हैं, उनकी शक्ति और सीमा हमारे सामने उद्घाटित होती है। अगली पंक्तियों में हमारा लक्ष्य अंतर्विरोधों के बावजूद, और उनके बीच से, यह बताना होगा कि अपनी-अपनी जमीन, अपनी-अपनी शक्ति और सीमाओं के होते हुए भी सामान्यतः अपने समय के लिए, और हमारे समय के लिए भी, भक्ति कविता का, सगुण ओर निर्गुण भक्ति कविता का महत्त्वपूर्ण सामाजिक सांस्कृतिक प्रदेय क्या है? भक्तिकाव्य की ये सामाजिक-सांस्कृतिक उपलब्धियाँ इन भक्तों और संतों के, अपने समय और समाज से किए गए साक्षात्कार के क्रम में, उनमें इनके द्वारा किए गए हस्तक्षेप के क्रम में, और इनके अपने गहरे रचनात्मक आत्मसंघर्ष के क्रम में, सामने आई हैं। इन उपलब्धियों के पीछे गहरी और कठोर साधना का एक जीवंत इतिहास है, उसकी अपनी सफलताएँ-असफलताएँ, असंगतियाँ और अंतर्विरोध हैं। कुल मिलाकर, वे हमारी मूल्यवान विरासत हैं। आइए, अपनी इस विरासत का हम खुले मन से जायजा लें।

भक्ति काल और भक्तिकाव्य की चर्चा करने वाले सभी विद्वानों ने उस युग को सामाजिक और सांस्कृतिक संक्रांति का युग माना है जिस युग में निर्गुण संत और सगुण भक्तों की वाणी मुखर हुई और जिसे भक्तिकाव्य कहा जाता है, उसका उद्भव संभव हुआ। इस संक्रांति का मुख्य कारण भारत के सामाजिक-सांस्कृतिक जीवन में इस्लामी धर्ममत का आगमन और प्रसार था।

इस बात को लेकर आचार्यों में भले मतभेद हो कि भक्तिकाव्य के आविर्भाव के मूल में इस्लाम का क्या और कैसा प्रभाव है, जहाँ तक चले आ रहे भारतीय समाज का सवाल है यह सब स्वीकार करते हैं कि इस्लाम के आगमन ने उसे एक गहरा धक्का दिया? विभिन्न धार्मिक संप्रदायों में बँटे हुए विद्यमान भारतीय समाज को एक व्यापक हिन्दू धर्ममत के तले एकजुट होने के लिए विवश होना पड़ा। इस्लाम की ओर से आई सामाजिक-सांस्कृतिक चुनौती को इसी प्रकार झेला जा सकता था और उसका प्रतिकार किया जा सकता था। विशृंखलित होती हुई समाज-व्यवस्था पर भी ध्यान दिया गया और रास्तों की खोज के प्रयास हुए जो भक्ति और अध्यात्म के संदर्भ में जनता के एक बड़े भाग को, बिना किसी भेदभाव के आकर्षित करने और समेटने में सक्षम हों। सामाजिक स्तर पर भेदभाव-विहीन सामाजिक संरचना का सवाल जटिल होने के नाते भले ही विचारणीय न बन पाया हो, परन्तु धर्म तथा भक्ति के अगुवा लोगों ने, आचार्यों और धर्माचार्यों ने कम से कम भक्ति के धरातल पर मनुष्य और मनुष्य में भेद न करने की बात को जरूर उठाया, और युग की अपनी विशेष स्थिति के संदर्भ में वे इस अभियान में बहुत कुछ सफल भी हुए। उनकी इस सफलता को निर्गुण संतों की रचनाशीलता और सोच में लक्ष्य भी किया जा सकता है। निर्गुण संत कविता को अपनी आत्मीयता के दायरे में उसकी पूरी ऊष्मा तथा प्रभाव के साथ स्वीकार न करने वाले आचार्य शुक्ल भी इस बात को स्वीकार करते हैं कि "कालदर्शी भक्त कवि जनता के हृदय को संभालने और लीन रखने के लिए दबी हुई भक्ति को जगाने लगे। क्रमशः भक्ति का प्रवाह ऐसा विस्तृत और प्रबल होता गया कि उसकी लपेट में केवल हिन्दू जनता ही नहीं, देश में बसने वाले सहृदय मुसलमानों में से भी न जाने कितने आ गए। प्रेम-स्वरूप ईश्वर को सामने लाकर भक्त कवियों ने हिन्दुओं और मुसलमानों, दोनों को मनुष्य के सामान्य रूप में दिखाया और भेदभाव के दृश्यों को हटाकर पीछे कर दिया।"—हिन्दी साहित्य का इतिहास, पृष्ठ 65 ।

शुक्ल जी ने यह बात मुख्यतः निर्गुण भक्ति की कविता को लक्ष्य करके लिखी है, और इस क्रम में नामदेव और कबीर जैसे संतों का जिक्र विशेष रूप से किया है। हम कह चुके हैं कि निर्गुण संत-कविता से आत्मीय न होते हुए भी उन्होंने उक्त संदर्भ में और उक्त लक्ष्य के तहत, उसके आविर्भाव को उस युग की एक महत्त्वपूर्ण सांस्कृतिक-सामाजिक जरूरत और उपलब्धि के रूप में स्वीकार किया है। यह निर्गुण कविता अनेक कारणों के चलते कालांतर में पंथबद्ध होकर निष्प्रभावी भले बन गई हो, उसकी और जो भी असंगतियाँ और सीमाएँ हों, तत्कालीन सामाजिक-सांस्कृतिक क्षितिज में उसका आविर्भाव

और उसमें नानक, दादू, कबीर, नामदेव, रैदास जैसे संतों का योगदान एक बड़ी सामाजिक-सांस्कृतिक उपलब्धि है, इसे अस्वीकार नहीं किया जा सकता। उपलब्धि, और बड़ी उपलब्धि, वह इसलिए है कि भले ही धर्म और भक्ति के क्षेत्र में ही सही, किन्तु सामाजिक जीवन के बीच पहली बार वर्ग, वर्ण, जाति, नस्ल, धर्म और संप्रदाय के भेदों तथा बंधनों को अमान्य करते हुए मानव-हृदय के एकात्म तथा भक्ति के संदर्भ में मानव-मात्र की समानता को रेखांकित किया गया। यह काम भले ही भक्ति और ईश्वरोपासना के सीमित क्षेत्र में हुआ हो, इसका प्रभाव भेदभाव बरतने वाली चली आ रही सामाजिक संरचना और उस संरचना को उचित ठहराने वाली सोच पर भी पड़ा, उस साधारण जनता पर पड़ा जो सामाजिक भेदभाव का शिकार बनती हुई सदियों से एक अमानवीय जिन्दगी जीने के लिए अभिशप्त थी। स्मरण रहे, हिन्दू-मुस्लिम एकता इन संतों का लक्ष्य नहीं था वरन् भक्ति का एक ऐसा मार्ग निकालना, उसका ऐसा संदेश देना इनका लक्ष्य था, जिस पर किसी भी प्रकार की भेद-बुद्धि से रहित मनुष्य सात्विक अंतःकरण और मन से चल सके, उसे बिना किसी हिचक के सुन और सहेज सके। हम कह चुके हैं, सदियों से पीड़ित और कुचली हुई एक विशाल मनुष्यता ने इस रास्ते को अपनाया और इस संदेश को सुना। पहली बार उनमें आत्मगौरव की, मनुष्य होने की भावना जागी। अपने ढंग से ही सही, और अपनी बात को विशद न करते हुए भी, कबीर पर अपने सारे आलोचनात्मक तेवर के बावजूद शुक्ल जी इस बात को स्वीकार करते हैं कि उन्होंने एक नाजुक मौके पर जनता के एक बड़े भाग को संभाला और नीची कही जाने वाली जातियों के मन में आत्मगौरव का भाव जगाया। इन संतों ने विशेषतः नानक और कबीर ने चली, आ रही सामाजिक संरचना की, उसके प्रभुओं और मसीहाओं की, उसकी अमानवीयता की, धर्म और मजहब के नाम पर कर्मकाण्डों की, पूजा-पाठ, आराधना और उपासना के खोखले तौर-तरीकों की, वे किसी भी धर्म और मजहब के हों, जम कर भर्त्सना की है, उनकी मखौल उड़ाई है, परन्तु इससे इनकी वाणी को विध्वंसक करार देना, इन्हें लोक-विरोधी या समाज-विरोधी मान लेना, सही नहीं है। यह गलती आचार्य शुक्ल से हुई है। वस्तुतः इस सारी आलोचना की बुनियाद पर ही एक मानवधर्म और एक मानव संस्कृति की वह इमारत खड़ी हुई है, मनुष्य सत्य का वह आदर्श स्थित है जिसकी बड़े संजीदा और बड़े सात्विक-निर्मल मन से इन संतों ने परिकल्पना की थी, और जिसके लिए वे आजीवन संघर्षरत रहे। हमने कहीं कहा है, ये बड़ी कोमल संवेदनाओं के, मानवीय करुणा की बड़ी तरल अनुभूतियों के, संत हैं। मनुष्यता के दुख-दर्दों

से द्रवीभूत होकर ही इनकी वाणी मुखर हुई है। यदि वह कहीं कठोर और आक्रामक है तो अमानवीय इरादों के खिलाफ ही, जिन्हें इनकी प्रशस्त मानवीयता किसी सूरत में सहन नहीं कर सकी है। निर्गुण संतों की यह वाणी उस युग के वृहत सामाजिक अन्याय और धार्मिक पाखंड के बीच गूँज सकी, सुनी जा सकी, उसका अनुगमन हो सका, उस युग की महत् उपलब्धि होने के साथ-साथ वह हमारी विरासत है। आज, नई सदी शताब्दी के इस आरंभिक चरण में समाज और धर्म की विनाशक शक्तियाँ एक बार फिर से हमारे सदियों के अर्जित उन्नत सामाजिक मूल्यों को क्षत-विक्षत करने पर उतारू हैं, धर्म को पुनः संकरी और संकीर्ण गलियों में ढकेला जा रहा है, उसे विरूप और विद्रूप किया जा रहा है, निर्गुण संतों की यह विरासत हमारी मार्गदर्शक ही नहीं, हमारा वह हथियार भी है जिसके बल पर हम इन समाज और धर्म की विघटनकारी शक्तियों से लोहा ले सकते हैं। कहना न होगा कि लंबे अंतराल के बाद ये संत आज हमारे लिए फिर से प्रासंगिक हो उठे हैं। प्रासंगिक वे पहले भी थे, परन्तु आज की स्थितियों ने उनकी प्रासंगिकता का न केवल गहरा अहसास हमें कराया है उसे सार्वकालिक भी बना दिया है।

ऊपर हमने नई सदी के आरंभिक चरण की बात की है। समय को यह वह बिन्दु है जिसे आज हम जी रहे हैं। समाज तथा धर्म को विरूप करने वाली, उसे संकीर्ण अर्थ देने वाली और उनके नाम पर मनुष्य के विनाश का समारोह मनाने वाली जिन शक्तियों का हवाला हमने दिया है, जिन चुनौतियों की बात हमने की है उनसे निपटने के लिए आज 'सेक्यूलरिज्म' के आदर्श की बात की जा रही है। यह 'सेक्यूलरिज्म' शब्द यूरोप के मध्ययुगीन पाखंडों का विरोध करते हुए सामने आया था। हमारे यहाँ इसका इस्तेमाल भ्रांत अर्थों में किया जा रहा है। या तो इसे धर्म-निरपेक्षता का पर्याय बताया जा रहा है या सर्व धर्म समभाव का। 'सेक्यूलर' शब्द अपनी 'स्पिरिट' में इन दोनों आशयों का प्रतिकार करता है। हमारे लिए सेक्यूलरिज्म का यदि कोई अर्थ हो सकता है तो वही हो सकता है जिसे हम उपर्युक्त संतों की वाणी तथा करनी में पा सकते हैं। वह अर्थ है, वर्ग, वर्ण, नस्ल, धर्म, जाति या संप्रदायगत भेद-बुद्धि से ऊपर उठकर मनुष्य को सिर्फ मनुष्य के रूप में देखना। इस मानुषसत्य के अलावा सेक्यूलरिज्म और कुछ नहीं है, और इस मानुष सत्य के समर्थ प्रतिनिधि हैं हमारे मध्यकाल के ये संत, जिनकी सही शिनाख्त उनकी मनुष्यता और केवल मनुष्यता है। ये 'ना हिन्दू ना मुसलमान हैं' और इसे वे डंके की चोट पर घोषित करते हैं। इन संतों का यह सेक्यूलर व्यक्तित्व और आचरण मिसाल है हमारे अपने समय के लिए, और उपलब्धि है उस मध्यकाल की,

जिसे आज की तथाकथित आधुनिकता के बरक्स हम प्रतिगामी कहते हैं। इसे विडंबना ही कहा जाएगा कि जो कबीर शताब्दियों पहले एक मानव संस्कृति और एक मनुष्य धर्म की बात करता है, सामाजिक, धार्मिक पाखण्डों और प्रपंचों के खिलाफ आवाज़ उठाता है, संघर्ष करता है, उसे हम मध्यकालीन कहते हैं और सामाजिक-धार्मिक भेद-भाव तथा उससे जुड़े तमाम सारे पाखण्डों का आचरण करने वाले, आज के तथाकथित धर्म और समाज के ठेकेदार महज इस नाते आधुनिक हैं कि वे समय के उस बिन्दु पर अपनी कारगुजारियाँ कर रहे हैं, जिसे आधुनिक समय कहा जाता है। ये मध्यकालीन संत हमें इस बात की प्रेरणा देते हैं, हमारे सामने इस बात की जरूरत को रेखांकित करते हैं कि मध्यकालीन बोध और आधुनिक बोध की पहचान समय के गति चक्र से न होकर विचारधारा, मूल्य-व्यवस्था और उनसे जुड़ी मानसिकता के आधार पर हो।

इस बिन्दु पर कुछ चर्चा हम सगुण भक्तिकाव्य की करना चाहेंगे जो विचार के स्तर पर परम्परागत सामाजिक सोच और सीमाओं का अतिक्रमण नहीं कर पाता, कृष्ण-भक्तिकाव्य से चलकर राम-भक्तिकाव्य में और भी रूढ़ हुआ दिखाई पड़ता है। इस स्थिति के अपने वस्तुगत कारणों का संकेत हम पीछे कर चुके हैं, विशेषतः तुलसीदास के प्रसंग में। पर हमारा यह कहना भी है कि सोच के धरातल पर भले ही सगुण भक्ति-कविता निर्गुण कविता की तुलना में अपने सामाजिक दुष्टिकोण में पिछड़ी हुई हो, संवेदना के धरातल पर वह मनुष्य और उसकी नियति के प्रति कम चिन्ताशील नहीं है। निर्गुण संतों के अपने अलग अंतर्विरोध हैं, जहाँ तक सगुण भक्तों का सवाल है, उनके अंतविर्रोध का स्वरूप यह है कि जहाँ और जब भी वे भक्ति-आन्दोलन की उदात्त मानवीय चेतना से एकतान हुए हैं वे निर्गुण संतों के समान ही मनुष्य सत्य का उद्घोष करते हैं, मनुष्य के प्रति होने वाले सामाजिक अन्याय का प्रतिवाद करते हैं और महज विचार के धरातल पर ही नहीं, चित्रण के धरातल पर भी अपनी इस उन्नत सोच को अभिव्यक्ति देते हैं, उन सामाजिक और मानवीय मूल्यों की हिमायत करते हैं जिनके पक्ष में निर्गुण संत खड़े हुए थे, किन्तु जब वे भक्ति-आन्दोलन की उदात्त चेतना से अलग उन संस्कारों से बंध जाते हैं जो परम्परा ने, समाज ने, उनकी वंश-परंपरा ने उन्हें दिए हैं, वे परंपरागत सामाजिक सोच के तहत उस व्यवस्था की हिमायत करते हैं जो शास्त्र-सम्मत है, वेद-विहित है। यह द्वन्द्व सगुण भक्त कवियों में, विशेषतः तुलसी में सबसे अधिक मुखर होकर सामने आता है। 'परहित' को सबसे बड़ा धर्म और 'परपीड़ा' को सबसे बड़ी 'अधमाई' कहने वाले तुलसी जब धर्म को

वेद और शास्त्र से जोड़ते हैं, परपीड़ा पर टिकी हुई परंपरागत समाज व्यवस्था की कुछ संशोधनों के साथ हिमायत करते हैं तो उनकी चेतना के ये दो स्तर साफ उभर आते हैं। फिर भी, तुलसीदास में ऐसा बहुत कुछ है, 'कवितावली' में 'विनयपत्रिका' में, 'हनुमान बाहुक' में और 'मानस' में भी, और सूरदास में तो बहुत उभरे हुए रूप में, जिसके आधार पर कहा जा सकता है कि कुल मिलाकार, समूचा भक्तिकाव्य प्रशस्त मानवीय सरोकारों का, गहरी मानवीय चिन्ता का, मानव करुणा का, काव्य है। सब कवियों की सामाजिक सोच एक जैसी भले न हो, उसका मूलवर्ती स्वर उदात्त है, वह मनुष्य के, सामाजिक न्याय के पक्ष का काव्य है।

इस भक्तिकाव्य की एक महत्त्वपूर्ण उपलब्धि इसका भाषा में रचा जाना है और इस नाते साधारण जन के साथ इसकी संपृक्ति है। पहली बार कविता जनता की भाषा में जन-मन को संबोधित होती है। जन-मन को संबोधित ही नहीं होती जन-मन को, जनता की अपनी आशाओं-आकांक्षाओं को, उनके जीवन में उतरकर, उसे भली-भांति पढ़ते और गुनते हुए, वाणी भी देती है। लोकजीवन के बीच, साधारण जन-मानस के बीच इस भक्ति काव्य की जो लोकप्रियता है उसका एक बड़ा कारण उसका लोक की अपनी भाषा में लिखा जाना है। लोक की अपनी भाषा में इसका लिखा जाना इस नाते भी महत्त्वपूर्ण है कि वह आगामी रचनाशीलता के लिए इस बात में एक मिसाल बनता है कि जनता की अपनी जबान में रची गई कविता ही जनता के दिल-दिमाग को जीत सकती है, बशर्ते वह उस जनता की आकांक्षाओं से जुड़ी हो। लोक जीवन तथा जनता से जुड़ने की बातें सब करते हैं, लोक के हृदय और जनता की अपनी बोली-बानी का प्रतिनिधि होने का दावा भी सब करते हैं, किन्तु लोक की अपनी बोली बानी में, लोक की अपनी आशाओं-अकांक्षाओं को, लोक हृदय में उतरकर, मूर्त्त, कितने कर पाते हैं, यह कहने की बात नहीं है। ये भक्त और संत मानक हैं आज की उस रचनाशीलता के लिए, और रचनाकारों के लिए, जो वस्तुतः साधारण जन के हित में प्रतिश्रुत हैं। जनता के दिल-दिमाग में गहरे उतरना और सदियों के अंतराल के बावजूद स्थायी बने रहना इन संतों और भक्तों की अपनी रचना की बहुत बड़ी उपलब्धि है। यह केवल धर्म और भक्ति का जादू या नशा ही नहीं है, जनमानस की उनकी गहरी पहचान और उससे उनका एकात्म है जिसके चलते अपनी बात को वे बिना किन्हीं चमत्कारों का सहारा लिए सरल, किन्तु प्रभावी ढंग से, कह सके हैं। उनके पाठकों का दायरा भी इतना बड़ा है कि शिक्षित-अशिक्षित, स्त्री-पुरुष, आबाल-वृद्ध सब उसमें आ गए हैं, अपने-अपने ढंग से, अपनी-अपनी

ग्राहकता के साथ, अपने-अपने प्रयोजनों को पाते हुए। उनकी वाणी भले ही भक्ति की हो, उनका साध्य भी भले ही भक्ति हो, वह जितनी ही भक्त-वाणी है, उतनी ही कविता, सरल किन्तु बेधक, गहन अनुभूतियों वाली और पारदर्शी। ऐसी कविता ही कालजयी कहलाती है। अपने समय के लिए तो वह महत्त्वपूर्ण होती ही है, आगे के समयों के लिए भी उतनी ही अर्थवान, उतनी ही प्रासंगिक होती है।

कुछ जायजा इस कविता का लिया जाय और देखा जाय कि वह क्योंकर हमारी इतनी महत्त्वपूर्ण सांस्कृतिक धरोहर है। हम कह चुके हैं कि कविता महज विचार नहीं होती, उसका संसार बुनियादी तौर पर इंद्रियबोध और भावों का संसार है। विचार इनकी संश्लिष्टता में ही कविता में आ सकते हैं। महान रचनाओं में तीनों तत्त्वों की संश्लिष्टता ही महानता की कसौटी बनती है। जहाँ तक भक्ति कविता का संसार है, निर्गुण संतों की वाणी कविता की दृष्टि से मानक नहीं है। शुक्ल जी के मत में तो वह कविता ही नहीं है, परन्तु यदि वह कविता है, तो विचार-बहुल कविता। भक्ति के धरातल पर ही वह अपने कविता होने का प्रमाण देती है, जहाँ भक्ति की प्रगाढ़ अनुभूति को बड़े पररदर्शी तरीके से अभिव्यक्त किया गया है। इससे इतर वह काव्य तत्त्व में दुर्बल है। फिर उसका संसार भी सीमित संसार है, महज भक्ति के दायरे में बँधा हुआ। उसकी तुलना में मलिक मुहम्मद जायसी तथा सगुण भक्तों की कविता अपनी संपूर्णता में महत् कविता के रूप में अपना परिचय देती हैं। इन कवियों के बारे में हम पहले ही कह चुके हैं। यहाँ इतना ही कहना पर्याप्त है कि मनुष्य के इंद्रियबोध और भावजगत की समर्थतम अभिव्यक्ति हमें इस काव्य में मिलती है, वह मीरा का हो, जायसी का हो, सूर या तुलसी का हो। मनुष्य के मन में गहराई तक ये भक्त प्रवेश कर सके हैं और उसे उद्घाटित कर सके हैं। मनुष्य के दुख-सुख हों अथवा इनका आत्मनिवेदन, आख्यानक तथा मुक्तक दोनों ही काव्य-प्रकारों में इन भक्त-कवियों ने मानव-मन को गहराई तक जाकर छुआ और उजागर किया है। यह कविता जीवन से जुड़ी हुई कविता है, मनुष्य के राग की कविता है। जीवन के समूचे प्रसार में फैली वह हमारे समक्ष संसार के सैन्दर्य को, शब्द, स्पर्श, रूप, रस और गंध के ऐन्द्रिय अनुभवों को, उनकी संपूर्णता में खोलती है। वह उन्नत मानवीय बोध की कविता के रूप में हमें अपनी पहचान कराती है। भक्ति के आवरण के बावजूद वह हमें मनुष्य और जीवन के सारभूत सत्य से परिचित कराती है। वह जन-मन की आकांक्षाओं को, लोक-जीवन के बहुआयामी सौन्दर्य को उद्घाटित करनेवाली, संपूर्ण और मुकम्मिल कविता है। उसकी महत्ता और

उसके प्रभाव को इस बात से भी जाना जा सकता है कि वह अपने समय का अतिक्रमण कर हमारे अपने समय के महाकवियों का आदर्श बनी है, उन्हें प्रेरणा दे सकी है। भक्ति की यह कविता वस्तुतः जैसा की हमने कहा, मानवीय चिन्ता की कविता है भक्तों के सामाजिक आदर्श भले भिन्न हो, वह उन्नत सामाजिक मूल्यों की कविता है। वह हमारे सामाजिक सम्बन्धों, पारिवारिक नाते-रिश्तों को एक मूल्य-व्यवस्था देने वाली कविता है। ये मूल्य बदले हुए समय में उसके साथ पूरी तरह भले न अंट पाएँ, इन भक्तों और संतों की सामाजिक चिन्ता के परिचायक जरूर हैं।

आचार्य द्विवेदी ने निर्गुण और सगुण भक्ति कविता में भिन्नताओं के बीच कतिपय ऐसे तत्त्वों को उभारा है जहाँ उनमें कोई भेद नहीं है। इन तत्त्वों में एक संतों और भक्तों का यह समान विश्वास है कि प्रेम से बढ़कर और कोई पुरुषार्थ नहीं है। प्रेम सभी संतों और भक्तों का केन्द्रवर्ती स्वर रहा है। इस प्रेम के समक्ष मनुष्य और मनुष्य के बीच के सारे भेद नगण्य हैं। यह वह तार है जो भेदों का अतिक्रमण करता हुआ मनुष्य मात्र के हृदयों के बीच से उन्हें एक सूत्र में गूँथता हुआ गया है। भेद बुद्धि के विसर्जन के बाद ही इसकी उपलब्धि हो सकती है, अहं को भस्म करके ही उसे पाया जा सकता है। उसे पा लेना ईश्वर को पा लेना है इसे सभी संतों और भक्तों ने बार-बार दुहराया है। कबीर जब कहते हैं कि यह प्रेम किसी बाग-बगीचे या खेत में नहीं पैदा होता, न ही यह बाजार में बिकता है, राजा हो या प्रजा, कोई भी इसे पा सकता है, शर्त यही है कि अपना शीश काटकर पहले जमीन पर रख देना होगा, तो वे वस्तुतः इस प्रेम को ईश्वर के समकक्ष ही घोषित कर रहे होते हैं। गोस्वामी तुलसीदास के यहाँ भी उनके राम को यदि कुछ भी प्रिय है, तो यह प्रेम ही है जिसमें अनन्यता है, समर्पण है, समस्त भेद-बुद्धि का त्याग है। जो प्राणि-मात्र तक व्याप्त है। मीरा इस प्रेम को लेकर ही बावली रहीं और उससे उपजे दर्द को दर-दर भटकते सबको बाँटती फिरीं। सूरदास और मलिक मुहम्मद जायसी के यहाँ भी यही प्रेम ईश्वर रूप बनकर व्याप्त है। (मानुष प्रेम भयेउ बैकुण्ठी) ये संत और भक्त बराबर इस बात की ओर संकेत करते हैं कि ईश्वर से या आराध्य से एकात्म और एकतान होने के लिए जरूरी है कि पहले मनुष्य-मनुष्य से प्रेम करे। मानव-प्रेम की बुनियाद पर ही वह इमारत खड़ी होगी जिसके भीतर पहुँचकर आराध्य का दीदार हो सकेगा। धर्म और अध्यात्म के आवरण में कही गई ये बातें संतों और भक्तों की उस मानवीय चिन्ता की उपज हैं जो समूची मनुष्यता को प्रेम के मजबूत धागे में बँधी देखना चाहती थीं। जब संसार और समाज में सर्वत्र विग्रह की स्थितियाँ व्याप्त हों, चारों ओर

हिंसा, घृणा, विनाश और रक्तपात के नज़ारे दिख रहे हों, प्रेम की बुनियाद पर, मनुष्य-प्रेम की बुनियाद पर, टिकी और भक्तों की वाणी का मूल्य और महत्त्व क्या हो सकता है, यह कहने की बात नहीं।

भक्ति कविता की, वह संतों की हो अथवा भक्तों की, एक बुनियादी विशेषता उसकी यह दृढ़ स्वीकृति है कि संसार असार या मिथ्या नहीं है और ना ही उसके सुख-दुख असार या मिथ्या हैं। ये संत भले ही अनहद नाद सुनते हों, भले ही शून्य में समाधि लगाते हों, और ये भक्त भले ही नित्य वृन्दावन में रमते हों, कल्पना के रामराज्य में विचरते हों, संसार और उसके रहनेवालों के सुख-दुख से कभी विरत नहीं हुए हैं। इनकी भक्ति वैराग्य-मूलक भक्ति नहीं है, वह राग-तत्त्व को लेकर पल्लवित होने वाली भक्ति है। संसार और समाज, घर और परिवार के सारे नाते-रिश्ते उसमें स्वीकृत हैं। इन्होंने बार-बार इस तथ्य को प्रतिपादित किया है कि इस भक्ति को पाने के लिए और इसके माध्यम से आराध्य तक पहुँचने के लिए वैरागी बनने, घर-परिवार छोड़ने या संसार और समाज से नाता तोड़ने की कोई जरूरत नहीं है। ठेठ संसार के बीच रहते हुए, अपने सारे सांसारिक-सामाजिक और परिवारिक दायित्व निभाते हुए, कर्म करते हुए मनुष्य इस भक्ति का अधिकारी हो सकता है, ईश्वर को पा सकता है। गोस्वामी जी की भक्ति का विवेचन करते हुए शुक्ल जी का कहना है कि राम के यहाँ का रास्ता ठेठ जीवन के भीतर से गया है। इन संतों और भक्तों ने जो यह सब प्रतिपादित किया है उसे स्वयं आचरित भी किया है। कर्म-प्रधान विश्व से भागकर, दायित्वों से विमुख होकर, भभूत लगाकर, घर-बार छोड़कर की जाने वाली भक्ति छद्म और दिखावा है। जीवन के भीतर से, संसार और समाज के सारे दायित्वों के बीच से, कर्ममय, कर्मठ जीवन की संपूर्ण स्वीकृति के साथ उपजी भक्ति-सम्बन्धी इस सोच ने अपने समय और समाज में तो अपनी सकारात्मक-रचनात्मक भूमिका का निर्वाह किया है, वह आगे के समय में भी एक आदर्श के रूप में मान्य हुई, इसे इन संतों और भक्तों की, समाज को एक महनीय देन ही माना जाएगा।

इस कविता का एक अन्य महत्त्वपूर्ण आयाम लोक संस्कृति का उद्घाटन है। लोक संस्कृति का उद्घाटन ये भक्त इसीलिए कर सके हैं कि ये स्वतः उस संस्कृति की उपज थे। उनकी संवेदना मूलतः किसान संवेदना है। अवध की लोक-संस्कृति जहाँ तुलसीदास और जायसी में अपनी सारी विशेषताओं के साथ मूर्त्त हुई है, वहाँ सूरदास में ब्रज प्रदेश की लोक-संस्कृति अपनी सारी मधुरता के साथ विद्यमान है। मीरा के पदों में राजस्थान की लोक-संस्कृति के स्वर गूँजे हैं और उनके अपने दर्द में घुलमिल गए हैं। लोक जीवन के चित्रों

के अलावा इन भक्त कवियों की भाषा में भी लोक मन की अभिव्यक्ति देखी जा सकती है। इनके पदों में लोकगीतों की-सी मिठास है, इनके छंदों और इनके काव्य-रूपों का लोक मन से सहज नाता रिश्ता है। लोक की परिचित और आकांक्षित शैली में रची उनकी कविता इसी नाते लोक-चित्त से नहीं उतरी है, उसमें नक्श सी हो गई है।

इसे एक महत्त्वपूर्ण घटना ही कहा जाएगा कि युग की विशिष्ट वस्तुगत स्थितियों के संदर्भ में मध्यकाल के एक खास दौर में हमें उन वर्गों और वर्णों से प्रथम कोटि के संत मिले जिन्हें शूद्र और अंत्यज कहा जाता था। ऐसा फिर आगे कभी नहीं हो सका। हमें भक्ति-कविता के अंतर्गत नारी-भक्तों की एक जमात मिली, जैसा कि उस युग के लिए सहज न था। यही नहीं, समूचे भक्ति-काल में इतने कालजयी कवियों-भक्तों का एक साथ आविर्भाव अपने में कम आश्चर्यजनक नहीं है। यह सब खास भक्तियुग की विशेषता है। ये वे रचनाकार भक्त हैं जो सदियों से भारतीय जनमानस में विद्यमान हैं, अपनी रचनाशीलता के बूते पर। इनकी आस्था, इनका स्वाभिमान, इनका लोक की जड़ों से जुड़ना, यह सब हमारे लिए, आज के लिए, मिसाल है। मानव जीवन के सारे पक्षों पर इन्होंने लिखा, जीवन के सारे कार्यव्यापार इनके लेखन की परिधि में आए। व्यक्ति, परिवार, समाज, सबके अंतरंग को इन्होंने देखा और उनका मार्गदर्शन किया। प्रेम को अपना आदर्श मानते हुए इन्होंने समाज के समक्ष उसकी शक्ति को उजागर किया। प्रेम का ही तत्त्व है जहाँ सगुण-निर्गुण सब समर्पित हैं। यह प्रेम नाना भूमियों में, नाना-मनोदशाओं में, इनकी अभिव्यक्ति का विषय बना है। राजनीतिक, सामाजिक और सांस्कृतिक संक्रान्ति के युग में प्रेम के इनके संदेश ने बहुत से घावों को भरा, सामाजिक जीवन में अपनी सकारात्मक भूमिका अदा की। ये निःस्पृह भक्त थे, जिन्हें राजसत्ता या समाज-सत्ता किसी का भी, कोई भी प्रलोभन सर्वथा अमान्य था। अपने आराध्य के प्रति संपूर्ण समर्पित इनका सरोकार सिर्फ साधारण जनता और उसके जीवन से था। उसी को उन्नत बनाने में ये लगे रहे। इसी नाते ये उसके द्वारा स्वीकार हुए और सराहे गए।

भक्ति काव्य की सामाजिक-सांस्कृतिक उपलब्धियों का यह एक संक्षिप्त विवेचन है। रचना वही महत्त्वपूर्ण होती है जो अपने समय के लिए तो जरूरी हो ही, आने वाले समय के लिए भी उतनी ही प्रासंगिक हो। भक्ति-कविता ऐसी ही कविता है, जो अपने समय में तो महत्त्वपूर्ण थी ही, आज के समय के लिए भी अर्थवान है। वह हमारी ऐसी विरासत है, जिसे हमें कृतज्ञता के साथ स्वीकार करना है, और संरक्षण देना है।

20

जोग ठगौरी ब्रज न बिकैहै

[बाजार और बाजारवाद के विमर्श में सूरदास]

भूमण्डलीकरण, सूचना-संचार क्रांति, विश्व-ग्राम, सारी दुनिया का एक गाँव में सीमित हो जाना, वित्तीय पूंजी का मकड़जाल और उसके सांस्थानिक पूंजीवाद का विश्व-वर्चस्व, भूमण्डलीकरण तथा उसके बाजार-तंत्र से उपजे मोहक स्वप्नों का विश्वव्यापी मायालोक, इन स्वप्नों के सौदागरों की विश्वव्यापी लुभावनी विज्ञप्ति और क्रिया-कलाप, नवस्वतंत्र, विकासशील, कमजोर और पिछड़े हुए देशों को हजार बाहों वाले इस सांस्थानिक पूंजीवाद द्वारा अपनी लपेट में जकड़ लेना, अपनी शर्तों पर कर्ज देकर इन्हें अपने बाजारों में बदलना, इन देशों के समाज के एक अच्छे-खासे तबके का सुखभोगवाद और बाजार के माया लोक में अंध समर्पण, गत सदी के अंतिम दशक से अब तक बहुत कुछ कहा और लिखा गया है—भूमण्डलीकरण के इस तिलस्म के बारे में, बाजार के इस मायालोक पर। एक ओर भूमण्डलीकरण के आकाओं और सांस्थानिक पूंजीवाद के धन्नासेठों द्वारा रचा गया सुखभोगवाद का मोहक संसार, दूसरी ओर सांस्थानिक पूंजीवाद की जकड़न में फँसे उसके कर्जदार देशों के समाज का रोमांचक यथार्थ, राजनीतिक दृष्टि से स्वतंत्र परन्तु अपनी आर्थिक संप्रभुत्ता को दाँव पर लगाए इन देशों की बहुसंख्यक जनता के निहायत त्रासद जीवन-संदर्भ, इनके समाजों में उफनाता-उमड़ता अपसंस्कृति का सैलाब, सतह पर ही दिखाई देती उनकी बेहद तीखी विषमता, विलक्षण है भूमण्डलीकरण से उपजा यह कंट्रास्ट, सम्पन्नों और विपन्नों का एक ही समाज में यह बेधक सह-अस्तित्व और वह

भी उस दुनिया में जिसे एक गाँव कहकर विज्ञापित किया जा रहा है, और जिसमें समाज के ये दोनों तबके एक विपर्यस्त जीवन जीने की नियति पाए हुए हैं। संस्थानिक पूंजीवाद का बाजार तंत्र इन देशों में लाया है, उसके छोटे से हिस्से के लिए तरह-तरह की न्यामतें, रंगीनी और चमक-दमक, और बड़े हिस्से के लिए महज देखने कुढ़ने-ललकने-विक्षुब्ध होने की अभिशप्त नियति। सरकार का दावा है कि मनोरंजन के साधन समान रूप से सबके लिए सुलभ कर दिए गए हैं, सो समाज का यह बड़ा हिस्सा अपने दरबों, अपनी झुग्गी-झोपड़ियों में, दूरदर्शन के पर्दें पर देख रहा है अपने जिन्दा रहने भर की बुनियादी जरूरतों की कीमत पर छोटे हिस्से के लिए लाया गया, रचा गया, सुखभोगवाद का यह संसार और उस संसार को जीने वालों को, आदमी को, साधारण आदमी को अपमानित करने वाला ऐसा निर्लज्ज अर्थतंत्र, जो पहले के पूँजीवाद में भी नहीं था, और जिस तरह का संवेदन शून्य, स्वार्थी, लोभी, आत्मकेन्द्रित व्यक्ति इस बाजार तंत्र ने हमारे समय में पैदा किया है, वैसा आदमी भी शायद पहले नहीं था। हबस, सुखभोगवाद की हबस, आदमी को कितना खुदगर्ज, लंपट और छिछोरा बना सकती है, यह अपने इस समय में हमने देखा है। इस बाजार और बाजार-तंत्र ने बहुत कुछ हमारे जीवन का बहुमूल्य बहुत कुछ लीला और पचाया है और बचे हुए को भी लीलने और पचाने पर आमादा है। हमारे जीवन मूल्य स्मृतियां, परंपराएं, संस्कृति, भाषा, अस्मिता-विरासत का बहुत कुछ समा गया है उसके उदर में। बहुराष्ट्रीय कम्पनियां, बड़े व्यापारी-अपनी 'ठगौरी' लिए लुभा रहे हैं हमारे समाज के 35 करोड़ की आबादी वाले इस मध्यवर्ग को, और वह बेसुध होकर आंखें बंद करके धँस गया है बाजार के मायालोक में बिना यह जाने-सोचे कि उसकी अंधी-अँधेरी सुरंग से वह कभी बाहर भी निकल पाएगा या नहीं। बहरहाल बाजार की माया अभी तो उसे इस कदर मोहे हुए है कि उसे कुछ भी सोचने की फुरसत नहीं।

ऐसे कठिन समय में ऐसे रोमांचक माहौल में बरबस याद आ जाते हैं कभी कबीरदास, तो कभी सूरदास और कभी उन जैसे हमारी विरासत के दूसरे कुछ लोग।

कबीर भी अपने समय में बाजार से बहुत परेशान थे, उसकी लीलाएं देख देखकर बेहद आहत और क्षुब्ध थे "रमैया की दुलहिन ने लूटा बाजार।" रमैया की दुलहिन उन्हें अच्छा खासा परेशान किए हुए थी। परंतु कबीर के समय में बाजार और घर में फर्क था। कबीर घर से चलकर हाथ में लुकाठी लिए बाजार आये थे। आज बाजार हमारे घर के भीतर, उसके चप्पे-चप्पे में

आ गया है, हमारे जेहन और वजूद में विद्यमान है। बाजारू होना या कहलाना आज गाली नही, हमारे नए मध्यवर्ग की आन, बान, शान और पहचान है।

बाजार की फितरत को अपने ढंग से, सूरदास ने भी अपने समय में देखा और अनुभव किया था, और अपने अनुभव को, अपने कहे लिखे के सबसे संवेदनात्मक अंश में खूबसूरती और गहरी व्यंजना के साथ बुना था। 'भ्रमर गीत' के आरंभ में ही उन्होंने अपने अनुभव को इन शब्दों में सजीव किया था। 'आयो घोष बड़ो व्यापारी'। गोपियां एक अजनबी को अपने घोष या गाँव में देखकर आपस में बतियाती—शहर से गाँव में आने वाले को संबोधित करती हैं। जो शहर से गाँव आया है, वह व्यापारी है, और मामूली व्यापारी नहीं 'बड़ो व्यापारी'। उसके पास माल की एक पूरी खेप है वो उसने गाँव में उतारी है—'खेप लाइ गुरु जोग ज्ञान की, ब्रज में लाइ उतारी।' उद्धव गोपिकाओं के लिए योग और ज्ञान का उपदेश लेकर उनके यहाँ आए थे। गोपिकाएँ उनके योग और ज्ञान को ही उनके माल की खेप कह रही है।

अब अपने समय के पट पर लिखी गई सूरदास की इस इबारत को उसके नए अर्थ-संदर्भ में हम अपने समय में पढ़ें। उद्धव के पास उनका जो माल था अर्थात योग और ज्ञान की बातें, उसकी खेप उन्होंने ब्रज में उतारी। हमारे समय के बड़े व्यापारी (आज के मल्टीनेशनल्स) अपने यहाँ से चलकर हमारे यहाँ गँवई-गाँव के हिन्दुस्तान में जो उनका बाजार बन चुका है अपने-अपने माल की खेप के साथ मौजूद हैं। सुखभोगवाद के सारे भौतिक साधन उपकरण उनका एक पूरा जखीरा। उद्धव ने जिस तरह गाँव की अज्ञ-अपढ़ गोपिकाओं के समक्ष योग और ज्ञान के अपने माल की अतिरंजित प्रशंसा करते हुए लुभाने-भरमाने की कोशिश की थी, हमारे समय के बड़े व्यापारी अपने सुखभोगवाद के जखीरे की वैसी ही अतिरंजित प्रशंसा अपने ग्राहकों से कर रहे हैं। समाचार पत्रों, दूरदर्शन के पर्दे पर, सब तरफ उनके प्रचार की धूम है। अंतर इतना ही है कि अज्ञ-अपढ़ होते हुए भी ब्रज की गोपिकाएं अपने सहज-ज्ञान से यह जान गई थीं कि व्यापारी के पास जो कुछ है और जिसकी वह प्रशंसा कर रहा है, वह 'ठगौरी' से अधिक कुछ नहीं है और व्यापारी की नीयत भी साफ नहीं है (धुर ही तें खोटो खायो है) जबकि हमारे समय के बड़े व्यापारियों ने अपने जिन ग्राहकों के लिए अपना माल उतारा है वे ग्राहक, हमारा पढ़ा लिखा नया मध्यवर्ग उस सहज ज्ञान से वंचित है जो गोपिकाओं के पास था। गोपिकाओं के लिए उनके व्यापारी का माल 'ठगौरी' था जबकि हमारे समय के पढ़े-लिखे उसे 'न्यामत' मान रहे हैं—उस व्यापारी के छलावे में आ गए हैं। अब किसे वस्तुतः शिक्षित माना जाये? गोपिकाएं हमारी नजर

में निरक्षर शिक्षिता थीं। जबकि हमारा यह नया मध्यवर्ग साक्षर अशिक्षित से अधिक की हैसियत नहीं रखता। सूर की गोपिकाओं में वह समझ यह सहज विवेक था कि व्यापारी उन्हें बहुमूल्य बताकर जो कुछ देना चाह रहा है वह उसकी तुलना में अनाज की 'फटकन' भर है जिसे वह बदले में लेना चाह रहा है और जो उनके लिए 'स्वर्ण', उनकी अस्मिता उनका जीवन है, अर्थात कृष्ण के प्रति उनका प्रेम (फाटक दै कै हाटक मांगत) जो कुछ व्यापारी के पास है वह मूली के पत्तों तथा निबौरी से अधिक की अहमियत नहीं रखता और बदले में उनसे चाह रहा है वह सब जो इनकी तुलना में 'दाख' (अंगूर) और मोती के मानिन्द है। व्यापारी धोखे बाज है। (मूली के पातन के बदले को मुक्ताहल दैहै) तथा (दाख छांडि के कटुक निबौरी को अपने मुख खैहें)। वे व्यापारी के माल को सिरे से खारिज कर देती हैं।

तुलना कीजिए हमारे समय के पढ़े लिखों के व्यवहार से। सहज विवेक से वंचित हमारे समय का पढ़ा लिखा यह नया मध्यवर्ग उस माल को 'न्यामत' मान रहा है जो बहुराष्ट्रीय उसके सुखभोग के लिए लाए हैं। वह यह फर्क नही कर पा रहा। वह इतना मुग्ध है बाजार की माया से कि बदले में उसका वो कुछ पा रहा है या यह बाजार और व्यापारी बदले में उससे जो कुछ ले रहे हैं, उसके जीवन मूल्य उसकी जातीय स्मृतियाँ, परंपरा, भाषा, अस्मिता यह सब व्यापारियों से पाए हुए की तुलना में उसका अपना स्वत्त्व उसका सर्वस्व उसकी अपनी जातीय पहचान बेहद बहुमूल्य है। गोपिकाओं ने अपने व्यापारी के माल को, अपने वजूद और अपनी अस्मिता के बरक्स खारिज कर दिया था, हमारा नया मध्यवर्ग अपने वजूद अपनी अस्मिता की कीमत पर बहुराष्ट्रीय इजारेदारों की संस्कृति, जीवन मूल्य तथा सोच को छाती से लगाए आत्ममुग्ध है।

सूर की गोपिकाएँ अपढ़ थीं पर सहज ज्ञान और सहज विवेक से पुष्ट उनके तर्क इतने वजनदार कि उनके व्यापारी को अपना माल मता लेकर ब्रज से वापस जाना पड़ा था। हमारे समय के व्यापारी हमारे मध्यवर्ग की आत्ममुग्धता के नाते निश्चिंत अपना कारोबार कर रहे हैं। गोपिकाओं ने चुनौती के स्वरों में अपने व्यापारी से कहा था—'जोग ठगौरी ब्रज न बिकैहै, यह व्योपार तुम्हारो ऊधो, ऐसे ही रहि जैहे, परंतु हमारे सुखभोगवादियों में यह बूता नहीं है कि वह बहुराष्ट्रीय इजारेदारों की पूंजी और उनके बाजार की न्यामतों को नकार सकें। वे उसे छाती से लगाए अपने को परम सौभाग्यशाली मान रहे हैं—पूरे देश को उनकी चरागाह बनाने के लिए लालायित हैं।

सचमुच इस नव धनाढ्य मध्यवर्ग से हमें कोई उम्मीद नही है कि वे कभी बाजार की इस अंधी सुरंग के बाहर आ सकेंगे अपने स्वत्त्व और देश के स्वत्त्व की रक्षा कर सकेंगे। हमारी आशा का संबल हैं वंचित-उपेक्षित वास्तविक भारत के वे विपन्न नागरिक, उसके साधारण जन-जिनके जीवन की बुनियादी जरूरतों की कीमत पर संपन्नों के लिए सुखभोगगवाद का जो स्वर्ग हमारे सत्ताधारियों ने रचा और रचाया है। इसके पहले कि बाजार और बाजारवाद की ताकतें हमारे देश की साधारण जन की मानसिकता और सोच पर सैंध लगाएं, उसे प्रदूषित करें, हम, जो अपने को जनधर्मी रचनाकार और बुद्धि जीवी कहते और मानते हैं आत्मालोचन करें अपनी जनधर्मिता को जाचें और परखें महज़ शब्दों तक, महज़ उत्सव आयोजनों तक, महज बौद्धिक विमर्शों तक सीमित न रहकर अपने कहे लिखे को ठेठ उस जन के बीच ले जायँ जो हमारी प्रतीक्षा में हैं, दोनों बाहें फैलाए हमारे स्वागत को तैयार हैं। हम उसे यह अहसास दिलाएं कि उसके सुख-दुख, दुख-दर्द में हमारी सच्ची साझेदारी है, हम उसके साथ हैं, उसके लिए लिख रहे हैं, उसके पक्ष से, संघर्ष के हर पहलू को अपनाने के लिए तैयार हैं। उसकी चिंताएँ हमारी चिंताएँ हैं। साधारण जन से हमारा यह एकात्म ही बाजार तथा बाजारवाद की चुनौतियों से निपटने में हमारा संबल बनेगा। तभी बहुराष्ट्रीय इजारेदार उस परिणति को पाएंगे जो सूरदास की गोपिकाओं ने अपने समय के व्यापारी को दी थी। साधारण जनों का यह भारत, जनधर्मी रचनाकारों, संस्कृति कर्मियों और बुद्धिजीवियों की यह अंतर्ग्रंथित शक्ति ही बहुराष्ट्रीय इजारेदारों को अपने माल के साथ देश की धरती से खदेड़ सकेगी और यही हमारे राष्ट्रीय स्वत्त्व को भी बहाल कर सकेगी।

सूरदास के कहे-लिखे को नये और बदले समय-संदर्भ में, नई अर्थवत्ता के साथ क्या हम पढ़ेंगे?
